U0797301

商法界论集

Commercial Law

第11卷

陈　洁◎主编

夏小雄　唐林垚◎副主编

中国社会科学院法学研究所商法研究室　主办

中国金融出版社

责任编辑:黄海清
责任校对:李俊英
责任印制:程 颖

图书在版编目(CIP)数据

商法界论集. 第11卷/陈洁主编;夏小雄,唐林垚副主编. —北京:中国金融出版社,2023.4
ISBN 978-7-5220-1930-7

Ⅰ.①商… Ⅱ.①陈…②夏…③唐… Ⅲ.①商法—中国—文集 Ⅳ.①D923.994-53

中国国家版本馆CIP数据核字(2023)第041531号

商法界论集. 第11卷
SHANGFAJIE LUNJI. DI-11 JUAN
出版
发行 中国金融出版社
社址 北京市丰台区益泽路2号
市场开发部 (010)66024766,63805472,63439533(传真)
网上书店 www.cfph.cn
(010)66024766,63372837(传真)
读者服务部 (010)66070833,62568380
邮编 100071
经销 新华书店
印刷 北京七彩京通数码快印有限公司
尺寸 169毫米×239毫米
印张 20
字数 305千
版次 2023年4月第1版
印次 2023年4月第1次印刷
定价 96.00元
ISBN 978-7-5220-1930-7

总　序

那还是1992年10月,在党的十四大报告确定建立社会主义市场经济体制的改革目标之后,王保树先生即以敏锐的学术观察力及时作出反应,提出将中国社科院法学所经济法研究室改为商法经济法研究室的建议,并坚持将“商法”放在名称构成的前面。保树先生的该项提议被迅速采行,商法经济法研究室由是在1992年10月即实现更名,成为国内较早的被冠以商法名称的科研机构。当时在商法经济法研究室工作的我学轻而识浅,却与保树先生言谈无忌,曾言商法不就是个词嘛,在研究室名称中商法之先后甚或有无没啥实际意义,只需追求科研有实在内容就行了。至今我还记得,当时保树先生意味深长地看了我一会儿,伴以扣桌之声而很有节奏地对我说:“你以后就知道叫商法有啥意义了。”于是,从那时起就有了很多与商法有关的“以后”,尤其是10年之后,商法经济法研究室新设分立为商法研究室和经济法研究室,商法研究室以商法学科为专属科研领域,作为一个充满理论创造力与学术号召力的专业团队存续并壮大于商法界,为中国商法的法治进步与学术繁荣不断作出努力与贡献。

在我随着法学所商法研究室的发展而成长的20多年间,时常感怀保树先生的学术擘画之功及对我的提携之情,也因年轻时一句“有啥意义”而更为深刻地体悟精心建构学术平台的重要意义。如果没有保树先生当年率先对商法概念的再本土化,以及在此过程中殚精竭虑地建构各种形式的商法学术平台,诸如主编《商事法论集》、在清华大学设立商法研究中心、领导中国商法学研究会等,那么中国商法及商法学虽然也会应时出现并有所发展,但或许是另外一个样子。

因承继积淀与创新拓展，社科院法学所商法研究室已是一个科研效益与学术能量颇高的平台。同样因学养培植与学识增进，商法研究室并不囿于本单位课题研究与编制内团队培育，愿意并努力秉持更广阔的学术情怀与更勤勉的学术担当，为整个商法界的兴盛繁荣付出心劲及行动，包括为商法界精心搭建并维护更有特色与效益的学术平台。继开设微信公众号“商法界”广获影响之后，又再接再厉，创设《商法界论集》系列丛书，以期商法界同仁在此可以坦诚砥砺学问、系统阐释观点、集萃思考精华。

商法研究室开设的微信公众号“商法界”旨在“以商新法、以法促商”，在打理《商法界论集》时仍将继续秉持这一学术理念，并努力使之在商法制度建设和学科发展中持续彰显、不断增效。“以商新法、以法促商”概括了商与法的关系，既反映了经济社会发展中商与法之间的互动规律，也表明了商法研究中学术生长的基本机制。把握“以商新法、以法促商”，商法研究者要作为敏锐、睿智且负责的观察者深度介入商事活动实践中，能与市场主体同时（或许可以稍后一点）感受到市场运行中变化着的力量与趋向，及时发现新的业态、交易模式、资源配置方式，且比一般的市场主体更能深刻地观察到商事创新的动因、性质、结构以及规则表现与运行效果；同时秉持以法治方式促进经济社会发展进步的学术立场，在科研实践中充分认识到商法建构与实施的能动性要服从市场运行的规律性，科学运用法治思维认识并以法律语言表述商事活动的事物属性、法律关系结构及应有的法律评价，进而作出有效的商法理论创新或者提出适当的商法制度建议，推动社会主义市场经济的良性运行与协调发展。

改革开放40多年来，尤其是社会主义市场经济体制确立以来，中国的法治建设特别是商法建设获得了前所未有的时空场域，带来了商法及商法学前所未有的跨越式发展与爆发式扩张。在这一时代背景中，商法界面临前所未有的贡献于学术、贡献于法治、贡献于社会的机会与责任。商法界专家学者在其科研实践中的睿思宏想、真知灼见是珍贵的学术资源和社会财富，《商法界论集》有心通过精心选萃和用心推广，能使商法研究之圃的理论之花更多更明媚地绽放于学界、灿烂于社会、辉煌于时代。商法研究室作为《商法界论集》这一学术新平台的维护者，希冀获得商法界专家学者的大力支持和深度参与，资深者率先倡导，莫自谦一得之见，再作学术示范；新锐者勇于展现，莫拘谨一议之功，放飞学术理想。只要我们用心过、合作过、努力过，《商法界论集》对中国商法学科体系、学术体系和话语体系的建构意义，以后我们就知道了。

2018年8月23日于北京

目　　录

论　文

如何认定市场操纵？

——基于中国证监会行政处罚文书的研究[①]

汤　欣[*]　高海涛[**]

摘要：截至2022年8月底，中国证券监督管理委员会（以下简称中国证监会）公开披露了对于操纵市场行为适用《证券法》进行行政处罚的159份法律文书，在一定程度上反映了中国证券监督管理机构打击操纵行为的执法规律，特别是中国证监会针对连续交易、洗售交易、虚假申报、抢帽子交易、控制信息等操纵行为已经基本明确了认定思路和标准。市场操纵的本质，即通过操纵行为制造交易活跃的假象进而诱使投资者跟风交易的欺诈属性，已经在中国证监会查处的各类操纵案件中得以确认，个别案例则开始从滥用优势损害市场公平秩序的视角观察操纵行为的违法属性。中国证监会未来应适时将相关认定标准进行规范化、公开化，有必要在每个案件中清晰、完整地论证操纵行为的同质或异质性本质，从而进一步厘清市场操纵与合法交易的边界。

关键词：市场操纵　欺诈　滥用优势地位　行政处罚

一、规制操纵证券市场的法律体系

中国规制操纵证券市场的法律制度历经三十年发展，已经形成较为完备

---

① 本文仅代表作者个人观点，与所任职单位无关。感谢清华大学法学院硕士生季婧儿在收集、整理研究资料方面的大力协助。

* 法学博士，清华大学法学院教授。

** 法学硕士，SMBC日兴证券株式会社中国现地法人筹备组拟任首席合规官。

的规则体系。2020年3月1日施行的新《证券法》历经三次修订，简明规定了“连续交易”[①]“约定交易”[②]“对倒交易”[③]“虚假申报”[④]“蛊惑交易”[⑤]“抢帽子交易”[⑥]“跨市场”七种特定操纵行为，[⑦]同时规定了“操纵证券市场的其他手段”兜底条款。2021年3月1日修订后的新《刑法》第一百八十二条则明确列举了《证券法》除跨市场操纵之外的其他六种特定操纵行为构成刑事犯罪，同时规定了“以其他方法操纵证券、期货市场的”兜底条款。[⑧] 此外，2019年7月1日生效的《最高人民法院、最高人民检察院关于办理操纵证券、期货市场刑事案件适用法律若干问题的解释》（以下简称《刑事司法解释》），在新《证券法》规定的七种特定操纵行为之外还列举了“控制信息操纵”“重大事项操纵”两种新型操纵行为，[⑨]对于依据兜底条款认定操纵市场违法行为的行政处罚案例研究具有一定的参考意义。

至此，现行有效的证券市场法律法规明确规定的操纵市场行为包括交易

① 连续交易操纵又称连续买卖、联合买卖或连续买卖操纵，是指单独或者合谋，集中资金优势、持股优势或者利用信息优势联合或者连续买卖。参见新《证券法》第五十五条第一款第一项。

② 约定交易操纵俗称对敲，是指与他人串通，以事先约定的时间、价格和方式相互进行证券交易。参见新《证券法》第五十五条第一款第二项。

③ 对倒交易操纵亦称洗售，是指在自己实际控制的账户之间进行证券交易。参见新《证券法》第五十五条第一款第三项。虽然有学者认为“对倒交易”是“约定交易”的同义语，但中国证监会行政处罚决定书多使用“对倒交易”来描述洗售操纵，为保持与处罚案例所述事实的统一，本文也用对倒交易代指洗售操纵。

④ 虚假申报操纵，是指不以成交为目的，频繁或者大量申报并撤销申报。参见新《证券法》第五十五条第一款第四项。

⑤ 蛊惑交易操纵，是指利用虚假或者不确定的重大信息，诱导投资者进行证券交易。参见新《证券法》第五十五条第一款第五项。

⑥ 抢帽子交易操纵，是指对证券、发行人公开作出评价、预测或者投资建议，并进行反向证券交易。参见新《证券法》第五十五条第一款第六项。

⑦ 跨市场操纵，是指利用在其他相关市场的活动操纵证券市场。参见新《证券法》第五十五条第一款第七项。

⑧ 参见新《刑法》第一百八十二条第一款第七项。

⑨ 控制信息操纵，是指通过控制发行人、上市公司信息的生成或者控制信息披露的内容、时点、节奏，误导投资者作出投资决策，影响证券交易价格或者证券交易量，并进行相关交易或者谋取相关利益的行为。参见《刑事司法解释》第一条第四项。重大事项操纵又称题材操纵，是指通过策划、实施资产收购或者重组、投资新业务、股权转让、上市公司收购等虚假重大事项，误导投资者作出投资决策，影响证券交易价格或者证券交易量，并进行相关交易或者谋取相关利益的行为。参见《刑事司法解释》第一条第三项。和跨市场操纵一样，此两种行为并未纳入新《刑法》第一百八十二条第一款的列举性规定中。

型（连续交易、约定交易、对倒、虚假申报）、信息型（蛊惑交易、抢帽子、控制信息操纵、重大事项操纵）和跨市场操纵九大类型。虽然中国法没有对“操纵”给出权威定义，但规定的操纵行为的种类在不断变化，从1996年早期的“前瞻规定”到1997—2007年的“谨慎收缩”再到2007年之后趋于“实质扩张”，一定程度反映了操纵证券市场违法行为及其认定的演变特征。在法律法规的变化之外，同时需要通过研究行政处罚案例来分析证券市场操纵行为的本质，观察证券立法和监管执法积极回应证券市场关切的效果。本文以下篇幅将首先对操纵市场的中国行政处罚现有实践进行综述，然后区别中国证监会对于各种操纵行为的认定标准并进行具体分析评价，最后得出结论和简短的建议。

二、操纵证券市场行政处罚综述

以相关违法行为发生在首部《证券法》生效日（1999年7月1日）之后为标准，通过查阅中国证监会官网、文献资料、专门数据库及媒体报道可知，截至2022年8月31日，中国证监会以行政处罚决定书或市场禁入决定书形式公布的操纵证券市场处罚案件共159起，[①]基本反映了以《证券法》为依据处罚操纵证券市场违法行为的执法状况全貌。[②]

以上样本案件年度处罚数量分布不均，但数量可观（见图1）。虽然《证券法》早于1999年颁布，但最早处罚的样本案件出现在2006年。2015年中国证监会开展“证监法网专项执法行动”，连同针对2015年6月以后的中国股市出现异常波动过程中涉嫌操纵市场违法违规行为的执法行动，2016—2018年公布处罚的操纵案件连续创历史新高。中国证监会对操纵行为的监管执法力度不可避免地受到监管法律规范的发展、政策重心的变化，甚至是股市行情的涨跌等一系列因素的影响。

---

① 虽然近年来中国证监会根据《期货交易管理条例》处罚了多起操纵期货市场案件，但首部《期货和衍生品法》2022年8月1日起才施行，期货市场与证券市场交易机制有较大差别，本文讨论仅限于操纵证券市场案件。

② 中国证监会调查的一部分操纵市场案件虽然达到刑事追诉标准而被移送公安机关追究刑事责任，但通过公开渠道目前仅能搜寻到少数案件法律文书，因此本文不专门统计分析刑事案件情况。此外，中国证监会派驻上海、深圳等地证监局也有处罚的操纵市场案件，但数量较少，未纳入本文统计范围。

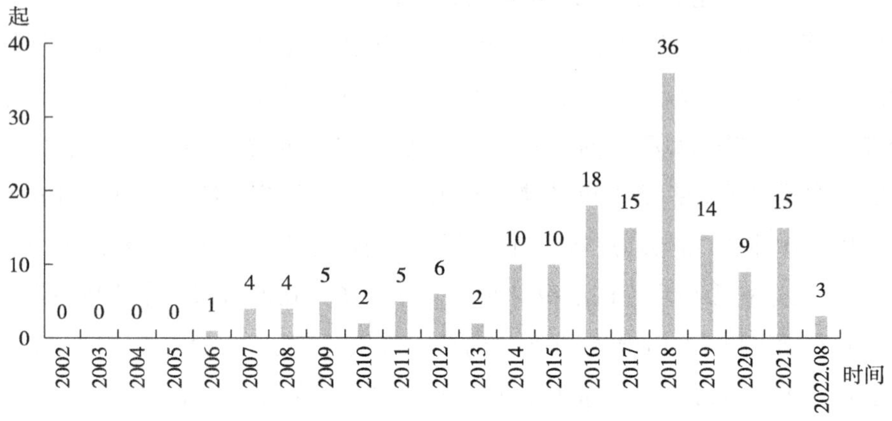

图1 历年公布处罚的操纵案件数

样本案件涉及的操纵行为以连续交易、对倒和虚假申报为主,三种操纵手段贯穿了最近三十年的证券市场违法行为史。其中,连续交易往往伴随有其他操纵手段,成为操纵行为的惯常模式(见图2),样本案件中35%采用连续交易+对倒的操纵手段,15%采用连续交易的操纵手段,13%采用连续交易+对倒+虚假申报的操纵手段,12%采用连续交易+虚假申报的操纵手段。此外还有少量的抢帽子交易、控制信息操纵和约定交易操纵案件,尚未公布针对蛊惑交易、重大事项操纵的处罚案例。此外,虽然有处罚案件行为人利用在香港开立沪股通账户与境内A股账户一起采用连续交易、对倒等多种手法操纵股价,但也只是绕道境外,采取更为隐蔽的违法手段对境内市场实施反向操纵,并非利用在其他相关市场的活动操纵证券市场,所以《证券法》规定的跨市场操纵的实际处罚案件还有待观察。下文仅针对六种有行政处罚案例的操纵行为进行具体分析。

三、各类操纵行为的具体认定

(一)连续交易操纵

连续交易操纵是中国证券法律规范最早明文禁止的操纵手段,涉及的行政处罚案件数量也最多,样本案件已经逐步厘清了中国证监会认定连续交易操纵的标准,特别是对于"集中资金、持股优势"或"利用信息优势"等操纵行为要件中"优势"标准的判断,论证"集中""利用"体现的操纵违法性本质,在

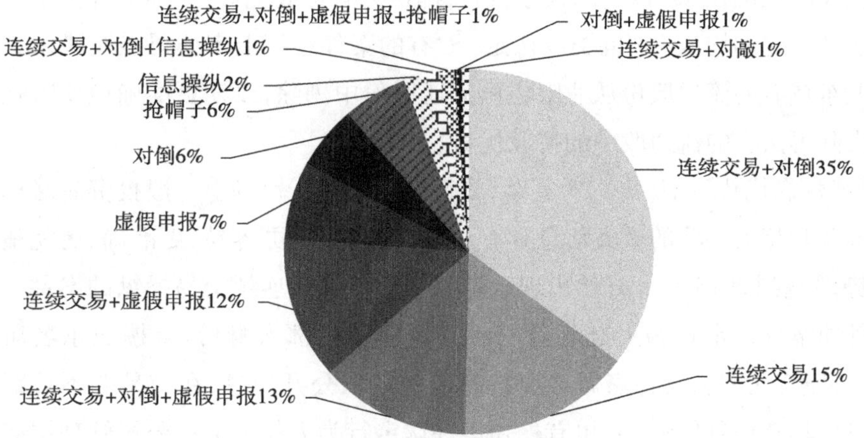

图 2 操纵案件手段分类统计

个案的处罚文书中逐步出现了较为明确具体的论证和说明。

1. 具有资金、持股、信息等资源优势。根据 2007 年中国证监会内部试行的《证券市场操纵行为认定指引(试行)》(以下简称《认定指引》)规定,“资金优势”指行为人为买卖证券所集中的资金相对于市场上一般投资者所能集中的资金具有数量上的优势,[①]中国证监会以行为人在行为期间动用的资金量及其所占相关证券的成交量的比例、同期市场交易活跃程度以及投资者参与交易状况等因素综合进行分析判断。大部分处罚文书会具体描述行为人申报或成交的金额数量排名及数量占自身或市场同期交易数量的比值。如果买入金额或申买笔数超过一定数量级的天数越多、交易量占当日市场总成交或量比值超过一定数值的天数越多、申买量排名市场第一或前十的天数越多,[②]则说明行为人的“资金优势”越明显。

“持股优势”的标准相对简易,中国证监会根据行为人使用的证券账户持有实际流通股份的总量及其所占相关证券的实际流通股份总量的比例、同期相关证券的投资者持股状况等因素综合分析判断。[③] 在处罚案件中,通常持

① 《认定指引》第十七条。

② 相关案例可参考中国证监会行政处罚决定书(田文军)〔2020〕81 号、(王小强)〔2021〕126 号、(吴峻乐)〔2017〕96 号。

③ 参见《认定指引》第十八条。

有流通股比例在5%以上的天数较长,即认为有持股优势,个别案件甚至将流通股持股比例均值1%也予以认定。① 有的案件还把上市公司控股股东或主要股东持有的流通股份从非限售可流通股份中剔除,以期更准确地反映在市场实际可买卖的流通股中的持股优势。

"信息优势"的认定相对复杂,是行为人相对于市场上一般投资者对标的证券及其相关事项的重大信息具有获取时间更早、更容易、更准确、更完整的优势,②直到2015年才开始出现认定利用信息优势连续交易操纵的案件。曾有处罚案件认定行为人利用新三板挂牌公司内部人身份,掌握股东名册信息、持股变化信息及各家做市商持有股份的未公开信息,在交易并不活跃的市场中具有信息优势。③ 也有处罚案件认定行为人作为上市公司管理层或实际控制人,凭借其对公司的内部管理权、实际控制权、信息披露决策权等优势,更早、更准确地获取了即将披露的价格敏感性信息。④

虽然《认定指引》规定的资金、持股或信息的"优势"是行为人相对于市场上一般投资者所具有的优势,但并不必然意味着其只比市场上某一个或某几个具体投资者具有优势。从样本案件中中国证监会认定优势的具体指标来看,"优势"应当是指行为人的优势地位已经足以对单个证券的交易市场产生较大的影响力,即行为人对证券交易价格或交易量的影响能力或现实可能性。

2. 滥用资源优势的违法性。虽然具备资金、持股或信息的相对优势地位是连续交易操纵的形式特征,但具有某种优势本身并不必然说明连续交易操纵行为具有违法性,尤其在短线炒作风气盛行、二级市场交投活跃的中国证券市场上,资金实力强的投资者特别是基金等机构投资者同样具有相应的优势,基于股票投资策略或份额申赎变化而需要进行连续大额交易与操纵行为的界限难以通过优势地位标准就能区分。立法强调连续交易操纵有"集中"或"利用"各种优势的要求,因为行为人"集中""利用"的方式突出了操纵市场的违法性。但"集中""利用"为中性词义,在法律没有对"操纵"本质或违

① 相关案例可参考中国证监会行政处罚决定书(袁源)〔2021〕49号。

② 参见《认定指引》第十九条。

③ 相关案例可参考中国证监会行政处罚决定书(张郁达、张晓敏)〔2019〕97号、(福建卫东投资集团有限公司、卞友苏、邱一希)〔2018〕23号。

④ 相关案例可参考中国证监会行政处罚决定书(吴联模)〔2020〕52号。

法性进行明确规定的情况下，中国证监会主要通过连续买卖的具体情况，观察有无利用“集中”“利用”资金持股等优势拉抬或打压证券交易价格或交易量的操纵属性。

在样本案件中，中国证监会会突出行为人“集中巨额资金”“大量买入”等“异常”情况，比如描述申报买入价格远高于当前市场成交价，认为是故意推高市场成交价，如果申报量远大于市场待成交的卖出申报，认为是意图以自身不断成交来放大市场成交量。中国证监会认为前述行为破坏市场买卖平衡格局，人为改变了市场供求关系，扭曲了市场成交价格。可见，“集中”反映了行为人通过资金或持股优势扭曲市场成交价格的意图，从而使其与一般投资者的合理交易行为存在区别。

“利用”虽有借助外物以达到某种目的的含义，但如何利用信息优势才构成操纵在法规上并未明确。同为利用信息优势的内幕交易，是知悉内幕信息后抢先于不知情投资者进行交易，从而获取更大的收益或规避更小的损失。内幕信息的形成、发展直到公开披露，在很多情况下不以行为人的意志为转移，行为人也无须参与或主动干预。但利用信息优势的操纵行为，是主动获取更早、更准确、更完整的包括内幕信息在内的“重大信息”，[①]甚至利用决策权直接制造任何所需的“重大信息”在人为控制的时点发布，目的是希望“重大信息”成为按照操纵者预期的期间和效果诱骗投资者进而影响证券交易价量的有效工具。比如有案例中，[②]在证券登记结算公司每月自动发送两次股东名册的情况下，操纵行为人为及时掌握所有做市商持有的股份变动情况，在操纵期间内主动查询股东名册 14 次。由于能获取到各家做市商的最新持股信息，该行为人在短时间内迅速买入做市商的卖出申报，导致做市商被动逐步提高做市卖出申报价格以平衡市场供需关系，相关公司的股价因此产生波动。

操纵证券市场的违法本质一直有“欺诈”和“滥用优势非法控制市场”两

① “重大信息”是指能够对具有一般证券市场知识的理性投资者的投资决策产生影响的事实或评价，除内幕信息外，还包括上市公司披露的信息、对证券市场有重大影响的经济金融政策、证券交易信息、在证券市场上具有重要影响的投资者或者证券经营机构的信息等。参见《认定指引》第十九条。

② 相关案例可参考中国证监会行政处罚决定书（张郁达、张晓敏）〔2019〕97 号。

种学术意见。[①] 一种观点主张，行为人制造或者意图制造证券交易价格或交易量的假象，使得证券市场上的特定投资者受到欺诈而作出错误的投资决策，个体法益受到直接侵害。另一种观点主张，证券市场交易只有满足公平、公正和公开原则，才能达致其应当具有的市场经济价值。行为人因资金、持股或信息优势而在证券价量形成机制中居于某种程度上的主导地位，负有保证机制运行的自由竞争性的积极义务，而对于这种积极义务的违反直接成为操纵证券市场罪正犯不法的归属。[②] 本文认为，操纵市场兼具欺诈和滥用优势的双重本质。"集中""利用"的实质即是不公平、不合法或不合理的滥用资金、持股或信息等资源优势，通过扭曲的市场价格信号诱导投资者交易进而损害其利益，同时通过控制市场交易机制非法剥夺其他投资者公平交易的机会，危害市场正常交易秩序，属于滥用优势欺诈投资者和扰乱市场交易秩序。

3. 拉抬/打压+反向获利凸显交易的违法性。连续交易操纵更为典型的特征是在特定期间使用"拉抬、打压或锁定手段操纵或影响相关证券价格"，利用开盘/收盘集合竞价阶段或尾市阶段的交易特点和价格形成机制，便利操纵或提高其成功率。这种手段在大宗交易卖出期间极为典型，在开盘集合竞价阶段、尾市阶段利用资金优势以大幅高于前日收盘价或前一刻市场成交价申报买入拉抬价格，随后于当日或次日反向卖出持有的大宗交易股票。

中国证监会在大部分样本案例中，通过对行为人连续高价或大量申买（或低价申卖）的特定指标进行比较分析，观察行为是否明显偏离于市场正常供需所反映的价格和数量，来认定其连续大额的买卖并非一般投资者的合理交易行为，而是人为的拉抬或打压价格，证明连续交易的行为"拉抬"或"操纵"了证券交易价格或交易量。而"拉涨停"无疑是"拉抬"的最具违法性的表现，行为人在市场成交价格尚未达到涨跌幅限制前，直接以大幅超出市场成交价的涨停价申报大量买入，且其在单个交易日制造的申报量和成交量均占据市场同期的最高比例，人为改变市场供求关系，扭曲了市场成交价格，误导

---

① 参见白建军：《资源优势的滥用与证券犯罪》，载《法学》1996 年第 3 期；邢颖：《禁止证券欺诈法律问题研究》，中国政法大学 2001 年博士学位论文，第 18 页；刘宪权：《操纵证券、期货市场罪司法解释的法理解读》，载《法商研究》2020 年第 1 期。

② 耿佳宁：《操纵证券市场罪归属根基的重塑——以控制信息操纵的评价困境切入》，载《法学家》2022 年第 4 期。

其他投资者对股票走势判断，为其后续交易牟利创造条件。

此外，许多案件在描述连续交易行为异常时，具体列举行为人操纵期间存在反向交易的天数、反向交易量占证券账户交易量比重较大的天数，或者指出连续交易操纵中存在拉抬中或拉抬后大量反向卖出的情况，有的直接认定“通过分多笔连续大量买入的方式拉升股价，而后反向卖出获利，此种交易方式带有明显的操纵股价的主观意图”。[①] 有观点指出，行为人在预测行情、发出投资建议之后进行反向交易，是其构成操纵行为的要素之一，为操纵证券市场行情意图在实践中的推定提供了科学而具有可操作性的补充限制条件。[②] 需要注意的是，有些案件行为人利用证券收盘价影响特定金融产品参考价格（价值）或者结算价格的定价机制，通过拉抬、打压或锁定等综合手段操纵证券收盘价，以便在参考价格或结算价格的有利变动中牟利，并非以标的证券反向卖出获利为目的。比如行为人为提高基金或信托产品单位净值而在即将收市时大幅抬拉该金融产品重仓持有的证券价格，或者控股股东为确保股票质押融资率高于补仓警戒线或平仓线而操纵上市公司证券收盘价，解除融资违约爆仓风险。因此，在此类案件中，“反向卖出”只是操纵行为的辅助判断因素，并非构成操纵的必要条件。

4. 利用技术优势进行高频交易操纵。除滥用资金、持股、信息优势相关处罚案例外，中国证监会已经开始研究通过程序化交易、算法交易和高频交易（为行文方便，统称高频交易）等“技术优势手段”进行交易操纵的域外案例。[③] 也有学者呼吁将滥用技术优势进行市场操纵的行为定性为操纵市场犯罪。[④]

高频交易速度极快，单位以毫秒甚至微秒计数，而中国沪深交易所每3秒才向市场发布一次市场申买申卖和成交的价格、数量、档位等信息，与欧美市场提供逐笔行情（tick data）完全不同，如果利用高频技术的报单不能持续超

---

① 相关案例可参考中国证监会行政处罚决定书（吕乐、陈志龙）〔2019〕125号。

② 熊永明、徐艳君：《操纵证券、期货市场罪“兜底条款”的适用研究》，载《法律适用》2016年第10期。

③ 参见中国证监会2013年课题研究报告：《中国资本市场操纵行为发展趋势及监管执法对策研究》。

④ 刘宪权：《操纵证券、期货市场罪司法解释的法理解读》，载《法商研究》2020年第1期。

过 3 秒,理论上其他投资者无法在行情数据中看出通过技术手段故意制造证券交易价格的假象。因此,有观点认为如果行为人的报单不能被其他投资者看到,也就不存在诱导交易。[①] 但本文认为,虽然 3 秒行情发布机制会降低普通投资者被欺诈的风险,但对于越来越多采用"试单"策略[②]或其他捕捉市场交易信息的高频交易参与人,[③]仍然存在着"自动化程序被诱导"的可能性。高频交易者运用自身的技术故意制造虚假的、误导性的股价表现,引诱其他交易者作出错误的交易决定,比如通过报价触发策略(order triggering)、幌骗(spoofing)、塞单(quote stuffing),[④]在以程序化交易参与者组成的特殊市场中同样可以制造虚假的市场信息。严格来说,此类交易的行为人并没有直接诱导任何人,其诱导的是无数高频交易商的交易算法,而交易算法被行为人挂出的买卖单所诱导,把市场推向了其所制造的假象,也可能造成其他高频交易者损害受骗。

2015 年中国股市出现异常波动后,中国证监会和公安机关针对高频交易进行专门调查。在随后查处的伊世顿公司操纵案中,[⑤]司法机关认定行为人通过大量账户从事高频程序化交易是非法利用技术优势操纵期货市场,与《刑法》规定的连续交易、自买自卖等操纵行为的本质相同。虽然新《证券法》第四十五条只是从影响证券交易所系统安全或者正常交易秩序的角度出发,要求对通过计算机程序自动生成或者下达交易指令进行程序化交易的行为进行规范,但早在 2015 年中国证监会发布《证券期货市场程序化交易管理办法(征求意见稿)》,即已试图禁止程序化交易者通过对倒、虚假申报、在收盘阶段利用程序进行大量且连续交易影响收盘价、异常价格大额申报,拉抬打

---

① 张孟霞:《高频交易的频繁报撤单与市场操纵认定——以美国国债期货"虚假报单操纵"案例为视角》,载《证券市场导报》2016 年 5 月版。

② "试单"高频交易者利用自己可以快速发出大量交易报价的技术优势,获得其他交易者的交易报价信息,进而作出对其他交易者不利的操作,使自身从价差中获利。

③ 虽然没有公开市场统计数据,但仅量化基金规模在 2022 年就突破万亿元。参考《首部中国量化基金白皮书发布》,载中国证券报 · 中证网 https://www.cs.com.cn/tzjj/jjdt/202209/t20220905_6296284.html,最后访问日期 2022 年 9 月 27 日。

④ 参见马其家、王森:《美国不公平高频交易监管及对证券法修改的启示》,载《证券市场导报》2018 年 8 月。

⑤ 《最高人民法院发布 7 件人民法院依法惩处证券、期货犯罪典型案例》,https://www.court.gov.cn/fabu-xiangqing-258751.html,最后访问日期 2022 年 9 月 27 日。

压价格并反向交易等方式影响交易价量的行为。[①] 虽然该征求意见稿最终并未正式颁行,但监管部门已经开始思考从防范操纵市场的角度加强对程序化交易的监管,只是目前尚无实际处罚案例可以观察针对此种操纵行为的认定思路。

(二)约定交易与对倒交易操纵

约定交易和对倒交易操纵行为模式相似,即按事先约定的时间、价格和方式相互进行证券交易,影响证券交易价格或者证券交易量。两者的主要实质性区别在于,是单一主体"在自己实际控制的账户之间进行的证券交易"还是多个主体合谋"以事先约定的时间、价格和方式相互进行证券交易"。

1. 制造虚假交易价格或交易量的典型代表。约定交易和对倒交易行为模式相对简单,无论是相互串通进行证券交易,还是以自己为交易对象连续进行自买自卖,行为均明显有别于合法的证券投资,可以推定其"具有不当控制该种证券交易价格的意图",[②]我国《证券法》虽未对此主观意图予以明确规定,但中国证监会的行政处罚案例事实上表述了类似的逻辑。

相关样本案例主要描述行为人在自己实际控制的账户之间进行对倒交易的天数,对倒成交量占当日市场成交量比例超过一定阈值的天数,并往往特意指出对倒成交量占市场成交量比例最高的交易日,但未阐述异常交易的违法性实质。也有案例描述了行为人采用先高价申报卖出、再高价申报买入相对成交的交易方式,既实现了对倒交易,又完成了对股价的拉抬,对倒交易量占市场竞价成交量的比例较高,对股价影响明显,对倒成交量足以影响交易当日价格走势。[③] 如果行为人的高价申报能对倒成交,使得瞬间市场成交价受到影响甚而大幅上涨,则可在一定程度反映行为人影响证券交易价格的意图。

值得注意的是,中国证监会在部分案件中还明确指出类似的异常交易方式,"形成虚假交易量,造成买卖活跃的假象,引诱他人买卖"。[④] 可见,中国证

---

① 参见中国证监会《关于就〈证券期货市场程序化交易管理办法(征求意见稿)〉公开征求意见的通知》,2015年10月9日发布。

② 汤欣:《操纵市场行为的界定与〈证券法〉的修改建议》,载《中国金融》2004年第19期。

③ 相关案例可参考中国证监会行政处罚决定书(韩启坤)〔2022〕7号。

④ 相关案例可参考中国证监会行政处罚决定书(柳宏)〔2013〕73号。

监会在处罚此类操纵行为时,同样认为行为人具有制造交易活跃假象、诱导他人买卖证券的欺诈意图和客观效果,秉持了与域外法律相近的立场。只是在样本案例中,中国证监会并未统一将这种违法性要素作为构成要件展开进行充分论证。

2. "影响"和"意图影响"证券交易价量的差异性。原《证券法》规定,"约定交易""对倒交易"与"连续交易"等操纵手段存在"影响"与"操纵"证券交易价量的字面区别;刑事司法机关2010年规定的"约定交易、对倒交易"立案追诉标准在数值上也低于"连续交易"一半。[①] 但新《证券法》针对各种具体操纵手段的条文已经删除了"影响"或"操纵"证券交易价量的文字表述,统一规定禁止通过各种操纵手段"影响或者意图影响证券交易价格或者证券交易量";[②]2022年修订的"约定交易、对倒交易"立案追诉标准与"连续交易"操纵也已完全统一,[③]似乎意味着立法者对操纵行为持有均势打击的态度。

此外,也有观点认为新《证券法》的修订仅是列明操纵市场的结果要件,不同种类的操纵行为在后果上都应达至"影响或者意图影响证券交易价格或者证券交易量"。[④] 但"影响"和"意图影响"是操纵结果要件的差异,还是应当解释为行为人在主观意图上也有区分,目前为止少量适用新《证券法》的处罚案例尚未展开具体论述。本文倾向于认为,不同操纵行为的违法性具有同质性,因而主观意图不应存在过错程度大小的区分,只是认定和判断的难易程度之差。虽然美国操纵立法将操纵行为主观"故意"从蓄意(追求行为的发生)或明知(理应知道行为的发生但不加制止)的心理状态开始降低到轻率

---

① 最高人民检察院、公安部2010年《关于公安机关管辖的刑事案件立案追诉标准的规定(二)》第三十九条第一项、第三项、第四项规定,连续交易操纵需在涉案证券连续二十个交易日内买卖股份数累计达到同期总成交量的30%以上,而约定交易、对倒交易操纵的同一追诉指标仅需达到20%以上。

② 对比新《证券法》第五十五条第一款和2006年《证券法》第七十七条第一款的规定。

③ 最高人民检察院、公安部2022年《关于公安机关管辖的刑事案件立案追诉标准的规定(二)》第三十四条第一、第二项规定,连续交易、约定交易、对倒交易操纵均需在涉案证券连续十个交易日内买卖股份数累计达到同期总成交量的20%以上。

④ 郭锋等:《中华人民共和国证券法制度精义与条文评注》,中国法治出版社2020年版,第305页。

(reckless),[①]即没有尽到谨慎注意的义务。但尚无证据表明新《证券法》对于"意图影响"的增订也试图降低主观故意的过错程度,至少不应该对不同操纵行为采用不同的主观过错标准。

从客观行为来看,"影响"证券交易价量,需要证明操纵行为人有能力致使证券交易价格或交易量异常或形成虚拟的价格或交易量水平,这种"影响能力"一方面体现为本文前述的具有资源优势的操纵能力,另一方面也体现为证券交易价量异常的重要原因。中国证监会在样本案件中通常通过说明行为人具有相比于市场一般投资者的资金、持股或信息等资源优势来论证这种"影响能力",并且通过比较被操纵股票的涨跌幅度与大盘综合指数或行业指数的偏离幅度,同时排除操纵期间上市公司发布重大事项公告等因素,来论证"影响能力"致使价量异常的结果。但新《证券法》增加规定"意图影响",可能是为了把对操纵证券交易价格或者交易量并不十分明显的情形也进行评价,以加大打击操纵市场违法行为的力度。

值得注意的是,中国证监会近年来处罚了一系列操纵交易型开放式指数基金(ETF)案件。[②] 中国证监会认为,行为人 ETF 对倒交易量占市场比重较高且行为多次发生,掩盖了市场真实供求关系,扭曲了正常的价格形成机制,充分印证行为人具有利用此种交易方式获利的主观故意。此外,中国证监会在上述案件中论证操纵违法性时,指出行为人不仅对 ETF 交易量造成了影响,放大了同期成交量,干扰了市场正常交易秩序,同时对其他投资者形成了不公平的交易机会。中国证监会是否采取与本文前述类似的观点,倾向于将滥用优势危害市场公平秩序也纳入操纵市场的违法性范畴,还需要未来在观察更多的处罚案件后才能加以判断。但已有学者对该类案件处罚的正当性提出了质疑,[③]认为 ETF 特有的折溢价套利机制和申赎机制决定了此种基金

---

① 张孟霞、尹小为:《美国"幌骗"案例的监管处罚与司法审判实践》,载《证券市场导报》2017 年 5 月版。

② 相关案例可参考中国证监会行政处罚决定书(青岛东海恒信投资管理有限公司、史吏、陈建国)〔2018〕99 号。

③ 张保生、朱媛媛:《以操纵证券市场的构成要件解析操纵 ETF 是否成立——以青岛某公司涉嫌操纵 180ETF 案为例》,载《证券法律评论》(2016 年卷),中国法制出版社 2016 年版,第 208 - 216 页。

的价格难以被操纵，行为人也就没有操纵ETF交易量的动机。本文建议，针对ETF或新三板交易等特征明显不同于集中竞价交易市场的操纵行为进行认定时，中国证监会需要花费更多笔墨来论证“操纵意图”或“影响能力”，至少要有足够的事实证明其危害性不低于传统的股票市场操纵行为。

（三）虚假申报操纵

自2009年依据《证券法》“以其他手段操纵证券市场”的兜底条款连续处罚了3起以虚假申报手法实施操纵的案件后，中国证监会开始将“虚假申报”认定为独立的操纵行为。

1.“不以成交为目的”认定指标的体系化。虚假申报操纵行为人并非真实地希望自己的申报在市场成交，同时行为人为有效利用有限的资源，需及时将原委托申报撤回以释放资金。但正常的投资行为也可能因为先前的委托价格不具有优势而撤回申报，或委托后改变投资决策而申请撤回原申报，为避免误伤合法的投资行为，中国证监会在行政处罚时逐步建立了一整套判定“不以成交为目的”的虚假申报的指标体系，有学者总结为基础指标、时间指标和核心指标。[①] 但“频繁”“大量”只是体现交易行为非真实性的表象之一，规定刚性的数字标准来衡量“频繁”也不科学，在具体案例中认定是否构成操纵应结合当时证券品种的交易活跃程度和市场行情走势进行分析。中国证监会在单个案件中并非列明所有前述指标进行论证说明，最近几起处罚案件仅描述撤单比例较高、申买委托驻留时间较短等数值较为明显的单一指标，[②]也未说明不同指标在论证“不以成交为目的”的效果差异。这说明虚假申报操纵的行政处罚认定已经较为成熟，市场参与者对于“频繁”“大量”申报撤单即可能体现“不以成交为目的”的主观意志并涉嫌操纵市场，也已形成较为统一的认识。

“不以成交为目的”的“频繁”“大量”申报撤单，影响其他投资者对该股票供求和价格走势的判断，诱导其跟进买入、逐步推高股价，是虚假申报操纵

① 夏中宝：《算法交易对虚假申报操纵法律认定逻辑的新挑战》，载《证券市场导报》2017年10月版。

② 相关案例可参考中国证监会行政处罚决定书（刘晓闽）〔2020〕92号、冯志浩〔2018〕13号。

的典型特征。在现有处罚案件中,[①]往往通过指标描述其他投资者买入申报总量的前后变化幅度,说明虚假申报操纵误导其他投资者交易的效果。此外,如前文所述"反向交易"是推定连续交易操纵意图的补充限制条件,虚假申报操纵中行为人在较短期间内的交易方向逆转,也能够较有说服力地揭示频繁申报撤单和反向交易之间存在手段和目的关系,反向交易也是该类案件中判断行为人此前的申报撤单行为是否"虚假"的重要指标。[②]

2. "幌骗"式高频交易的违法性。在近年来中国证券市场上逐步流行的高频交易情形中,行为人经常通过拆单和频繁报单撤单的方式来降低交易成本。对于追踪市场成交量和市场价格等内在逻辑的中性交易策略,如果事先制定且客观存在于程序代码的算法逻辑可以对申报撤单行为提出合理解释,可以有力削弱传统案件中通过综合指标来论证"不以成交为目的"的申报撤单具有不正当性的分析逻辑体系。另外,借由程序化高频技术实现以"幌骗"为代表的交易策略或行为,具有释放虚假供求信息、引发市场跟随进而牟利的恶劣意图,事实上滥用了高频交易这一中性工具,从而构成违法。[③] 相比于人工下单的交易方式,论证高频交易违法性的关键还在于判断是否滥用技术优势故意制造虚假的、误导性的股价表现,欺诈投资者和扰乱市场交易秩序。

在比较法上,美国《商品交易法》第4c(a)(5)条根据《多德—弗兰克法案》在期货市场操纵行为之外增设"市场扰乱行为"的违法行为,并且美国期货交易监管委员会(CFTC)《"禁止扰乱市场行为"解释指引和政策说明》进一步明确"意图制造人为的价格波动"的幌骗行为的违法性,[④]表现为对市场交易秩序造成了混乱和失序,认为其恶性程度一般要低于操纵要件中的"人为价格",后者明显偏离了市场真实供需关系所形成的均衡价格,是对市场机制

---

① 相关案例可参考中国证监会行政处罚决定书(徐国新)(2011)18号案、(卢道军)〔2009〕37号、(陈国生)(2011)10号。

② 夏中宝:《算法交易对虚假申报操纵法律认定逻辑的新挑战》,载《证券市场导报》2017年10月版。

③ 张孟霞、尹小为:《美国"幌骗"案例的监管处罚与司法审判实践》,载《证券市场导报》2017年5月版。

④ CFTC, Federal Register, Volume 78, Issue 102(May 28,2013), https://www.cftc.gov/LawRegulation/FederalRegister/FinalRules/2013-12365.html, accessed Sept. 28th,2022.

和功能的根本性损害。[①] 尽管通过高频交易实施的幌骗行为相比人工撤单对市场价格和流动性影响的时间更短，单次撤单的效果更小，随着虚假申报的停止，市场价格和流动性又大致会回到正常水平，但高频交易中的撤单频率比人工撤单要高出很多，仍能吸引其他投资人跟风交易，推动市场价格向预期方向波动，从而牟取非法利益。故有国内学者认为，[②]“意图制造人为价格波动”与操纵“人为价格”二者更多表现为量（扰乱程度）的差异，而非质（影响市场秩序）的不同，从违法性认定的角度而言，情节程度的差异无妨二者所侵犯客体的一致性，以及二者主观意图的一致性（都希望或放任达到该侵犯目的），因此将这类市场扰乱行为纳入市场操纵框架，于法理上并无实质障碍。

（四）抢帽子交易操纵

抢帽子交易操纵行为模式十分清晰，只要行为人实施了先交易、再推荐、后反向交易的行为，且未公开其持股事实，即可初步认定为抢帽子操纵行为。在《证券法》和《刑法》明确将抢帽子交易列为操纵行为之前，中国证监会已积累起一定数量的行政处罚认定案例，由此可以清晰地看到行政执法对立法发展的积极影响。

1. 从规制特殊主体扩展到一般主体。虽然《证券法》禁止的是一般主体即“任何人”操纵市场，但对于行为人并未作出明确的身份限定。早期《认定指引》将抢帽子交易操纵的行为主体限定为证券公司、证券咨询机构、专业中介机构及其工作人员等特殊主体。[③] 中国证监会据此处罚的抢帽子操纵案例中的违法主体，也多为证券投资咨询机构或证券公司具有证券投资咨询执业资格的从业人员（以下简称从业人员）。但中国证监会关注的并不仅限于抢帽子操纵行为主体的从业身份特征，而在于其推荐（买入）股票时对投资者交易决策的影响力。有些处罚案件的行为人是具有相当知名度和影响力的专

---

① 张孟霞、尹小为：《美国“幌骗”案例的监管处罚与司法审判实践》，载《证券市场导报》2017年5月版。

② 焦增军、李铭：《幌骗交易：类型化解释与期货市场操纵规制》，载《中国社会科学院研究生院学报》2019年3月第2期（总230期）。

③ 相关案例可参考中国证监会行政处罚决定书（余凯）〔2014〕16号、（北京禧达丰证券投资顾问有限公司、白杰旻）〔2014〕15号。

业机构，通过公共媒体进行股票推荐活动，社会关注度高，更容易影响投资者的交易决策，实现诱使投资者跟进买入或卖出的效果。[①] 有的处罚案件中的行为人仅在特定投资机构和个人客户范围内发送研究报告，但作为相关行业的首席分析师，其知名度、受认可度较高，且接受其推荐的机构客户从事的交易行为对于市场供需的影响力更强，虽然信息的传播范围略为狭窄，但其诱使投资者交易进而影响证券交易价量的效果可能仍然明显。[②]

早期《认定指引》将行为人的影响力简单等同于特定职业身份，即推定特殊身份主体推荐股票的行为当然对投资者决策具有影响力，可以一定程度减轻监管机构对操纵主体荐股行为影响力的证明责任，将当时社会危害性更大的违法行为先纳入制裁范围，但同时可能会使一部分行为人没有特殊主体身份的同质行为逃脱法律制裁。在投资者判断分析能力不足、跟风炒作投机性强、风险意识较弱的中国市场环境下，媒体记者、“最牛散户”、“炒股达人”、“知名投资家”或“股评家”等非专业机构从业人员，如能通过电视、电话或网络社交媒体等方式发表观点、意见来影响相当范围内投资者的决策，且同样使用先持股、后推荐再卖出的手法，也能实现诱骗投资者跟风交易的欺诈效果。因此，中国证监会在处罚案件中，一直试图打破特殊主体的限制，将这类具有民间影响力的非专业机构人士或知名证券节目主持人先买入证券再通过博客文章推荐股票的行为认定为操纵市场。[③]

2018 年 5 月，中国证监会部署专项行动对非法荐股、操纵市场等股市“黑嘴”乱象相关线索进行全方位排查，及时启动与公安机关的执法协作。有的操纵主体雇用“黑嘴”向散户推荐诱导买入拟出货的股票，[④]有的操纵主体通过电话、微信、微博等渠道给公众推荐成交量极度萎缩的“盘后票”，诱导散户大量买入引发股价大涨，进一步放大“荐股”对散户的影响力。[⑤] 这类操纵主

---

① 相关案例可参考中国证监会行政处罚决定书（武汉新兰德、朱汉东、陈杰）〔2008〕44 号、（汪建中）〔2008〕42 号。

② 相关案例可参考中国证监会行政处罚决定书（叶志刚）〔2012〕2 号。

③ 相关案例可参考中国证监会行政处罚决定书（廖英强）〔2018〕22 号。

④ 罗山东等人操纵市场案，参见浙江省金华市中级人民法院刑事判决书〔2019〕浙 07 刑初 40 号。

⑤ 吴承泽等人操纵市场案，参见《荐股开盘必涨？A 股“黑嘴教父”获刑 19 年，“盘后股”“抢帽子”这些套路被揭秘》，https://www.sohu.com/a/490527442_387251，最后访问日期 2022 年 10 月 1 日。

体并非专业机构从业人员，以连续交易、对倒等方式大幅拉抬股票价格的同时，伙同股市“黑嘴”利用直播间、微信群等新兴社交媒体诱骗投资者高价买入接盘，其反向卖出相关股票非法牟利，导致个股暴涨暴跌，严重扰乱市场秩序，侵害投资者利益。[①] 对此，中国证监会和司法机关都保持了严厉打击的态度，按照操纵市场行为进行处罚甚至定罪，新《证券法》和《刑法》也未将抢帽子操纵的主体限定为从业人员身份。[②]

2. 认定违法性的关键：未揭示利益冲突的欺诈。关于抢帽子交易操纵的违法属性，有观点认为是行为人通过未披露利益冲突的荐股信息，诱使投资者按照行为人的预期进行资金配置，将此种行为纳入操纵条款是为惩治行为人隐瞒其与投资者之间具有明显的利益冲突。[③] 这种观点有可取之处，因为秘而不宣的利害关系会影响到荐股信息的质量及荐股行为的中立性，极易引发相关主体为牟取个人利益蓄意发表有偏向性的甚至完全虚假的分析评论并由此造成投资者损失。《认定指引》关于行为人如能事先披露买卖证券计划则不构成抢帽子交易操纵的规定，[④]也从反面证明了抢帽子交易操纵的认定与相关的信息披露义务之间的内在关联。

行为人在隐瞒持股信息的情况下先推荐后卖出的交易模式，更反映出其意图通过推荐信息诱使投资者从事能引起其所期待的价格波动的交易行为，行为人为了实现其主观目的通常要隐瞒自身交易背后的利益冲突，这也是抢帽子交易的违法属性之所在。德国法院曾在首例抢帽子操纵案中指出，行为人发出投资建议，在于诱使其他市场参与人作出相应的交易行为，目的在于

---

① 《中国证监会会同公安机关查获一起利用股市“黑嘴”操纵市场的重大案件》，http://www.csrc.gov.cn/csrc/c100200/ca292397bca884fae91120e94e480cbeb/content.shtml，最后访问日期2022年9月13日。

② 《认定指引》第三十五条第一款、《刑事司法解释》第一条第二项相关规定在新《证券法》第五十五条第一款第六项、新《刑法》第一百八十二条第一款第六项没有保留。

③ 参见刘宪权：《操纵证券、期货市场罪“兜底条款”解释规则的建构与应用——抢帽子交易刑法属性辨正》，载《中外法学》2013年第6期；谢杰：《市场操纵犯罪的机理与规制——法律与金融分析》，华东政法大学2014年博士论文，第98－101页。

④ 《认定指引》第三十五条第二款：“但上述机构及其人员依据有关法律、行政法规、规章或有关业务规则的规定，已经公开做出相关预告的，不视为抢帽子交易操纵。”但这种豁免条款在新《刑法》和《证券法》中未见规定。

对行情造成影响,属于“其他欺诈行为”操纵市场。[①] 美国法认为这种未充分的披露利益冲突的交易触犯了证券交易法下的一般性反欺诈条款,甚至不以荐股后的反向交易为必要。[②] 中国证监会在部分处罚案例中,[③]也强调了抢帽子交易行为人主观上具有利用咨询推荐活动的影响力实施操纵证券市场行为的意图。在中国现行立法上没有一般性反欺诈条款制度的背景下,将这种隐瞒持股信息、先推荐后再反向交易的交易模式认定为操纵市场,的确能够实现更为严厉的执法效果。另外,在没有直接证据表明行为人的操纵意图时,虽然抢帽子交易的行为模式明显不同于合法的投资咨询活动或正常投资者的交易行为,其在不同程度上存在着影响证券交易价量的主观意图或至少是放任不当荐股误导投资者的重大过失,但与连续交易、对倒交易操纵等力求控制证券交易价量的积极故意仍有明显区别,社会危害性相对较轻,在适用《证券法》甚至依据刑法追究其刑事责任时,宜保持相对审慎的态度。

隐瞒利益冲突既是抢帽子交易的外在表现形式,更是其违法属性的核心特征。而信赖关系又成为认定利益冲突的前提基础。利益冲突最为典型的是从事证券投资咨询服务的专业机构从业人员,在荐股服务过程中与投资者形成了具有受托义务的信赖关系,因而负有避免利益冲突的信赖义务(fiduciary duty),应当如实地披露利益冲突信息,或至少不得利用信息不对称关系牟利。此外,新闻媒体从业人员或媒体公众人物意见领袖是否存在类似的利益冲突,学术讨论仍有争议。有观点认为,新闻媒体记者与社会公众尚无法建立这种具有法律约束力的信赖义务关系,即使其实施的交易行为背后存在着某种利益冲突信息的隐瞒,也只是与其新闻执业准则存在冲突,仅须依据有关新闻媒体从业的禁止性规定给予处理,而不宜以操纵市场论处。[④] 但国外

---

① 高基生:《德国最高法院“抢帽子交易”案的判决及其启示》,载《证券市场导报》2006 年 9 月。

② Jill I. Gross, “Securities analysts’ undisclosed conflicts of interest: unfair dealing or securities fraud?” *Colum. Bus. L. Rev.*, Vol. 631 (2002), p. 675. 但本文认为,反向卖出是抢帽子交易的当然构成要件,否则难以说明其隐瞒利益冲突是为了影响证券交易价量而牟利的动机。

③ 相关案例可参考中国证监会行政处罚决定书(汪建中)〔2008〕42 号。

④ 吴波:《操纵证券市场犯罪法律适用疑难问题研究——基于实证的视角》,载《中国刑事法杂志》2014 年第 3 期。

已有将新闻媒体记者纳入抢帽子操纵规范对象的案例,[①]也有实施抢帽子交易的专栏作者存在类似的准信赖义务而认定欺诈的案例。[②] 中国证监会与国家新闻出版总署(现国家新闻出版广播电影电视总局)对新闻媒体记者报道证券市场信息早就有具体的规范要求,[③]新《证券法》新增规定明确“传播媒介及其从事证券市场信息报道的工作人员不得从事与其工作职责发生利益冲突的证券买卖”,[④]均表明传播媒介在向证券市场传播信息时与接收信息的投资者之间存在特定的信赖义务,有避免利益冲突的责任。此外,也有观点认为互联网“大V”等意见领袖也应以媒体记者的标准来要求自己,扮演好信息中介角色。[⑤] 因而,将抢帽子交易操纵行为主体扩展至新闻媒体从业人员,甚至有限度地扩展至其他具有类似信赖义务的媒体公众人物或意见领袖网络“大V”,与规制该类操纵行为的法理基础并不冲突。

(五)控制信息操纵

在《刑事司法解释》正式规定“控制信息操纵”之前,中国证监会自2015年起已经陆续查处了一批上市公司为配合大股东、高管减持等需要,控制信息发布的内容和时机,以所谓“股价维护、市值管理”方式进行信息操纵的违法行为。[⑥] 目前,被查处的控制信息操纵案件,由于伴随有二级市场的集中买卖拉抬股价或大额减持的情形,多按照《证券法》关于“利用信息优势连续交易”的操纵条款定罪处罚,但也有案件将直接操控信息影响股价的行为依照

① 参见中国证监会行政处罚委员会编:《证券行政处罚案例判解》(第1辑),法律出版社2009年版,第36页。

② 美国第九巡回上诉法院在Zweig v. Hearst一案判决中认为专栏作者“买入、推荐、卖出”的交易模式构成欺诈,虽然本案中该作者对于报刊读者的义务并不是普通法上的信赖义务,但其地位类似于准内幕人员(quasi-insider),参见*Zweig v. Hearst*, 594 *F. 2d* 1261 (9*th Cir.* 1979)。

③ 新闻出版总署、中国证券监督管理委员会关于印发《关于加强报刊传播证券期货信息管理工作的若干规定》的通知[新出联(2010)17号]。

④ 《证券法》第五十六条:禁止任何单位和个人编造、传播虚假信息或者误导性信息,扰乱证券市场。……各种传播媒介传播证券市场信息必须真实、客观,禁止误导。传播媒介及其从事证券市场信息报道的工作人员不得从事与其工作职责发生利益冲突的证券买卖。

⑤ 兰甲云、杨子文:《“微时代”高频转发下意见领袖的网络失范行为及其治理》,载《湖南大学学报(社会科学版)》2015年3月第29卷第2期。

⑥ 《中国证监会通报近年来市场操纵案件的执法工作情况》http://www.csrc.gov.cn/pub/newsite/jcj/gzdt/201410/t20141031_262775.html,最后访问日期2017年9月10日。

《证券法》禁止操纵市场的兜底条款进行处罚。[①] 这些操纵案件中的信息类型多为上市公司业务转型发展的热点题材，操纵行为主体多为上市公司内部人员与外部机构合谋实施，主观意图既有配合交易拉抬，也有直接操控信息影响股价。[②]

1. 控制信息操纵区别于连续交易操纵。中国证监会曾在单独认定控制信息操纵的案件中指出，[③]“控制信息操纵”区别于“利用信息优势连续交易”操纵的关键在于利用信息优势的同时是否存在联合或者连续买卖的行为。但本文认为，两者之间的区别还在于是否严重损害上市公司信息披露制度所保护的法益。控制信息操纵是利用普通投资者对于上市公司强制信息披露制度的信任，人为控制发布不真实、不准确、不完整或不及时的信息，导致投资者据以形成对证券价值的错误认识或相应的投资决策，助成虚假的供求关系，从而操纵证券交易价量。从证券市场上的欺诈理论来看，法律规范固然无法确认市场操纵对投资者的直接欺诈，但对价格信号的干扰与信息内容的编造，意味着其对资源优化配置所信赖的整个信息市场进行欺诈。[④] 在公开、透明、自由竞争的市场环境下，证券市场价格由与其真实价值有关的所有市场信息决定，而强制信息披露制度是防范欺诈和确保市场价格自由形成的基石，也是投资者能够充分自由作出投资决策的依据。可见，行为人利用信息披露机制欺骗、误导市场参与者的投资决策判断，应是中国证监会认定此类信息型操纵的操纵意图的主要因素。

从现有案例看，争议的核心焦点在于当事人是在合法范围内合理决定信息披露事务还是人为控制信息披露的节奏和内容。正是因为操纵者滥用其对上市公司信息披露事务的优势地位，控制上市公司信息披露的内容和节奏，通过不真实不准确的信息披露诱导投资者，成为“控制信息操纵”的违法性的主要特征，也是认定操纵主观意图的重要事实。比如，处罚案例中通过人为提前或延后披露重大信息而控制信息披露的节奏，故意披露虚假不实、

① 相关案例可参考中国证监会行政处罚决定书（何思模）〔2018〕36 号。

② 高海涛：《试论信息型操纵的违法性及防控对策》，载黄红元，卢文道主编：《证券法苑（第二十二卷）》，法律出版社 2017 年版。

③ 相关案例可参考中国证监会行政处罚决定书（何思模）〔2018〕36 号。

④ 刘宪权、谢杰：《市场操纵犯罪的实质结构：法律与经济分析》，载《现代法学》2014 年第 6 期。

误导性的信息来控制信息披露的内容。与之相比,认定"利用信息优势连续交易"操纵案件,虽然出现披露与事实不符的公告内容足以对投资者产生误导的情形,但这种控制信息披露的情节显然没有"控制信息操纵"行为那么显著的系统性和目的性,而是通过节约行为人"连续交易"中拉抬或打压股价需动用的资金量和持股数额以便利操纵或提高其成功率。对于未通过上市公司信息披露机制发布的其他重大信息,由于缺乏信息披露机制的法定性、权威性保障,如果要达到诱导投资者作出非真实的意思表示欺诈市场的效果,往往还需要行为人通过连续交易进行拉抬打压股价相配合。这种信息优势的利用,其独立性要明显弱于控制上市公司信息披露的方式,则更宜以利用信息优势连续交易操纵处罚。

2. 控制信息操纵与其他信息型操纵的差异。从利用信息诱骗投资者交易到信息披露时所呈现的虚假不实或误导性情形,"控制信息操纵"与"蛊惑交易"等其他信息型操纵也有差异性。从违法后果来看,"控制信息操纵"体现为对上市公司信息披露制度的规范性和有效性的破坏,直接作用于证券交易价格的形成机制;"蛊惑交易"则更多地作用于社会媒体和专业机构的信息规范传播,更强调对于证券市场的公开、公平的信息传播秩序的破坏;而抢帽子交易中的信息主要是行为人公开作出的对交易证券投资价值的主观评价、预测或者建议,这种主观评判既可能符合客观事实,也可能夸大其词,推荐信息之所以能被投资者接受认可,关键是操纵主体身份的影响力。

虽然《认定指引》和新《证券法》均规定了"蛊惑交易"操纵,但至今尚无据此认定的行政处罚案例。随着互联网、自媒体的发展,"蛊惑交易"行为主体除宣泄不满或扩大自身影响力之外,更有可能基于影响证券交易价格的意图,甚至将造谣传谣作为信息操纵、上市公司"伪市值管理"的手段。[①] 蛊惑交易操纵所利用的是能够对证券市场上一般投资者的投资决策产生影响的虚假或者不确定的重大信息,操纵主体一般并无身份、地位或职权优势,此类信息主要由操纵主体自己编造散布,虽然事实上虚假,重大性程度也可能低于

---

① 参见《中国证监会积极应对新媒体时代执法挑战 坚决打击编造传播证券期货虚假信息行为》,http://www.csrc.gov.cn/pub/newsite/zjhxwfb/xwdd/201610/t20161014_304593.html,最后访问日期2017年9月3日。

“连续交易”或“控制信息操纵”行为所利用的信息，但多与市场投资者关注的焦点、热点题材紧密相连，一经公布传播，往往对投机炒作氛围浓厚的市场上的投资情绪具有直接影响。但“控制信息操纵”则从信息披露真实、准确、完整的义务出发，通过证明违反信息披露义务，来突出该操纵行为的欺诈性。滥用其对上市公司信息披露事务的优势地位，即《刑事司法解释》规定的“通过控制发行人、上市公司信息的生成或者控制信息披露的内容、时点、节奏”，是其区别于其他信息型操纵的主要特征。

四、小结

中国证监会在现有的执法实践中，力图通过处罚文书向社会展示操纵市场违法行为的特征、规律。通过样本案例分析发现，虽然针对“蛊惑交易”“重大事项操纵”“跨市场操纵”等行为的违法属性认定和规制的思路还有待进一步积累监管经验，但中国证监会针对“连续交易”“对倒交易”“虚假申报”“抢帽子交易”“控制信息操纵”等违法行为，根据执法政策、市场实践和监管经验已然形成了颇具特色的认定思路和识别标准，并开始在判罚文书中深入探讨操纵行为的主观意图、欺诈的具体属性及表现方式等疑难问题。

证券市场操纵行为不断翻新，本文观察样本中的处罚文书并未局限于对识别操纵具体指标的简单罗列，而是逐步将笔墨专注于描述操纵行为的具体违法属性和特征分析，对当事人的抗辩事由也开始适当展开针对性分析，其发展进步值得肯定。市场操纵的本质，即通过操纵行为制造交易活跃的假象进而诱使投资者跟风交易的欺诈性，已在中国证监会查处的各类操纵案件中得以确认，个别案件则开始从滥用优势损害市场公平秩序的视角观察操纵行为的违法属性。未来中国证监会应适时将相关认定标准进行规范化、公开化，并有必要在每个案件中清晰、完整地论证操纵行为的同质或异质性本质，从而进一步厘清操纵与合法交易的边界。

双重视角下的《公司法(修订草案)》评析

——从整体视角与股权视角切入

陈 克*

摘要:采取财产抑或实体(组织)的立法模式会影响公司制度策略安排的差异,因此采取何种模式是公司法修改的本源性问题。从组织与财产模式不同的理论背景出发,可以发现《中华人民共和国公司法(修订草案一审稿)》(以下简称《草案》)兼具两种模式的制度安排,看似混合式的调整模式背后,隐藏着立法者采取了封闭公司与公开公司两种更本质的公司形态区分。前者从股东对公司形成实然控制、控制权与所有权的合一出发,后者的规模化带来股东异质化、董事实际控制公司、控制权与所有权分离,进而导致两类公司分别为股东手臂延伸与科层化的组织体,分别对应财产与实体(组织)模式。封闭公司中集中管理引发的控股股东独大、有限责任负面作用产生资产隔离弱化,这要求对控股股东强化约束等安排;公开公司的融资规模化、高度组织化带来的公开性,需要专门化的管理层、多层次化的科层等诸多措施配套。对此,《草案》予以了不同程度的回应。不同公司形态对应不同的立法模式,以及差异性的权利义务安置,彼此之间互为因果。公司法强制性规范分程序性与实体性两类强制性规范,制度目的与规制内外部性的差异,决定了规范的强制程度。

股权是公司组织体中的最小权利单元,正确认识股权的属性与结构,应

* 上海市高级人民法院法官。

是公司法修订的逻辑起点。应将股权定性为股东依据股份与公司形成的长期性法律的关系，并据此产生的权利群。《草案》对股权内容进行了丰富与调整。在股权流转方面，要反对股权的所有权化，不宜以股权全部权利内容的完整转让来界定股权流转。用手投票的表决权与用脚投票的转让权两个方面，可以解释股权在公司治理中的角色。保障小股东权益的关键，不是给予偏颇性保护，而应回到公司治理的协调性上来。类别股出现对股权结构产生冲击，催生股权权能分离，但此为公司内生的协调股权利益与公司利益的自发秩序，应予尊重，同时，股东协议为股权权能分离的重要工具。从公司形态与股权角色的微观、宏观两条演变路线可以看出，理解股权结构是打开公司制度的钥匙，也是修法成功的关键。

关键词：公司法修改　组织模式　财产模式　有限责任公司　股份有限公司　股权　权能分离　股东协议

公司伴随商品经济发展而演进，财富积累带来投资的增多，科技发展带来社会的分工，以及产权保护制度的完善等，诸此，使得公司制度成为最适合现代社会的经济组织形式。公司法作为公司参与方备选安排之公共产品，重点在于公司法默认规则是否反映现阶段公司制度的实质，满足各类公司参与方的需求，从而可以直接选用这些规则而不必彼此谈判，以致节省交易成本。[①] 公司立法重在功能性，而不在于体系化。又因此次公司法调整不是新立而系修法，重在构意且与具体环境不能分隔。所以，针对新近面世的《草案》，本文也不过多关注条文内容细节调整，更想通过整体观察来细心揣摩，故又分宏观与微观两个视角进行。

宏观视角指公司是作为客体的“财产”，还是作为主体的“实体”，必居其一，《草案》区分有限与股份两类公司形式，并辅之以法定资本与授权资本等差异化的制度安排。该视角还涉及的问题是，之前过分注重公司财产忽视公司人格的公司立法倾向，是否希望借重公司类型上的制度差异化安排来调整。

微观视角指股权是公司最小组织单元，股东角色从企业家到所有者、投

① 参见[美]贝恩库里奇：《理论与实践中的新公司治理模式》，赵渊译，法律出版社 2012 年版，第 26 – 27 页。

资者、受益者,股东从单一身份到多重身份并立的演变,以及现阶段股东异质化带来股东角色的分化,需要思考的是,立法上如何通过股权结构的安排,满足不同股东的需求,使股东在行使股权时能更好地协调股东利益与公司利益。两个视角都强调不拘泥于"物"的维度,分别以单个的人——"股东"、聚合的人——"组织",即以人为中心探索《草案》如何更好地展现公司制度的本旨所在。

就此,本文将分别从组织、股权面向对《草案》进行分析。又因控股与非控股股东大多情况下对应少数与多数股东,股份与有限公司大多分别对应于公开与封闭公司,便利起见,本文不作严格区分。

第一部分 整体视角:组织模式抑或财产模式

一、公司到底是组织还是财产?

立法确定抽象规则,必然要超越单纯的描述,将公司制度放入规范性模式中阐述为必备步骤,换言之,公司法的前提性假设是什么?实体(组织)还是财产?

汉斯曼和克拉克曼教授在《公司法的终结》一文中提出,公司进化表明,股东导向的治理模式是唯一有效率的选择。① 如果股东中心主义是公司法的根本原则,那公司就是股东、债权人、用户、职业经理人之间的复杂合同。如果把公司看作要素市场对产品市场的替代,还不如理解为一种合约代替了另一种合约,组织安排就是合约的选择安排,②选择公司而不是合同的理由在于,前者的交易成本更小。不过,该合同具有的复杂性和不确定性,决定了它是个不完全合同,需要在明示约定外设定最终的权利来源,即应由作为公司所有者的股东一锤定音,其他公司参与人按约定取得相应权利。③ 该种最终权利的主要内容是剩余价值索取权、控制权,即新制度经济学上的产权。董事高管与作为公司所有者的股东之间是代理关系,另外,公司控制性所有者

---

① 参见[美]伊斯特布鲁克等:《公司法的逻辑》,黄辉译,法律出版社2016年版,第401-435页。

② 张五常:《经济解释》,商务印书馆2000年版,第409页。

③ [美]詹森等:《企业理论:管理行为、代理成本与所有权理论》,载[美]德姆塞茨等著:《所有权、控制权与激励》,陈郁编译,上海三联书店等2006年版,第1-83页。

与非控制性所有者之间,公司与交易伙伴之间也是代理关系,[①]这也就产生了委托—代理理论:委托人与代理人之间存在利益偏差,应通过适当激励确保代理人不采取危及委托人的行为。由此,公司就是被代理人股东的"财产",不过,公司也是股东手臂的延伸。

从"财产"出发,公司其他参与方与公司缔结雇佣、买卖、委托等合同时,就已然计算了成本和收益,剩余风险和利益应归于所有者股东。这可解释《草案》第五十三条股东会是公司权力机关的表述,公司自然也应以实现股东利益最大化即以"营利"为目的。然而,管理层对公司实然的控制权容易导致偏离股东利益,以致产生所有权与控制权分离,对此,公司法需要去解决经营行为的授权与约束、反收购措施的实施与程度、对部分股东的反制措施,等等。[②]

我国许多公司法学者把产权与物权对等起来,用平面的私法所有权来描述多维的产权(权利束),公司就等于股东财产。公司物化的一个衍生结果体现在:公司是股东财产,管理层支配公司财产,控股股东支配非控股股东财产,公司支配债权人财产;对董事高管、控股股东等进行有罪推定,并把该价值判断上升到制度安排——《草案》第五十一条第二款把股东知情权扩张到会计凭证。从反面看,公司立法需要强化股东出资义务,《草案》第四十七条第一款甚至强化到要无过错的发起股东为公司债务承担连带赔偿责任,《草案》第四十八条经营阶段股东出资的期限利益不受保护等。

从实体(组织)出发来看,不是专业分工,而是"专业分工 + 彼此合作"促进了工作效率。[③] 为什么公司价值远高于公司参与者产权的叠加呢? 为什么 1 +1 >2 呢? 这里除了财产整合还有人力合作,再加上公司的集中控制这只"看得见的手"使得"集合的财产"大于"财产的集合"。公司的组织因素是隐含价值,其中包括集中管理、法人独立人格、有限责任、股权自由流转等公司的四方面组织因素。也可以说,以产权为出发点的不完全合同,不再停留在

① [美]克拉克曼等:《公司法剖析:比较与功能的视角》,罗培新译,法律出版社 2012 年版,第 37 页。

② 个别股东滥用股东权利实现自己利益。

③ [英]斯密:《国富论(上)》,杨敬年译,陕西人民出版社 2011 年版,第 4 – 12 页。

哪个独立的剩余索取权人说了算的问题，不完全合同也好，纵向或横向一体化也好，都是公司作为产权结合体的组织体之内部结构。

组织视角与财产视角立足点的不同，使得立法政策在面临相同问题时，如所有权与控制权分离问题，有不同的策略安排。不同之处，既体现在公司制度中的内部约束，也体现在公司外部的劳动力市场、产品市场、资本市场约束等。在公司内部约束方面，大型股份公司将决策管理、决策控制、剩余风险分担分开，股东作为剩余风险分担者，通过股东会任免管理层，间接约束控制权。大型股份公司把控制权分解成决策管理（决策提议、决策贯彻）、决策控制（决策认可、决策监督），这是形成公司科层结构的关键一步。在扩散决策范围后，董事等高级代理人批准监督经理等较低级代理人，上一级管理层被赋予评估科层较低的下一级管理层的权力，从集权到共治，使得公司中所有级别的决策代理人通过牺牲股东利益为自己牟利变得困难了。另外，除前述事前激励安排外，公司制度还引入事后协调机制，比如公司内部纠纷解决的治理结构安排、责任规则条款，外部的控制权市场、经理人市场、安全承诺保证金制度，等等。

就共同公司面临的三类主要问题而言，两种模式的约束策略安排重点不同（见表1）。

表1　　两种模式对公司相关人员的约束策略

模式	所有者与管理层	控股与非控股股东	内部与外部参与人
财产模式	股东中心主义/侵权模式的注意义务	资本多数决/同股同权	资本信用/股东义务和责任/法定资本制
组织模式	董事中心主义/衡平模式下的商业判断规则	非绝对的资本多数决/同类股份同权	资产信用/资产价值/授权资本制

二、《草案》采取了财产与实体（组织）的混合模式吗?

财产与组织模式在同一部《草案》中都有显现，看似两者兼具，采取了混合模式。比如在所有者与管理者关系方面，《草案》第五十三条、第一百一十四条规定了股东会是公司的权力机构，第六十二条、第一百二十四条又规定董事会行使公司法与章程规定属于股东会职权之外的职权，前两条体现了财产默示，既然公司是股东财产，公司控制权就控制在股东手中；后两条又反转过来,公司是独立实体,公司的剩余性决策权应当控制在代表公司整体利益的董事会手中。其模糊之处在于,股东会、董事会乃至经理谁是根本性的支配者,谁来代表公司制衡力量占优的控股股东,该由来已久的中国公司立法问题还是没有解决。

在控股与非控股股东关系方面。《草案》第六十条、第二百零五条、第二百二十三条等在延续同股同权制度的基础上,以出资比例来确定股东权利,进而协调股东间利益冲突,此中贯彻的是资本民主,彰显的还是同股同权,而第九十六条、第一百五十七条等确定了类别股制度,第一百五十六条规定"同类别的每一股份应当具有同等权利",整体上是同股不同权,第一百五十八条又规定与类别股关联的决议,要经类别股股东会2/3决同意,固化类别股的特殊权利保护的同时,更表明对同股不同权的肯定。即便假设同股同权是原则,这里的"股"是股份,系股权平等,但第八十五条股权对外转让其他股东过半数同意,又是股东平等、人头决。这里的过半数同意若调整为其他股东所持表决权的过半数,则既能保障人合性,又能体现股权平等的原则,更为妥当。

此外,《草案》第四十八条规定了一般情形下的加速到期,把类别股理解为"附着于某类股份的权利",①难道"暂缓出资"不是附着于该类股份上的权利吗?当在章程上确定此类类别股的特别事项,公司没有偿债能力时,就直接剥夺规定的优待,是否与《草案》第一百五十八条损及类别股利益时需类别股股东会绝大多数决同意规定匹配?当然,什么是类别股的问题本身有争议,②英国法上就争议颇多,比如 *Scottish Insurance v. Wilsons & Clyde Cole Co* 案,可以预见,后续司法实践中将采用解释手段来澄清,而解释手段本身又具有不确定性。

在公司内部与外部参与人(以债权人为代表)关系方面。有学者强调授权资本制相较于法定资本制是进步,但我国实行的认缴资本制与授权资本制一样,都没有在事前确保股东出资,使公司资产维持到适当的水平。"公司法

---

① [英]戴维斯等:《现代公司法原理(下)》,罗培新等译,法律出版社2016年版,第689页。

② 不同种类股票直接的差异涉及经济利益或是身份利益时,相对于普通股都是类别股。

的制度创新不应以损害债权人利益为代价。"[①]公司立法对债权人事前保护的缺乏,造成了事后规制的泛化,除增设股东对债权人出资瑕疵范围内的补偿赔偿责任外,《草案》第四十八条还把股东加速到期上升为一般规则,第一百七十四条更是对他人取得公司股份时公司实施财务资助进行限制。为降低公司门槛,丧失资本确定性,同时又坚持法定注册资本贯穿公司债权人保护的始终,如此,增加的制度成本是否适当,是否还要坚持认缴的法定资本制,殊值慎重考虑。

法定与授权资本制在债权人事前保护方面差异不大,在事后保护方面应有所差异。法定资本制的重点是股东出资义务,原因在于股东是公司所有人,在利用公司作为经营工具之前应确定公司责任财产,并附随一系列从出资义务出发的一系列股东因出资瑕疵而对公司债务责任承担之安排。[②]授权资本制则强调公司对融资的自主安排,着眼于代表公司意志的董事可根据公司需要灵活处置公司融资。虽然《草案》引入了授权资本制、类别股制度,以及第一百五十五条、第一百六十一条、第一百六十三条等对无面额股制度的创设,加强组织视角下公司融资的自主性的立法倾向是无疑的。其实,更应匹配的是偿债能力声明机制,从而建立管理层事后规制的主导地位。然而,《草案》在债权人保护的后端救济上,还是在坚持财产模式,出资加速到期、财务资助限制是为对法定资本制下股东责任事后规制的升级。事前预防与事中、事后救济分别采取了实体(组织)与财产模式,不匹配之处显而易见。

表2对《草案》内容部分抽取列举,以显示同一部修订《草案》上,同时体现财产与实体(组织)两种模式的规定。不禁反问,这到底是修法立场的左右摇摆,还是针对现阶段中国公司制度的解决方案呢?

---

① 刘俊海:《债权人友好型〈公司法〉理念和制度重塑》,载《国家检察官学院学报》2022年第3期,第140页。

② 参见陈景善、郜俊辉:《股权转让后的未届期出资义务承担》,载《国家检察官学院学报》2022年第6期,第117页。

表 2 **分别体现两种模式的重点条文比对**

视角	所有者与管理层	控股与非控股股东	内部与外部参与人
财产视角	第五十三条、第一百一十四条,股东会为公司权力机关;第九十七条、第一百六十四条股东会授权董事会发行后续股份……	第六十条、第二百零五条、第二百二十三条按出资比例行使股东权利;第一百一十九条一股一表决权……	第四十二条、第九十八条资本信用强调注册资本的公示公信,体现在资金输入端上,第四十六条至第四十八条、第五十三条、第八十九条、第一百零九条……股东出资真实准确,以及相应的虚假责任。输出端上,第二百零五条至第二百零七条、第二百零九条、第二百一十条、第二百二十条以注册资本为标尺的外部人保护……
组织视角	第六十二条、第一百二十四条,董事会行使法定章程未规定的股东会职权之外职权;第六十四条、第一百二十五条董事会可行使执行监督两项职权;第一百七十四条股东、董事会为公司利益确定获取股权的财务资助……	第七十一条公司提供内部担保的其他股东过半数同意;第一百五十五条至第一百五十八条类别股、无面额股规定;第二百零五条第二款不按出资比例分配……	资产信用强调公司资产真实与价值维持。资金输入端,第一百五十五条落实融资便利,实质公示;输出端上,第一百七十四条、第一百八十三条至第一百八十六条、第一百九十一条……体现在资产监管,防止管理层控股股东等内部人利益输送;第二百二十一条、第二百二十五条贯彻的是经营能力标准简易合并、减资;第二百三十五条内部人承担组织责任的简易注销……

三、划分封闭与公开公司的必要及差异性的制度安排

《草案》还是坚持了有限与股份两类公司形态,源于交易实践而非法律推理。

(一)封闭与公开公司的实然差异

《草案》第九十三条增设了一人股份公司的形式,而且第七十条、第八十四条与第一百三十条、第一百三十七条分别提到了规模较小的有限公司与股份公司。公司法另隐藏着两种公司形态:公开公司,股东人数较多,股份大量

公开交易且股权结构分散的公司;[①]封闭公司,股东人数较少,缺乏自由流通市场,股东至少是公司资金的主要来源(债权融资也是以股东个人财产作为担保的),且期望参与公司的管理,[②]可以说股东控制是其核心特征,这更多是作为组织成员对管理的参与,不仅仅是风险资本的提供者。当然绝对的两分是错误的,公开与封闭公司之间还有许多处于中间地位的公司。

封闭公司是个组织仅是应然层面上的认识,不能解决实然上的判断,管理层与股东合一,股东会与董事会合一,即便章程作为公司宪法被确认,《草案》第六十一条也明确通过2/3多数决可作修改,公司意志还是由多数股东控制。公司并不具备完全独立于股东的地位,这里把公司理解成不完全契约,多数股东相较于少数股东将个人财产更多地特定于特定公司中,理应获得控制权。这是避免投资扭曲的最好方法,否则无人愿意把更多财产投入长期关系中,且因优先购买权等安排导致缺乏投资流转途径。[③] 纵然公司法人人格和有限责任带来公司与股东之间的资产隔离,实践中,公司债权人要求股东作为保证人并不鲜见。[④] 就此,因公司权利架构对多数股东的制约相对轻微,将封闭公司理解为股东特别是多数股东财产并无不当,就此出发追究多数股东的实质责任也是名正言顺的。

《草案》第四条第一款以有限责任保护股东真实投资行为的同时,也通过第二十一条的人格否认解决资产隔绝的失败,第一百九十一条损害公司利益的追究,第二百零七条、第二百二十二条利润分配的控制,第七十一条、第一百二十三条、第二百二十一条股东资助禁限制,第二十条关联交易约束,以及第四十八条对加速到期的肯定,及尚未规定的股东债权劣后等制度,从而防范公司沦为多数股东的工具。基于封闭公司实然地为股东财产,上述对封闭公司中多数股东行为和治理结构的调整,采取物权式的纠纷解决方案也就是

---

① 参见[美]克拉克曼等:《公司法剖析:比较与功能的视角》,罗培新等译,法律出版社2012年版,第30－31页。

② [英]戴维斯:《英国公司法精要》,樊云慧译,法律出版社2007年版,第301页。

③ [法]索西耶:《不完全契约理论于交易成本经济学:一个检验》,载[美]威廉姆森等著:《制度、契约与组织》,刘刚等译,经济科学出版社2003年版,第439－464页。

④ 邵庆平:《组织与契约之间——法律规范观点》,载邵庆平著:《公司法——组织与契约之间》,翰芦图书出版有限公司2008年版,第1－19页。

不得已而为之。

对于公开公司,既有股东投入财产构成公司价值的同时,投资份额的可转让导致股东消除了从公司投资获得即时性报酬的依赖,最终使得大规模财产集聚于公开公司成为可能。[①] 大规模投资带来的股权分散,又伴随着管理决策能力的专业化要求,使得管理和对公司资源控制从"股东"分离成为常态。而且管理层"干中学"获得的对特定公司的人力成本投入和其他财产性投入组合起来形成了所有人力资源合作性集合,从财产的集合到集合的财产,公司结构也从不完全契约到组织性契约。由此,公开公司作为纯粹的组织体,从对生产经营的管理技能专业化上获取收益,并依赖有限责任增加投资份额的可让渡和可分性,非但没有减少私权所有的有效性,而且控制与所有的分割作为一种控制和协调方式使得私有产权能实施生产的专门化,极大提升社会资源的利用效率。[②]

那么,公司成为以自己可持续发展为目标的公众机构,不应再被认为是私人契约性质的实体,[③]其本身就是一个单纯人格的组织体,有自身的独立意志。若强调公司是个独立实体组织、是自我运行的机器,那公司为什么不能持有自己股票、为什么要限制关联交易呢?对前述问题的回答,可从公司存在的合理性层面获得解释。公司之所以存在,是因为公司要像所有的公众机构一样,为社会创造益处而非损害,为此公司释放的外部成本要小于外部收益。

(二)封闭与公开公司制度安排的差异

公司最糟糕的事就是破产,保持财务健康就是衡量公司价值的标准,当然,财务健康是一种工具价值,而不是目的本身。作为社会成员而言,大规模资本集结,会像国家权力一样形成固有的对个体的威胁感,即害怕劳动力屈从于资本、自由屈从于集中管理。法律赋予公司形式和力量的同时,也应确保其走向积极的方向,保障公司利益及其创造财富的能力。应促使公司既能

① 参见[美]阿尔钦:《产权:一个经典注释》,载[美]科斯等著:《财产权利与制度变迁》,刘守英等译,格致出版社等2014年版,第121-129页。

② 参见[以]巴泽尔:《产权的经济分析》,费方域等译,格致出版社等2017年版,第84-85页。

③ [美]格林菲尔德:《公司法的失败:基础缺陷与进步可能》,李诗鸿译,法律出版社2019年版,第112、117页。

产生广泛的社会财富,又能将决策的外部成本内部化。

对于前一项目标,制度安排表现在,扩大融资手段确定类别股、无面额股东的合法地位,突出股票的可转让性和股东有限责任,带来公司与股东分离的永续性,也伴随着专业化和集中化的管理,使得公开公司成为创造财富的经济引擎。

对于后一项目标,需要注意的是风险负担与决策经营(提议与贯彻)、决策控制(认可和监督)的分离问题。股东作为剩余价值索取权人仅保留任免董事会成员、兼并、股票发行等核心基础架构同意权之后,其他经营和控制权利授权董事会,董事会再将决策控制经营权利授予经理等其他内部代理人,保留对其最终控制权,包括认可和监督决策提议贯彻,以及相应雇用与解聘的权力。如此一来,公开公司规模绝对分担的风险较大,伴随而来的扩大融资带来所有权扩散,所需要的专业化的集中决策,又通过公司内部科层化于不同层级上。于是,将决策控制委托给第一层级董事会,决策经营委托给第二层次经理等管理层,两者再分离形成了公司科层决策的中心环节,产生的相互制约使得控制权在不同群体间彼此串通损害公司所有权更为困难。[①] 同时,借助股票市场和经理市场获得生产产品和人力资本,可对两个层级的决策经营和控制进行监督。公司制度安排在减少制度成本决策的同时,也完成了决策外部成本内部化任务。可注意到,《草案》也从第七十条规定小型有限公司经理与董事合二为一、整体删除经理的法定职责,第一百三十一条明确职责范围归于董事会授权,可窥见立法对前述阐述的落实,但《草案》还是缺失了封闭与公开公司中不同决策机制的差异安排。

(三)股份还是有限公司才是公司法基础模型?

可能的疑问是,股份公司还是有限公司系公司立法的基础模型,基于问题的同质性,这里将两种法定公司形态分别与封闭和公开公司对应来分析相应问题。需要考虑的是,哪种公司形态更优的问题,也关涉公司法没有明确规定时何者作为参照依据的问题,这实际是一个问题的两面。

首先,不同公司组织形式各有优劣,所以,才设计不同的公司控制权机

① 参见[美]法马、詹森:《所有权与控制权的分离》,载[美]詹森等著:《所有权、控制权与激励》,陈郁编译,上海三联书店等2006年版,第165-196页。

制。在同一维度,公众公司与封闭公司各有其问题与效率面向,否则股东就会把投资从一种公司转到另一种公司,直至边际成本得到满足。[①] 当人们可以在公司类型中自由变换时,问题就体现为投资者与公司类型的彼此匹配问题,而不是孰优孰劣问题。

其次,公开公司具备法人人格、股东有限责任、投资份额的自由转让、集中管理四大特征,而封闭公司只具备前两个特征,封闭公司不具备的后两个特征中,应不存在参照适用股份公司的可能。《草案》采取了总分结构,法人人格与股东有限责任规定在公司总则部分,分则明显对两类公司形态分开进行了规定。第一百零九条、第一百一十三条、第一百一十五条等有限公司规定适用于股份公司的立法理由在于立法简练上的参引,而不是把有限公司作为立法模型。

四、不同的公司类型与制度模式的差异安排

(一)封闭(有限)公司的对应制度

首先是公司集中管理方面。股东既管理公司又有承担投资失败的风险,公司丧失专业化运作优势的同时,管理层与投资者合一也减少了投机行为。股东会、董事会人员同一,都是为公司经营作决策,所以为公司匹配两套决策机制的必要性降低。与之相应的是,更多形式要求的股东会制度应被简化,公司法在朝此方向努力,此中目的在于让公司决策更加容易,否则就不会有第五十四条第二款书面同意一致决,第七十三条第一款轻微瑕疵决议效力之肯定,第六十二条新增的董事会行使法定或章定的股东会之外职权。

此种安排也会带来负面作用。为确保股东与管理层身份的和谐统一,从而节省委托代理成本,限制股权流转是主要途径。《草案》第八十五条就优先购买权行使而言,将股东的二次同意减少为一次同意,其实只是环节上的简化,通过其他股东的优先购买权限制封闭公司股权转让的本旨并没有改变。由于缺乏退出通道,封闭公司的股东不能像公开公司股东那样有效地分散投资,股东与公司被更紧密地捆绑。多数股东通过控制公司获得超过持股比例收入的可能增多,少数股东权益保护的迫切性加剧。除公司治理程序方面的

① [美]伊斯特布鲁克等:《公司法的经济结构》,罗培新等译,北京大学出版社 2014 年版,第 236 页。

约束外，公司重大事项多数决，特定事项人头决的规定，《草案》第七十一条公司对股东、实控人提供担保的其他股东多数决的规定，等等，其实都是在使少数股东权利有所保障。但仅仅因人合性而突破资本多数决原则，则理由似乎不够充分。就少数股东的保护而言，虽还有《草案》第九十条第一款第一项公司连续5年有利不分股东可主张回购的规定，但其中的诉讼成本容易让人望而却步。在多数股东控制下少数股东低价回购也不是不可能。这样，在此背景下投资前先行议定利润分成就十分必要，设定分配优先的类别股是较优选择，即便公司法关于有限公司没有类似规定，投资者也可选择设立封闭的股份有限公司而选择优先股。

后续延伸问题是，立法要择定对股东协议的态度，封闭公司参与方系低效率的风险承担者，投入大量个人财产参与经营，又缺乏风险分散路径，这样，它们需要比公众公司其他参与方更了解自己的权利，要使得它们可以在尽量明确权利义务的基础上进入公司。对于可以控制股东后续投机行为的举措，如股东协议等公司组织文本，公司法应予以高度尊重。这类股东协议包括重大经营事项的一致决、投票信托、限制董事自由裁量权的合意等。切忌将公众公司的运作范式运用到封闭公司，*McQuade v. Stoneham* 案就是一个反向例子，[①]该案被后来判决所否定。在中国，该案判决结果得到了延续，即指导案例10号“李建军诉上海佳动力环保科技有限公司”，[②]法院没有审查李建军作为被告佳动力公司持股40%股东并担任总经理的原因。我们不能否认封闭公司中以薪酬方式实质派发利润的可能。

在承认章程之外股东协议安排的基础上，多数股东对少数股东“合理预期”应予以尊重，应作为可信承诺而被坚持。此中就涉及多数股东对少数股东的信义义务。封闭公司的股东之间应有比公开公司股东更高的互为诚信的义务，多数股东为个人牟利的同时，也应当为其他股东谋取同样机会，股东

① 否定了股东之间就任命 McQuade 为公司财务经理，月薪为7500美元的协议，后被解雇，提起诉讼要求继续履行股东协议被驳回，该案已经作古，美国法院无一例外地执行封闭公司内达成的股东协议。

② 该案裁判本旨过分机械，强调法院在审理公司决议撤销纠纷案件中应当审查：会议召集程序、表决方式是否违反法律、行政法规或者公司章程，以及决议内容是否违反公司章程。在未违反上述规定的前提下，解聘总经理职务的决议所依据的事实是否属实，理由是否成立，不属于司法审查范围。

平等原则应贯彻公司立法始终。反过来,少数股东也有对多数股东的信义义务,签订一致同意的协定有助于少数股东免受多数股东的私利行为,也可避免少数股东谋求不当利益,导致公司陷入僵局。由此,基于对股东信义义务的保护,公权力介入。① 为少数股东提供非绝对性的保护举措是恰当的,其正当性在于"股份平等"是股东存在的基础,也是彼此联合的基础。② 如果不考虑信义义务安排在维持公司存续方面的可能性,而直接进入《草案》第二百二十七条公司强制解散规定的视域,无疑,那样对公司参与方的代价实在太大。但《草案》并没有此规定,且最高人民法院关于适用《中华人民共和国公司法》若干问题的规定(五)第一条、第二条也未引进股东对关联交易事前事中介入规范。

其次是有限责任方面。不能否认,管理层与股东合二为一的情况下,资产隔离程度较弱,有限责任被滥用的风险增大,交易实践要求股东担保的增多就是此现象的典型反映。2013 年公司法修改取消了最低资本限制,但《草案》中对有限公司还强调的是法定资本制,至少立法者坚持从公司设立及控制机会行为来避免有限责任在封闭公司中的风险。从《草案》第三十五条关于出资数额、时间、方式的公示公信规定来看,股东出资义务在资本确定原则上得到了强化。股东出资义务主体的语义射程从股东到发起人股东,到第八十九条受让股东,再到第三十六条向管理层延伸;股东出资义务的时间从按期实缴到第四十八条加速到期;股东出资义务的方式从股东补足出资及对公司债权人的补偿赔偿责任,到第四十六条第二款股东丧失其未缴纳出资的股权。从多个维度的规制举措安排,可以看出立法者对此问题的重视。但是,对于引发问题的资本认缴制,《草案》没有触及,多数股东采取投资与债权间的骑墙行为,没有落实股东债权劣后规则。

此外,《草案》还显示出在资本维持原则上的扩张表达,具体体现在第二百零七条、第二百二十二条明确公司违法利润分配、减资方面,股东与管理层

---

① 起源是教友派的伦理,人的生活是一种始终如一的禁欲美德的锻炼,是经由良心的态度来证明自己的恩宠状态,而此种良心的态度表现于工作里的关注周到与方法讲求。[德]韦伯:《新教伦理与资本主义精神》,康乐等译,广西师范大学出版社 2007 年版,第 156 – 158 页。

② 参见[美]梅西:《信守承诺是公司治理的基石》,戴欣等译,法律出版社 2017 年版,第 376 – 378 页。

的赔偿责任方面，以及第二百二十一条对借减资进行利润分配进行的防范。但是，就同为股东分配的公司回购制度，第一百七十三条条文长达四款，却没有明确支付回购款项应限于资产价值与公司注册资本差额，更没有明确相应的法律后果。更令人不解的是，最为极致的资产隔离最容易失败的封闭型公司——“一人公司”人格否认中的举证责任倒置被删除。

（二）股份公司的对应制度

当个体结合在一起并被组织起来，形成社团意志独立性，由此产生主体的独立性，也产生了公司内部治理和权力结构，使得公司与股东分离，形成公司独立人格。融资规模的扩大带来了股东非同质化，带来债权人、雇员等利益相关方范围的扩大，带来所有权与控制权分离程度扩大，等等，更凸显了所有公司利害相关方意思加总的公司意思独立性的重要性，由此，作为高度组织化的公开公司真正确立。这样，立法更需要在公司治理方面、程序规范性方面、规制精细化方面着墨，但是，在调整目标上，随着公开公司公共属性的突出，公司利益最大化应放在社会利益层面上考虑：一方面，股东加总意思与公司意思的分离，意味着要赋予董事高管更为独立的权力，另一方面，也要考虑到董事高管的职责内容从诚信责任向公共责任的演进。[①]

《草案》第十九条明确了公司经营应考虑公共利益，应承担社会责任。既然立法导向上至少公开公司应确定其公共性，信息公共性为基础要求，为此《草案》于总则之后设公司登记专章，第三十五条明确公司登记事项，第三十三条明确虚假登记法律后果，第二十七条基本厘定了公司登记制度设权、正确性推定的功能。其中，有些登记事项与2021年3月施行的《市场主体登记管理条例》重复，特别是把原本安放于公司设立、经营、终止各阶段的登记环节，抽取出来单列一章，恐与公司运行实际割裂，增加理解难度。

公开公司的规模决定资本结构，也要求控制违约风险和固定清偿契约的契约成本。[②] 融资阶段、方式的多样化，伴随着授权资本制与类别股的出现，融资的灵活性更催生了无面额股设计，针对这些问题，《草案》都予以回应。

---

① 该阶段的公司治理已经不是stockholder而是stakeholder。

② 后者主要指劳动者和供应商的固定清偿需求，远比收益更稳定，而且规模扩大必然带来大量的贷款和债券。

如是而言，股东的异质化不可避免，同时，公开公司扩大经营意味着以公司资产为基础，为劳动者与供应商的固定清偿作担保，这要求公司资产具有实质性清算价值，资本结构中应有大量的贷款和债券，以减少资金成本。[①] 公开公司立法的目标设定不仅涉及股东，也要包含全体公司利益各方的诉求，公司法需要通过赋予董事会实质权力来实现此目标，董事会中心主义就成为必选项。《草案》通过减少董事会人数——将组成人员从 5 人减至 3 人，实现灵活有效决策；通过直接确定或明定股东会授权扩大董事会职责范围——如第六十二条、第一百三十四条董事会行使公司剩余控制权之规定，第九十七条、第一百六十四条授权董事会发行股票之规定，第一百七十三条特定情况下股权回购之规定，第一百七十四条公司利益的财务资助之规定。诸此，都系对公众公司实践需求的回应。

如前所述，更多元的责任承担方式不是让管理层更容易逃避责任。管理层面临决策经营与决策控制科层安排的内部监管和风险承担者（包括股东与长期融资债权人）依托股票市场与经理人市场的外部监管。相对于股东、债权人的资金投入，董事管理层进行了人力资本的投入，其收益不应限于薪酬、股权激励、获取公司机会自我交易受益，等等，也并非绝对禁止事项。《草案》第一百八十条将忠实勤勉义务主体扩大至监事，并明确了忠实勤勉义务的内涵，将勤勉义务确定为“执行职务应当为公司的最大利益尽到管理者通常应有的合理注意”，这是在严格信义义务的基础上，引入商业判断规则，表明了对董事经营决策经验的重视。经验是管理者正确决策的必要条件，也是对硬性法律进行的一般调校，这也将决策的“可公度性和公平性”的举证证明责任分配给董事等管理层。《草案》第一百八十二条至第一百八十五条又把违反忠实勤勉义务的事项进行清单式列举，这兼顾了裁判的可操作性。

需要注意，《草案》第一百八十三条至第一百八十五条对现行《公司法》第一百四十八条管理层自我交易、获取商业机会、自营问题进行专门性规定，将重点放在了流程公平上。鉴于商机的或然性、复杂性，我们不能期待立法者事先绝对确定机会分配，解决问题的关键是，设定决策制定方法从而为利益

---

① 参见［美］法马：《契约成本与融资决策》，载［美］詹森等著：《所有权、控制权与激励》，陈郁编译，上海三联书店等 2006 年版，第 197 - 225 页。

相关方提供程序上的公平。因此,需要基于信息透明度和程序是否得当等来衡量公平性。比如,《草案》第一百八十三条将管理层的关联关系主体纳入自我交易规制范围后,明确规定管理层自我交易时应当将有关的事项向董事会或者股东会报告,并按照公司章程的规定经董事会或者股东会决议,且董事会决议时关联董事不得参与表决,其表决权不计入表决权总数。《草案》第一百八十四条也强调管理层只有在已向董事会或者股东会报告并经决议同意之后,或公司拒绝或不能利用时,才能获得原属公司的商业机会。而把最高人民法院关于适用《中华人民共和国公司法》若干问题的规定(五)第一条、第二条与《公司法》第二十条联系起来理解,就会发现对控股股东、实际控制人关联交易的否定性评价采实质判断是难以操作的。不同主体类似行为法律评价的差异问题应从多数股东、管理层与公司联系的紧密性角度审慎考量。

五、强制性规范的安排设想

本次修法过程中,学界曾就公司法规范类型的区分进行过讨论,主要观点认为公司法强制与任意性规范意义重大,并把讨论重点集中于立法技术上条文属性的可识别性上。

但公司法修订中财产抑或实体(组织)模式的择定是讨论此问题的前提,由此延伸以下几点:第一,公司法的框架是“多数主义默认规则”,属私人秩序,[①]应以任意性规定为主。但公司的组织性,以及高度组织化带来的公共性,使得公司有引入强制性规范的必要,其主要目的在于通过合理高效制度建构实现公司整体利益的最大化,同时减少对社会的负外部性。前者包括保障股东的最基本权利,确立公司基本权力架构;后者包括信息不对称情况的矫正、不公平待遇的矫正,以及涵盖两者的相关救济措施。[②] 并且,以上五种强制性规定的目的或内容会有交错。

第二,强制性规范中要考虑实体强制与程序强制的区分。实体强制规范主要集中于前端的股东最基本权利的保护、公司最基本架构的维护。后端救

① 参见[美]贝恩库里奇:《理论与实践中的新公司治理模式》,赵渊译,法律出版社2012年版,第30-31页。

② 参见[澳]杰弗里·N. 戈登:《公司法的强制性结构》,黄辉译,载王保树主编:《商事法论集》2007年第1期。

济措施应予以强化,如信息权是股东底层权利,尽管股东之前放弃知情权,现在主张行使的公司法还应予以支持;又如股东会是公司运行的基础,《草案》第五十四条、第一百一十五条规定股东会的最基本职权,不能授权董事会行使;还有对控股股东以及管理层损害公司利益的行为救济要就对应行为予以否定评价,《草案》第二十条第一款、第七十一条、第一百二十三条就关联交易、未经法定程序的公司担保投资予以否定性评价,即为适例。

相较于实体性强制规范,程序强制规范更是公司法的特色,公司的组织属性必然强调行为程式,遂产生了大量的程序性强制规定。有的程序性强制规定是为了保障某些权利的行使,如股东会、董事会决议形成的程序中,"议题提出—会议召集—会议出席—会议主持—意见表态和协商—进行表决—结果产生—记录签名"各环节的安排,如《草案》第一百五十八条第一款规定损及类别股东的公司行为要经类别股股东会绝对多数决通过等。有的程序性强制规定是为了救济某项权利,如《草案》第五十一条股东查阅会计凭证等要提出有正当目的的书面请求,第一百八十八条股东代表诉讼的前置程序。还有的程序性强制规定表现为某些行为实施的特别批准程序,第一百八十三条、第一百八十四条管理层进行自我交易、获得公司商业机会都需公司批准等。有限公司与股份公司组织性的强弱程度,对应程序性规范密度的高低,《草案》对有限公司与股份公司决议形成的程序规定的详略不同也源于此。然而,《草案》总体安排上重点关注了召集与表决两环节,对其他环节关注不够充分,导致作为裁判规范的第五十一条确定的"不成立—无效—可撤销—可不撤销"四类瑕疵决议类型的精细区分较为困难。

第三,强制性规范的强制程度不宜绝对地两分,应从制度目的以及规范对象在公司的内外部关系上予以考量。制度目的方面,一般情况下,保障公司权力最基本结构和社会公共利益的规定属于绝对强制规范。股东会虽然是公司权力机关,但把所有权力都集中行使就不被允许;《草案》第二百零五条规定未经全体股东同意就不按实缴比例分红的决议为无效;《草案》第二百零六条规定不弥补亏损不提取公积金不能分红,不能对公司持有股份分红,即便全体股东同意。对信息不对称、不公平待遇的矫正,或者损及公司局部利益行为的救济规定,属于相对强制规范。《草案》第一百八十六条规定管理层违反忠实义务的后果是赔偿责任和收益归入而不是否定行为本身的效力；第九十条虽然规定了股东回购事由，如果股东约定放弃规定事由亦未尝不可。

在强制对象的内外部关系方面。公司法的主要属性是商事组织法，规范应以内部强制为主。然而，公司内部规制事项仅针对公司某类特定主体进行保护，还是涉及公司整体利益或公共利益会在强制性上有所不同，因为后一类事项会延伸到公司外部行为。从表面上看，应从相对人善意与否来确定内部行为的效力边界，《草案》第七十五条第三款规定，公司根据该决议与善意相对人形成的民事法律关系不受影响。《草案》第七十一条公司对外担保问题争议即源于此。当然，在公司内部事项上权利保障与权力安排因不同公司形态组织性强弱而予以区别，如果封闭公司有善意公司债权人保护的需要，那么上市公司为代表的公开公司与此不同。2019年《全国法院民商事审判工作会议纪要》与最高人民法院关于适用《中华人民共和国民法典》有关担保制度的解释强调，上市公司必须出担保公告，即公司"认可+公示"，担保才对公司发生效力。因为公开公司股东具有不特定性、分散性，他们与公司债权人同为外部人，在弱势意义上信息是对称的，此中就要均衡保护而不是偏颇保护股东与债权人。

我们也可将公司担保、关联交易、财务资助等理解为外部行为，那么公司外部行为会反过来影响公司利益，也要求公司法规制范围延伸到公司之外。因为行为至少影响到了交易相对方。无论是公司内部行为向外延伸，还是外部行为向内溯及，需要追问的是，该行为究竟是一个行为还是两个行为。公司为股东或实控人提供担保，必须经股东会决议，"必须"表明了决议通过是公司担保的组成部分，它与后续担保合同订立，是一个整体、是一个行为。《草案》第二百二十条公司减资中"编制资产负债表及财产清单+决议同意+通知债权人+异议后担保+减资"，也是一个整体，那么，第二百二十二条的股东"退还"就是无效之后的恢复，不是赔偿责任。有过错才应赔偿，此次清算义务人设定为董事而不是股东的立法增订即是对自负其责原则的贯彻。[①]

此外，公司法本质属私法范畴，更有组织法属性，强制性规范在公司法等

① 有过错才赔偿原则，这从《草案》第二百二十八条第一款规定的清算义务人是董事而不是股东，这是由直接责任人承担法律责任，是过错责任的彰显。

商法上适用存在先天性难度。[①] 因此,规范设计应刚柔相济,若强制性规定过于刚性,应审慎拟定,或适度减弱强制程度,或改选柔韧度较强的倡导性或任意性规范(默认性规范)。[②]

六、结语

细读《草案》,可以看到立法者对现阶段中国公司制度从哪里来到哪里去的思考,公司规模扩张带来的股东异质化如何解决,公司成立是基于事实还是法律,公司经营目的是股东利益至上抑或包含利益相关方在内的公司整体利益,公司资产的来源是否限于财产还是要扩展到人力资本,公司董事会与股东会到底谁掌握公司的控制权,等等。然而,所有问题都要回到公司究竟是什么的本源上,是独立的实体(组织),还是股东的财产,这将决定公司法修订的走向。

立法者对此根本问题采取了公司类型区分的进路,有限与股份两类法定公司形态背后,隐藏着封闭公司与公开公司这一更本质的类型区分。前者多数股东与管理层的合一,使得委托代理成本减少,同时带来多数与少数股东冲突的加剧,有限责任被滥用的可能性增大。对于后者而言,公司组织性的增强使得公司权力向董事管理层集中,股东呈现异质化,控制权与所有权分离带来诸多委托代理成本问题。

第二部分 股权视角:正确认识股权是公司法修订的逻辑起点

《草案》第一百五十七条第一款第二项规定,非公开发行股票的公司可采取"每一股的表决权数多于或者少于普通股的股份",这意味着可以发行无表决权类别股。有观点认为,表决权系股权的基本属性,表决权不能独立于股权,仅股东享有表决权,[③]并借此否定表决权拘束协议。若表决权可从股权抽离,那表决权等权利与股权是什么关系?《草案》第四条第二款规定,"公司股东对公司依法享有资产收益、参与重大决策和选择管理者等权利",表决权、

① 王文胜、朱虎等:《效力性强制性规范的识别:争论、法理与路径》,载《人民司法》2017 年第 7 期。

② 刘俊海:《新〈公司法〉的设计理念与框架建议》,载《法学杂志》2021 年第 2 期。

③ 刘连煜:《现代公司法》,台湾新学林出版股份有限公司 2015 年版,第 378 页。

收益权等都属于股东权利，如是，是否可将股东权利理解为“股权”。第四十六条第二款又规定，经催告到期不实缴，“该股东丧失其未缴纳出资的股权”，同时第四十六条第三款规定“依照前款规定丧失的股权，公司应当在六个月内依法转让……”，股权好像不是股东权利，而更像股东资格，那么，股东资格与股权又是什么关系？

问题还可追问下去，投资人持有公司的股票或投资份额，就属于股票或投资份额的所有人，其是否就一定获得了股东资格，是否获得股东资格就成为股东就享有股东权利，是否还需要一定程序予以确认。是否像英国公司法区分成员与股东，没有登记的股东只有财产权利，没有参与公司管理的身份权利，经过登记才能获得完整权利。[①]

《草案》第四条第一款规定，有限与股份公司的股东分别以出资额与股份为限对公司承担责任、享有权利，出资份额与股份皆为公司资产的分解单位。[②] 股东依据该单位形成的与公司之间长期的法律关系，并据此产生的权利义务即为股权。[③] 它代表股东在公司中成员资格地位，及其与此相关的股东权利和义务。[④] 由此，股权可理解为，保障出资额或股份持有者（股东）依据其投资支配公司的可能性，股东享有收益期待权等财产性权利，以及为确保前述权利而享有参与公司管理的身份性权利。故股权系融合了公司财产要素与身份要素的法技术性制度。其作为可以产生股东与公司权利义务关系的法律上的地位或资格。它是公司制度最基本的权利单位，更是审视本次《草案》的一个微观视角。

一、公司制度最小权利单位“股权”之《草案》调整情况

股东行动主义、机构投资者等是公司制度的热门话题，股东重新定位的强调，都需落脚于股权的保护。20世纪30年代以来，公司规模化导致融资普遍化，进而形成以股东财产性投资为目标的组织化经济模式。与高度分散的持股模式相伴，公司必须采取委托代理的专业管理层，而管理层代表的公司

---

① 参见葛伟军译注：《英国2006年公司法》，法律出版社2017年版，第17页。

② 甘培忠等：《企业与公司法》，北京大学出版社2018年版，第153、222页。

③ ［韩］崔埈璿：《韩国公司法》，王延川译，中国政法大学出版社2020年版，第155页。

④ ［德］莱赛尔等：《德国资合公司法（上）》，高旭军等译，上海人民出版社2019年版，第99页。

利益群体，也从股东向债权人、雇员以及公司供应商扩展。管理层直接控制公司，而股东为名义上的公司所有人，如是，管理层与股东之间的矛盾就成为高度组织化的公开公司的主要矛盾，也就有了著名的控制权与所有权分离的问题。[①]

即便公司作为组织体而非股东的财产，现行《公司法》第二百零五条、第二百三十二条确定了股东对公司经营利润、剩余价值索取者的地位，股东在帮助公司获得无息长期融资的同时，也使得股东获得减少公司经营成本、增大公司收益的最大激励。为保障股东地位，股东拥有以下几项概括性的管理型权利：表决权（管理权）、诉讼权、资讯权（知情权），[②]由此，股权的主要要素就由财产性权利与身份性权利构成。

从股权线索出发，《草案》总则部分就股权的规定变化不大。第四条在明确股东有限责任的基础上，就股权范围进行概括性规定，随后又在第二十条、第二十一条对股权权利滥用导致人格否认、关联交易进行一般性规制。对于新设的公司登记专章而言，股东事项登记是重点，第三十五条对有限与股份公司股东登记采取了前详后略的规定，这与监管的强弱无关，而与股东和公司联系的紧密程度有关。

在股东出资方面，《草案》一如既往的高标准、严要求。首先，维持法定资本制的决心没变。即便股份公司引入授权资本制，第九十八条注册资本与已发行股份的股本总额挂钩，第一百五十五条、第一百六十六条采用无面额股的应将发行股份所得股款的1/2以上计入注册资本，再加上第四十五条股东出资加速到期、第八十九条受让股东承担出资义务规定，资本确定原则并未因《草案》而减弱。

其次，《草案》还在资本维持端加码，除第二百一十条为对应会计准则确定部分法定公积金可弥补亏损略有宽松外，[③]利润分配、回购、减资规定的刚性强度不变，第二百二十一条虽然规定简易减资，但为防止借此分配利润，把

① ［美］汉斯曼：《企业所有权论》，于静译，中国政法大学出版社2001年版，第86－87页。

② ［美］克拉克：《公司法则》，胡平等译，工商出版社1999年版，第70页。

③ 目的在于对应会计准则，资本溢价、股东捐赠等真实资产流入公司会计准则也归入资本公积，会计准则上可用于弥补亏损。用资本公积弥补亏损，不影响所有者权益总额，对债权人保障也没有影响，反而不利于ST公司重组后的分红。

法定公积金从注册资本50%提升到100%作为分配前提。同时,就违法减资责任而言,第二百二十二条规定股东与管理层的赔偿责任,第一百七十四条明确了财务资助流程及已发行股份1/10的上限。此外,《草案》更是在多处增加了管理层对资金减损的注意义务,并明确了催缴乃至于赔偿的法律后果。

看似周全的规定,采取了具体事项分别规定的安排,若将资本维持反向理解为"资金出口"的话,水龙头还是不够紧,回购、利润分配、财务资助、减资甚至关联交易,都是资产流出,分别规定难免遗漏。不如在资金出口上同一标准,采取偿债能力测试,统一标准,从而实现立法的简洁明快,这也能在一定程度上解决管理层注意义务的认定标准问题。

《草案》在股权内容上变动不大,总体上讲,在"知情权—管理权—诉讼权"三个渐进层次的规范表达不够清晰。在知情权方面,公司登记属于强制披露事项,其目的在于减少公司经营负外部性,这不属于股东知情权范畴。知情权区分公开查阅与选择查阅事项,是恰当的。股东可选择履行辅助人的规定是吸收了《最高人民法院关于适用〈中华人民共和国公司法〉若干问题的规定(四)》的相关规定。然而,放开查阅原始凭证,而不区分经营信息与财务信息,实则混淆了股东基于所有权的知情权与管理层基于信义义务的资讯知晓范围。如此修订可能还不如保持原规定,在个案中赋权法院从正当目的角度有步骤地确定知情权行使范围。[①]

而且,在股权内容方面,《草案》将行为规范与裁判规范的比重颠倒。诉讼权作为救济性权利,应以明确股东知情权、管理权的内容为基础。以表决权为例,股东通过表决权行使形成公司意思,与自然人意思形成的本质区别在于流程透明、结果明确。决议程序包含"议题提出—会议召集—会议出席—会议主持—意见表态和协商—进行表决—结果产生—记录签名"八个环节。《草案》更重视召集与表决,对其他环节关注不够充分,导致作为裁判规范的第五十一条确定的"不成立—无效—可撤销—可不撤销"四类瑕疵决议类型的精细区分十分困难。

类别股的引进是对同股同权的否定。类别股既能满足融资扩大的需求,

---

① 参见[美]弗里尔:《美国公司法》,崔焕鹏等译,法律出版社2022年版,第102-103页。

也是应创设股东主导的双层股权架构之需,还是控制敌意收购的防御手段。同股同权在类别股的冲击下弱化成“同类股份享有同等权利”,“实质和相对平等”较“绝对平等”更为合理,其间可容纳更多的实践需求。原则上来讲,对任何股东权利的限制须经必要的公司程序,因为公司发行类别股可能损害其他股东利益,根据《草案》第一百五十七条、第一百六十四条若经章程或股东会概括授权,董事会可以直接决定发行类别股。这可以绕过普通股东会决议与第一百五十八条第一款类别股股东决议,此中如何协调各类股东之间的利益,可能还需要更审慎的思考和安排。

二、股权流转与多层法律关系

投资人何时成为有限公司股东的困惑由来已久,《草案》对此依旧语义模糊。《草案》第二十七条确定的商事登记“未登记不对抗”的消极公开,不同于房地产登记的积极公开,[①]同时,《草案》删除现行《公司法》“股东未登记不得对抗第三人”的规定,与之相关的规定有第八十七条股权转让或受让方要求公司变更登记的请求权规定。同时,《草案》第五十条第二款规定,股东可依股东名册行使股东权利。那么,存在疑问的是究竟应按公司登记机关,还是按股东名册确定股权。同时《草案》第三十四条规定公司登记机关应当将公司登记信息通过企业信息公示系统向社会公示,第三十五条又规定公司通过统一的企业信息公示系统公示股权变更信息。那么,义务主体不同的两项公示的差异何在,彼此之间有冲突时又如何解决,都是待决问题。此外,实践中并不常见的出资证明书的法律含义,学界也存有争议。

从另一个侧面来看,《草案》第八十七条在公司拒不办理变更登记规定中采取了“受让人”的表述,第八十八条明确,在公司签发出资证明书后将受让人表述为“新股东”,由此,可模糊得出“转让人受让人股权转让完成 + 书面通知公司”股权变动发生的结论。不过,有了出资证明,就一定能登记到股东名册吗? 如若不登记,则股东又不能向公司主张权利,那么,没有权利的股东还可以称为股东吗? 这些都是待决问题。

《草案》规定模糊不清的源头在于对股权未有清晰的认识,更深层次的原

---

① 参见[德]卡纳里斯:《德国商法》,杨继译,法律出版社 2006 年版,第 80 - 81 页。

因在于公司法的民法化，传统民法把股权理解成股东对股份或股票的所有权，且所有股东权利具有不可分性，所以待所有权完整之时股权才发生变动。依本文观察来看，首先，股份或股票是公司成员地位的证券化，其目的在于流通的便利，其代表的是股东在组织体中的成员地位或者资格，而地位或资格并不包含所有权。其次，股权产生于股东与公司的法律关系上的地位或资格，这与权利是法律关系的标志是一致的，[①]并且这种地位或资格融于多层法律关系且多层法律关系可分。再次，多层法律关系中最核心的法律关系是公司与股东之间的关系，这种关系来源于公司章程或公司法规定等组织规程，不是公司与股东两者间的合意，符合一定条件的投资人即成为股东。比如，《草案》第九十一条自然人股东死亡后继承人股东资格的获得、参与公司设立的发起人在公司成立后成为股东等。股东名册、公司登记分别为股权在公司内部与外部的表现形式，而不是股东的法律地位或资格本身，否则不会有《草案》第八十七条股东变更登记请求权的规定。又次，股权转让、出资关系、股权继受等都是获得股权的方式，公司与股东间的股权关系作为基础性法律关系，其可分为上下两层关系并可以进行切割，否则，就不会有未履行出资义务尚有股东资格之可能。这与代理关系与其基础法律关系、票据关系与其基础法律关系的可区分可切割的特征相似。最后，公司登记机关的登记是股权对外公示的途径，因《草案》第二十七条公司登记产生对外公示的效力，对公司外的第三人产生信赖利益。同样地，登记于股东名册的股东之所以可据名册主张股东权利，也是源于《草案》第五十条第二款的规定，若非两项规定，公司登记和股东名册也仅是“证权性”的登记。

股权的资格或地位由多层法律关系显现出来的多重权利组成，其具有纵向的可分性，没有公司登记，抑或没有股东名册登记，只要公司与股东法律关系成立，股权即产生，只是股权还不够完整。在英美公司法上，只有在册股东才有表决权和分红权，否则股东被视为股权受益人，道理也在于此。[②] 另外，公司与股东间关系的成立生效要看法定要件是否成就。股权转让后新股东只要书面通知公司，其与公司之间的法律关系即建立，只要没有法律规定的

---

① ［德］拉伦茨：《德国民法通论（上）》，王晓晔译，法律出版社2003年版，第272页。

② 参见［美］汉密尔顿：《美国公司法》，齐东祥等译，法律出版社2008年版，第194页。

资格障碍,其就成为股东。公司无正当理由拒绝登记的,转让人、受让人可向法院提起诉讼进行救济,此系对股东享有股东资格的确权之诉。根据《草案》第五十条登记时股权的取得时间是股权受让之时,而不是胜诉判决生效之际。此公司法修订若能对此明确,可一举解决公司纠纷与执行过程中的诸多争议。

三、公司治理中股权的角色

《草案》删除了《公司法》第四十六条"董事会对股东会负责"的规定,同时在第六十二条第一款明确董事会享有公司的兜底性权利。但与此同时,第五十四条第一款第十一项规定股东会享有公司章程规定的其他职权,更没有放弃股东会系公司权力机构的表述,此外《草案》还有多处强调股东会对董事会的授权,《草案》采取的依然是股东会中心主义。如是来看,"组织性"公司的独立主体地位还未最终确立,所有权与控制权的分立是否为立法前提也是存疑的。应该说《草案》还是坚持股东本位,其背后是财产集合的理论作为支撑,同时股东"直接民主"而不是"代议制民主"。此为理解股权于公司治理中作用的出发点,这相当于从另一个侧面加深了解了《草案》对股权采取的态度。

股权中身份因素对应的共益权具有集体权利的特色,①其中表决权与股东会结合在一起,是股东在公司治理中的发出自己声音的主要渠道,而转让股权离开公司也是对公司治理发声的另一种渠道,因此股东对公司有两种表决权,一种是用手投票的表决权,另一种是用脚投票的转让权。

对于前一种表决权,《草案》第六十一条、第六十二条、第一百一十九条确定了表决权行使基本原则,第一百二十条把累积投票制作为股份公司表决权行使方式的例外选项。此外,《草案》第七十一条、第一百三十九条、第二百二十六条对担保、重大投资、延长经营期限等特别事项表决权行使的具体规定,以及新增订的类别股东对不利事项的特别表决权也可视为类似规定。用手投票表决权的权利内涵不可谓不丰富。但是,对于实践中的一些问题,也有疏漏之处,比如,一对一的表决权委托行使问题,股份公司的代理投票是否可

① 也有少数个体权利的,如利害关系被剥夺的投票权、非正当目的被排除的知情权等。

推广至有限公司?[①] 为什么对公众公司更为需要的"一对多"的信托投票、代表投票没有涉及？从表面上来看,《草案》相关规定不够周延;从深层次来看,这根源于对股权与作为组织体公司之间关系的认识论问题。

表决权与股东之间的适配,是出于股权激励与公司经营效率的实践需求。公司参与者的利润分配与控制权间应成负相关关系,公司其他参与者的分配顺序优于股东,表决权宜配给股东行使。公司类型不同也会造成股东与公司密切程度的差别,换言之,公司的组织程度越高,公司独立程度也越高;公司与股东的联系越疏离,股东表决权对公司治理的影响越弱。如是,对股东来说,采取用脚投票的表决权就更有效。

在封闭型公司中,股东人数少而股权同质性强,股东获取公司经营信息的成本低,股东可通过表决权有效地作出决策经营(提议与贯彻)和决策控制(认可和监督),[②]因为,此类公司组织性弱,股东即是管理者,没有明显的控制权与所有权的分离。对于中型规模的公司而言,股权部分集中,股东稍呈异质化,有了控股与非控股股东的区分,经营的规模化促使公司组织化程度加强,需要专业管理层,但控股股东仍能获得公司充分信息,日常经营有管理层实施,大事方针上控股股东可通过表决权决定,如《草案》第六十六条规定股东会可无理由解任董事。公开型公司股权分散、股东高度异质化,公司规模化专业化程度极高,这导致公司的高度组织化,由此带来公司复杂的科层化结构,股东无法了解公司经营情况,如是,基于信息的表决权实质上无从行使。股东表决权更多表现为对公司管理层的监督,只对董事会提出的议案进行表决,不能直接越过董事会来能直接控制公司。

随着公司组织性的不断增强,股东从直接参与公司决策,到决策控制,最后到决策监督,股东通过表决权对公司治理的表现形式也从共识到集中、从直接民主到了间接代议制。当管理层掌握公司控制权,对部分股东来说最可能的选择就是"我不玩了",也就出现了用脚投票,但前提是股权可以自由流

---

① 也可推至有限公司中适用,但是否可进行概括性委托行使表决权,还有争议,也应与表决权拘束协议拉开距离。

② 参见[美]法马、詹森:《所有权与控制权的分离》,载[美]詹森等著:《所有权、控制权与激励》,陈郁编译,上海三联书店等2006年版,第165-196页。

转,且存在能反映股权价值的交易市场,那么所谓用脚投票是否可行反映的是公司与市场的关系。公司作为组织体,其价值在于通过权力的分配实现斯密讲的专业化分工,市场作为社会的基础性制度,对公司运行进行约束,两者之间通过交易(制度)成本的此消彼长,形成替代与互补关系。如果公司对股东进行不平等对待,股东不愿接受科层的威权,将通过“市场”转让股份离开公司。[①] 而过多股份的频繁转让会降低股份的价值,外部投资者就会发现公司实际价值与市场价值的差异,转而通过股票交易获得控制权,替代现行公司控制权人。可见,股东“用脚投票”又可从外部市场对公司治理进行约束。

组织化程度不同的公司之间,表决权的行使空间差异明显,股权在公司治理中扮演的角色也不同,但最终还是要把股权安放到股东与公司关系上来解释,公司不是股东手臂的延伸,股东是公司该独立主体的参与者之一。通过不同的公司形态,可妥当安排股东在公司治理中的权利行使方案。比如,类别股制度实施之后股东出现异质化,双层股权架构一旦被采取,反收购难度将增大,股东“用脚投票”的权利可能受限。再比如,《草案》确定的授权资本制没有对授权董事会的融资范围进行限制,管理层如果利用此项制度排挤稀释不合作的股东,是否需要设置相应的保障,这都存有疑问。公司法是商事组织法,主体多元、关系复杂,牵一发而动全身,制度安排上不能单兵突进,更宜从公司制度中最小权利单位的股权入手。股权安排妥当了,作为最重要参与者的股东与组织体公司关系就理顺了。

四、小股东保护还是股份平等

每一次公司法调整,都会把小股东保护作为修法上的命题。现行公司法对小股东保护的规定被《草案》原封不动地保留了下来。其中,第二十条第一款股东滥用股东权利损害其他股东利益的赔偿责任规定中的“滥用”一直语焉不详。未被实践广泛采纳的累积投票制,第一百二十条予以继续坚持。第二百二十七条公司发生严重经营困难,公司继续存在会使得股东利益遭到重大损失,10% 股东就可主张公司解散,“严重”“重大”这些描述性概念应如何把握,仍存有疑问。此外,新增的第二百一十五条第一款明确,公司合并持股

① 参见[美]哈特等:《产权与企业的性质》,载[美]威廉姆森等著:《企业制度与市场组织——交易费用经济学文选》陈郁编译,上海三联书店等 2006 年版,第 300 – 356 页。

90%以上的公司被合并公司的股东有权要求公司回购,第一百七十二条把有限公司连续5年不分红的股东回购请求权扩展到了股份公司,也多是出于对小股东利益的保护。

应先厘清保护小股东是在保护什么,之后再考量法律介入的方向问题。小股东保护多出现在封闭公司中,公司权力被大股东或其代理人控制,大股东攫取了超过其出资份额的利益,超额获取的那部分利益正是小股东应享有的,比如大股东同时作为公司雇员或者债权人等可获得序位优先的收益等。同时,股东投资越多承担公司经营风险越大,按持股多数贯彻资本民主原则,让风险大的股东有持股比例相同的话语权,本身就是公司权力的正当行使。由此,小股东保护的关键,看似是处理好股东平等与资本民主之间的关系。

首先,公司制度中究竟有没有股东平等?公司股权是基于出资份额或股份份额而享有的,出资证券化切割了股东与公司间的直接联系,公司法贯彻的同股同权,表现为《草案》第一百五十六条第一款规定的同类别的股份具有同等权利。这其实是股份平等不是股东平等。

其次,股份平等基础上的资本民主决定了公司自治背景下小股东天然的弱势地位。法律要尊重公司作为独立主体以及集体利益载体的独立地位,尊重公司决策的正当性,无论大股东与小股东,只要行为符合公司程序范式,都应受到法律保护。如果法律介入公司治理对小股东进行偏颇性保护,是放弃公司自治、股份平等,得不偿失。

再次,小股东保护是解决公司与股东之间的关系,不是大小股东之间的关系。应在保证公司独立人格的前提下,通过章程予以确定股东与公司的关系,公司运行的规则应是公平的、透明的。由此,股东可要求公司事前承诺给予不同待遇,否则就要根据资本民主原则而成为少数股东。此背景下不存在保护小股东的正当理由。

最后,应保障小股东对公司方针政策不同意见时有自由退出权。换言之,存在用脚投票的自由流通股票市场时,就是对小股东利益的有效保护,所以股份公司是否还需要特别保护小股东的问题存疑。就有限公司优先购买权的制度目的而言,应在保证股权流转的基础上保护公司人合性,而不是倒转过来,为人合性阻却股权流转,第八十五条把优先购买权"同意转让+优先购买”简化为“优先购买”,意也在此。

简单来说,小股东保护问题的关键是坚持法律对公司主体地位的尊重,维护公司对章程和公司治理程式的遵守,而不是对小股东的偏颇性保护。《草案》新增的第二百一十五条第一款规定公司合并其持股90%以上的公司,被合并公司的股东有权要求公司回购,合并不会影响公司整体价值,小股东在公司本来没有影响力,其利益没有受损,那么赋予小股东回购请求权的意义何在?《草案》新增的第一百七十二条把有限公司连续5年不分红的股东回购请求权扩展到了股份公司,股份公司公共性强,股份流转没有限制,为什么还要设计公司回购制度,而且股份回购之后还需要基于资本维持原则的要求对被回购股份进行处理,无疑是徒增成本的安排。其他立法例的异议股东回购请求权是对“资本多数决”的补充,在1858年的 *Lauman v. Lebanon Valley Railord* 案两家铁路公司的合并中,法院要求合并之前必须赎买反对合并的少数股东股权。后来,《美国标准公司法》将回购事项扩展到合并、股票交换、重大财产出售或交换、重大章程修改、章程或董事会决议规定可以收回、公司形态转换等八种情形,[①]而在救济事由上从来没有涉及公司不分配。公司有利不分可能是因为公司正处于成长阶段,也有可能是因为面临很好的投资集合。股东多数决不分红是公司内部事务,只要公司经营持续,且公司整体利益大于股东投资之和,小股东为自己利益动辄要求公司回购,既有违资本民主,又损耗社会资源。如若股东本来有权用脚投票,还规定法定的用脚投票,更是浪费立法资源。以此来看,对小股东偏颇性保护的调整方向存在偏差,小股东保护的问题是公司治理问题,只要做到了公司权力的正当行使,就没有特别保护小股东利益的需要。

五、类别股与股权的内部结构变动

公司规模扩大带来多样化的融资需求,催生了类别股。同时,类别股的诞生更是公司制度发展的产物。公司股东在公司制度上的地位变迁,也与家族企业、封闭公司、公开公司、上市公众公司的公司类型演进一致。从股东与企业家合一,到控制权与所有者一致而直接参与公司决策的所有者型股东,

---

① 《美国标准公司法》第13.02节。

再到作为财务投资参与并不试图参与公司而倾向以脚投票的投资型股东，到现在的更强调财产性收益偏向于证券消费者的收益者型股东。收益者型股东可能只是机构投资者的参与人，通过机构间接持有公司股权，他们已不再是公司股东。上述不同类型股东虽产生于公司制度演进的各阶段，但背后各类股东对公司制度的不同需求，可能于现阶段在同一个公司显现，《草案》中的类别股即顺应此需求，由此带来的股东异质化也是公司制度的发展趋势。

《草案》第一百五十七条规定，公司可发行与普通股权利不同的类别股，优先或者劣后分配利润或者剩余财产的股份，表决权数多于或者少于普通股的股份，转让受限的股份等。前文第二节已经提到类别股对同股同权观念的冲击与类别股对股权内部结构认识的冲击。

传统观点认为，股权中各项权能是必须整合在一起，各项权能都包含于股东地位之中，不得对各权能进行个别处理。没有身份权利参与公司管理，保障财产性权利即无以保障。作为固有性权利的利润分配请求权，即便资本多数决也不能予以剥夺。[①] 但是，股权作为一种权利，仅是公司制度对股东地位进行确认的形式，知情权、表决权、利润分配请求权应理解为股权的内容，与所有权的用益、担保一样都是权能，都能与股权分离，股权内容是横向可分的。将股权安置于公司组织架构中来看，救济性权能为附属性的存在，股权主要由财产性、身份性两类权能构造组成，两类权能与股权的分离趋势也已形成。

在被动性方面，随着公司规模化带来的管理专业化，董事管理层主导公司致使多数股东丧失公司控制权（身份性权利），但未损及财产性权利，股权上"被动"的"权利—利益"分离，与公司控制权与所有权分离是密切契合的。在主动性方面，股东目的的多元，造成股东角色分化，不同股东之间可通过股东协议，也可通过股权安排实现不同需求。比如想更多参加公司管理的股东与想多分红的股东之间就可达成表决权与分红权之间的协议，当然，他们也可通过章程安排类别股。

上述两方面带来的股东角色分化，《草案》开放性地予以包容。然而，应

① 参见［日］前田庸：《公司法入门》，王作全译，北京大学出版社2012年版，第65－66页。

注意权能的分离也可能被滥用。有些机构投资者通过融资融券先购买或借入股票,然后利用衍生工具对冲掉这些股票的经济利益,[①]从而使这些股票对应的表决权与公司没有利益关联。此类空洞投票无疑会诱发投资者的道德风险,可能导致其以减损公司股票价值的方式投票,或者当投资者同时又是公司董事高管,其容易采取不利于公司的决策。这都可能置公司和其他股东于不利境地。因此,需要从公司治理层面对此类投资者的股东投票资格限制或剥夺、不当利益追回、信义义务条款等予以调校,而《草案》未予充分安排。或许仅可见的规定是第一百八十条的原则性规定,从中或可推出"实质主义"信息披露规则,或许可期待在证券法修订中予以补强,但作为商事组织基本法的公司法,还是应予以更明确的规定,从而实现金融创新与公司治理的竞争性平衡。

六、股权内部结构与股东协议

股权权能的可分性,超越了股权载体本身,需要通过合同形式实现,即依据股东之间或股东与股东之外其他人之间的合意可就股权内容进行优化配置,[②]股东可通过"股权权能的不同配置",满足自己需求,更好实现股权价值。

股权体现的是公司与股东之间的法律关系,它的权能表现为股东向公司主张权利,又因公司组织外壳的存在,股权权能分离显现出与公司内外部的两类关系。内部关系上权能分离的重点是股权中的身份权益,它与股东身份联系密切且无直接财产内容。除利用章程与决议从公司组织角度进行安排之外,股东协议更偏向于对股东之间利益重新配置。公司组织角度的安排采取以公司为中心的少数服从多数的决事规则,如章程或决议限制分红优先股东的表决权行使。股东协议往往采取以股东为中心的一致合意规则,如表决权拘束协议。[③]

外部关系上权能分离主要体现在股权的财产权益方面,主要是包含分红

---

① 经常通过股权衍生工具(equity derivatives)实施。股权衍生工具是与货币衍生工具、利率衍生工具相并列的一种金融衍生工具,它是以股票或股票指数为基础工具的金融衍生工具,主要包括股票期货(stock futures)、股票期权(stock option)、股票指数期货(share price index futures)、股票指数期权(stock index option)以及上述合约的混合交易合约。

② [英]戴维斯等:《现代公司法原理(上)》,罗培新等译,法律出版社2016年版,第77页。

③ 股东间约定,于一定场合就持有股份的表决权,为一定方向之行使缔结的契约。

权与股权转让收益,股东与相对人之间通过协议实现股权财产利益的让渡,以股权代持实现财产性与人身权分离。相对而言,股权中财产权益与公司的联系较弱,也正因为联系的疏离,这种让渡可以是持续性的,于是衍生了以稳定收益为导向的权能分离现象,资管计划的源头就在于为投资人对股权收益作持续性的安排。

《草案》看似对股东协议没有约定,若将股东协议区分为全体或部分股东协议来看,第二百零五条第二款、第二百二十三条第一款中就全体股东可以约定不按照出资比例分配利润、行使优先认购出资的规定在性质上属于全体股东协议。不过,即便是全部股东协议,也不能与章程、决议等同。或有观点提出,全体股东约定与第五十四条第二款全体股东书面一致决、第六十条股东不按出资比例行使表决权的章程规定,没有差异。但从定性上来看,章程决议是公司组织行为,股东协议是股东的个别行为。从内容上来看,第二百零五条第二款、第二百二十三条第一款针对的是股权中的财产性权益,而第五十四条第二款、第六十条针对的是表决权等身份性权利。股东安排股权中的财产性权利不会减损公司价值,而身份性权益影响公司治理、公司决策。然而,股东会会议召集事项中,第五十九条全体股东另有约定的规定很突兀地以股东约定替代公司组织行为,让股东合意来替代组织意志,是为突破公司规程制度范式,应予纠正。

进一步地,关于章程、决议、股东协议的关系问题。前两者关涉公司运行至关重要的实体事项,章程可对公司法确定默认规则采取股东合意的规则进行删减。决议是通过多数决的组织规程确定公司的意志,主导公司运行过程中的重大决策。

股东协议于小股东保护上作灵活安排,有着公司组织行为不能替代的作用。《草案》对部分股东形成的协议没有规定,对股东协议效力规定空白,是令人遗憾的。司法实践中对表决权约束协议的争议不断,相关判决依据表决权拘束协议,将违反该协议股东的反对票计为赞成票,就此被部分学者诟病为协议"杀死"决议。[①] 对股东协议效力规制应分两步理解:第一个步骤,宜按

① (2016)赣05民终12号、(2016)赣05民终328号判决。

股东协议目的区分为涉财产性与组织性两类协议，前一类协议按照《草案》第二百零五条第二款、第二百二十三条第一款的精神，对股权的处分不对公司产生影响，效力一般应予肯定。后一类协议的效力源自合同法而不是公司法，它形成于股东间合意而不是公司程式。若效力不存争议，涉组织性的股东协议嵌入公司制度后，受公司法的制约，违反协议的后果不是继续履行，限于赔偿。此涉公司事项合同的处理规则，可延伸至股东与其他人之间的协议处理上，以及公司与他人间合同的处理。例如，《最高人民法院关于适用〈中华人民共和国公司法〉若干问题的规定（三）》第二十四条、最高人民法院指导案例第67号，[①]以及《全国法院民商事审判工作会议纪要》第5条与公司对赌协议的后果处理中已有体现，且笔者认为，夫妻股权共有与继承问题中也可运用。

第二个步骤，通说认为涉组织性的股东协议效力判断需回到《民法典》第一百五十三条，通过判断其违反的公司法规定之立法目的判断效力有无。但公司法的框架是“多数主义默认规则”，属私人秩序，[②]缺乏民法潘德克顿体系的严密性和逻辑性，不如运用理性的商事思维对事物进行剖析后，类推公司法或其他商事法规则，不宜武断地否定效力。

首先，不同公司组织化程度不同。公开公司由董事而非股东决策，是集中管理原则下的大型企业协调各类经营活动，避免决策迟延浪费的制度安排。但在封闭型公司中，控股股东与管理层合一，少数股东通过股东协议来调整公司权力结构，更为多见。在缺乏自由股份流通市场情况下，低度组织化的封闭公司中的股东以协议方式来进行涉股权的安排，公司法应采取开放的态度。对于高度组织化的公开公司，规模化与社会性带来公司整体利益的复合性，公司意志更具独立性，通过股东协议来调整公开公司集中控制

---

① 该案特别指出：从维护交易安全的角度，一项有限责任公司的股权交易，关涉诸多方面，如其他股东对受让人汤某某的接受和信任（过半数同意股权转让），记载到股东名册和在工商部门登记股权，社会成本和影响已经倾注其中。本案中，汤某某受让股权后已实际参与公司经营管理、股权也已过户登记到其名下，如果不是汤某某有根本违约行为，动辄撤销合同可能对公司经营管理的稳定产生不利影响。

② 参见［美］贝恩库里奇：《理论与实践中的新公司治理模式》，赵渊译，法律出版社2012年版，第30－31页。

的治理结构，对公司治理秩序冲击较大，应更为慎重地在公司法框架内优化各方利益的协同实现。其次，若股东协议损及公共利益、公司制度的底线与股东的基础性权利，以及规避有意安排的救济措施，可直接否定其效力。除此之外，股东协议触及公司法要矫正的信息不对称、利益相关方的不公平待遇时，也应慎重处理效力问题，宜从公司制度特性上来确定违约救济方式，采取违约赔偿为宜。对于轻微影响公司制度的股东协议，特别当协议没有根本突破公司权力架构时，没有持续性损害债权人或少数股东利益时，仍可按股东协议履行，美国的《特拉华州公司法》第 350 条即持此态度。[①] 最后，若股东协议仅是对其他类型的公司法规范的违反，则不影响协议的效力及后续履行。

七、结语：作为组织权利单位的股权与作为组织的公司

如何处理好股权利益与公司利益的关系，是公司立法的一个重要命题。股权是复合性的权利，与公司制度紧密相连，股东利益在公司中是否居于主导地位仍有争议，但其引发了高度组织化的公开公司中控制权与所有权的分离和低度组织化的封闭公司中控制权与所有权的合一，是不争的事实。无论如何公司作为组织体，股权是其最小的权利单位，股权问题上“人”的维度，而不是“物”的维度，应是公司法修订之逻辑起点，故应从公司制度整体来把握股权。

公司发展有两条线索：第一条线索，私人投资者设立封闭型公司—投资者多元的控股股东主导的封闭型公司—公开募股控制权与所有权分离的公开公司—机构投资者与管理者抗衡的公开公司—创设股东主导的双层股权架构的公开公司；第二条线索，“企业家股东—所有者股东—投资者股东—受益者股东”。前者在公司组织层面上的演进：股东从设立者主导者，到受益者，再到适度参与公司管理的投资者，牵制管理权膨胀；后者在股权结构层面的演进：从多种权能合一的股权，到权能分离的股权，再到通过股东协议权能分割组合的股权，更到股东资格与股东权利的分离。可见，公司组织化程度的分化，带来公司股权结构的异质化。宏观视角的公司制度与微观视角的公

① 但立法理由与本文并不一致。

司制度互为因果,推动公司架构不断前进的同时,也带动公司内部管理模式与外部市场因素的不断演化。从这点上来看,对“公司最小权利单位—股权”的正确认识,是公司法修订的起点,而前提是对股权结构的充分了解,应在此基础上对不同权能的享有方式与实现路径进行妥善安置。

论自我交易与关联交易之制度统合

——以《公司法》修订为契机

伍 坚[*] 刘慈航[**]

摘要:《公司法》第一百四十八条第一款第四项旨在规制董事、高管的自我交易行为。《公司法》变迁过程造就了自我交易与关联交易的分别规范体系。既有研究多着眼于自我交易与关联交易各自向下的衍生规则,两者之间的领地及界限未探明。在司法实践中,法院审查自我交易与关联交易时法律适用冲突,对交易的程序与结果要求无法同时兼顾。尽管《公司法(修订草案)》对自我交易及关联交易作出前瞻性的修订,但从忠实义务理论出发,两者应当进一步走向统合。《公司法》应当将报告义务赋予统合后的自我交易主体,并明确未经董事会、股东会决议,公司董事自我交易行为缺省性有效、将举证责任在双方之间合理分配。自我交易的豁免性规定应当采纳《公司法》第一百二十四条的程序性经验,并在借鉴美国公平规则、英国无冲突规则后,调整应用于所有公司种类。以程序性的报告义务与公平结果审查,防范公司内部人士的利益输送行为。

关键词:自我交易 关联交易 董事忠实义务 法律适用

一、引言

在我国《公司法》体系下,公司内部人士实施自我交易与关联交易时,将

[*] 华东政法大学经济法学院教授,博士生导师。

[**] 华东政法大学经济法学硕士研究生。

分别适用不同的法律条款。依据2018年《公司法》,公司董事、高级管理人员与所任职公司订立合同或者进行交易的,适用《公司法》第一百四十八条第一款第四项的程序规则要求;公司控股股东、实际控制人、董事、监事、高级管理人员实施关联交易时,则对应《公司法》第二百一十六条的关联关系判断,以及第二十一条的结果公正要求。此种分别规制暗含的制度逻辑是:自我交易和关联交易规制分别对应不同的交易行为,且有必要对两种交易作出区分规制。但从现实情况来看,自我交易与关联交易在公司董事、高管手中被任意挑选使用,反倒使法院法官陷入条款适用的选择困境,并在部分案件中将程序与结果审查条款互相挪用。为解决法律适用难题,《最高人民法院关于适用〈中华人民共和国公司法〉若干问题的规定(五)》(以下简称《公司法司法解释五》)明确,关联交易损害公司利益的,行为人履行相应程序不能豁免关联交易赔偿责任。2021年12月的《公司法(修订草案)》(以下简称《草案》)更是继续延续自我交易与关联交易分别规制路径,将公司董事、监事、高级管理人员从《草案》第二十条筛去。我们需要重新思考的是,这种从1993年与2005年《公司法》定调下来的分别规制是否必须且必要?此种分别规制能否解决我国普遍的关联交易利益输送问题?笔者意图从自我交易与关联交易的底层逻辑——忠实义务出发,探寻自我交易与关联交易是否能够统合,以及统合后能否更有助于公司治理的问题。

从商事发展的历史角度回望,自我交易与关联交易的混同问题早已出现于英美商法史上,并最终导致了"自我交易"与"关联交易"的同义规范。针对自我交易效力及责任的诉讼裁断,英美法的商业判断规则因董事与公司利益的冲突而失效。法院在判例中不断探索审查利益冲突交易的合规标准。在安置自我交易的路径上,普通法系逐渐发展为英国严格主义下的无冲突利益规则,以及美国实用主义下的公平交易规则。两派看似严格划界,实则在公司经营实践以及法院审判探索中走向融合。

如果将视角转向我国未来对自我交易及关联交易的规制方向,须兼顾程序审查与结果评判。应当重拾自我交易与关联交易的规制初衷,在法律条款与司法适用中巡回审视,最终达成自我交易与关联交易的统合规范。

二、自我交易与关联交易:《公司法》变迁中的分立式制度演绎

(一)自我交易:公司董事忠实义务的具现

公司作为一个营利实体,其经营管理功能都需通过公司组织机构履行,由此产生公司股东(大)会、董事会或执行董事等治理主体,中国、德国等国家还附加监事会行使部分监督纠正职能。不论是采股东会中心主义,抑或采董事会中心主义,董事、高管都实际掌控着公司日常决策实务的话语权与公司资产的调配权力。当董事、高管将公司治理权力为己所用时,将产生难以调和的利益冲突。为规范董事与公司间利益冲突关系,促进公司作为法人整体的正向发展,我国2018年《公司法》在第一百四十七条创设董事、监事、高级管理人员的忠实义务及勤勉义务,并在第一百四十八条以负面排除方式列明董事、高管的禁止行为,第一百四十九条明确对公司造成损失时的损害赔偿责任,以此初步划定董事义务与责任的基本框架。其中,第一百四十七条忠实义务要求董事与公司发生利益冲突时以公司利益优先,以此调整董事与公司间利益矛盾;勤勉义务则要求董事以公司利益作为出发点,在商事决策与公司治理时力求公司利益最大化。两者构成我国公司法董事的法定义务。除法定义务外,信义义务(也称受信义务)、注意义务、诚信义务等在学理中也多有提及。

为明确公司董事、高级管理人员的忠实义务,1993年《公司法》第六十一条中规定,“董事、经理除公司章程规定或者股东会同意外,不得同本公司订立合同或者进行交易”,由此作为公司法自我交易规制之开端。从编纂体例上看,1993年《公司法》对自我交易的限制仅限有限责任公司,而不包括国有独资公司及股份有限公司。股份有限公司一章则另行设立第一百二十三条,“董事、经理应当遵守公司章程,忠实履行职务,维护公司利益,不得利用在公司的地位和职权为自己谋取私利”,从历史的角度回看,该条款之后演变为所有类型公司董事的忠实义务来源。2005年《公司法》修订在第一百四十九条第四项明确要求,公司董事、高级管理人员不得违反公司章程的规定或者未经股东会、股东大会的同意,与本公司订立合同或者进行交易。2018年《公司法》第一百四十八条第一款第四项沿袭了这一规定,成为我国现行《公司法》自我交易规制的核心条款。

（二）关联交易：公法监管移植到私法调整的产物

关联交易是市场经济中普遍且重要的交易模式，产业链的整合与市场效率的提高都无法脱离关联交易而进行。如对关联交易采取过多的私法限制，将阻碍正常的商事贸易流动。我国对关联交易的规制最早见于公法上的税收领域与证券监管领域，在私法层面的规制较为审慎保守。

在税收方面，1991 年《外商投资企业和外国企业所得税法》首次对关联企业作出界定。随后，国家税务总局和财政部进一步颁布了一系列行政规章，如《企业会计准则#1》（1997 年颁布）、《独立审计具体准则第 16 号——关联方及其交易》（1999 年颁布）、《关联方出售资产等有关会计处理问题暂行规定》（2001 年颁布）等，逐渐建立起针对关联企业转移定价、隐匿税基等避税行为的税法规制体系。①

在证券市场监管领域，由于关联交易极易产生上市公司内部人士的利益输送行为及机会主义行为，信息披露与表决程序要求成为关联交易的主要监管路径。1993 年国务院颁布《股票发行与交易管理暂行条例》第五十九条首次将关联人作为上市公司年报的信息披露内容。从 1997 年起，以《上市公司章程指引》（1997 年颁布，2001 年修正）和《公开发行股票公司信息披露的内容与格式准则第二号〈年度报告的内容与格式〉》（1997 年颁布，1998 年修订）等，证监会逐步重视对关联交易的审查及监管。由于《公司法》在关联交易规制上的缺位，1998 年出台的《证券法》难以跳过《公司法》直接对上市公司关联交易作出规定。在《公司法》与《证券法》联动修改多次后的今日，针对上市公司关联交易的证券监管已构成了关联交易规制体系的一大核心阵地。有学者指出，我国过去长期采纳的公司法私人执行模式对于关联交易规制不足，以市场自治为主导的私人执行模式以及以政府规制为主导的公共规制模式同时陷入困境。② 这从反面印证了我国公司法，亦即私法层面对关联交易的规制未能够解决问题。

2005 年《公司法》应公法监管的底层逻辑需要，以第二百一十七条（2018 年《公司法》第二百一十六条）引入“关联关系”的界定，明确其是指“公司控

① 李建伟：《规制关联交易的法律规范体系及其展开》，载《人民司法》2014 年第 19 期。

② 曾思：《上市公司关联交易的回应型规制》，载《中外法学》2021 年第 6 期。

股股东、实际控制人、董事、监事、高级管理人员与其直接或者间接控制的企业之间的关系,以及可能导致公司利益转移的其他关系”,并增设第二十一条,将利用关联关系损害公司利益时的赔偿责任主体涵盖为公司的控股股东、实控人、董事、监事、高级管理人员。《公司法》虽未言明关联交易的定义,但依照法理逻辑,关联交易是具有关联关系的主体之间进行的交易,其中既包括公司控股股东、实控人、董监高等主体本身与其直接或间接控制的企业之间的交易,也包括上述主体直接或间接控制的企业与其他所控制的企业之间的交易。同时,因法条表述有“可能导致公司利益转移的其他关系”这样的泛化表述,我国关联关系、关联交易的包含范围广而模糊。另需注意的是,第二十一条的关联交易损害公司利益的赔偿主体限缩在了公司控股股东、实控人、董监高之中,并没有将除此以外的其他关联方囊括入内。这表明,第二十一条对第二百一十七条的适用上有一定局限性,并非所有关联关系主体损害公司利益都可适用第二十一条的赔偿条款。《草案》第二十条更是进一步将关联交易主体限缩在了公司控股股东、实际控制人上,以显明与自我交易的区别。

三、自我交易与关联交易的司法困境

从解释论的角度出发,我国自我交易规制在《公司法》上主体仅限董事、高管个人。豁免自我交易事项有二:公司章程的预先规定,或经过股东(大)会的决议通过。违反自我交易之规定,董、高应当将所得收入归公司所有,即公司“归入权”的行使。自我交易合同可因违反《公司法》第一百四十八条第一款第四项与其他影响合同效力的因素而在后被撤销或宣告无效,但就自我交易本身而言,合同效力不因涉及董事与公司间的利益冲突而受非难。

2018年《公司法》下的关联交易制度则是:关联交易主体为关联关系所涉。根据《公司法》第二十一条,公司控股股东、实控人、董监高不得利用其关联关系损害公司利益,给公司造成损失的,关联关系主体应当承担赔偿责任。关联交易不为法律所禁止,但需严格履行相应合规程序。关于此,依据《公司法司法解释五》,即便关联交易实施方履行完毕相应合规程序,只要关联交易实质性损害公司利益,原告公司仍可提起损害赔偿之诉。关联交易的效力认定并非关联交易的审查难点,《公司法司法解释五》更着眼于是否“损害公司利益”这一公司法规制核心,强调实质性正义。除此之外,对于关联交易的规制多见于监管规章之中,如以财务会计制度出发的《企业会计准则第 36 号——关联方披露》以及《企业会计准则第 33 号——合并财务报表》中,还有以上市公司监管为视角的《上海证券交易所上市公司关联交易实施指引》《深圳证券交易所上市公司信息披露指引第 5 号——交易与关联交易》等,尤其是上市公司关联担保行为,监管审查标准相当繁复审慎。可以看出,我国法律法规体系对关联交易的态度是行政监管大于私法调整,信息披露大于效力封禁。

(一)司法实践对自我交易与关联交易的区分

在司法实践中,判断自我交易与关联交易的主要依据是主体身份。针对董事、高管本人以外的关联自然人、关联公司进行的变相自我交易,北京市第一中级人民法院认为,不能将此类情况纳入董事自我交易禁止条款的适用范围。[①] 在中国某有限公司诉王某、上海某代理有限公司一案中,[②]被告王某任原告 A 公司副总裁期间,审批运费事项向王某妻子崔某作为股东的 B 公司支付物流运费。上海市卢湾区法院认为,原告 A 公司与 B 公司进行交易,仅在两者间产生法律关系,与王某无涉,原告(即王某所属公司)将此项交易视作为与王某进行交易,缺乏事实依据,法院不予采信。但是,法院进一步指出,王某因未履行实施关联交易向公司股东会报告的义务,故构成对董事忠实义务的违反,且所涉条款是第一百四十八条第一款第八项“违反对公司忠实义务的其他行为”。如果对本案进行进一步梳理,我们可得出法院的逻辑是:交易在 A 与 B 两公司间进行,不属于《公司法》第一百四十八条第一款第四项的自我交易,但该次交易由董事王某促成,王某未将其与妻子担任股东的 B 公司的关联关系披露于 A 公司,故该次关联交易行为违反董事忠实义务。上述逻辑存在以下漏洞:历年《公司法》均未赋予公司董事在实行关联交易时向公司董事会、股东会的强制披露义务,也未在卷宗材料中见到 A 公司章程有对关联交易的程序性要求。现有关于关联交易的程序规定仅针对两项:关联担

① 参见北京市第一中级人民法院民四庭编:《公司法审判实务与典型案例评析》,中国检察出版社 2006 年版,第 380 – 386 页。

② 参见(2010)卢民二(商)初字第 690 号判决书。

保须经董事会或股东会审议,以及上市公司董事对董事会决议事项涉及企业有关联关系的,该董事不得行使且不得代理行使表决权,除此之外法律仅涉及关联交易的结果公正与否,以及责任如何承担的问题,但A公司既非上市公司(因公司类型属于有限责任公司),该次交易也并非关联担保。那么,法院对于董事因未履行董事会、股东会报告义务而认定其违反忠实义务于法无据,如果以《公司法》第一百四十八条第一款第四项自我交易的审查标准来类推适用第八项,则有自我交易与关联交易混同之嫌,并且与之前否认自我交易的裁断相矛盾。从该案例中可以得出的裁判结论是:如果是公司董事、高管本人与公司进行交易,法院采用《公司法》第一百四十八条第一款第四项自我交易的规定予以审查;如果是公司董事、高管通过其近亲属、关联人、关联公司与本公司进行交易的,法院采用第一百四十八条第一款第八项即兜底条款予以审查。但兜底条款不够明确,法院需要根据案件实际情况及公序良俗的法律原则来认定公司董事、高管是否违反忠实义务,最后的办法依然是寻找自我交易关于"经股东会、股东大会同意"的程序是否履行。兜这么大一个圈子,审查标准依然一样,那么就没必要将董事、高管近亲属、关联人、关联公司与本公司进行的此种"关联交易"与自我交易作出区分。

2021年12月,《草案》对上述问题作出了回应,将自我交易规制从董事、高管违反忠实义务行为中剥离,专项列明在《草案》第一百八十三条,并将董事、监事、高级管理人员的近亲属,及直接或者间接控制的企业,以及与董事、监事、高级管理人员有其他关联关系的关联人同等规制。

(二)司法实践对自我交易在效力层面的审查

我国公司法对于自我交易的限制主要在于《公司法》第一百四十八条第一款第四项的前半段,即需要有公司章程的规定与或经过股东会、股东大会的通过。但是,法条并未指明,如公司章程没有规定,且未经过股东(大)会通过的话,自我交易的效力究竟有效还是无效?自我交易是否与损害公司利益挂钩?2005年《公司法》修订删除1993年关于"维护公司利益"的表述,转而强调董事对公司的"忠实和勤勉义务",但前者重在行为目的,后者强调主体义务,实则存在内涵与指向之间的断层。这种断层性的矛盾集中体现在:当公司董事在尽到忠实和勤勉义务之后,仍然导致公司利益受损,是否仍然需要对公司董事进行追责？法条的含蓄与简略直接造成了司法审判实践的混乱，以及我国自我交易及关联交易在合规标准上的分歧。正如学者孙英所言："我国的董事自我交易，实质上处于没有规制的状态，这种缺乏公平标准的制度供给，无异于'画饼充饥'。"①

在司法实践中，审判机关对《公司法》第一百四十八条第一款第四项的效力理解出现分化。在有些案件中，法院认为《公司法》第一百四十八条第一款第四项系效力性强制性规定，自我交易未存在公司章程规定且未经过股东（大）会同意通过的，直接归于无效。例如，李然与北京碧空氢能源科技股份有限公司（以下简称碧空氢公司）一案中，北京市高院认为，在未经碧空氢公司股东大会同意或批准的情况下，与碧空氢公司进行交易，违反了《公司法》第一百四十八条第一款第四项的规定。因此，涉案专利申请权转让行为无效。② 胡清焰等人一案中，最高人民法院认为胡清焰等人转让行为和订立协议行为均未经公司股东会合法决议，也不属于公司章程规定允许的行为，故协议无效。③ 除上述案件以《公司法》第一百四十八条第一款第四项判决无效外，判决无效的理由还包括自我交易违反《合同法》第五十二条第五项规定，④以及违反《合同法》第五十二条第一款第二项恶意串通损害第三人合法权益为依据判定无效。⑤ 即便判决自我交易无效，判决的理由在法院中也尚未达成共识。

法院在诸多案件中对《公司法》第一百四十八条第一款第四项作了目的性解释，认为该项规定旨在防止自我交易损害公司利益。当自我交易不损害公司利益的，其效力归于有效。譬如，凯利置业与聚融商务城有限公司一案中，赵富宽与桦亮公司之间签署的合同并不损害桦亮公司的利益，因此，赵富宽与桦亮公司签订的《开封市商品房销售合同》并不违反我国法律、行政法规的规定，应当认定有效。⑥ 王丽君、兆博矿业一案中，法院认为《公司法》第一百四十八条

---

① 孙英：《论董事自我交易的法律规制——以〈公司法〉第149条的适用于完善为核心展开》，载《法学》2010年第6期。

② 参见（2017）京民终348号判决书。

③ 参见（2018）最高法民申3824号裁定书。

④ 参见（2017）黔民终642号判决书。

⑤ 参见（2018）辽02民终1637号判决书。

⑥ 参见（2015）民四终字第31号判决书。

第一款第四项属自我交易限制的规定,但自我交易制度中的交易不是泛指一切交易活动,当公司经营缺乏资金,公司向股东、高级管理人员借款以维系正常生产经营当不在法律限制之列。[①] 这明显是将《公司法》第二十一条关联关系规制条款的公司利益衡量标准嫁接到了针对自我交易的规制之中。

综合审判实践来看,《公司法》第一百四十八条第一款第四项在限制自我交易时的主要问题在于:一是未明晰不符合公司章程规定且未经过股东会同意的自我交易效力如何,自我交易之限制是前置性规定抑或审查参考要素;二是未言明自我交易与损害公司利益之间是否有必然关系,是否应当将该项规定作目的性扩张解释;三是未指明自我交易与关联交易的关系,使得两者适用条款不清。法院法官在拣选法律条款过程中时时促狭,甚至在部分自我交易的案件中自创了类似美国法院的"公平审查制度",实质审查起交易是否"公平",是否有损公司利益。对于是否依照自我交易的规模、数额大小进行公司决议区分处理,目前也尚无定论,可以说,这种重行政监管而轻私法的规制模式,造就了我国自我交易规制的混乱格局。

总之,我国公司法在自我交易与关联交易上达成了体系性的分立,却忽略了两者在公司实践中经常被交叉使用、混同使用。公司董事只需借亲近人之手,就可轻易避过关于自我交易的所有法律规制,改受关联交易条款的审查。这直接造成了学理上法律适用上不断的纷争。林林总总的争议皆是出于:关于关联交易条款的滥觞性适用已与自我交易的规范形成正面冲突。

四、自我交易与关联交易的领地和界限

(一)2018年《公司法》下的自我交易与关联交易

现行《公司法》下,自我交易与关联交易规制迥然相立,在主体适用、效力认定、审查标准以及责任归置上均有所不同。有学者认为,董事自我交易与关联交易应当明确区分,不宜将两者混淆,立法者禁止董事自我交易,仅在经公司章程允许或股东会批准的情况才例外地允许;对于关联交易,立法者原则上允许,仅禁止损害公司利益的关联交易。[②] 另外,学界通说认为,关联交易在学理上分为直接性自我交易与间接性自我交易。直接性自我交易即指

---

① 参见(2018)川民再432号判决书。

② 迟颖:《有限责任公司董事自我交易制度建构与司法适用》,载《法学家》2021年第3期。

董事、高管个人与其所属公司之间的交易，间接性自我交易指除了直接性自我交易之外的关联人构成的关联交易，即变相自我交易。[①] 笔者认为，这种“直接性”“间接性”的区分正是域外法自我交易法律制度移植到我国后，与2005年《公司法》新设的关联交易制度的不适性体现。自我交易与关联交易的分设明显是人为造就，不符合商业天然逻辑，商主体名义的更换在商事交易中殊为普遍且极易操作。各国公司法普遍将董事、高管的关联人士及其控制或间接控制的关联公司划入规制范围内。规制范围扩大的原因用美国布里斯特法官的话说，“董事与公司直接交易、与董事躲在另一个他所拥有或者控制的公司背后与公司交易实质相同。”[②]从现实适用的角度来看，对自我交易与关联交易的分设并无必要。

从关联关系的定义与关联交易的商事普遍理念出发，自我交易应当从属于关联交易体系之内，而不是分属两个领域。关联交易的各项规则，同样应当适用于自我交易领域。如将自我交易剥离于关联交易体系中，最大的问题在于董事、高管进行自我交易进而损害公司利益时，如何进行法律适用。当董事、高管以自我交易损害公司利益时，若公司章程中有相关规定，公司机构、股东尚可依据《公司法》第一百四十九条、第一百五十一条以及《公司法司法解释五》第一条以违反章程规定为由提起损害赔偿之诉讼与派生诉讼；若章程没有规定，则又分两种情况：一是自我交易经股东会决议通过，公司机构、股东面临《公司法司法解释五》第一条无法适用（第一条仅指关联交易）的问题，无法遏制渔利的自我交易；二是股东会决议未通过，则只能以违反《公司法》第一百四十八条第一款第四项的效力性强制性规定诉求自我交易行为无效，并将所得收入归公司所有。但是，《公司法》第一百四十八条第一款第四项属于效力性强制性规定还是管理性强制性规定，审判实践中仍各执一词。并且，公司董事会、监事会、股东如想针对董事自我交易造成公司利益的损失部分提出损害赔偿，欠缺关键的《公司法》第二十一条作为法律依据。

在公司治理普遍不规范，董事、高管侵吞公司利益时有发生的我国商事

---

① 参见施天涛：《公司法论》，法律出版社2018年版，第435页；朱锦清：《公司法学》，清华大学出版社2019年版，第636页。

② *See Shlensky v. South Parkway Building Corp.*, 19 Ill. 2d 268 (1960).

背景下，针对关联交易的规制既是必须，也是必然。关联交易管控从自我交易规制中脱胎而来，在担责主体扩大化的过程中无意间促成了自我交易与关联交易的体系性割裂。如果仅从路径依赖理论角度出发，这样的制度分设有利于敦促董事、高管尽到忠实义务的同时，还可有效规制关联交易，那么《公司法》的下一次大修继续延续分设的制度逻辑也无可厚非。[①] 但可以见到的是，无论是从忠实义务的理论来源，还是各种频发的隐藏在关联交易下的机会主义行为，都显现出自我交易与关联交易分别规制的冗余与误导性。

（二）《草案》下的自我交易与关联交易

2021年12月《草案》对自我交易与关联交易的改动主要在于：一是主体上，《草案》将自我交易的实施主体指向公司董事、监事、高级管理人员，以及公司董事、监事、高级管理人员或者其近亲属直接或间接控制的企业，以及与董事、监事、高级管理人员有其他关联关系的自然人，但不包括公司控股股东、实际控制人；关联交易赔偿责任主体限于公司的控股股东、实际控制人，将2018年《公司法》第二十一条中的董事、监事、高级管理人员在关联交易规制中筛去。二是自我交易程序机制改变，由公司章程规定或经股东会、股东大会同意，改为就与订立合同或者进行交易有关的事项向董事会或者股东会报告，并按照公司章程的规定经董事会或者股东会决议。笔者对该法条进一步解释，如果公司章程未就自我交易事项规定须经董事会或股东会决议，则自我交易主体履行向董事会或股东会报告义务即可。三是决议机制上，董事会决议时，关联董事不得参与表决，其表决权不计入表决权总数。总结来看，《草案》在自我交易与关联交易采取的态度是继续分野并严格画线。

从自我交易及关联交易的区分来看，主体依然是区分的核心依据。以主体作为区分依据，自我交易与关联交易在《草案》中可演化为以下三种模型：(1)如果一次交易由公司董事、高级管理人员与本公司达成，则法院默认采用自我交易的程序审查机制予以衡量效力，如果董事、高级管理人员同时是公司控股股东、实际控制人，则可以以关联交易的公平作为结果判断依据，此时《公司法》的第一百四十八条与第二十一条是补充适用的关系；(2)如果该次

① 参见周彬彬、方斯远：《忠实义务：趋同抑或路径依赖——一个比较法律经济学的视角》，载《中山大学学报(社会科学版)》2012年第4期。

交易由公司控股股东、实际控制人(不担任公司管理职位)与本公司达成,则默认单方采用关联交易规制审查;(3)如果该次交易由公司董事、高管利用近亲属、关联人士、关联公司达成,依照《草案》可以适用自我交易规定,但由所指向的董事、高管承担董事向公司的赔偿责任以及公司归入权行使。

自我交易与关联交易的关系可以衍射到两个维度:单纯的自我交易规范,仅涉及程序问题;关联交易规范,则主要是审视结果公正与否。那么逆向思考,自我交易是否需要结果审查?关联交易主体是否需要履行合规程序?

第一个问题,即自我交易是否需要结果公正审查而言,自我交易的底层逻辑是忠实义务,公司董事、监事、高级管理人员及其关联人、关联企业在实施交易过程中,如果自身利益与公司利益相冲突,应当以公司利益优先,维护公司利益,更不得损害公司利益。在这一点上,《草案》第二十条第二款对关联交易的要求恰是以公司利益为核心展开的。有如最高人民法院民二庭负责人在《公司法司法解释五》答记者问时说:“关联交易的核心是公平,本条司法解释强调的是尽管交易已经履行了相应的程序,但如果违反公平原则,损害公司利益,公司依然可以主张行为人承担赔偿责任。”[①]如果以公司利益作为审视自我交易与关联交易的轴点,两者的义务指向是一致的。如果第二十条第一款是公司股东对其他股东的诚信义务,那么第二十条第二款则明确了公司控股股东、实际控制人对公司的忠实义务。

第二个问题,如果以主体作为区分依据,关联交易由公司控股股东、实际控制人实施的,是否也应当履行向董事会或股东会的报告程序?按照《草案》分野路径来看,公司控股股东、实际控制人并不需要承担报告义务(单就《公司法》而论),而只需要承担结果公正的类担保责任。如果对自我交易、关联交易在《草案》中的分野进一步追问,则可得出《草案》言下之意是公司控股股东、实际控制人不承担如公司董事、监事、高级管理人员一样的对公司的忠实义务。就公司股东对公司承担义务的问题上,叶林教授认为,股东在公司中虽无法律上的职位和职务,在事实上却掌管着公司事务,存在“利用其关联关

---

① 孙航:《依法保护股东权益,服务保障营商环境——最高人民法院民二庭相关负责人就〈关于适用〈中华人民共和国公司法〉若干问题的规定〈五〉〉答记者问》,载《人民法院报》2019 年 4 月 29 日第 3 版。

系”的情形,通过扩大解释,可确立股东对公司负有忠实义务。[①] 同时,施天涛教授也认为,“受信义务的主体范围随着经济关系的复杂性和法律人士的深化,与此同时,忠实义务的面相也随之更为宽泛……关联交易无疑是忠实义务所关注的最核心最重要的问题。”[②]另外,从比较法上来看,股东在关联交易上的忠实义务同样有迹可循。《德国民法典》第705条确立了有限责任公司股东向公司负有一般性的忠实义务,它要求股东忠诚地对待公司,积极地促进公司目标的实现并避免公司遭受损失。由于有限责任公司具有人合性,股东之间的关系不限于财产交换关系,而带有长期合作的属性,法律提出了比诚实信用原则更高的要求。对于股份有限公司,德国法院也逐渐形成了股东忠实义务的三项主要内容,即禁止损害公司利益、考虑其他股东利益、严肃行使股东权利。[③] 在美国,《标准商事公司法》(*Model Business Corporation*)第8.60(3)条及以《特拉华州公司法》为代表的实体法律,虽在自我交易规制上仅针对董事及“与董事有关的人”,[④]但一系列普通法判例使得董事信义义务延展到控股股东。马萨诸塞州最高法院认为,封闭公司的股东在公司运营中相互承担的受信义务与合伙企业中合伙人之间承担的受信义务基本相同。封闭公司的股东必须按照严格的诚信标准履行其管理和股东责任,“他们不得出于贪婪、权宜之计或自身利益,以减损对其他股东和公司的忠诚义务。”[⑤]不过,这种封闭公司中股东之间承担类似合伙人之间受信义务的“平等机会规则”(equal opportunity rule)过于严苛,马萨诸塞州最高法院以*Wilkes v. Springside Nursing Home, Inc.*案[⑥]以及特拉华州*Nixon v. Blackwell*案将机会平等

① 叶林:《董事忠实义务及其扩张》,载《政治与法律》2021年第2期。

② 施天涛:《公司法如何规训关联交易》,载《法学论坛》2021年第4期。

③ [德]托马斯·莱赛尔、吕迪格·法伊尔:《德国资合公司法》,高旭军等译,上海人民出版社2019年版,第148、590页。

④ 《最新美国标准公司法》第8.60(3)条将“与董事有关的人”界定为(i)董事的配偶(或者配偶的父母或者兄弟姐妹),或者董事的子女、孙子女、兄弟姐妹、父母(以及上述人的配偶),或者与董事共同居住的人,或者一个信托或者不动产;(ii)如果本款中规定的人为该信托或者不动产的实质性受益人;(iii)该信托或者不动产中的无行为能力人、受保管人和未成年人的受托人为董事。《特拉华州公司法》第144(a)条类似,但对董事的表述为“directors or officers”而不仅仅是“directors”。

⑤ *See Donahue v. Rodd Electrotype Co. of New England, Inc.*, 367 Mass. 578, 328 N. E. 2d 505 (Mass. 1975).

⑥ *See Wilkes v. Springside Nursing Home, Inc.*, 370 Mass. 842, 353 N. E. 2d 657 (Mass. 1976).

原则转向了审查利益冲突交易时采用的"完全公平规则"(fair rule),[①]但审查主体依然从董事转向了股东。

如果《草案》第二十条第一款是指公司股东对其他股东的诚信义务,那么第二十条第二款则明确了公司控股股东、实际控制人对公司的忠实义务。董事忠实义务是否应该全盘嫁接于控股股东、实际控制人,尚有待进一步讨论。笔者认为,单就关联交易而言,公司控股股东、实际控制人应当以公司利益优先,负有与公司董事同等的忠实义务。从忠诚义务的角度出发,公司控股股东、实际控制人在实施关联交易时,应当履行与自我交易同样的报告程序。事实上,现有的程序报告机制在上市公司交易合规上经常能够看到。依据《关于规范上市公司对外担保行为的通知》以及沪深交易所上市规则,[②]上市公司实施关联担保时,需根据担保主体是表内主体或表外主体履行董事会决议程序或董事会决议——提交股东会并决议通过的审议程序。关联担保涵盖于关联交易之中,并属于对公司利益威胁较大、较为隐蔽的一种。《草案》第一百八十三条出于程序负累的减轻,对自我交易并没有强制要求履行决议程序,而采用了向董事会或股东会报告的机制设计。笔者认为这种报告式的程序设计是《草案》对自我交易的一大制度创新,既对交易实施者提出了一定的程序性要求与警醒,同时又没有过分加重交易实施的程序成本。那么,在此基础上,将报告义务施加于公司控股股东、实际控制人实施的关联交易上,同样可以起到敦促与风险控制的双重效果。

五、结论:自我交易与关联交易的统合式制度构建

(一)自我交易规制的主体

自我交易(self dealing transaction)从性质而言,是冲突利益交易(interest - conflicting trade)的主要形式,意指公司的董事或高管及其关联人员实施或推动实施的、含有其个人利益而与公司有利益冲突的交易。自我交易并非天然被禁止,只是董事在自我交易时,自身利益与公司利益相冲突,容易使交易向自身利益倾斜而不公平。自我交易之规制目的,系拦截董事、监事、高管及其

---

① *See Nixon v. Blackwell*, 626 A. 2d 1366 (Del. 1993).

② 证监发〔2005〕120 号文、《上市公司章程指引》第四十一条、第七十五条、第七十七条、第七十九条、第一百一十九条,《上海证券交易所股票上市规则》第 9. 11 条、第 10. 2. 1 条、第 10. 2. 6 条等。

近亲属、关联人士、关联公司利用公司职权为牟取私利而达成的自我交易，允许有利于公司利益的交易发生。自我交易究其本质，是公司董事忠实义务之具现。美国法学会为表示自我交易之规制方向，在《公司治理准则》中以公平交易(fair dealing)阐述公司董事、高管进行的可被认可的、符合公平原则的冲突利益交易。[①] 理论上相关概念还有臂距交易(arm's length transaction)，是指商业领域交易双方在一臂距离之外(即独立，没有关联关系)，平等获取商业信息和商业机会的交易。正是因为公司董事、高管往往将含利益冲突的自我交易伪装成臂距交易，使得法律需要对自我交易进行规制。明晰规制自我交易之重心，就应当于《公司法》第二十一条针对关联关系的"不得损害公司利益"的结果要求涵盖于整体自我交易规制体系中，避免法院作不必要的目的性解释。

从忠实义务角度出发，我们已经看到了自我交易与关联交易底层逻辑的契合点：公司董事、监事、高级管理人员及其近亲属、关联人士、关联公司，以及公司的控股股东、实际控制人在实施交易时应当以公司利益优先，不得损害公司利益。忠实义务主体在自我交易与关联交易上应当拓展到公司控股股东、实际控制人。《公司法》历次修订中，公司自治失效时，责任主体扩大的趋势也曾在他处体现。譬如，发起人出资瑕疵时其他发起人需承担连带责任、股东抽逃出资时协助出逃的董监高的连带责任等。在公司治理主体责任压实的倾向中，公司法将自我交易规制迈向了范围更广的关联交易管控。我国针对关联交易的防治，本身即是自我交易规制扩大化的体现。有鉴于此，完全可以将自我交易、关联交易重塑一体，将关联关系所涉主体纳入自我交易规制体系。基于主体扩大性的认定，文后关于自我交易之法律规制主体，虽仍以董事作为忠实义务承载者之名，实际指代与董事、监事、高级管理人员具有关联关系的所有关联人员及公司控股股东、实际控制人。

(二)自我交易的合规约束

难题在于，如何将目前相互疏离的自我交易体系与关联交易体系相融合？问题的奇点即在于豁免性规定的设置上。将制度规范的重心聚焦于合

---

① See the American Law Institute: Principles of Corporate Governance, Part V.

规设置上，既可摆脱长期以来我国自我交易与关联交易分辨的无谓纷争，也可将公司治理方向回归国际视野，共同探讨公司自治的合理性边界。在这一点上，如何判定自我交易，使其归于正常交易的同时避免公司董事、高管从中谋取私利？各国公司法探索出了各种审查标准与方法。普通法系逐渐形成了两种主流的审查判断规则，一是以美国公司法为代表的"公平"规则，以及以英国公司法为代表的"无冲突"规则。两派审查标准在公司法发展中争论不休，并随着两派观点的冲突与融合，争论的焦点皆指向了探索自我交易中合理的例外情况和有价值的合规手段。

美国公平规则的核心要义旨在探求董事在自我交易中是否尽到忠实义务。根据特拉华州公司法，公平规则要求董事尽到"不可分离的"忠诚（undivided loyalty）。董事进行自我交易并不因自我交易而当然无效或者可撤销，尽管董事在开会时在场或参与了会议，而会议又批准了该合同或交易，并达到以下条件之一：(1)向董事会/董事会特别委员会进行披露并获得无利益董事的表决通过；(2)向有投票权的股东们进行披露并获得股东会决议通过；(3)该合同或交易在得到董事会/董事会特别委员会或股东会授权、批准或追认时对公司公平。①

值得注意的是，满足了上述条件的交易不会仅因为董事或高管与公司之间的利害冲突而无效，却未言明交易一定有效。例外情况中的第一项和第二项规定在适用时的逻辑在于，如果自我交易通过了无利益董事会的批准或股东会的批准，那么就可以适用商业判断规则而非内在公平规则。但是，即便经过董事会或股东会的同意，商业判断规则还会着重审查该项交易是否构成公司浪费（waste），②当交易明显不符合公司利益时，董事将违反注意义务而赔偿；当交易掺杂董事私利时，将适用忠诚义务标准审查交易的内在公平，董事仍有可能会赔偿。也就是说，经过董事会、股东会的批准，自我交易仍然不一

① 参见《特拉华州公司法典》第8章144(a)(1)－(3)。笔者对法条进行了简化处理，法条中关于自我交易的定义是，公司与一个或者几个董事或官员之间的合同或交易，或者与这些董事、官员兼任董事、官员或者在其中有经济利益的公司、合伙、协会或其他组织之间的合同或交易。自我交易主体并非仅有董事。

② *See Aronoff v. Albaness*, 85 A. D. 2d 3, 446N. Y, S, 2d 368(1982)；参见朱锦清：《公司法学》，清华大学出版社2019年版，第643页。

定是有效的，只是将举证责任转向原告，原告仍有机会证明交易是不公平的。另外，当该董事在公司享有较高投票权时，这两项例外的排除效力也会受限。换言之，董事作为控股股东在股东会投票通过自己进行的自我交易时，该决议效力将减损，董事仍然需要证明交易公平。[①] 例外情况第三项，即得到董事会/董事会特别委员会或股东会的授权时，可追认自我交易的公平效力。这一项是美国自我交易"公平"规则命名的由来之处，虽看似宽松，采用了"公平"这一主观意味较浓的词，实际适用时却颇为严格。在前两项例外规定中，董事自我交易如果经过了无利益董事会或股东会的决议，那么决议就默认是公平的，举证责任在于原告，由原告证明交易不符合公司利益。但是，在例外的第三项"公平"中，举证责任在于被告，由被告证明其自我交易切乎公平。在法院审判中，被告董事、高管一方面要向起诉的原告股东、董事竭力澄清交易如何公平、如何有利于公司发展，回答原告律师各项刁钻的提问；另一方面还要应对法院法官怀疑的目光与层层审查。可以说，美国公平规则对自我交易看似宽松，实则呈严格审慎的态度，并且经过了历时已久的理论推演和实践争论，已能够在法理逻辑上自洽，应用于实践。

英国无冲突规则从法律规定上，对自我交易的效力审查呈"简单否决制"。对于不符合例外规定的自我交易，英国法院判决交易直接无效。根据2006年英国公司法，自我交易的例外规定包括向股东会披露并获得股东会决议通过，或者符合公司章程中确切的相关条款。这种原则无效、特定情况下有效的自我交易裁决颇具震慑作用，但很快被商人们投机利用——章程可以直接赋予自我交易有效效力。这种规定的例外在实际操作过程中，可能比美国成文法规定的例外更加宽泛。据随机样本显示，早在1892年，超过90%的公司在章程中排除了忠诚义务条款。[②] 章程条款的滥用迫使英国国会介入，以成文法令的方式对自我交易施加强制披露义务。但是，公司章程条款的豁免作用并不受影响。2006年英国公司法下，数额较小的自我交易需通过董事

---

① See Tuch, Andrew F., "Reassessing Self - Dealing: Between No Conflict and Fairness", *Fordham Law Review*, Vol. 88 (2019), p. 939.

② See Timothy W. Guinnane, et al., "Contractual Freedom and Corporate Governance in Britain in the Late Nineteenth and Early Twentieth Centuries", *BUS. HIST. REV.*, Vol. 91 (2017), p. 269.

会批准,重大财产交易则都需要股东(大)会通过。[①] 另外,私人公司除非公司章程特殊规定,董事会有权批准。公众公司除非公司章程授权董事会批准,则由股东大会批准。但是与美国公平规则不同的是,董事如果同时是控股股东,在公司股东大会上仍可以以所持投票权推进自身的自我交易决议通过,决议效力不因其身份而受影响。但是披露义务在英国公司法中十分繁重,涉及关联关系的披露、交易数额的披露、所获利益的披露等。换言之,英国公司法中对于自我交易的限制主要在于披露义务的履行,以无利益关系的中立董事监督交易,而非董事会或股东会的批准通过。

可以看出,英美公司法对于自我交易的规制经过了上百年的磨合,最终发展出以效力认定和合规标准为差异点的两套不同的法律制度,并以"无冲突"以及"公平"作为各自的制度哲学理念。我国在《公司法》修订过程中可以合理吸收英美法在自我交易规制上的制度建设经验,并重新思考我国常见的"一股独大"式公司实践背景下,如何保持打击监管套利以及董事合规交易之间的平衡。

另外,《公司法》第一百二十四条对于上市公司关联交易的表决程序规定,即是对关联交易管控的程序性探索。但该条款的主要问题在于,一是主体适用范围太小,仅限于股份有限公司中的上市公司。二是客体范围太大,具备关联关系的决议除关联交易外,还有诸多非交易事项,诸如经营人事变动、董事选任、公司战略发展方向定调等。董事对具有关联关系的决议一概不得行使表决权的规定,在实际操作中经常被具有控制权的董事迂回绕过而形同虚设。另外,因该条款未对关联关系的决议所涉合同数额进行规定,那么董事与公司间救济性的、友好性的、数额不大的自我交易合同是否也需要经董事会、股东会审议?英国公司法为我们指引了一个良好范例,即对自我交易所涉合同根据数额及影响进行区分对待。对于数额不大的、未占到公司经营额一定比例的自我交易,应当作为公司日常经营事项而无须审查;对于公司控制权异化、合同所涉公司资产比重大、对公司生产经营造成影响的自我交易,公司应当首先召开无关联关系董事组成的董事会、中立董事人数不足的召开股东会,再谈《公司法司法解释五》第一条程序合规不能阻挡损害赔

① 英国《2006 年公司法》第 175 条。

偿之诉的适用的问题。《公司法司法解释五》对于关联交易的关注是一次公司治理领域良好的进步,但欠缺了顺序位于其前的程序性设置。

那么,豁免性条款应当如何设置?《公司法》既存的两项豁免——公司章程规定与经股东(大)会决议通过——依旧可以适用。但是,股东(大)会往往召集程序烦琐且耗时良多,自我交易行为又非常普遍、时时发生。增加程序负累只会使得制度推行困难。我们可以充分利用《公司法》第一百二十四条所带来的丰富经验,以及《草案》中对关联董事表决权限制的前瞻性探索,将关联交易经董事会、股东会的决议程序要求推进到所有种类公司中,推进到自我交易领域内,即交易主体应当就与订立合同或者进行交易有关的事项向董事会或者股东会报告,并按照公司章程的规定经董事会或者股东会决议。通过中立董事的审核认定,充分发挥公司自治能力。另外,需要将自我交易决议独立于其他关联关系决议。目前,涉及关联关系的决议一概需要利益董事的回避,这容易造成经营事项决议与非经营事项的混同,不利于商事交易的便捷性与无关联关系董事监督作用的发挥。

(三)自我交易的效力与举证责任

论及自我交易的效力,有鉴于我国有限责任公司占据公司种类中的绝大多数,公司治理主要靠人合性而非资合性。对于公司决议事项的效力判断越清晰,越有利于平息公司治理矛盾,减少公司发展阻力。再加上我国公司法改革思路呈现出两项进路:尊重公司自治、加大违法惩戒。对于自我交易的效力认定,笔者认为应当缺省性有效。不论交易是否满足豁免性条款,只要自我交易及合同不违反《民法典》合同分编中自始无效的相关规定,那么自我交易作为民商事合同,即为有效。学界关于董事、高管未有公司章程规定且未经股东(大)会同意的自我交易行为效力,还有无效说、[①]可撤销说、[②]效力待定说、[③]无权代理说等。[④] 笔者以为,商事法律与民法显著的区别点即在于

① 参见石少侠:《公司法》,吉林人民出版社1994年版,第243页。

② 参见孙英:《论董事自我交易的法律规制——以〈公司法〉第149条的适用于完善为核心展开》,载《法学》2010年第6期。

③ 参见何永哲:《董事自己代表和双方代表与公司交易行为之禁止探讨》,载《中国司法》2001年第10期。

④ 迟颖:《有限责任公司董事自我交易制度建构与司法适用》,载《法学家》2021年第3期。

商事外观主义以及商事效率原则。自我交易作为公司商事经营活动中惯常行为,不应当总是处于效力不安定状态。确定自我交易的有效效力,不妨碍董事违反忠实义务时,公司、公司组织机构、股东等主体针对自我交易提起的效力之诉与损害赔偿之诉。

豁免性条款发挥作用,需建立在董事报告义务的适当履行上。笔者认为,不能够独立地将报告义务作为董事固有义务来看待,而应当将报告义务与后期争讼中的举证责任挂钩。以诉讼举证压力倒逼董事尽到合理报告义务。具体来讲,董事等主体在进行自我交易之前,除公司章程另有约定外,应当对交易关联主体、交易性质、合同条款、合同数额、公司资产占比、对公司发展影响等向董事会、股东会作详尽而真实的报告,此处的"报告"更接近于证券法中的"披露"。如果董事自我交易行为在已通过董事会、股东会决议之后遭受质疑,董事作为被告被诉求合同无效或可撤销、对公司损害赔偿之时,仅需承担报告是否全面、完整、真实的举证责任,关于是否损害公司利益、损害因果关系等举证责任,由原告承担。当董事自我交易行为未经章程允许,且未经董事会、股东会同意时,自我交易行为默认有效。但为防止董事自我交易损害公司利益,保障公司、股东监督董事尽到忠实义务,此时举证责任应当倒置,由董事承担自我交易未损害公司利益之举证责任。

总之,自我交易与关联交易体系性的合一,不仅能够起到将董事义务落到实处,防止董事利用关联关系侵害公司利益的目的,还能够将目前自我交易归入权与关联交易损害赔偿、诉讼救济条款的一体化重塑。目前《公司法》第二十一条关联交易损害赔偿、第一百四十八条董事忠实义务禁止条款、第一百四十九条董监高损害赔偿责任、第一百五十一条的派生诉讼、《公司法司法解释五》第一条等条款之间的法律逻辑欠缺整体性,自我交易救济渠道过于迂回曲折。通过豁免性规定、自我交易效力认定、举证责任的分配之间的相互配合,自我交易规制体系将更具实效。对自我交易及关联交易的统合性探索,将可能成为我国公司治理的一个新的方向。

制度竞争视野下的北交所:功能重塑与法治进阶①

李安安* 边海怡**

摘要:证券交易所是资本市场至关重要的金融基础设施,作为疏通资本与促进实体经济发展的平台,它在提升资源配置效率、优化经济结构等方面发挥着重要的作用。北交所资源禀赋优异,其设立将打破原有交易所间竞争缺乏的氛围,引领交易所从要素竞争向制度竞争转变,并重塑我国资本市场顺应包容普惠的价值定位和市场双循环的发展格局,从而促进经济高质量发展。目前,北交所在资本流动性和投资者保护方面还存在制度供给不足,应当从制度竞争的视野出发,进一步促进交易所内部治理、产品技术供给、制度型开放等法治化改革以助推我国证券交易所的发展。

关键词:制度竞争 制度开放 北交所 交易所制度

一、问题的提出

2021年9月2日,习近平主席在中国国际服务贸易交易会全球服务贸易峰会的致辞中宣布设立北京证券交易所(以下简称北交所),新设立的北交所以深化新三板改革为出发点,坚持服务中小企业创新发展的官方定位,将与沪深交易所构成互联互通、错位发展的交易所发展格局。随着全球资本市场的快速发展,各国证券交易所制度改革与竞争也开始加剧,表现为交易所会员制向公司制形式改革的推进以及交易所间并购热潮的兴起。反观国内,沪

---

① 本文系国家社科基金项目“公司法制度竞争视野下股权结构变革研究”(21BFX095)的阶段性成果。

* 武汉大学法学院副教授。

** 武汉大学资本市场法治研究中心助理研究员。

深两大交易所间竞争氛围缺失,作为创新型企业发展阵地的北交所是否会突破我国交易所间“非竞争性”惯例,成为激活交易所竞争格局的“搅局者”? 在细化多层次市场布局之外,北交所的成立是否能成为畅通国内资本流动渠道的新选择? 在填补多层次资本市场和服务专精特新的定位背后,其设立背负着何种制度使命? 新生的北交所是不是未雨绸缪的前夕,在其成立的背后是否蕴含着国际竞争深意? 这些既是疑问也是挑战,本文试图对此加以探究。

二、从要素竞争走向制度竞争:北交所无法走出的时代背景

(一)北交所成立之前的交易所竞争格局

根据信息不对称和声誉资本理论,资本市场分层的目标在于实现高级交易所与初级交易所的分离均衡。[①] 金融是具有连续性的,在资本市场中人为划分层次,层次越细则越接近资本市场的本质,金融市场内层次的划分是保证相对公平与实现层级流通的重要手段之一。但依照现有分层,必然有企业处于真空层或覆盖双重标准。此时,如何提高自身产品与服务的吸引力将成为各交易所的竞争驱使点。因此,在资本交易市场之间必须坚持“既要错位、又要竞争”的定位,才能促进多层次资本市场的良性发展。在北交所成立之前,沪深交易所之间并不存在严格意义上的竞争压力。

1. 错位发展下的制度竞争缺乏。党的十六届三中全会提出建立多层次资本市场体系的要求后,我国开始了多层次资本市场的漫长征途。2004 年《关于推进资本市场改革开放和稳定发展的若干意见》首次提出了“建立多层次股票市场体系”的概念,确立了“规范发展主板市场、分步推进创业板市场建设,逐步建立满足不同类型企业融资需求的多层次市场体系”的建设路径。在这些理论指导下,深交所分别创立了中小板和创业板,在主板之外重点服务中小企业与高科技创业企业,再次细分了资本市场。在深交所停发新股筹备中小板和创业板期间,上交所成为蓝筹股的大本营。可见,最初上交所和深交所即秉承着错位发展的战略。2004 年后,两大交易所也默契地以新股发行股数为标准划分上市资源。直到证监会重申了首次公开募股企业对交易所挂牌的自由选择权,这才打破了企业上市“二选一”的绝对分置局面,但当

① 徐文鸣、陶震:《反思多层次资本市场的分层逻辑——基于初级证券交易所的跨国比较研究》,载《政法论坛》2021 年第 4 期。

时主板与中小板和创业板之间的差异化定位已经形成了两大交易所的错位发展格局。金融市场多层次特性是为了满足市场内企业的不同融资需求以及投资者的不同投资偏好所带来的必然结果,然而过度的差异化细分设计也带来了交易所偏于一隅的负面效果。从定位开始,沪深交易所就走上了分工合作的道路,具体来说,上交所与深交所的非竞争性体现在:

(1)上市条件高度同质化。以主板为例,沪深两交易所的上市标准完全相同,都以《首次公开发行股票并上市管理办法》中所规定的发行条件为基本依据,甚至在各自的股票发行条件中规定的信息披露制度要求也几乎相同。从某种程度上看,欲上市公司在面对上市条件这第一道门槛时,沪深交易所对其的吸引力是相同的。再从科创板和创业板来看,两者在定位上即存在区别,科创板主要服务科技创新企业,创业板则主要强调推动传统行业与新业态、新技术、新模式的深度融合,定位差异化较清晰,选择一经开始即完成,竞争也不复存在。

(2)交易所上市审批权受限。沪深主板目前依然采用核准制首次发行股票,这意味着无论是上交所或是深交所,两者对申报公司都没有上市的最终决定权,只能对其进行条件审核,并传递上市信息给决定机关。证监会的上市审批权也在一定程度上抑制了交易所主观能动性的发挥,使其变为进行机械核查并送往最终审查的一条渠道。对准备上市的公司来说,在通过上市审核压力这一因素面前,上交所与深交所之间并不存在巨大差异,因此竞争范围又再一次被压缩。创业板和科创板都已进行注册制改革,在审核注册程序、发行承销、信息披露原则要求、监管处罚等方面的相关规定也基本保持了一致。

(3)金融衍生品自主权受限。作为融资平台,交易所能够提供的融资工具种类是吸引上市资源与资本的重要方面,由于我国对金融衍生品的管控较严,发行新型融资衍生品的权利由主动变为被动,交易所间的竞争范围已然被缩小至市场现有金融产品,仅靠大量同质化的门槛性规定和程序性设计无法形成交易所间的竞争氛围。

2. 要素竞争下的金融资源争夺。同一层级的地方政府之间,存在着对促进辖区内经济增长有益的生产要素的竞争动力,即“区位竞争”现象。[①] 政府的自利性驱使着地方政府展开对有益要素的竞争。这些具有吸引力的生产要素既包括土地、劳动力等原始积累要素,也涵盖了随着经济制度发展新增加的技术和信息等生产要素。在经济金融化的时代背景下,金融资源开始作为一种战略性资源进入竞争要素范围内。作为一种社会资源,金融资源具有配置性和战略性的特质,而社会资源的配置又主要通过金融或金融市场来进行,金融资源通过在一国经济市场中的扩散和渗透,对经济发展的贡献也经历了质的飞跃,不仅在宏观方面决定着经济社会的稳定性,也在微观方面创新了融资渠道,与企业共生。因此,金融的发展水平很大程度上决定了一个区域内经济与社会的发展水平。[②] 近年来,政府间对金融中心地位的竞争正如火如荼地展开着。北京市在2021年的《金融业发展规划》中以进一步强化国家金融管理中心功能为把手,聚焦首都金融核心战略定位。[③] 上海市2021年印发的《国际金融建设规划》提出,到2035年建成具有全球重要影响力的国际金融中心的目标。[④] 根据2021年第30期GFCI指数公布的数据,国际金融中心的争夺异常激烈,其中香港位居第三,上海、北京与深圳分别位列第六、第八与第十六名。全国性范围的证券交易市场融通了公司、银行、基金等资本主体之间的流动,是对金融资源进行配置的重要场所,资本积聚、增值的放大效应使得交易所资源成为政府间的“兵家必争之地”。

值得注意的是,在地方间竞争发展演化的过程中,要素竞争逐渐褪去了优势红利,制度改革开始充当促进政府转型升级的角色,制度学习与创新在加剧的竞争中发挥了重要的作用。如学界普遍认为,对浙江省市场经济整体发展起到引领和支撑作用的“温州模式”中即蕴含着地方产权制度和自发秩

---

① 参见冯兴元:《地方政府竞争:理论范式、分析框架与实证研究》,译林出版社2010年版,第40页。

② 参见杨涤:《金融资源配置论》,中国金融出版社2011年版,第41－58页。

③ 参见《北京市“十四五”时期金融业发展规划》,网址[https://www.neeq.com.cn/static/statisticdata.html,最后访问日期2023年2月24日;https://www.bse.cn/static/statisticdata.html,最后访问日期2023年2月24日。]

④ 参见《上海国际金融中心建设“十四五”规划》,网址[https://www.neeq.com.cn/nq/listedMakerInfo.html,最后访问日期2023年2月24日。]

序制度等。[①] 这些制度都具有极大的包容性,能够在某一区域内形成积聚流通生产要素的市场,供资本、技术和信息等自由交换。将目光转回当下政府对金融中心的竞争态势下,若想凭借交易所这一核心市场获得经济优势,则需考虑从要素竞争转向制度环境竞争,为证券交易所提供优质制度支持,向制度索求红利。

(二)制度竞争是交易所勃兴的动力源泉

制度是具有提供有效协调与信任、保护个人自主领域、防止和化解冲突的功能的规则。[②] 一国的制度环境既包括政治制度、法律制度和经济制度,也有社会制度和文化制度等;既包括正式制度,也包括非正式制度和制度实施所必需的条件等;既包括实体规则约束,也包括隐性道德和价值观束缚等。凡是能够对制度环境产生影响力的制度都是制度环境中的分子。诺思曾在著作中对制度及其构成和制度变迁进行了详尽的分析,其研究表明这种“制度矩阵”能够促进适宜经济与政治环境的产生,并能够引导有效率的激励性产权回报,对经济绩效差异进行分析离不开制度解释。[③] 阿西莫格鲁和罗宾逊曾提出“制度是致使国家兴衰富穷、国家间发展不平等的根本原因”的观点,“每个社会都是由国家和公民形成和实施的一系列政治经济制度所推动的,制度会影响现实生活中的行为和激励因素,从而影响国家的成败。”这一论述从制度视角解释了国家间发展不均衡的缘由,尤其回应了为什么相似国之间会存在发展迥异景象的难题。[④] 在此基础上,柯武刚和史漫飞认为,“竞争性的、灵活的制度系统为经济所有者提供新的机会,在非竞争性制度中将体现为价格僵化和要素流动性差,经济往往增长缓慢。”[⑤]周业安和冯兴元等学者的实证研究结果也显示了贸易环境和制度环境对我国各地经济增长的

① 自发秩序制度意指由结构内部自发组织形成的秩序,区别于被人为控制和组织所形成的结构秩序。在江浙经济发展过程中所形成的自发秩序是从政府与市场定位的角度来论述的,政府对于“浙江模式”的形成主要起到了辅助和调节的作用,主要的规则秩序都是由民间私人组织所自发创造的。

② 参见[德]武刚、史漫飞:《制度经济学》,韩朝华译,商务印书馆2002年版,第142－147页。

③ 参见[美]道格拉斯·C. 诺思:《制度、制度变迁与经济绩效》,杭行译,格致出版社2014年版,第156－166页。

④ 参见[美]德隆·阿西莫格鲁、詹姆斯·A. 罗宾逊:《国家为什么会失败》,李增刚译,湖南科学技术出版社2015年版,第29页。

⑤ 参见[德]武刚、史漫飞:《制度经济学》,韩朝华译,商务印书馆2002年版,第306－308页。

决定性作用，因此他强调要把市场开放和制度竞争作为一项基本原则来改善辖区内贸易和制度环境。[①]

不仅在理论上，各国证交所的实践经验也表明：作为证券场内交易市场，高效的融资制度、灵活的交易制度以及与市场风险特征相匹配的投资者适当性管理制度等都是无法避开的选择，想要提升市场有效性和吸引力，必须进行制度革新。以美国为例，其高新技术产业的发展离不开资本市场的金融支持。纳斯达克交易所成立之初，凭借着先进的电子化报价与低廉的上市门槛，吸引了大量中小企业，众多高新科技企业也在这里获得融资并得以迅速发展，场内企业的积聚效应使纳斯达克交易所成为高新企业成长的摇篮。为争取新型上市企业资源，纽交所随之也开启了支持新兴产业的融资制度建设，先后采取了降低企业盈利能力的门槛限制、增加市值考察标准、推出“直接上市”规则等一系列措施，也成为众多高新企业的上市地选择。同时期内，纳斯达克也设置了灵活的转板机制、拓展了私募股权服务市场，持续保持吸引力。纽交所与纳斯达克之间的良性竞争形成了新型技术企业蓬勃发展的沃土，带动了区域内产业的成功转型。

面对企业多元化的融资需求和国际交易所制度改革的浪潮，伦敦交易所也在其内部设立了不同板块并适用特别化的上市交易制度。伦交所创新推出的上市服务项目，提升了其对处于初创期和成长期阶段企业的吸引力，为其培育了一批优质的上市资源，创业板市场内企业的上市数量和融资额都领先于全球众多交易所。阿里巴巴上市案例中清晰地展现了沪深交易所和港交所在争取上市公司时的落败。英国、美国等国家都允许公司采用双层股权架构，同时还设置了防止超级表决权滥用的保障措施，满足了新兴企业对“同股不同权”制度的应用需求，是为企业提供自由且开放发展的良好场所，而彼时的沪深交易所则因为单层股权规则处于边缘化的地位。除此之外，我国A股市场因长期以来存在的诸多不便，流失了众多新型科技企业，国内投资者也未能一起共享企业上市福利。

① 参见周业安、冯兴元、赵坚毅：《地方政府竞争与市场秩序的重构》，载《中国社会科学》2004年第1期。

(三)北交所开启了交易所制度竞争闸门

证券交易所需要处于充分的竞争环境之中,[①]具有竞争性的市场更容易实现"帕累托最优"的资源分配和社会福利最大化。全球资本市场几经浮沉,为了应对行业内部竞争和现实需求变化,各交易所都在发展中实现了自身的制度革新,提升了市场吸引力,巩固了市场地位。互相竞争的交易所可以充分发挥"鲇鱼效应",在新三板的数年实践中,竞争才能盘活资本市场已经成为不能被否认的事实。目前,以公司制组织形式成立的北交所,天然具有营利性动力进行竞争,不仅面向国内市场,也具备了面向全球交易所进行制度竞争的基础。

2019年修改的《证券法》从法律上确认了我国多层次资本市场的基本框架及各层次市场的法律地位,但从实践效果来看,多层次资本市场体系还言过于虚。随着各个层次的不断发展,各交易场所层次间脱节现象越发明显,场内与场外间缺乏有机的结合,交易所间的转板机制畅通不足,资本是否真的能够在板与层之间流通还尚存疑问。根据市场层次理论,有机的多层次资本市场内各个层次并不是彼此独立、相互平行的存在,而是既相互区分又相互勾连、能够承接企业升降的链式结构。新三板在其成立初期即背负了众多期许,作为承上启下的重要一环,弥补了现有市场体系的供给空白;但在实践中,其运行机制和转板制度的表现也不尽如人意。从这一角度看,新三板没能完成既定任务,并未完全释放出多层级市场体系的制度红利。

北交所设立后,接过新三板的接力棒,成为我国多层次资本市场体系中衔接场内与场外交易的关键一层。从目前的定位来看,北交所承接全国股权转让系统内的合格企业上市,同时在板内孕育成熟的企业也可以转板到沪深交易所上市;从目前的实践来看,上市公司的股票换手率与股票成交数量、金额都远超新三板市场,交易所内信息披露质量得到大幅提升,市场的流动性大大增强。不同于全国中小企业股转系统,北交所本身应与沪深两所对标,其本身的制度要求和制度建设标准会更加严格,只有将制度创新和制度竞争放到战略性位置,才能充分发挥其定位与使命。公司制的组织形式使得北交

---

① 参见缪因知:《论证券交易所竞争与监管的关系及其定位》,载《时代法学》2008年第6期。

所身份从一个“有组织的市场”变为“市场竞争实体”，为将来的交易所竞争与开放埋下了伏笔；而注册制应用的延续，也实现了选择权的下放，向企业释放了激活市场的信号。

制度的适时供给是对市场中发展不充分、不规范等短板问题的回应，一个制度适应的证券交易所可以提高交易效率、充分发挥价格发现功能、及时防范隐形市场风险。北交所对公司制和注册制的施行一马当先地展示了制度创新的决心，新生的北交所正搭建起一套匹配其发展方向与体量的制度体系，在服务中小企业现实需求的同时也开启了向资深交易所对标并竞争的路程。

三、以制度形塑资本市场秩序：北交所承载的重要功能使命

（一）北交所对资本市场价值定位的重塑：包容与普惠

1. 普惠金融中的交易所角色。企业需要证交所，证交所也为企业筹资和权利交易而诞生。[①] 企业是复杂多元化的存在，融资需求各有不同；证券交易所的多层次特性也要求其进行分层设计。资本市场从产品、市场组织方式、投资者风险偏好、发行与交易方式等各个方面来讲都具有多层次的特点，对于具有连续特征的金融市场、金融产品及其交易机制，出于实际操作和制定规则的需要，往往在处理中分出一些层次。[②] 然而根据层次划分标准和级数的不同，带给被分类对象的效果却大相径庭。以沪深两所的上市标准为例，其门槛指标像一道闸门，被拒之门外的，既有近乎于满足上市条件的企业，也有体量较小的中小企业，还包括远不能触摸到上市门槛的微型企业。这是单层资本市场会带来的“峭壁效应”，如果不能进入，就要面对深渊。在北交所设立之前，只有达到条件的大型企业才能通过交易所进行融资，中小企业被“拒之门外”被默认为是具有正当合理性的。同被交易所上市门槛拒绝的理由一样，中小企业在银行及其他金融机构融资渠道中也同样因其自身发展特点而频频面壁，融资难、融资贵是一直横亘在中小企业发展道路上的一道难

① 蒋大兴：《谁需要证券交易所？——中国证交所上市主体/产品的结构性改革》，载张育军、徐明主编：《证券法苑（第二卷）》，法律出版社 2010 年版。

② 周小川：《资本市场的多层次特性》，载《金融市场研究》2013 年第 8 期。

题。数据显示,我国中小企业对国民经济和社会发展的贡献力量显著,[①]促进中小企业的稳定化和专业化发展是具有长远意义的战略部署。一个运行良好的资本市场应当包容所有市场经济主体,使其公平参与经济交易并分享经济发展带来的机遇。中小企业在支持我国经济发展中所扮演的重要角色与其在资本市场中所享受到的金融服务和政策支持之间是不匹配的、不被满足的,这是目前我国资本市场发展失衡带来的盲点、痛点。“普惠金融的直接目的即改变传统金融存在的‘金融排斥’现象,首要理念便是实现金融公平,使所有主体都能够获得金融方服务的权利和机会”,[②]存在金融服务需求但无法享受到金融服务的中小企业便属于被金融排斥的金融贫困主体,是建设普惠金融体系无法跳过的一环。北交所的成立是交易所对上市主体层级划分的结构化改革,其定位于服务“专精特新”企业,降低了该类企业的上市门槛,给予了创新型企业更多上市融资、创新发展的机会,能够满足处于成长期阶段企业的高融资需求,支持创新型中小企业的健康发展,体现了制度上的包容性和多元化。

2. 共同富裕之于交易所定位。金融的作用不仅局限于资本相关的经济功能,民主制度、法治制度甚至于宪政都深受金融发展的影响。[③] 金融发展可以通过调整金融服务供给和金融资源分配来影响社会财富分配,成熟的金融市场具备金融公平性,能够缩小贫富差距、促进社会公平的实现。[④] 作为配置金融资源的重要场所之一,证券交易所本身即被赋予了调节资本流向、维护社会公平正义的使命,在任何前提下,其所应当扮演的角色都不应被忽略,更不应变为“制造财富不公平积聚的营地”。[⑤] 在我国资本市场前三十年的发展历程中,证交所的经济功能逐渐被简化,变为以融资功能为主的场所,其市场

---

① 国务院促进中小企业发展工作领导小组第一次会议指出,目前,我国中小企业具有“五六七八九”的典型特征,即中小企业贡献了国内市场50%以上的税收,60%以上的GDP,70%以上的技术创新,80%以上的城镇劳动就业以及90%以上的企业数量,是国民经济和社会发展的生力军,是建设现代化经济体系、推动经济实现高质量发展的重要基础,是扩大就业、改善民生的重要支撑。

② 参见胡滨、尹振涛:《发展中的普惠金融》,经济管理出版社2021年版,第15页。

③ 参见谈李荣:《现代法治与民主宪政的金融解释》,载《法学家》2010年第6期。

④ 参见冯果:《金融法的“三足定理”及中国金融法制的变革》,载《法学》2011年第9期。

⑤ 参见冯果:《资本市场为谁而存在——关于我国资本市场功能定位的反思》,载《公民与法(法学版)》2013年第6期。

功能也长久处于抑制之下而难以得到充分的发挥，社会功能更是被遗忘。随之带来的资本呆滞与外流影响了我国经济市场的财富创造能力。

资本市场的重新定位应当回归相应的社会责任，各种所有制主体平等参与市场竞争、使用资源要素也依赖证交所的制度配合。共同富裕的关键在于"富裕"，难点在于"共同"；①促进共同富裕的总思路中包括提高发展的平衡性、协调性、包容性，为此，应当要支持中小企业发展，构建大中小企业相互依存、相互促进的企业发展生态。② 北交所实践至今，从信息披露制度和价格发现制度入手进行检验，可被证实目前为一个有效的市场：在缩小企业间发展差距、做大蛋糕的同时，还增加了公民参与蛋糕分配的渠道，均衡了公益与私益。创新型中小企业得以通过北交所进入资本市场，获得筹资和价格发现等机会，公民也得以在市场中发现优质企业并通过投资获得资本回报。

（二）北交所对资本市场发展格局的重塑：国内大循环

1. 促进全国统一大市场的实现。我国具有超大规模的市场优势，③但同时也面临超大规模治理的难题。因国土跨度、资源禀赋等因素造成的地域间差异以及在此基础上引发的社会治理难题是难以避免的现象。尤其是在经济领域，资本的逐利性会形成资本的空间集聚效应，这使空间分布的非正义性凸显，长此以往，区域间的经济发展水平会因资本积聚的失衡而产生不可自我调节恢复的差异。④ 因此，大规模经济体潜力的释放首先要求一个资本均衡、资源自由流通的市场。如欧盟依托国家间同盟合作所形成的共同体市场也同样面临市场内要素流通的问题，其所坚持的"四个自由"原则即旨在解决欧洲统一市场内可能出现的流动障碍和诸多隐形限制。辖区间的竞争通常被认为是"重复竞争"，而区域内统一的大市场可以改善区际配置、减少资

---

① 参见唐林垚：《共同富裕视野下算法决策的范式升维》，载《国家检察官学院学报》2022 年第 6 期，第 87 页。

② 参见习近平：《扎实推进共同富裕》，载《求是》2021 年第 20 期。

③ "超大规模优势"的概念最初于 2018 年 12 月的中央政治局会议上提出，党的十九届五中全会进一步把发挥超大规模市场优势提升到构建新发展格局的高度予以强调。"十四五"期间着重强调释放"超大规模市场"潜力。

④ 参见靳文辉：《空间正义实现的公共规制》，载《中国社会科学》2021 年第 9 期。

源浪费，使得产品和服务多样化并促进绩效竞争。[①] 资本市场作为国内大循环中重要的生态环节之一，也应当遵循要素流通的规律，破除封闭市场和自我小循环，保证资本市场的自由性、开放性与公平性。

打造统一的要素和资源市场，需要加强区域性股权市场和全国性证券市场板块间的合作衔接。[②] 相比此前新三板转板上市存在的衔接问题，北交所的转板机制更加健全，在北交所内上市的公司，其内部治理也更加规范，加之注册制适用的统一性，转板难题正逐步削减，多层次市场之间的互联互通迈入新的阶段。借此，证券交易所"三地一区"的地区分割现象得以缓解，促进了金融要素在京、沪、深三地的流动。

2. 构建覆盖中小企业全链条的金融服务体系。伴随着企业生命周期的阶段性转移，从初创成长期到成熟期再到衰退期，企业及债权人和投资者的需求也各有不同。位于成长期的企业需要大量的资金支持，供应链的完善对其至关重要；相反对于成熟期和衰退期的企业，为投资者提供可以退出企业的渠道则更为重要。交易所的设立能够为辐射区域带来资金、技术、人才、商业模式等发展要素。北交所服务于全国企业，以经济循环城市群为核心，其还将吸引批量的数据、技术和劳动力要素，对于相对滞后的北方经济发展势必会起到一定的支持和推动作用。

交易所对企业的全链条服务，包括企业在融资过程中投资机构和产品的募投管退、企业知识产权成果转化、市场化增信产品等环节，主要是通过多样化的金融产品供给为企业注入资金、改善企业财务状况从而提升企业内部质量、吸引各类机构投资者入市。科技创新企业本身轻资产、高风险的特征并不适合债务融资，股权融资更能激发企业的资本积累效应和研发创新能力，北交所不仅为创新型中小企业提供了新的融资渠道，同时也消解了风险投资的顾虑，为其提供了与企业解绑的退出渠道。

---

① 参见冯兴元：《地方政府竞争：理论范式、分析框架与实证研究》，译林出版社2010年版，第131－136页。

② 2022年3月25日国务院公布的《中共中央　国务院关于加快建设全国统一大市场的意见》中提出要加快建立全国统一的市场制度规则，打通制约经济循环的关键堵点，促进商品要素资源在更大范围内畅通流动。

（三）北交所对资本市场发展动能的重塑：高质量发展

1. 服务实体经济，防止资本无序扩张。实证表明，全球范围内金融资产的规模和增速已远超实体经济的积累速度，世界经济整体呈现“脱实向虚”。金融资本主义的兴起形成了实体经济的内部负循环，产业生态日益恶化，社会贫富差距迅速扩大。良性金融投机与适当金融泡沫是一个有效市场对资产价格的真实反映，经济发展需要金融，这是毋庸置疑的事实。但当制造中心与货币金融中心背离，虚拟经济与实体经济背离，虚拟经济恣情膨胀与金融投机肆意泛滥的时候，随之而来的就是金融危机。① 实体经济是国家的立身之本、财富之源。如今世界经济形势纷繁复杂，经济制裁已代替热战成为国家间矛盾冲突频发的表现形式。掌握关键技术，拥有自我研发和创新能力是实现国家持续稳定增长、立稳脚跟的必选题。

证券交易所作为资本市场筹资融资的重要渠道之一，在扶持实体经济发展，防止金融无序扩张中扮演了重要的角色。第一，为实体经济提供新的信用渠道，引导资金“脱实向虚”；第二，满足实体企业的信用需求。资本只有流入真正需要的领域，才能摆正企业发展心态，引导企业重视核心技术生产力研发，实现由产到融的产融结合协同发展。北交所面向的“专精特新”企业是指具有专业化、精细化、特色化和新颖化特质的中小企业，这一服务定位契合国家高质量发展战略需求，既承接了精选层的优质企业，又区别于沪深两所对公司上市的定位，填补了证券交易所入场券的空白位。不仅创设了经济高质量发展的制度前提，也给真正做技术、有创新的企业以发展之机。

2. 引导产业创新发展。创新驱动发展是现代产业体系实践出的成功经验，我国传统产业尤其是制造业存在缺乏核心技术、创研能力薄弱等问题，产业结构升级是提升竞争优势的关键。在技术前沿产业中，创新与研发是企业发展的关键，其技术和市场风险都处于较高状态，金融市场尤其是股权融资更能为其提供有力支持。当金融生态体系与产业结构、需求相匹配时，才能发挥对产业升级的促进作用。② 随着国家产业升级战略转型，金融市场应当积极回应转型升级产业的投融资需求并为其创造良好的市场环境，交易所为

---

① 参见向松祚：《新资本论》，中信出版社 2015 年版，第 284 页。

② 参见林毅夫：《产业结构、风险特性与最优金融结构》，载《经济研究》2014 年第 4 期。

战略新兴领域公司打造的制度生态,是孕育高质量竞争型企业的关键。诞生于中国经济从高速发展迈向高质量发展的转型期,作为中小企业的主阵地,北交所应当充分发挥其特色制度示范功能,通过制度规范培育和制度示范引领,让上市企业成为现代企业制度的实践标杆;着眼于国家创新驱动发展战略的当下,北交所要配合新发展格局下的制度体系,同其他金融机构和中介机构一并形成全链条上的制度联动。目前,北交所上市百家企业中,制造业、软件信息技术服务业和科学研究技术业公司占比超90%,高端材料制造、生物制药、软件服务、新材料和新消费五大产业集群逐步显现。从长期发展来看,将破除企业向专业技术型、创新型企业转化的障碍,尤其是政策和融资支持;同时还有效遏制企业因畏难情绪而滑向泡沫化金融的动机。

四、北交所引领制度竞争何以可能:资源禀赋与法治化路径

(一)北交所拥有得天独厚的资源禀赋优势

1. 政治区位优势。政治中心是北京资源禀赋中占决定性作用的因素。区域金融中心的发展带有一定的偶然性,但更多基于政策选择而成。长久以来,北京作为国家的首都,其"政治中心"的标签包含着丰富的政治资源,背后精准的战略规划导向和政治资源供给决定了最终北交所的落成,未来交易所也将持续受益于政治禀赋所带来的人才吸引力和科技创新力。

搭乘着京津冀协同发展的国家战略,京津冀城市群的辐射范围扩至整个北方地区,可以有效弥补南北方资本金融发展长期存在的失衡问题。全球创新指数显示,北京集群位列全球创新集群前列,[①]京津冀之间构成的产业集群是资源、经济集聚、互换合作并友好竞争的,实现金融资源配置效率帕累托最优的效果。据数据统计,京津冀地区孕育了千家"专精特新"企业,区域内"专精特新"企业数量位居全国前列。[②] 在简政放权的市场经济时代,北京已然打

---

① 根据世界知识产权组织《2021年全球创新指数》统计,全球新兴科技集群正在涌现,其中北京集群仅次于东京—横滨集群和深圳—香港—广州集群位列全球科技集群指数第三位,具有科技创新区位优势,https://www.wipo.int/publications/zh/details.jsp? id = 4560,最后访问日期2022年3月27日。

② 参见北京市统计局:《结硕果 谱新篇 京津冀协同发展迈出坚实步伐》,载"北京市人民政府"网2022年2月25日,http://www.beijing.gov.cn/gongkai/shuju/sjjd/202202/t20220225_2616596.html,最后访问日期2022年3月27日。

破“政治诅咒”的怪圈，充分发挥了首都圈的政治资源禀赋，化资源为动力以促进经济发展。

2. 经济金融优势。北京金融街积聚了中国人民银行总行和众多全国性商业银行，掌握着货币政策的脉搏；中央国债登记结算公司、北京金融资产交易所在内的全国性的金融交易平台以及中国证监会、银保监会等金融监管机构也都落址于此，控制着金融市场的入场券；除此之外，国外大型商业银行也营落于北京，可以认为北京金融对国内市场甚至国际市场的影响力都不容小觑。截至2021年底，北京市有近800家上市公司，总市值达41万亿元，风险创业投资资金过千亿元，金融业增加值也稳居第一。所谓金融中心包括集聚、辐射、监管、创新、结构调节和信息处理六大功能，[①]能够在金融集聚区域内通过扩散作用面辐射集群以外地区的经济金融活动，带动整个区域的共同发展。从货币资源、金融机构、金融监管到金融企业和外国因子，北京已经具备了金融产业积聚的全要素化，是国内外资本市场变化的晴雨表。北京金融要素间的良性互动也将使各要素在信息增量中获益，继而吸引更多金融产业集聚，其金融产业未来蕴藏着极大的集聚潜能。

3. 人才与科技优势。人才是国家重要的战略资源储备。北京市在科教资源方面有得天独厚的优势，拥有92所高等院校，其中包括39所中央部属高校，科研机构研究生数占比超全国六成，[②]是国家孕育高等教育人才的第一梯队，智库资源储备丰富。此外，北京市对科技研发的资金支出力度也为人才与科技发展提供了强大的后盾，2020年北京市研究与试验发展经费投入2326.6亿元，该经费投入占地区生产总值的6.44%，远超其余地区。[③] 因此，北京具备将科教人才优势转化为创新发展优势的潜能。近年来，北京的科技创新产出也保持着较好的增长态势，第四次经济普查数据显示，2018年专利授权数达12.3万余件，较第三次经济普查增长97.1%，科技辐射力持续增

① 参见谢太峰：《京津区域金融一体化发展研究》，首都经贸出版社2014年版，第26－30页。

② 数据由教育部统计，http://www.moe.gov.cn/jyb－sjzl/moe－560/20201，最后访问日期2022年3月27日。

③ 最新数据来源于国家统计局、科学技术部和财政部联合发布的《2020年全国科技经费投入统计公报》，http://www.stats.gov.cn/tjti/2xfb/202109/t202/0922.1822342.html，最后访问日期2022年3月27日。

强;技术合同成交总额4957.8亿元,同比增长73.9%,工业企业实现新产品产值4301.7亿元,科技创新促进技术转化成果显著。[①] 可见,北京作为科研硅谷,将利用综合科技创新发展的优势助推金融市场的高质量发展。

(二)北交所制度供给的局限性与漏洞填补

北交所开市一年来,上市企业数量已超百家。相比开市时的高涨热情,如今场内激情退却,股价逐渐回归平稳。面对近期上市公司屡屡破发和投资者收益表现不佳的现状,北交所需要直面问题并作出回应。

1. 场内资本流动性不足。自开市以来,北交所的适格投资者数量及股票换手率都低于同期沪深两市的数值,这也直接反映出了北交所场内资金流动性的不足。

首先是投资者门槛问题。北交所的适格投资者标准由精选层的100万元降为50万元,预期将整体提升市场流动性,但实际效果依然远低于科创板和创业板。尤其与门槛值为10万元的创业板相比,流动性依然受限。北交所继承精选层优质企业,其背后并无沪深两市长久以来积累的投资交易量作为支撑,再设置相对较高的门槛,更加限制了合格投资者的数量和场内交易活跃度。与传统大企业和发展较稳定的科技创新企业相比,北交所面向的小巨人企业价格波动浮动更大,这也是北交所设定30%涨跌幅限制的根本所在。但与此同时,北交所不得不选择较创业板更高的合格投资者门槛限制,以平衡企业不稳定性、价格博弈机制与投资者承受能力之间的天平。这一设定带给场内流动性一定的挑战:场内活跃度和交易量不够,使得交易所的价格发现功能受限,目前北交所内上市公司的估值平均低于沪深两市,其融资功能及效率也未能如期发挥。

其次是场内交易制度不合理。北交所实施连续竞价交易制度,但是在新设立的市场内,那些关注度和换手率相对较低的证券容易因为缺少连续的竞价交易量加剧股票价格的估值失真,企业价值无法在交易中得以真正体现。目前,混合交易制度在千呼万唤中即将出台,鉴于此前新三板对混合交易制

---

① 数据来源于北京市统计局《北京市第四次全国经济普查主要数据公报(第四号)——高端产业功能区及新兴产业基本情况》,http://tjj.beijing.gov.cn/tjsj-31433/tjgb-314451/jpgb-31447/,最后访问日期2022年3月27日。

度有一定的推行基础,后续实行的压力应当不大。引入做市商机制,一方面为场内交易引入了活水,可以增加交易机会、释放市场交易潜能;另一方面也有利于形成"投资者询价、做市商报价"的竞争机制,增强交易所对企业价值的发现能力。

最后是场内产品供给欠缺。一个功能健全、产品丰富的市场,应该包括股票、债券、基金和衍生品四大市场。[①] 目前,北交所市场主要以股票产品为主,其债券、基金及其他金融衍生产品的供给极为有限。在制度设计上,虽然《北京证券交易所上市公司证券发行上市审核规则(试行)》为上市公司发行除普通股、可转债、优先股外的其他再融资产品预留了空间,但更为具体的再融资发行与交易制度规则是缺位的,其融资工具制度体系还亟待进一步完善。北交所上市企业数量逐步增加,审核速度也在逐步提升,为北交所指数的推出奠定了基础。只有二级市场的流动性得以提升,上市公司才能避免成为无源之水的窘境,被拦在场外的投资者们也可以依托基金产品拿到北交所的入场券,共享资本盈利。目前北交所主题基金共计 11 只已获批,上市公司定增计划也开始启动。未来更多金融衍生产品的推出将帮助更多小巨人企业完成上市再融资,预计将提升北交所资本流动性。

2. 投资者保护欠缺。目前北交所的锁定期规则为:实控人、持股 10% 以上股东及董监高锁定期为 1 年;未实现盈利公司的控股股东、实控人及董监高在盈利前最少锁定 2 年,都少于创业板和科创板 36 个月限售期的规定。开市一年后,北交所上市企业大股东的解禁期即将到来,尽管业界普遍认为,北交所目前维持着高集中度的股权结构,加之上文所分析的企业普遍估值较低,也许减持意愿并不强烈,但减持带来的负面效应仍不可小觑。一方面,较短时间的锁定期为机构投资者提供了更为宽松的退出渠道,可以提升融资吸引力;另一方面,也容易带给投资者不稳定的信号,影响投资者对公司质量的判断,降低投资者信任度。交易所应当在透明度监管、流动性约束和中小投资者保护之间进行权衡,可以考虑设立针对性的限制措施以防止股东高管的套现行为,如完善不得减持、减持预披露制度的适用情形等举措。

---

① 参见徐明:《新三板的改革思路及其未来走向》,载陈洁主编:《商法界论集(第 5 卷)》,法律出版社 2020 年版。

另外，北交所投资者的交易成本涵盖了佣金、税费、过户结算费，其中经手费按成交金额的0.5‰双边收取（其中可转债减半收取），较沪深两市的0.07‰贵了近6倍，交易费用总和可达2.5‰，可见投资者参与市场成本较高。另外，在申购新股时的资金冻结也会降低投资者资金使用效率，影响投资活跃度。值得一提的是，北交所在资料信息和软件等基础设施方面并未与沪深两市保持联通，众多投资者信息获取渠道不够畅、便利，而交易软件制度的不足也会在一定程度上影响投资交易的积极性。

总体上，北交所设立之初的目的已见成效，在服务创新中小企业、建设多层次资本市场等方面成绩显著，尽管在交易规则设计上，北交所未能凭借后发定位掌握竞争优势，令人遗憾。对此，北交所需要尽快回应中小企业发展特性、场内融资需求以及投资者门槛三者之间的平衡问题，应当修改发行交易制度，在基本设计上与沪深两市看齐，再谈差异化竞争。

（三）证交所引领制度竞争的法治助推路径

1. 完善交易所治理制度和监管制度。第一，完善交易所治理制度。不同于沪深证券交易所实行的会员制度，北交所定位为有限责任公司，首次实行公司制的组织安排，明确建立了公司制度。目前，我国交易所治理制度改革实行了分两步走的战略，在会员制到各国交易所普遍实行的股份制之间，北交所首先进行了有限公司的尝试。为此，证监会在新公布的《证券交易所管理办法》中采取了会员制与公司制“花开两蒂、各表一枝”的叙述思路，同时北交所的《会员管理规则（试行）》的内容表明，北交所正在积极探索公司制基础下的会员管理制度。虽然此前的中小企业股份转让系统、中证投服中心等都已经率先适用了公司组织形式，但鉴于此次北交所将以盈利法人的面貌参与资本市场交易的特殊性，在其同时拥有作为企业法人的盈利需求和对上市企业进行筛选、监管的职能的特殊情况下，新的冲突必将产生。妥善安排交易所公司制组织形式与证券公司会员制的管理模式之间的关系，将成为当务之急。

第二，深化注册制改革。近几年，如阿里巴巴、中芯国际等中概股的回归也证实了上市公司对交易所制度和未来发展前景的判断将影响资本市场选择。从美国证券交易委员发布的公告可知，现有中概股企业赴美上市的信息披露义务加重,[1]SEC 对采用 VIE 架构的公司审核将更为严格。而国内核准制下的上市审核依然需要等待较长时间,中概股回归或海外企业到中国上市将面对选择哪一层次国内市场的抉择。北交所实行从设立之初便实行注册制,展现了深化注册制改革的决心,但其上市企业资源皆来源于新三板的输送,本质上还是与创业板与科创板一样。未来的北交所、上交所、深交所将考虑全面落实自律监管制度,根据重实质不重形式的原则向注册制迈进。注册制的核心是信息披露制度的完善,需要强化上市信息披露规则,将发行涉及事项转化为更加全面、精准的信息披露制度体系,将企业真实的经营信息完整及时地进行披露,由投资者进行自主判断,充分发挥市场的价格发现机制。同时强调中介机构的"看门人"职责,形成多方监督体系。另外,注册制度的深入离不开投资者保障制度的完善。这依赖企业上市之后的持续监管,摒弃掉"宽进严出"的监管模式,将监管落实到每个阶段,围绕着公司内部治理、信息披露等环节展开,防止企业跌入"上市圈钱""拿钱走人"的怪象。

2. 丰富产品供给制度与规则技术制度。中概股的回归热潮,对国内证券市场来说既是机遇也是挑战。目前,深交所科创板对红筹企业和 SPAC 的制度安排,如允许表决权差异化安排和采用 VIE 结构的企业上市等,对在海外上市的企业具有一定的吸引力。但是承接中概企业回归,需要创新更加具有针对性的投融资制度,如完善存托凭证制度等金融产品供给,才能搭建好赴外企业的回归桥梁。存托凭证制度原是规避本国法律限制以实现在他国市场融资为目的而产生的一种金融衍生工具,现阶段发挥了为中概股、红筹企业回归 A 股提供良好的依托的功能,长期来看还能培育 A 股新经济板块,推进注册制的全面实施。早在 2002 年我国证监会就已经开始了境内发行存托凭证的研究,但因政策限制和金融风险等考虑,迟迟未能发行,直到 2018 年《存托凭证发行与交易管理办法》才得以颁布。目前,我国场内存托凭证类型单一,境外企业只能通过增发新股的方式发行存托凭证;与外汇制度之间的联系不够默契,存在存托凭证自由转换机制和价格传导机制失衡的风险。目

① 参见《外国公司问责法案》(*Holding Foreign Companies Accountable Act*)第 3 条规定的额外披露要求。新出台的法案中要求在美上市公司证明其能够达到美国上市公司会计监督委员会(PCAOB)的披露要求,并且要求披露更多与国内相关的秘密信息。

前沪深交易所也已经制定了与境外证券交易所互联互通存托凭证上市交易的相关暂行办法,而北交所在这一方面则处于完全空缺的状态。未来证交所应当填补产品供给的制度空白区,考虑循序扩充交易所金融产品类型、逐步放宽各类产品准入限制以及强化金融产品发行及交易过程中的信息披露义务。

此外,推动资本市场要素规则向体系规范化制度转变对提升证交所资源配置效率不可或缺。首先考虑在符合国情的前提下与国际证交所成熟规则制度接轨,如交易结算、信息披露和投资者保护方面的相关制度。其次考虑理顺现有法律制度的逻辑体系,增强上市公司治理规范体系的体系性与包容性。时逢我国公司法修改,应当注意提前预留出适配的制度空间,如针对多重股权制度、公司股份回购制度、股权激励制度等内容的法律安排空间。最后着意各交易所间上市规则的优化与贯通,为提升已上市企业的经营效率和投资经营价值,后期应当持续优化制度规则框架,在股份发行、转让、退出等环节积极回应实践问题、满足实践需求。

3. 加大制度型开放化力度。推进资本市场高水平制度型开放,是以开放促改革、促发展的关键一环。加大交易所制度型对外开放力度的优势在于:一方面能通过市场开放的方式引入先进国际经验,形成对国内证券市场的改革压力;另一方面也提高了我国交易所在全球证券市场交易的参与度,为争夺交易所制度话语权提供了契机。[①] 我国资本市场一直在对外开放的探索之中,自制度开放化历程以来,境外合格机构投资额度从百亿美元到如今的额度限度全取消;境外合格机构可投资范围从简单的股票到目前涵盖股票、私募投资资金、金融期货等八类金融工具;[②]构建起了投资者范围、额度和金融衍生品的全方位的开放格局。当前,我国市场的开放程度与国内经济体量和国际影响力并不相配,还需要进一步提升国际吸引力。具体措施包括:

第一,拓宽制度开放广度。沪伦通和深港通等机制只是内地证交所与境外互联互通的开始,2022年初证监会修订的《境内外证券交易所互联互通存

① 参见肖钢:《中国资本市场变革》,中信出版社2020年版,第302-307页。

② 参见刘宪权:《操纵证券、期货市场罪"兜底条款"法教义学的再展开》,载《国家检察官学院学报》2022年第6期,第41-43页。

托凭证业务监管规定》,不仅将深交所纳入境内市场交易范围,更是将境外市场拓展至德国、瑞士资本市场。金融渠道供给的扩充将形成规模效应,进一步激发市场活力。未来应当进一步将北交所并入境内市场制度内,扩充境内市场容量,同时持续优化包括沪伦通、沪深港通、全球债券通等互联互通渠道,积极加强各国证交所跨境间双向合作力度。

第二,延伸制度开放深度。增加交易所制度开放深度和流动性是我国资本市场包容性提升的表现,也是我国境内资本市场服务全球范围内投融资交易能力的直接反映。国内各证交所应当逐步放开对境外机构的准入限制比例以及允许 QFII 及 RQFII 投资范围扩至更多期货期权种类等,吸引更多优质境外资金流入;同时允许 B 股存量的适时转出,推动 A 股向更多优质国际指数靠拢,强化我国证券交易所的价值发现功能。

第三,加大制度协作力度。在提升制度开放广度与深度的同时,更要把握对外开放中的合作监管问题。首先要提高制度间透明度与对接融洽度,提升交易主体投融资的效率与便利性,确保境内企业赴境外上市渠道的畅通性与境内市场引入境外投资的安全性;其次应当健全境内境外联合监管机制和投资者保护机制,特别是多方监管认可制度的建立,以在保证资本流动性的基础上以更好防范金融市场风险、保护投资者合法权益。

五、结语

历史和现实都表明,制度稳则国家稳,制度强则国家强。处于百年未有之大变局下,想要在时代的洪流中获取话语主动权,则必须正视制度竞争,形成制度优势。交易所制度环境建设是资本市场核心竞争力的重要元素,交易所多元化创新和技术发展的趋势已然叩响国内资本市场的大门,站在全球化经济竞争新的历史格局下,与其做竞争中被裹挟的一颗沙砾,不如做潮流中的主动者,主动面对竞争、参与竞争、引领竞争。目前我国证券交易所制度改革正处于对内衔接与对外开放转变的过程中,证交所核心制度竞争力的构建以及后续制度动能的释放还需要等待时间的进一步检验。

个体工商户的制度价值与历史逻辑

姜 朋*

摘要:2021年引起媒体关注的江苏昆山“好活”灵活就业模式和网红主播薇娅偷税被罚事件为重新审视个体工商户的制度价值提供了契机。回溯我国个体工商户的历史脉络不难发现,由于相关立法对其定位模糊,个体工商户与个人独资企业在实践中的关系颇为纠缠。但已有学者指出,个体工商户中的“个体”是指所有制形式,其与个人独资企业中用以表征投资者数量的“个人”并不相同。个体工商户是我国基于所有制类型的商事组织分类法的历史遗存。唯其存在,使得我国商事组织分类的学理在相关商事立法不断“做减法”的背景下,尚不能迅疾回归简单,而仍须继续直面复杂的商事实践。

关键词:个体工商户 制度价值 历史逻辑

2021年发生的两件事,为重新审视个体工商户的制度价值提供了契机。先是在5月,国务院两次常务会议均提出要进一步完善灵活就业者的社会保障制度,研究制定灵活就业人员参加城乡居民基本养老保险的兜底措施,推动放开在就业地参加社保的户籍限制,并探索将灵活就业人员纳入工伤保险范围。[①] 同期,媒体发掘出“好活”这个在为灵活就业者提供社会保障方面地方先行先试的事例。“好活”模式始于江苏昆山,最初由昆山市市场监管局和互联网灵活就业服务平台好活科技合作,共同开发了一站式电子注册系统,

* 清华大学经济管理学院副教授。

① 郭晋晖:《2亿灵活就业者社保闯关:“工伤”易行,“养老”难破局》,载《第一财经日报》2021年6月1日A06版。

外卖小哥、快递员、网约车司机、网络主播、家庭服务员等新业态从业人员可以通过平台注册成为个体工商户，进而享受到税收优惠政策，以及社保参保服务。①

另一个事件是，2021 年 12 月 20 日，国家税务总局杭州市税务稽查局依法对网络主播黄薇（网名：薇娅）追缴税款、加收滞纳金并处罚款，共计 13.41 亿元。而涉事者之所以能在短期内完成如此大额的偷税行为，与其采取的投资形式有关。媒体报道提示了其中的玄机："最好的节税模式就是个体工商户加内资公司的组合。""头部主播大多会选择成立个人独资企业，也有人选择某某营业部、商贸部之类的个体工商户形式……一家'个独'一般做 450 万元，有些人年营业额过高时，通常名下会有多家（个独）。"记者通过企查查查询到，2013 年以来黄薇名下的各类商业组织至 2021 年 11 月仍存续的共有 14 家，类型包括个体工商户、个人独资企业、有限合伙企业和有限责任公司，分布于上海、浙江、云南等地。其中 7 家为个人独资企业，均设于上海。②

处在风口之下的个体工商户的制度价值究竟如何？是耶非耶？本文将以此为导线展开讨论，通过回溯个体工商户的历史脉络，审视其定位上存在的问题，并深入探究该制度的历史逻辑，以期为我国商事主体理论的完善提供一些管见。

一、个体工商户的沿革

有学者指出："个体工商户和农村承包经营户是我国 20 世纪 80 年代改革开放的政策产物，是在原禁止或限制自然人私人经营工商业或从事农村商品经营的体制下逐渐允许私人经营而采取的法律形式，实际是我国自然人解冻

---

① 郭晋晖：《从变身个体户到享受工伤保险　地方探索灵活就业保护机制》，载《第一财经日报》2021 年 6 月 1 日 A06 版。2021 年 4 月，广东省人力资源和社会保障厅、省财政厅、省税务局制定的《关于单位从业的超过法定退休年龄劳动者等特定人员参加工伤保险的办法（试行）》将超过法定退休年龄的劳动者、网约工、家政服务机构劳动者、实习生、见习人员等八类特定人员纳入工伤保险范围。同年 5 月 1 日，南京市试行《关于规范新就业形态下餐饮网约配送员劳动用工的指导意见》（俗称"外卖用工 18 条"）。该意见将外卖骑手分为专送骑手和众包骑手。前者与用人单位所缔结的用工关系为劳动关系，用人单位应当与其签订书面或口头形式的劳动合同，并进而为其投保社会保险。后者则属于灵活就业人员，与平台企业或劳务外包企业建立劳务、承揽等法律关系。

② 周小铃、李静宇：《薇娅被罚 13.41 亿元背后，电商主播是怎么纳税的?》，载"南方周末"网 2021 年 12 月 21 日，http://www.infzm.com/contents/220580，最后访问日期 2022 年 3 月 7 日。

步向自由经营的先声,但也是我国自然人受限制经营的见证。”[①]

这一历史评价,总体上是中肯的,只是严格来讲,个体工商业的实践并非始自20世纪80年代(改革开放后)。据统计,1949年我国城镇个体工商业从业人员(主要是小商小贩和手工业者)有724万人,农村估计有3000万~4000万人。1952年城镇个体工商业从业者约有883万人。1953年全国个体手工业者为375万人,“一改三化”后,全国城镇个体手工业者仅有8万人,商业、饮食业的个体劳动者也由1953年的318万人减至1956年的8万人。1956年底,95%以上的个体手工业者和小商小贩进入了手工业合作社、合作商店和合作小组。1957年后,因国家控制放松,城镇个体工商业从业人员有所回升,增至104万人。1961—1963年,个体商业从业人员分别为165万人、216万人和231万人。1966年,全国城镇个体劳动者约有156万人。10年后的1976年,减至19万人。此后两年一直保持在15万人左右。[②] 也有资料显示,1978年全国仅有14万个体户。[③] 无论如何,上述材料足以说明,即使是在20世纪六七十年代,个体经济在事实上仍然存在。只是在计划时代,居于主导地位的商业组织是国营企业和集体企业,[④]个体工商业始终处于受限制、持续萎缩的状态。直到改革开放之初,随着国家有限地允许个人从事商业经营,“个体工

① 龙卫球:《民法总论(第二版)》,中国法制出版社2002年版,第312页。

② 郑立、王益英主编:《企业法通论》,中国人民大学出版社1993年版,第350-355页。

③ 廖爱玲:《在京个体户一年退出超14万户》,载《新京报》2013年2月21日A06版。

④ 集体企业内部类型驳杂。20世纪80年代后期一份来自哈尔滨的资料提示了五大类集体企业:(1)50年代中期由个体手工业者联合组建的集体企业;(2)70年代末起国营企业为按照返城知情就业所办集体企业(“大集体”);(3)乡镇、街道办的集体企业;(4)校办企业;(5)名为集体实为个人投资“红帽子”企业。详见《希望:就在脚下——集体企业家在改革中崛起》,学习与探索杂志社编辑出版,1987年。参见姜朋:《商事制度考据集》,清华大学出版社2017年版,第278-310页。关于国有企业创办的集体企业,参见邱泽奇:《集体企业个案调查》,天津人民出版社1996年版。其他相关资料,参见金勇军:《集体企业如何上市——来自中小企业板的证据》,高等教育出版社2011年版。农村集体经济组织家族化的事例,参见叶飙、陈宁一:《“老书记”的葬礼》,载《南方周末》2013年3月28日A1版;王雨田、任玉明:《华西村十年:一个集体经济样本的转型路》,载《第一财经日报》2013年3月21日A5版;涂重航:《华西村85岁老书记吴仁宝逝世》,载《新京报》2013年3月19日A17版;郑道森:《华西股份资产置换悬疑》,载《新京报》2013年4月15日B03版;《【第二届全国道德模范】“天下第一村”的老书记——吴仁宝》(讲文明树新风主题公益广告),载《人民日报》2011年8月25日第21版;徐伟、刘新风:《吴仁宝之孙孙喜耀:曾考虑是否留在华西村》,载《新京报》2017年4月21日B04、B05版;曹景清:《黄河边的中国——一个学者对乡村社会的观察与思考》,上海文艺出版社2000年版,第140-165、426页。

商户”才得以复苏。

二、个体工商户的定位之谜:个人抑或组织

个体工商户的早期称谓较为繁杂:“个体经营的企业单位”[①]“个体经营户”[②]“个体经营者”[③]“个体工商业者”[④]“个体工商业户”[⑤]“个体工商户”,[⑥]不一而足。其中,称“者”的,大致关注的是具体从业或经营人员;称“户”或“单位”的,瞩目的则是经由注册登记而获准从事的那份营业。最终,“个体工商户”一词因《民法通则》的采用而基本定型。[⑦] 之所以说是基本定型,是因为《劳动法》(1995)第二条、《劳动合同法》(2007)第二条使用的都是“个体经济组织”的称谓。

2017 年通过的《民法总则》承袭了《民法通则》的做法,在第二章(自然人)第四节规定了“个体工商户和农村承包经营户”。同时另在第四章(非法人组织)下规定了个人独资企业和合伙企业。2020 年制定的《民法典》则将《民法总则》的上述规定原封纳入,再度以立法形式肯定了“个体工商户”的民事主体地位,同时也强化了个体工商户与个人独资企业并立的格局。然而,此举也引出了新的问题:个体工商户与个人独资企业到底有什么区别?如果再将视界延伸到其他法律文件和现实的商事实践,则还可以延伸出另一个相关问题:个体工商户到底是个人,还是组织体?

财政部和国家税务总局将“个体工商户”归于国务院《增值税暂行条例》第一条所称的“个人”之下,使之与所谓单位(即“企业、行政单位、事业单位、

---

① 国务院《关于国营、公私合营、合作社营、个体经营的企业和事业单位的学徒的学习期限和生活补贴的暂行规定》(1957 年 11 月 16 日全国人大常委会第 85 次会议原则批准,1958 年 2 月 6 日国务院全体会议第 70 次会议修改通过,(57)议字第 8 号)。

② 国务院《关于城镇非农业个体经济若干政策性规定》(1981 年 7 月 7 日发布)。

③ 同上注。

④ 《商标法》(1982)第四条。

⑤ 国务院《关于农村个体工商业的若干规定》(1984 年 2 月 27 日发布)。

⑥ 最高人民法院经济审判庭《关于人民法院经济审判庭收案范围的初步意见》(1980 年 8 月 8 日)第四 -4 条。中共中央、国务院《关于广开门路,搞活经济,解决城镇就业问题的若干决定》1981 年 10 月 17 日发布)。国务院《商标法实施细则》(1983)第二条。

⑦ 后来使用“个体工商户”称谓的法规有 1987 年 8 月 5 日国务院发布的《城乡个体工商户管理暂行条例》,其后被国务院《个体工商户条例》(2011)取代。

军事单位、社会团体及其他单位")区别开来,[①]尽管这一归类在实践中用处不大,盖因在增值税法上更常用的概念是一般纳税人和小规模纳税人,后者很多时候可以涵盖个体工商户以及一些销售额不大的企业(尤其是个人独资企业)。[②]

然而在其他方面,个体工商户更像是组织体。比如,个体工商户虽然需要缴纳个人所得税,但法律在确定其年度应纳税所得额时,允许将成本、费用以及损失先行减除,[③]具体适用的税率也与单纯的个人工资、薪金所得的税率不同;在法律不允许自然人注册和继承商标的年代,个体工商户可以拥有注册商标;[④]个体工商户可以作为"用人单位"与劳动者签订劳动合同,形成"劳动关系",[⑤]而根据最高人民法院的司法解释,自然人之间只能形成"雇用关系"。[⑥]

2012年3月,在全国政协十一届五次会议上,厉以宁教授提出:"小微企业和个体工商户有无区别,有无单列必要值得考虑。国内个体工商户也应尽

① 财政部、国家税务总局《增值税暂行条例实施细则》(2008)第九条。

② 国务院《增值税暂行条例》(1993)第十四条。财政部、国家税务总局《增值税暂行条例实施细则》(2008)第二十六条、第二十八条、第二十九条、第三十条、第三十一条、第三十三条。

③ 《个人所得税法》(2011)第六条,以及所附个人所得税税率表二的注。

④ 《民法通则》第九十六条。《商标法》(1982,1993)第四条。《商标法实施细则》(1995年第三次修订)第二条。

⑤ 《劳动法》(1995)第二条。《劳动合同法》(2007)第二条。最高人民法院在《关于审理劳动争议案件适用法律若干问题的解释(二)》(2006年7月10日,法释〔2006〕6号)第九条中指出:"劳动者与起有字号的个体工商户产生的劳动争议诉讼,人民法院应当以营业执照上登记的字号为当事人,但应同时注明该字号业主的自然情况。"问题是,现实中一些个体工商户(尤其是在农村)没有字号。2011年7月,笔者在广西扶绥乡间访问时,即发现村中的一些小卖店的营业执照上没有记载字号。国务院《城乡个体工商户管理暂行条例》(1987)曾规定:"个体工商户可以根据经营情况请一、二个帮手;有技术的个体工商户可以带三、五个学徒。"(第四条)2个帮手加上5个学徒是7个人,故有人将雇工人数视为个体工商户与私营企业的差别之一:个体工商户为7人以下,个人独资企业为7人以上。国务院《私营企业暂行条例》(1988)第二条规定:"本条例所称私营企业是指企业资产属于私人所有、雇工八人以上的营利性的经济组织"。

⑥ 最高人民法院《关于审理人身损害赔偿案件适用法律若干问题的解释》(法释〔2003〕20号)第九条、第十一条。案例参见陈维礼诉赖国发雇佣合同纠纷案(四川省广汉市人民法院一审,四川省德阳市中级人民法院2000年3月15日终审)。

量登记为小微企业，让它享受小微企业的优待，比如在融资方面的优待。”[①]显然，在厉老看来，个体工商户与小微企业没有实质差别。

不过，现实中的一些做法似乎表明个体工商户不同于个人独资企业。2011年前后，北京市开始“引导个体户自愿申请转型升级为企业”。是年11月19日，北京市工商行政管理局发布《个体工商户转变为企业组织形式登记办法》，允许个体工商户自愿申请转型为个人独资企业、合伙企业或有限责任公司，原名称字号仍可保留。稍早一些，当年11月初，北京市昌平区首批189户个体工商户提交了转型申请。据该区工商分局登记科负责人解释，此前并不受理个体工商户转制为企业的申请。[②] 而到了2012年，昌平区又率先出台《关于个体工商户组织形式转换工作实施意见》，对注册为公司的个体户全额返还注册费，并给予奖励。其中，连续经营3年(含)以上的个体工商户如果开办公司，该区将连续3年按其上缴给区级财政留成部分的100%、50%和25%予以奖励。连续经营3年以下的个体工商户，区级财政将在未来3年内将按其上缴给区级财政留成部分的50%、30%和20%予以奖励。[③]

2013年，北京市工商局制定的《关于引导个人投资者选择企业组织形式

① 范旭光：《厉以宁：个体户应享受小微企业待遇》，载《新京报》2012年3月5日B1版。所谓“小微企业”是小型微利企业的简称。根据国务院《企业所得税法实施条例》(2007)第九十二条，小型微利企业指年度应纳税所得额不超过30万元、从业人数不超过100人、资产总额不超过3000万元的工业企业和年度应纳税所得额不超过30万元、从业人数不超过80人、资产总额不超过1000万元的其他企业。且该企业从事的不是国家限制和禁止的行业。2011年10月24日，财政部规定，小微企业借款免征3年合同印花税。31日，财政部又通知将增值税和营业税的起征点由原来的5000元上调至20000元。11月17日，财政部和国家发改委联合通知对小微企业免征管理类、登记类、证照类行政事业性收费。12月9日，经国务院批准，财政部会同国家税务总局下发通知，规定自2012年1月1日至2015年12月31日，对年应纳税所得额低于6万元(含)的小型微利企业，其所得按50%计入应纳税所得额，按20%的税率缴纳企业所得税。相关报道，参见李蕾：《部分小型微利企业所得税减半》，载《新京报》2011年12月10日A24版。不过，资产规模小、从业人员少并非小企业独有的特点。有些上市公司这两项指标也不大。星美联合股份有限公司(000892.SZ，简称＊ST星美)总资产近几年维持在5万~8万元，员工4~7名。据其2012年3月13日发布的2011年年报，员工增加到了11人。李勃逖：《退不了市，“僵尸”公司肆虐A股》，载《南方周末》2012年3月29日C15版。“小微企业”也可以解释成小型和微型企业。参见工业和信息化部、国家统计局、国家发展和改革委员会、财政部联合制定的《中小企业划型标准规定》(2011年6月18日)、国务院《关于进一步支持小型微型企业健康发展的意见》(2012年4月)。

② 廖爱玲：《个体工商户可自愿“升级”为企业》，载《新京报》2011年11月20日A05版。

③ 廖爱玲、魏妍娜、秦鸿飞：《个体户转型开办公司政府有奖》，载《新京报》2012年7月3日A18版。

创业的指引》(〔2013〕70号)提出要结合首都产业发展需要及业态调控要求,在尊重投资人意愿的前提下,积极鼓励、引导拟设主体登记注册为个人独资企业、合伙企业及有限责任公司。①

北京市工商局提供的数据显示,截至2012年底,北京市市场主体存量为146.44万户,其中企业76.78万户,同比增长8.01%;个体工商户存量为69.11万户,同比下降9.39%,即有14万个体户退出。这个退出量和1978年全国个体户的保有总量相当。退出的主要是小餐馆、小食杂店、小百货店等。这使得北京的"企业"在时隔12年后首次超过个体户。相关报道分析其原因为一些业主离京发展而名存实亡的"死户"或未参加年检验照而被注销或吊销了营业执照,也有一些个体户"根据自身发展需求,直接主动进行了'个转企',身份从'个体小老板'变成了'企业老总',寻求更大发展。"②到2013年6月20日,北京市场主体增加至149.0268万户,同比增长2.23%。③

不只是北京,广东也有类似升级政策。从2012年10月开始,广东江门工商局要求个体工商户变更升级为企业。但从相关报道来看,很多个体工商户并不愿意。其原因在于,如果是个体户,营业额在两万元以下,可以免征国税,地税也可减免。而升级为企业后,就必须按照实际收入缴税,还得专门请会计做账。而个体户真正需要的其实是诸如放开个人人民币跨境结算业务这样的实质动作。④

当然,从全国新增个体工商户的数字来看,投资者对这种商业组织形式的热情并未减低。2014年4月,全国实有市场主体6265.76万户,比上月底增长1.42%,注册资本(金)108.51万亿元,环比增长2.01%。当月新登记注

---

① 其具体要求为:具备一定投资经营规模及发展潜力,符合法律、法规规定的企业设立登记条件;投资人拥有商标、专利等知识产权,并拟从事与该知识产权有关的行业;拟从事高新技术、节能环保、现代服务业、电子商务、文化创意、信息技术等高附加值的经营行业及拟开展连锁经营等现代经营方式;拟从事食品生产、餐饮服务、住宿等高风险行业经营;根据区县产业发展规划、业态调整要求和行业准入指导目录确定的其他领域。北京市工商局表示,个体户在经营中常遇到贷款融资难、参与招标受限、资产无法转让等障碍。

② 廖爱玲:《在京个体户一年退出超14万户》,载《新京报》2013年2月21日A06版。

③ 廖爱玲:《北京上半年个体户占比下降》,载《新京报》2013年7月17日B12版。

④ 姚建莉:《个体商户的春天:浙江义乌金改方案上报待批》,载《21世纪经济报道》2012年12月7日第2版。

册市场主体 120.23 万户，其中企业 36.72 万户。实有第一产业个体工商户 103.41 万户，第二产业个体工商户 330.45 万户，第三产业个体工商户 4130.29 万户。[①]

三、个体工商户与个人独资企业的差异

个人独资企业是由 1999 年制定的《个人独资企业法》塑造的。与之相比，个体工商户的历史要长得多。因此，个人独资企业延续了相当多的针对个体工商户的管理制度。后期，个体工商户和个人独资企业齐头发展时，有关部门往往将二者联动。

税负方面，历史地看，个体工商户需要缴纳个人所得税、营业税、增值税，以及城建税和教育费附加。具体而言，个体工商户的生产、经营所得须根据《个人所得税法》缴纳个人所得税。自 2006 年 1 月 1 日起，税务部门对个体工商户业主、个人独资企业和合伙企业投资者的生产经营所得依法计征个人所得税时，费用扣除标准统一确定为 19200 元/年(1600 元/月)。[②] 2011 年 9 月 1 日前，个体工商户的生产、经营所得适用 5% 至 35% 的超额累进税率，同期的个人工资、薪金所得适用 5% 至 45% 的超额累进税率。该法 2011 年修订后，个人工资、薪金所得适用 3% 至 45% 的超额累进税率；个体工商户的生产、经营所得适用税率未变，但各档的全年应纳税所得额均有提高。[③] 2018 年 8 月 31 日，十三届全国人大常委会第五次会议对《个人所得税法》进行了第七次修正，“个体工商户的生产、经营所得……先行依照本决定第十七条的个人所得税税率表二(经营所得适用)计算缴纳税款”，[④]即仍按照 5%、10%、20%、30% 和 35% 共 5 级差额累进税率缴纳个人所得税。只是各级税率对应的年应税所得额(减除成本、费用以及损失后的余额)修改为：3 万元以下、3 万元至 9 万元、9 万元至 30 万元、30 万元至 50 万元、50 万元以上。

---

① 陈郁：《注册资本登记制度改革两月来新登记企业“井喷式”增长》，载《经济日报》2014 年 5 月 13 日第 7 版。

② 财政部、国家税务总局《关于调整个体工商户业主、个人独资企业和合伙企业投资者个人所得税费用扣除标准的通知》(财税〔2006〕44 号)。

③ 全国人民代表大会常务委员会《关于修改〈中华人民共和国个人所得税法〉的决定》(2011)。

④ 全国人民代表大会常务委员会《关于修改〈中华人民共和国个人所得税法〉的决定》(2018)第十七条。

从事商品销售的个体工商户须缴纳增值税。2011年11月国家提高了个体户增值税起征点。大部分省、自治区、直辖市都规定，月销售额低于20000元的，不征增值税；超过的，按3%征收增值税。[①]

提供服务的个体工商户须缴纳5%的营业税。同时按缴纳的增值税和营业税之和缴纳城市维护建设税（7%）、教育附加（3%）。自2016年5月1日起，营业税改征增值税在全国范围内全面推开。个体工商户由缴纳营业税改为缴纳增值税，属于小规模纳税人的，适用3%的税率。

在征收环节，一些生产、经营规模小，达不到设置账簿标准的个体工商户，经主管税务机关认定和县级（或以上）税务机关批准，可以适用定期定额征收模式。[②] 2007年3月，北京中关村某电子城负责人曾介绍说，其商户中的一半以上都是个体工商户。由于税务部门对其实行的是定时定额征收管理的模式，这笔税收中并不包含开具发票中的税款。个体工商户要为顾客开具发票，需到设在电子城的国税开票窗口，并缴纳交易额4.6%的手续费。[③]

个人独资企业从一开始就准用与个体工商户相同的所得税规则。2000年1月1日，《个人独资企业法》生效。同年6月20日，国务院专门针对个人独资企业和合伙企业征收所得税问题发出通知，明确规定，自2000年1月1日起，个人独资企业（以及合伙企业）的投资者只需要比照个体工商户的生产、经营所得缴纳个人所得税。[④] 在缴税方式上，个人独资企业也比照适用个体工商户的规定。[⑤]

---

① 郁慕湛：《海南提高个体户个税起征点值得鼓励》，载《新京报》2012年12月3日B02版。

② 国家税务总局《个体工商户税收定期定额征收管理办法》（国家税务总局令第16号），2006年8月30日。有关其间负面效果的报道见樊殿华：《湖州织里余波："机头税"打折?》，载《南方周末》2012年3月8日B16版。

③ 《电子卖场奸招揭露》，载《新京报》2007年3月16日B13版。

④ 国务院《关于个人独资企业和合伙企业征收所得税问题的通知》（2000年6月20日）；财政部、国家税务总局《关于印发〈关于个人独资企业和合伙企业投资者征收个人所得税的规定〉的通知》（财税〔2000〕91号）；财政部、国家税务总局《关于调整个体工商户业主、个人独资企业和合伙企业投资者个人所得税费用扣除标准的通知》（财税〔2006〕44号）。2006年修订后的《合伙企业法》增加了有限合伙以及法人可以充任合伙企业合伙人的内容。对法人合伙人取自合伙企业的收益应当征收企业所得税而不是个人所得税。

⑤ 国家税务总局《个体工商户税收定期定额征收管理办法》（2006）第二十六条；《企业所得税法》（2008）第一条；国务院《企业所得税法实施条例》（2008）第二条。

当然，个体工商户早期的一些“待遇”，个人独资企业则未必遇到。比如，很长时间里，个体工商户都需要交纳管理费，而个人独资企业则从一开始就不必缴纳此费。1983 年 2 月，国务院下发《城乡集市贸易管理办法》，授权工商行政管理机关对除国营商业、供销合作商业在集市上进行议购议销业务以外的进入集市交易的商品，按成交额收取市场管理费。其中，工业品、大牲畜的费率上限为成交额的 1%，其他商品费率上限为 2%。同年 6 月，国家工商行政管理局、财政部发布《关于个体工商业户管理费收支的暂行规定》，开始向个体工商户按月征收管理费和集贸市场管理费，主要用于建设集贸市场，为个体工商户提供服务以及工商行政管理部门经费开支：对从事购销活动的，按营业额的 0.5% ~1.5% 收取；对从事劳务活动的，按收益额的 2% ~3% 收取。[①] 2008 年 8 月 21 日，经国务院批准，财政部、国家发展改革委、国家工商总局联合下发通知，决定从是年 9 月 1 日起，在全国统一停止征收个体工商户管理费和集贸市场管理费。[②] 2011 年 11 月 1 日起施行的国务院《个体工商户条例》(2011)也明确规定对个体工商户不收取管理费。

又比如，个体工商户开业登记办理营业执照、补(换)发营业执照时的缴费金额低于个人独资企业。20 世纪 90 年代前期，湖北省的收费标准是：个体工商户开业登记费 20 元(日后如变更，须缴纳变更登记费 10 元，此外，还有补(或换)发营业执照费 10 元；补(或换)发营业执照副本费 3 元)。[③] 而 20 世纪 90 年代末，在该省进行个人独资企业和合伙企业及分支机构登记，每个要收费 240 元。[④]

自 2011 年 11 月 1 日起，西藏自治区取消个体工商户、私营企业注册登记及变更注册的登记类、证照类行政事业性收费。同时提高个体工商户增值

---

① 收入较低、生活确实有困难的个体工商户可以向市、县(区)工商行政管理局申请减免。王传辉编：《新编商法教程：理论·规则·案例》，清华大学出版社 2005 年版，第 43 -44 页。

② 财政部、国家发展改革委、国家工商行政管理总局《关于停止征收个体工商户管理费和集贸市场管理费有关问题的通知》(财综〔2008〕61 号)。

③ 依据为国务院《城乡个体工商户管理暂行条例》(1987 年 8 月 5 日)、《城乡个体工商户管理暂行条例实施细则》(1998 年 12 月 3 日国家工商局令第 86 号修订)、湖北省省物价局、省财政厅《关于印发省工商系统收费项目和标准的通知》(鄂价费字〔1992〕135 号)。

④ 鄂价费字〔99〕341 号。

税、营业税起征点，调整提高增值税小规模纳税人征收标准。[①]

2012年底，财政部、国家发展改革委发出通知，决定自2013年1月1日起，取消和免征个体工商户注册登记费等30项涉企业和居民的行政事业性收费。[②] 此外，作为一项优惠措施，北京市还曾规定，具有北京户籍的2007年、2008年大学毕业生从事个体经营，首次注册免交个体工商户登记注册费。[③] 2013年6月，国家工商行政管理总局提出，对创业的高校毕业生，免收市场主体注册登记费。毕业2年以内从事个体经营的，自其在工商部门首次注册登记之日起3年内，免收登记类和证照类等有关行政事业性收费。[④] 可见个体工商户的进入门槛很低。

随着很多收费项目的取消，以及准许个人独资企业参照个体工商户缴纳个人所得税，二者的区别在逐渐消失。

2022年9月26日，国务院第190次常务会议通过《促进个体工商户发展条例》，同年10月1日公布，自11月1日起施行。该条例废止了《个体工商户条例》。新条例调整了个体工商户变更经营者的方式，将原来"先注销，后成立"改为"直接向市场主体登记机关申请办理变更登记"（第十三条），使个体工商户字号递延成为可能。2022年11月1日下午，国家市场监管总局副局长在北京市东城区政务服务中心向悦宾饭馆经营者郭华颁发了《促进个体工商户发展条例》实施后全国首张直接变更经营者的个体工商户营业执照。[⑤]

从现行法律规定来看，个体工商户与个人独资企业的差异主要表现在几个方面：

---

① 张帆、韩俊杰：《西藏优惠政策促非公经济发展：个体户"零成本"注册》，载《人民日报》2011年9月25日第2版。

② 钱箐旎：《明年30项行政事业性收费取消和免征》，载《经济日报》2012年12月22日第1版。

③ 廖爱玲：《大学生干个体免交登记费》，载《新京报》2009年9月15日A18版。2009年应届北京籍毕业生无论开公司还是干个体都免收登记注册费和公告费。公司注册资金50万元以下的可分两年分期缴付。而《公司法》（2005）对与分期缴付出资（资本，不是资金）其实并没有注册资本数量的限制，2年的期间适用于除自然人一人有限公司以外的所有有限公司。

④ 国家工商行政管理总局《关于认真做好2013年高校毕业生就业工作的意见》。其中还提到"鼓励高校毕业生依法以知识产权等非货币形式评估作价出资，支持以不需要办理权属登记的自有技术作为公司股东的首次出资。"

⑤ 《全国首张直接变更经营者的个体工商户执照在京颁发》，载微信公众号"市说新语"2022年11月1日。

其一，个体工商户可以设定名称，也可以没有，而个人独资企业设定企业名称则是设立阶段的必经程序。

其二，个体工商户不是一定要设立账簿、进行会计核算的，而对个人独资企业而言这是必要的义务。①

其三，个人独资企业可以设立分支机构。② 但个体工商户是否可以设立分支机构，现有规定并不明朗。

其实，即使法律或实践层面不允许个体工商户设立分支机构，但如果出资人（从业者）可以设立多个个体工商户的话，也并不一定会影响其出资人拓展业务。比如，2012 年 3 月媒体报道的湖北两公务员跨省逼人拆迁事件中，受害人蔡克关、李美丽夫妇家在湖北省阳新县，二人经营的邮政报刊亭则位于深圳福华路。③ 如果从业者分别在户籍所在地和异地注册个体工商户，在两地注册信息未能联通、共享的情况下，就存在着一个从业者名下同时存在多个个体工商户的情形，其在拓展业务方面与先成立一个个体工商户再设立其分支机构的做法，没有实效上的差别。

表 1　　个体工商户与个人独资企业差异对照

项目	个体工商户	个人独资企业
设立账簿，进行会计核算	非必须	必须
设立分支机构	未规定	可以
名称	可以起，也可无	必须有企业名称
家庭财产出资	可以	可以

四、个体工商户在商事主体谱系中的真正位置

既然作为商业组织形式的个体工商户与个人独资企业存在诸多相似性，而差别又如此细微，那么为何还要持续动用立法和行政资源，刻意保持两种形式并存呢？此外，“个体工商户”的称谓中有“个体”二字，但为何实际的出资人数却可能不止一人？

《民法通则》（1986）第二十六条仅规定“公民在法律允许的范围内，依法

---

① 《个人独资企业法》第二十一条。

② 《个人独资企业法》第十四条。

③ 《湖北两公务员跨省逼人拆迁》，载《新京报》2012 年 3 月 14 日 A24 版。

经核准登记,从事工商业经营的,为个体工商户”,并未提及多少名公民可以注册成立一个“个体工商户”。而从该法第二十九条“个人经营的个体工商户的债务,以个人财产承担,家庭经营的,以家庭财产承担”的规定来看,立法实际上认可了个人经营和家庭成员合伙经营两类个体工商户。国务院《城乡个体工商户管理暂行条例》(1987)也规定,个体工商户是由“有经营能力的城镇待业人员、农村村民以及国家政策允许的其他人员”出面向工商部门申请核准登记(第二条)。既可以个人经营,也可以家庭经营。个人经营的,以个人全部财产承担民事责任;家庭经营的,以家庭全部财产承担民事责任(第四条)。1988年,最高人民法院的司法解释也承认了“以公民个人名义申请登记”的个体工商户“用家庭共有财产投资”的做法。[①] 国务院《个体工商户条例》(2011)第二条第二款更明确规定“个体工商户可以个人经营,也可以家庭经营”。[②]

早期的民法学者在诠释《民法通则》上述规定时也是从经营角度着眼的:“一个工商户,有的是一个人经营,有的是一家中几个人经营,有的是全家人都参加经营”。[③] “户作为经营单位在绝大多数情况下是指家庭经营,但也不排除只有一个人同样可以成为一个户。在以户作为经营单位时,可能由家庭中一个成员个人经营,也可能由家庭中几个成员或所有成员共同经营。”[④]事实上,前述规定预设了两个前提:其一,出名登记为个体工商户的人不见得就是全部实际参与经营的人;其二,实际参与经营的人可以被认定为真实的所有者,从而要对经营产生的债务负责。

对此,李建伟教授很早就富有洞见地指出:“依《个人独资企业法》,个人

---

① 最高人民法院《关于贯彻执行〈中华人民共和国民法通则〉若干问题的意见(试行)》(1988)第四十二条。

② 国务院《个体工商户条例》(2011)第八条第二款关于“个体工商户登记事项”的规定中所说“组成形式”其实指的是“经营形式”。从实物执照来看,大致有个人经营和家庭经营两类,且以前者为主。更早的国务院《城乡个体工商户管理暂行条例》(1987)也规定,个体工商户是由“有经营能力的城镇待业人员、农村村民以及国家政策允许的其他人员”出面向工商部门申请核准登记(第二条)。既可以个人经营,也可以家庭经营。个人经营的,以个人全部财产承担民事责任;家庭经营的,以家庭全部财产承担民事责任(第四条)。

③ 江流等:《〈中华人民共和国民法通则〉讲座》,北京市高级人民法院1986年8月编印,第44页。

④ 江平、张佩霖编:《民法教程》,中国政法大学出版社1986年版,第33页。

独资企业中的‘个人’是指投资者为一人,而个体工商户中的‘个体’是指所有制形式”。[①] 对这一点,如果追溯到改革开放之初赋予个体工商户以合法地位的政策性文件,就可以看得更加清晰。1981 年 7 月 7 日国务院颁布的《关于城镇非农业个体经济的若干政策性规定》中,明确使用的是堪与“国营经济”和“集体经济”对称的“个体经济”一词。由此出发,前述个体工商户与个人独资企业的关系问题,个体工商户何以实质地包容了家庭成员合伙问题,就可以迎刃而解了。

在我国,仍然同时存在着分别以所有制为标准和以出资人的人数及承担责任形式(有限或无限)为标准的两套企业分类系统。[②] 后者之下,主要是公司、合伙企业和个人独资企业。前者之下,包括了国有企业、集体企业、私营企业、个体工商户,以及外资企业。其中,个体工商户的“个体”是与集体企业的“集体”、国营企业的“国营”相对应的概念,尽管其所有制色彩不如“私营”强烈。[③] 因而,相关法律和学说秉持个体工商户的“所有”与“经营”高度统一的立场,其实是和当时“国有”即“国营”的认知高度统一的。只是随着时间的推移,不仅“国营”与“国有”在概念上被区分,传统的国有企业也多已按照《公司法》指引完成了改制。集体企业则渐趋式微,或者歇业,或者转成了自然人投资的《公司法》意义上的公司。《私营企业暂行条例》(1988)第六条列举的三种私营企业形式:有限责任公司、合伙企业、(个人)独资企业,也分别被后来的《公司法》(1993)、《合伙企业法》(1997)以及《个人独资企业法》(1999)收编了。相应地,虽然该暂行条例直到 30 年后的 2018 年才被国务院《关于修改和废止部分行政法规的决定》明确废止,但在此前,其事实上已被上述法律取代了。

不仅如此,随着以出资人的人数及承担责任形式(有限或无限)为标准的经营形式分类大行其道,曾经的国营、集体与个体,国家与私人,城镇与农村,

---

① 李建伟:《个人独资企业法律制度的完善与商个人体系的重构》,载《政法论坛》2012 年第 5 期。

② 姜朋:《商事制度考据集》,清华大学出版社 2017 年版,第 124 – 129 页。

③ 国务院《关于城镇非农业个体经济的若干政策性规定》(1981)开篇就明确指出:“在我国社会主义条件下,遵守国家的政策和法律、为社会主义建设服务、不剥削他人劳动的个体经济,是国营经济和集体经济的必要补充。”

内资与外资等繁复的分类，则大有淡出公众视野的趋势。而经营形式上去身份化的过程也大概率地可以视为是梅因关于“所有进步社会的运动，到此处为止，是一个‘从身份到契约’的运动”的论断的一个例证。[①]

在阐释“商主体”概念时，商法学界惯常的做法是将其析分为商自然人、商合伙、商法人（即公司）三类。[②] 但若再将该学理分类与当下中国非常繁复的商业组织形式加以对照，在相当长的时间里，二者往往发生“对不上茬”的问题。比如历时性地看，每种学理上的“商主体”对应的具体商业组织形式都曾是复数的：商自然人包括了个体工商户和个人独资企业，[③]前者历史上又有城镇个体工商户和农村个体工商户的差别；商合伙则可对应于个人合伙和合伙企业；[④]商法人（公司）则含有《公司法》意义上的公司、按照《中外合资经营企业法》或《外商独资企业法》成立的公司、适用《全民所有制工业企业法》和《私营企业暂行条例》的公司等多种类型。[⑤] 这一现象提示了现实的复杂性，以及理论需要根据现实需要加以调整的必要。

当然，随着法律的变迁，现实中的一些商业组织形态也在减少。比如，《公司法》（2018）以及《外商投资法》（2019）极大地推动了外商投资企业融入《公司法》规定的公司的阵营的进程。《民法典》（2020）中更是只规定了作为非法人组织的合伙企业，而不见了个人合伙的踪迹。

不过，值得注意的是，上述技术分类法对所有制分类法的替代进程并不彻底。实践中属于基于所有制类型分类阵营的个体工商户一枝独秀，即是明证。之所以如此，也许是由于个体工商户的现实基础过于宏大，且始终被从

① ［英］梅因：《古代法》，沈景一译，商务印书馆1959年版，第97页。

② 王保树：《商法的实践与实践中的商法——商人法讨论大纲》，载陈洁主编：《商事法论集（第3卷）》，法律出版社1999年版，第4－5页；董安生等编：《中国商法总论》，吉林人民出版社1994年版，第89页；张民安、龚赛红：《商法总论》，中山大学出版社2004年版，第63页。

③ 早有论者指出：“如果比较商自然人与独资企业，我们会看到两者在本质上是一致的。”郑立、王益英主编：《企业法通论》，中国人民大学出版社1993年版，第343页。

④ 《民法通则》第二章“公民（自然人）”规定了“个人合伙”，但与之相对称的概念其实是“（法人）联营”。随着《公司法》的施行，法人联营消失于无形。《民法通则》关于个人合伙的规定因缺少注册登记等程序性规定，也基本上让位于后来的“特别法”《合伙企业法》，而空留一个“一般法”的名分。

⑤ 姜朋：《新〈公司法〉改变了什么——基于对三个语词的分析》，载《法学》2006年第11期。

业者看好，数量一直在增长，[①]也许是因为其很早就被纳入民法话语体系，而游离于《私营企业暂行条例》之外——该条例第十一条规定，个体工商户经营者可以申请开办私营企业——从而其所有制色彩显得并不那么浓厚，因而尽管在《个人独资企业法》立法过程中，将"有名称字号和固定的经营场所的个体工商户"纳入该法的调整范围已有相当共识，[②]但在法律层面的两种经营形式"腾笼换鸟"过程中，个体工商户作为一种独立的经营形态最终仍然得以保留。[③]

不仅如此，2021 年 8 月 24 日发布、2022 年 3 月 1 日起施行的《市场主体登记管理条例》第二条明确将个体工商户列为与公司、个人独资企业、合伙企业并列的"市场主体"。因此，现实中诸如个体工商户究竟与个人独资企业有何区别之类的疑问，仍有被反复提及的可能。相关商事组织分类的学理也就不能回归简单而必须继续直面复杂的现实实践。

---

① 截至 2013 年 3 月底，全国实有企业 1374.88 万户（含分支机构），比上年底增长 0.61%。其中内资企业 1330.9 万户，比上年底增长 0.63%。内资企业中私营企业 1096.67 万户，比上年底增长 1.01%。同期，全国实有个体工商户 4062.92 万户。其中新登记注册 4.3 万户。陈郁：《全国实有企业近 1375 万户：个体工商户持续增长》，载《经济日报》2013 年 4 月 12 日第 6 版。截至 2013 年 11 月底，全国实有企业 1503.82 万户，比上年同期增长 10.6%。实有注册资本（金）95.29 万亿元，增长 16.4%。陈郁：《新注册各类市场主体逾千万户》，载《经济日报》2013 年 12 月 27 日第 6 版。截至 2013 年底，全国实有各类市场主体 6062.38 万户。陈郁：《全国市场主体突破 6000 万户》，载《经济日报》2014 年 1 月 14 日第 6 版。2017 年第一季度，全国新登记市场主体 359.8 万户，同比增长 19.5%。其中新登记企业 125.5 万户，同比增长 18.0%；新登记个体工商户 227.3 万户，同比增长 21.0%，高于 2015 年 12.8% 和 2016 年 5.7% 的增速。储思琮：《过去 3 年日均新增市场主体超 4 万个》，载《新京报》2017 年 4 月 17 日 A05 版。

② 全国人大财经委编：《合伙企业法、独资企业法热点问题研究》，人民法院出版社 1996 年版，第 3、4 页。

③ 同样属于经营形式双轨制的制度遗存的，还有实践层面的非常繁复的企业登记类型。以外商投资企业为例，国家工商行政管理总局《关于外商投资的公司审批登记管理法律适用若干问题的执行意见》（2006）第六条，"有限责任公司"加注的后缀有"中外合资""中外合作""外商合资""外国法人独资""外国非法人经济组织独资""外国自然人独资""台港澳与外国投资者合资""台港澳与境内合资""台港澳与境内合作""台港澳合资""台港澳法人独资""台港澳非法人经济组织独资""台港澳自然人独资"等多种。"股份有限公司"后有"中外合资，未上市""中外合资，上市""外商合资，未上市""外商合资，上市""台港澳与外国投资者合资，未上市""台港澳与外国投资者合资，上市""台港澳与境内合资，未上市""台港澳与境内合资，上市""台港澳合资，未上市""台港澳合资，上市"等字样。公司登记机关还可以根据国家利用外资产业政策及其相关规定，在公司类型后加注有关分类标识，如"（外资比例低于 25%）""（A 股并购）""（A 股并购 25% 或以上）"等。

曾有经济学家说，“经营者的第一个竞争者是他的顾客”。[①] 其实不只是经营者要面临用户的竞争，制度也一样。本文开篇提到的两则事例，就提示了既有制度的可用性并不完全取决于制度设计、制定者的意愿，而有可能在实践中被开发出新的功能。为了避免制度在实施过程中“跑偏”，遂有实时修正、“打补丁”的必要。而商事组织或市场主体制度的完善，也并非只是商法或商事组织法的事，其需要与诸如税法等相关法律联动才行。[②] 这是既往的个体工商户的实践给商法学界提供的又一条教益。

① 盛洪：《经济学精神》，广东经济出版社1999年版，第24页。

② 举个和公司有关的例子。财政部、国家税务总局《关于个人非货币性资产投资有关个人所得税政策的通知》（财税〔2015〕41号）规定：个人以非货币性资产投资，属于个人转让非货币性资产和投资同时发生。对个人转让非货币性资产的所得，应按照“财产转让所得”项目，依法计算缴纳个人所得税。该规定在税法的逻辑框架下是合理的。但该规定客观上限制了以实物出资。

比较法视野下我国商法体系的多元建构

马 哲*

摘要:因与民法互相渗透,商法的体系化相较其他部门法更显复杂。法典化虽为体系化的最高形式,但其是特定历史条件下的产物,在现今社会已不绝对优于其他立法载体。尤其对于商法这类易于出现新问题的法律部门,近年来各国普遍的立法趋势是不制定商法典。我国刚颁布《中华人民共和国民法典》(以下简称《民法典》),且从未拥有商法典,制定商法典的可能性更低,但如能克服商法法典化的固有缺陷,编纂一部汇编型商法典仍不失一种选择。如不编纂法典,商法学者普遍接受的替代方案是制定"商法通则",在其中安置经营活动的一般规则,规范营业转让等制度。如此构建的商事一般法以"营业"为核心概念,克服了传统"商人"和"商行为"概念的缺陷,符合大陆法系商法学的最新理念。

关键词:体系化 法典化 商法典 商法通则 营业

一、问题的提出

2020年,随着《民法典》的颁布,我国进入法典化时代。《民法典》的出台对其他部门法有着重要的指引和启示作用,在此背景下,各部门法学者积极探索将本部门法编纂成典的可能性、意义和实现路径。[①] 在这场讨论之中,商法学界面对的情况和问题尤其特别。民法与商法同属私法,"你中

---

* 澳门大学法学院高级导师。

① 周光权:《法典化时代的刑法典修订》,载《中国法学》2021年第5期;王万华:《我国行政法法典编纂的程序主义进路选择》,载《中国法学》2021年第4期;陈卫东:《论刑事诉讼法的法典化》,载《中国法学》2021年第3期。

有我,我中有你”,紧密关联。[①] 因而,不同于其他法律部门更多以旁观者姿态关注民法法典化进程,借鉴其立法经验和技术,商法的地位问题本就属于民法法典化过程中的核心问题,甚至是判断民法典编纂成败得失的关键。[②] 对这一问题,经过持续数年的对民商合一抑或分立的讨论,《民法典》已经作出明确回答:这部法典明显采用民商合一体例,这从其中同时规范营利法人和非营利法人,规范融资租赁、保理等典型商事合同等细节都可看出。

从现实出发,不同于其他法律部门将如何编纂法典作为其体系化的核心命题,编纂商法典的可能性因《民法典》的存在而变得微乎其微,目前我国商法体系化的核心问题是如何以法典以外的方式实现体系化,例如可否制定一部具有统筹作用的一般法,以规范商事单行法中的共通问题、化解彼此之间的矛盾以及安置未为任何单行法所涵盖的一般商事规范。另外,商法法典化虽然在目前的情境下难以成为我国立法者的现实选择,但这一论题本身并未过时:诚然,商法解法典化是大势所趋,但我们仍然无法全盘否定法典相比于其他法律载体形式的某些优势,比较法上也出现了尝试在民商合一的民法典之侧另立商法典的现象(如巴西),表明商法典似乎并非一无是处。[③] 因此本文仍会首先讨论编纂商法典是否必要和可能。最后,无论编纂商法典还是“商法通则”等商事一般法,应以何者作为实现商法体系化的核心概念,是传统的“商人”“商行为”,抑或比较法上的新潮流“营业”? 这些是本文所讨论并尝试回答的问题。

---

① 刘凯湘:《剪不断,理还乱:民法典制定中民法与商法关系的再思考》,载《环球法律评论》2016年第6期。

② 赵旭东:《民法典的编纂与商事立法》,载《中国法学》2016年第4期;崔建远:《编纂民法典必须摆正几对关系》,载《清华法学》2014年第6期;赵万一:《中国究竟需要一部什么样的民法典——兼谈民法典中如何处理与商法的关系》,载《现代法学》2015年第6期;蒋大兴:《论民法典(民法总则)对商行为之调整——透视法观念、法技术与商行为之特殊性》,载《比较法研究》2015年第4期。

③ 《巴西民法典》是典型的民商合一法典,参见[意]阿尔多·贝特鲁奇:《在传承与革新之间的巴西新民法典》,薛军译,载徐涤宇主编:《拉美国家民法典编纂:历史与经验》,北京大学出版社2018年版,第218-249页。但是,自2011年起,巴西拟定了新商法典草案,目前在参议院审议阶段,见夏小雄:《民商合一民法典和商法典的生存空间——以巴西私法立法结构变迁为例》,载《拉丁美洲研究》2020年第5期,第82页。

二、我们(还)需要商法典吗?

(一)我们还需要法典化吗?

是否需要法典化并不是商法独有的问题。为回答是否需要商法典的问题,首先不可避免地要讨论一般意义上的法典和法典化的历史背景、功能和局限,这是后文关于以何种方式实现商法体系化的讨论的基础。

所谓法典,是以封闭的法条组合体的形式作有系统编排的法律规范的组合,旨在以尽量完整和一体化的方式规范某些特定的内容。[①] 法典编纂可能表现为不同的形态:或指对一国法律进行分科编制而形成具有公力的成文法的事业,或指将既有法令整理编辑而形成法典的工作,又或指将新设法令归类编纂而形成统一法典的工作。[②] 简言之,可将法典划分为体系型和汇编型两类,前者是使法典实现内部一致性和外部独立性的过程,后者则意不在体系整合,更多是为了便于查阅,因而更少使用抽象概念:每一形式的法典化,都与立法时代背景有关。[③]

欧洲大陆法系国家 18 世纪末开始的法典编纂代表了近现代意义上的法典编纂。[④] 它之所以发生,最重要的原因是理性自然法运动,正如韦伯所言,法典化代表了欧洲独特的对理性主义的追求在法律领域的顶峰。[⑤] 该运动的目标是将法律体系化和消除法律规定之间的矛盾:围绕一定逻辑和核心概念编纂法典,可使某一领域原本松散存在的法律材料集结成体系,处于同一法律载体中的规范彼此间出现矛盾的可能性也相对较低。[⑥] 这场运动的另一动

---

① José Miguel Figueiredo & António Manuel Abrantes, *Manual de Legística Formal*, Macau: Fundação Rui Cunha, 2015, p. 54; 参见朱广新:《民法典编纂:民事部门法典的统一再法典化》,载《比较法研究》2018 年第 6 期;高仰光:《法典化的历史叙事》,载《中国法学》2021 年第 5 期。

② [日]穗积陈重:《法典论》,李求轶译,商务印书馆 2014 年版,第 5 页。

③ 朱明哲:《法典化模式选择的法理辨析》,载《法制与社会发展》2021 年第 1 期。

④ 更早编纂的法典非近现代意义上的法典。欧陆近代法典化运动的产物相比于之前法典的进步,参见范健:《中国〈民法典〉颁行后的民商关系思考》,载《政法论坛》2021 年第 2 期。

⑤ [德]马克斯·韦伯:《经济与社会》(第 2 卷),阎克文译,上海人民出版社 2020 年版,第 962 页。

⑥ [美]威廉·埃瓦尔德:《比较法哲学》,于庆生、郭宪功译,中国法制出版社 2016 年版,第 228 页;[德]茨威格特、克茨:《比较法总论》(上),潘汉典、米健、高鸿钧、贺卫方译,中国法制出版社 2017 年版,第 257 页;石佳友:《解码法典化:基于比较法的全景式观察》,载《比较法研究》2020 年第 4 期;陈金钊:《民法典意义的法理诠释》,载《中国法学》2021 年第 1 期。

因则是19世纪的国家民族主义。① 一方面，法典化可消除使用者找法的困难，确保法律的可预见性和可达性，让使用者更好地理解和运用；②另一方面，由国家民族主义促成也意味着法典化是一国行使主权的活动，因而，是否编纂法典、以何种模式编纂法典是立法技术问题，是形式问题，答案取决于立法者的选择：这从现代各国的法典化在很多方面有所不同但立法质量并无优劣之别也可看出。③

可见，欧洲大陆法系国家的法典化是特定历史条件下的产物。④ 一旦时空转换，其必要性和不可避免性恐怕大打折扣。⑤ 正如维亚克尔所言，法典化是中西欧法律文化中的一种独特创造，它来之不易，但也难以捍卫。⑥ 传统上人们认为法典化具有的使法律公开、让人民方便地掌握法律、为社会提供全面的规则集合、使法律统一化、获取民族国家身份认同、将法律材料体系化等意义，如今可通过更多元的方式实现。⑦ 转换时空，在人类社会处于相对稳定发展阶段的今日，在欧洲大陆以外，尤其是从未进行法典化的地区，法典化的功能其实仅剩对法律材料的体系整合，这又体现在指导单行法的立法和便于法律适用者找法两个方面：前者意味着，法典具有概念输出者的地位，为特别

---

① ［德］卡斯滕·施密特：《商法典与当今商法研究的任务——法律实践视野下的商法法典化》，赵守政译，载王洪亮、田士永、朱庆育、张双根、张谷主编：《中德私法研究（15）：民商合一与分立》，北京大学出版社2017年版，第57页；［德］奥科·贝伦茨：《〈德国民法典〉中的私法：其法典编纂史、与基本权的关系及其古典共和宪法思想基础》，吴香香译，田士永校，商务印书馆2021年版，第45页及以下。

② 石佳友：《解码法典化：基于比较法的全景式观察》，载《比较法研究》2020年第4期；［美］威廉·埃瓦尔德：《比较法哲学》，于庆生、郭宪功译，中国法制出版社2016年版，第228页。

③ ［德］赖因哈德·齐默尔曼：《欧洲私法的法典化：〈欧洲共同买卖法〉视角下的历史反思》，载《经贸法律评论》2020年第4期。

④ ［美］艾伦·沃森：《民法法系的演变及形成》，李静冰、姚新华译，中国法制出版社2005年版，第138页及以下；［德］赖因哈德·齐默尔曼：《欧洲私法的法典化：〈欧洲共同买卖法〉视角下的历史反思》，载《经贸法律评论》2020年第4期；高仰光：《法典化的历史叙事》，载《中国法学》2021年第5期；［德］卡斯滕·施密特：《法典化理念的未来——现行法典下的司法、法学和立法》，温大军译，载《北航法律评论》2012年第1辑。

⑤ 张谷：《商法，这只寄居蟹——兼论商法的独立性及其特点》，载《清华法治论衡》2005年第2期；许中缘：《商法的独特品格与我国民法典编纂》（上），人民出版社2017年版，第60页。

⑥ 参见［德］赖因哈德·齐默尔曼：《欧洲私法的法典化：〈欧洲共同买卖法〉视角下的历史反思》，载《经贸法律评论》2020年第4期。

⑦ 纪海龙：《现代商法的特征与中国民法典的编纂》，载王洪亮、田士永、朱庆育、张双根、张谷主编：《中德私法研究（15）：民商合一与分立》，北京大学出版社2017年版，第33页；陈金钊：《民法典意义的法理诠释》，载《中国法学》2021年第1期。

立法提供基本的概念体系，即便其位阶未必高于其他法律；后者是指法典化技术有助于防止法律碎片化带来的找法困难问题，经过系统训练的法律适用者很容易在法典中找到具有贯融性的解决方案。[①]

不过，即使上述功能，也不如想象般重要，因为整理法律的目的并不必须通过编纂法典实现。[②] 例如，18 世纪英国布莱克斯通教授出版四卷本的《英国法释义》，对原本杂乱无章的英国判例法进行了编排整理，使外行也能像法律人那样了解英国法；又如，美国法学会致力于"法律重述"，目的也是将日益烦琐的判例规则通过清晰的层次和系统的结构汇编起来，形成类似于大陆法系的法典的法律材料（虽然法官并不认为它们具有法典的重要性，而只比权威教科书重要一点点）。[③]

因为上述原因，当代法律学者中一直存在反对法典化的声音，主要理据包括：法典编成后便不易变更，使法律失去了随社会需要而伸缩的弹性；法典不能包含全部法律，尤其是需要细致规定的法律和需要频繁修改的法律，不宜编纂入法典中；法典编纂后，社会上不断出现新事物，不得不继续颁布大量单行法；法典编纂会引致大量注释出现，而它们往往不符合立法原意；法典编纂并不会带来诉讼减少的后果；等等。[④] 这些警惕的核心，是法典和单行法的关系问题。[⑤] 因为在有些情况下法典不如单行法：法典编纂本是为了便宜行事，故即使在某一部门法中编纂法典，一般也无须将全部规则汇入，有些内容

① 纪海龙：《现代商法的特征与中国民法典的编纂》，载王洪亮、田士永、朱庆育、张双根、张谷主编：《中德私法研究（15）：民商合一与分立》，北京大学出版社 2017 年版，第 34 页；［德］卡尔·拉伦茨：《法学方法论》（第六版），黄家镇译，商务印书馆 2020 年版，第 217 页。

② 张谷：《商法，这只寄居蟹——兼论商法的独立性及其特点》，载《清华法治论衡》2005 年第 2 期。

③ ［德］茨威格特、克茨：《比较法总论》（上），潘汉典、米健、高鸿钧、贺卫方译，中国法制出版社 2017 年版，第 361 – 362 页、第 451 – 452 页、第 485 页。对法典化与汇编、重述等其他实现法律体系化的工具的比较，参见 Paula Giliker, "Codification, Consolidation, Restatement? How Best to Systemise the Modern Law of Tort", *International & Comparative Law Quarterly*, Vol. 70, Issue 2 (April 2021), pp. 271 – 305.

④ ［日］穗积陈重：《法典论》，李求轶译，商务印书馆 2014 年版，第 17 – 23 页；［德］沃尔夫冈·卡尔：《法典化理念与特别法发展之间的行政程序法》，马立群译，载《南大法学》2021 年第 2 期。

⑤ 徐涤宇教授也指出，处理法典和特别法的关系是在解法典化的背景之下重构法典的关键，参见徐涤宇：《解法典后的再法典化：阿根廷民商法典启示录》，载《比较法研究》2018 年第 1 期。

在法典外以单行法形式存在反而更方便。[①]

至于哪些制度适宜法典化，而哪些更宜以单行法规范，取决于有关制度本身的特点。一般认为不宜编入法典的法律包括需要经常变更的法律、具有实施期限的法律、需要特别细致规定的法律、在一个地方只对一个民族实施的特别法等，例如商法、工业法、农业法、森林法、海洋法等需要特别规定的法律；如果所涉及的是这类更宜以单行法规范的法律部门，历史上企图以一部法典网罗全部规范的立法尝试多以失败告终。[②] 此时更恰当的做法是，从权威性和稳定性等角度出发，法典编纂者应当将目光集中于基本问题，而将特殊性和技术性更强的规则、实施层面的细节等交由单行法规范。[③]

更重要的是，如前所述，是否法典化、如何法典化是立法技术问题，是形式问题。正如穗积陈重教授所言，法律有实质和形体两种元素：法律能否真正地实现国家利益、促进人民幸福，是其实质问题；是否制作出简明、正确的条文，是否使人民易知其权利和义务所在，是法的形体问题——法典编纂主要涉及目的、方法、顺序、体裁、问题、用语等，属于法律的形体问题，而显然实质为本，形体为末，法律人不能本末倒置。[④]

总而言之，法典编纂并非不可为之事，但也非不得不为之事。是否法典化、如何法典化，归根结底是形式问题，是立法技术问题，取决于立法者的选择。这一结论适用于所有法律部门，商法并不例外。

（二）我们还需要商法的法典化吗？

既然商法典的编纂并非不可能为，也并非不得不为，是否制定商法典，其实取决于立法者在权衡立与不立各自的利弊得失后的选择。在现代法治社会，尤其是如我国这般从零开始构建法典的法域，国家在充分设计、规划后进行立法工作，此时立法者在作是否订立商法典的选择时，有鉴于民法与商法

① ［日］穗积陈重：《法典论》，李求轶译，商务印书馆2014年版，第86页。

② 同上注，第87页。

③ 石佳友：《解码法典化：基于比较法的全景式观察》，载《比较法研究》2020年第4期。

④ ［日］穗积陈重：《法典论》，李求轶译，商务印书馆2014年版，第5－6页。当然，穗积陈重教授也同时指出：法典编纂也与法律的实质问题息息相关，因为一国在进行法典编纂之时往往会对具体制度、条文的存废或内容进行检讨；另外，虽然实质为本，形体为末，但如果法律用语的含义不明，令人难以领会其真意，人民就不能依此保护自己的权利和履行义务，故立法者应当努力制定形神兼备的法律。

之间错综复杂的关联，需要考虑的一个重要因素就是本国已有的或准备制定的民法典的形态。换言之，对我国而言，对是否进行商法法典化这一问题的讨论，在逻辑上须以民法法典化的完成情况或立法计划为前提。

历史上的情况并非如此。在民法法典化基础上对是否制定商法典的探讨，就回到民商合一抑或民商分立的经典命题。历史经验告诉我们，在民商合一抑或分立问题上，立法者往往并非基于理性思考后作出立法选择，欧洲大陆几部著名的民商分立的立法例，其实都是历史的结果：西罗马帝国势危，罗马法的支配力下降，为商事习惯法的发展提供了条件；等到罗马法再度以民法法典化的形式恢复其势力的时候，商法的法典化却早已先行完成。[①] 抛开这一特定的历史背景，在今时今日，选择民商合一抑或分立，即是否制定形式意义上的商法，将私法规范纳入一部还是两部法典，同样是形式问题，是立法技术问题，是一国立法模式选择的结果。[②] 一般而言，立法者在作出选择时的依据是两种立法模式各自的优劣，尤其是克服各自缺陷的难度。立法者“用手投票”的结果是：从 1907 年的《瑞士债法典》，到 1942 年的《意大利民法典》，再到 1991 年的《荷兰民法典》，很多国家已经走上了私法统一的道路；尤其是《荷兰民法典》以来新制定民法典的二十余个国家，几乎全部采纳了民商合一的立法体例。[③]

瑞士是在首次法典化之时即选择了民商合一的立法模式。瑞士人之所以自始选择单一法典模式是因为：首先，为商人阶层创设一套特别的制度被认为违反国家的精神的目标；其次，瑞士人普遍受过很好的教育，商业经验也丰富，有条件在私法关系中遵守更高标准的注意义务；最后，正如债法典起草人 Walther Munzinger 所言，进行民商区分往往是很困难的，统一的解决方案反

---

① 张谷：《商法，这只寄居蟹——兼论商法的独立性及其特点》，载《清华法治论衡》2005 年第 2 期；许中缘：《商法的独特品格与我国民法典编纂》（上），人民出版社 2017 年版，第 58 页。

② 纪海龙：《现代商法的特征与中国民法典的编纂》，载王洪亮、田士永、朱庆育、张双根、张谷主编：《中德私法研究（15）：民商合一与分立》，北京大学出版社 2017 年版，第 23 页；刘凯湘：《商事行为理论在商法中的意义与规则建构》，载《法治研究》2020 年第 3 期。

③ 纪海龙：《现代商法的特征与中国民法典的编纂》，载王洪亮、田士永、朱庆育、张双根、张谷主编：《中德私法研究（15）：民商合一与分立》，北京大学出版社 2017 年版，第 4 - 5 页。

倒更为简便。[①]

意大利则是从民商分立走向民商合一的立法例。意大利人认为民商分立是一个历史事物，“如果不是对过去的回忆，没有人会想到将私法分为两块。正如在这种区分出现之前的罗马法学家，也无法理解这样的划分”。[②] 与瑞士立法者的做法一样，意大利统一私法的着手点也是债法，他们认为民商合一的实质就是“将所有债务关系纳入高度发达的商法技术性规范之中”。[③] 可见，合同法是实现“共同私法”的“天然场所”，立法者只需在民法典中增加有名合同的类型即可达成这一目标。[④] 事实上，从民商分立转向民商合一并不是一个容易作出的决定。意大利早在1888年就出现了将民事债法与商事债法合而为一的观点，但这一计划在第一次世界大战以后一度被搁置，原因是立法者认为民法和商法研究的成熟程度不同，影响了二者的合二为一；因为过程中经历的曲折和困难，意大利最终采用的私法的合一体系被认为是意大利法典编纂中“最为勇敢、最富有成果的一步”。[⑤]

法国和德国则没有这么勇敢。1807年《法国商法典》施行到后期，其中的很多内容已经逐渐脱离商法典，以致法典“实际上已经仅仅是一些断断续续的分散的条文或者过时的条文”，法国人也开始怀疑这部法典除了形式上的标杆作用或纪念意义以外还有多大的实用价值。[⑥] 不过，虽然法国在2000年重新进行商法的法典化之前已经出现了关于是否要将商事事宜规范在民法典中的考虑，但最终还是传统的观点占据上风，即继续对商事问题单独立法；这种保守的做法导致法国商法直至今日仍具有形式上的独立性。

---

① [德]扬·彼得·施密特：《单一法典》，殷安军译，纪海龙校，载王洪亮、田士永、朱庆育、张双根、张谷主编：《中德私法研究(15)：民商合一与分立》，北京大学出版社2017年版，第181页。

② [意]马里奥·罗东迪：《意大利自治商法的产生与衰落》，夏龙洋译，载王洪亮、田士永、朱庆育、张双根、张谷主编：《中德私法研究(15)：民商合一与分立》，北京大学出版社2017年版，第175页。

③ 同上注，第163、174页；[法]伊夫·居荣：《法国商法》(第1卷)，罗结珍、赵海峰译，法律出版社2004年版，第3页。

④ 徐涤宇：《解法典后的再法典化：阿根廷民商法典启示录》，载《比较法研究》2018年第1期。

⑤ [意]马里奥·罗东迪：《意大利自治商法的产生与衰落》，夏龙洋译，载王洪亮、田士永、朱庆育、张双根、张谷主编：《中德私法研究(15)：民商合一与分立》，北京大学出版社2017年版，第151－152、154、175页。

⑥ [法]伊夫·居荣：《法国商法》(第1卷)，罗结珍、赵海峰译，法律出版社2004年版，第21页；聂卫锋：《〈法国商法典〉总则述评——历史与当下》，载《比较法研究》2012年第3期。

德国亦然。德国法学界对独立商法典的质疑从未停歇。不少学者认为，一部德国模式的商法典已经没有存在的必要，真正需要的是一部完整的民法典或者如《瑞士民法典》一般的民法典。① 例如，卡纳里斯教授在分析了诸多为商法总论调整但并非真正意义上的商法总论问题之后指出，"如果人们看了上文的分析而询问哪些剩余部分是真正的商法，结果会显示这一部分确实不多，以至于人们对于是否还有足够的基础让一部独立的《商法典》仍然存在会有强烈的怀疑"。② 他指出，很多如今在商法中规范的内容其实已经或者应当在民法中享有恰当的位置，因为将范围限缩在商人或者企业的做法不仅无益，而且有害。③ 当然，尽管如此，卡纳里斯教授并不主张废除商法典，这样做的变动实在太大，而是主张要明确在商法典中增加错误的条文的危险性，并呼吁为推进民法和商法融合的法律改革作准备。④

总而言之，对于已有商法典传统的国家，维系传统可能是比较便宜的做法，因为"转换跑道"需要较多工作，不如将立法资源投入到具体制度的设计和完善上。例如德国、日本等国目前采取的就是放任解法典化趋势的发生而在法典之外建立完备的单行法（尤其公司法）的权宜之计。正如伊尔蒂所言，"我们的时代不是一个适合进行新的法典编纂的时代"，但"也不是一个进行改变现行法典的结构和功能的一般改革的时代"。⑤ 维亚克尔也指出："没有人在寻到新的住所以前毁掉目前已不宜居的房屋，因此我们也不会不经考虑地毁掉旧有的法典结构……在传统的民法典与商法典中不仅存在过去社会中经济层面的民族精神，也蕴含着千年以来对正义观、理解力与知识性的认识"。⑥ 当然转换也并非必然不可，意大利、荷兰、巴西、阿根廷等国就都实现了这一转换。

---

① ［德］彼得·A. 温德尔：《我们需要商法典吗？》，黄松茂译，载《财经法学》2017 年第 6 期。

② ［德］C. W. 卡纳里斯：《德国商法》，杨继译，法律出版社 2006 年版，第 19 页。

③ 同上注，第 15 页。

④ 同上注，第 20 页。

⑤ ［意］纳塔利诺·伊尔蒂：《解法典的时代》，薛军译，载徐国栋主编：《罗马法与现代民法》（第 4 卷），中国人民大学出版社 2003 年版，第 105 页。

⑥ 参见［德］卡斯滕·施密特：《商法典与当今商法研究的任务——法律实践视野下的商法法典化》，赵守政译，载王洪亮、田士永、朱庆育、张双根、张谷主编：《中德私法研究（15）：民商合一与分立》，北京大学出版社 2017 年版，第 89 页。

对于并不承载民商分立传统这一历史负担的国家，综观大陆法系国家近年来的立法经验，民商合一的立法模式似乎更能体现概念的连贯性和立法的经济性，因而如今再要采纳民商分立的立法模式，恐怕必须提出特别的、充分的正当理由，否则制定商法典的举措将被认为“是一种逆潮流而动的行为，并非是一种理性选择的结果”。[①] 我国近代以来的立法发展早已显现出对民商合一的明确倾向。本来清末法律改革时期，沈家本等人主张引进的立法模式是民商分立，原因是我国准备继受的大陆法系国家大多采取的是民商分立的立法模式。[②] 但到民国时期，随着法国、德国、日本等传统大陆法系国家以外的法律（例如瑞士法甚至英美法）进入立法者的视野，民商合一被认为是新的立法趋势，[③]这也获得我国法律界的主流观点的支持，理由是“我国商人本无特殊地位，强予划分，无有是处”。[④] 对民商合一体例的偏好一直延续至今。如前所述，民商合一在我国民法法典化的讨论过程中始终占据上风，刚刚颁布的《民法典》中包含了很多典型的商事规范。在此背景下，即使对于商法学者，主流观点也不主张制定独立的商法典。[⑤]

不过，既然是否编纂法典是形式问题，是立法技术问题，编纂商法典、将未被纳入民法典的商法规则汇编成一个整体，也未尝绝无可能。虽然目前条件下制定的商法典只可能具有法律汇编的功能。我国学者在讨论法典化时优先希望完成的是体系型法典，但其实汇编型法典并不从本质上劣于体系型法典，甚至具有体系型法典不具有的优势：其一，不同于体系型法典以静态、均质化的社会为模型构建，因而规则不得不尽可能抽象，汇编型法典能够容

---

① ［德］扬·彼得·施密特：《单一法典》，殷安军译，纪海龙校，载王洪亮、田士永、朱庆育、张双根、张谷主编：《中德私法研究（15）：民商合一与分立》，北京大学出版社2017年版，第179页；赵万一：《后民法典时代商法独立性的理论证成及其在中国的实现》，载《法律科学》2021年第2期。

② 张生：《中国近代民法法典化研究（一九零一至一九四九）》，中国政法大学出版社2004年版，第62页。我妻荣教授也曾经建议在中国采纳民商分立的立法体例，见［日］我妻荣：《中华民国民法债编总则》，洪锡恒译，中国政法大学出版社2003年版，“绪论”部分。提出的理由有三：其一，商法是性质不同于民法的法律领域；其二，在立法技术上很难以民法涵盖商法；其三，与民法相比，商法具有显著的国际性。

③ 石佳友：《解码法典化：基于比较法的全景式观察》，载《比较法研究》2020年第4期。

④ 方俊杰：《最新商事法论》，庆业印务局1938年版，第345页，参见王利明：《民商合一体例下我国民法典总则的制定》，载《法商研究》2015年第4期。

⑤ 参见2015年6月13日中国商法学研究会《关于民法典编纂中统筹规划商事立法的建议》。

纳更多无法被整合入一个融贯体系的特殊规范，从而便于对不同的具体情境进行高效率的个别调整，以实用主义的态度实现正义；其二，不同于体系型法典支持者主张将习惯、判例、学说等一并整合入典，汇编型法典更尊重其他法律渊源的独立性，更能与之进行良性互动，尤其后者应对新出现的法律问题往往更为有效。[①] 可见，汇编型商法典虽然在体系性上弱于体系型法典，但可能反倒是更符合现今时代和社会的法典化方式。

另外，虽然法典作为立法手段和立法技术的功能在当代社会已经削弱，但它仍然具有不可替代的历史、政治和社会意义，例如宣示我国国家和治理现代化、宣示改革开放的成果等。[②] 编纂法典的立法方法也有助于法律继受国对法律输出国法律制度的模仿，正如茨威格特和克茨教授在评论英国法时所指出的："虽然英国体系可能具有古色古香的魅力，但是它漫无头绪且把任何模仿的兴趣都消灭在萌芽之中"。[③] 这一促进输出的功能对于商法这一部门法尤其重要，在经济全球化的背景之下，各主要发达国家都在积极寻求向外输出本国的商法制度，以期在对外经济交往中抢占先机。[④] 概言之，以法典汇编的方式编排商事规则，虽然如今已不是绝对优于其他形式的立法手段，但也仍然不失为一种可能的立法选择。

（二）假如制定商法典需注意的问题

如果制定商法典，虽然只是汇编型的法典，在此过程中的核心问题是如何通过制度设计克服商法法典化的弊端。这些弊端并非中国所独有，不论对于维系民商分立传统的立法例，还是对于在首次法典化时选择民商分立的立法例，都必须面对并克服它们。具体而言，商法法典化的弊端和商法法典化

---

① 朱明哲：《法典化模式选择的法理辨析》，载《法制与社会发展》2021 年第 1 期；薛军：《中国民法典编纂——观念、愿景与思路》，载《中国法学》2015 年第 4 期。

② 陈金钊：《民法典意义的法理诠释》，载《中国法学》2021 年第 1 期。

③ ［德］茨威格特、克茨：《比较法总论》（上），潘汉典、米健、高鸿钧、贺卫方译，中国法制出版社 2017 年版，第 63 页。

④ 赵万一：《民商合一体制下商法独立的可能性及其实现路径》，载《法学杂志》2021 年第 7 期。法典形式促进法律制度输出这一功能确有现实的例子作为佐证：在商法解法典化的大背景下，1999 年的《澳门商法典》仿佛一个另类，但它确实产生了一定的国际影响力，尤其是在葡语国家，它是 2005 年《莫桑比克商法典》立法过程中最重要的参考资料，而其中公司法部分也是 2004 年东帝汶颁布的公司法律的范本。假如澳门以单行法的方式颁布这些商法制度，难保会产生这么大的溢出效应。

过程中需要克服的困难有以下几个方面。

其一,法典编纂的立法模式代表着权威和稳定,但也意味着凝固,意味着可能无法因应时代发展而迅速、灵活地作出反应。[①] 法典化的这一弊端在商法中的表现尤其明显,原因是商法本是一个规则随经济现实而变化万千并需保持常新的法律部门。[②] 因而,如以法典而非单行法的方式规范某一类法律制度,条文必须尽量空泛而非具体,这样,即使出现新的社会经济现象,也不会立即导致出现修改法典的需要。[③] 正如拉伦茨教授所强调的,由于新的问题必然不断出现,"体系工作是一种永续的任务","体系必须保持开放"。[④] 例如,商事主体多元化的发展趋势对商法的实践和发展不断提出崭新的要求,在此背景下,不对商事主体进行严格的界定,而是对商事组织的认定和规范提供更为开放的空间,似乎更能适应日新月异的商业形态,提供弹性的、灵活的法律保障。[⑤] 当然,商法条文又不宜过于抽象,否则容易给法律适用带来不确定性,影响投资者和经营者在我国进行商事活动的意愿和信心,立法者需要在稳定和灵活之间达成某种平衡。

其二,商法法典化可能面对的另一困难是商法范畴本身的不确定性。商法学的尴尬之一在于,商法学者甚至对"商法"本身的定义都不无争议,这一名称在经济领域没有一个精确的指示对象,也并不对应经济体系中的一个特定部门,它就如同产生它的商业一样"庞大而广泛"。[⑥] 尤其是随着经济和社会的发展,随着新工具、新媒介的不断出现,很多新兴的法律问题都落入商法学的研究范畴,导致商法学的研究对象不断扩张,实质商法不断膨胀。正如法国学者 P. Didier 所云,"商法好比正弥漫扩散的星云,在其运行之中,不断

---

① [日]穗积陈重:《法典论》,李求轶译,商务印书馆2014年版,第17页。

② 王文宇:《从商法特色论民法典编纂——兼论台湾地区民商合一法制》,载《清华法学》2015年第6期。

③ [日]穗积陈重:《法典论》,李求轶译,商务印书馆2014年版,第97页。

④ [德]卡尔·拉伦茨:《法学方法论》(第六版),黄家镇译,商务印书馆2020年版,第220-221、568页。

⑤ 王文宇:《从商法特色论民法典编纂——兼论台湾地区民商合一法制》,载《清华法学》2015年第6期。

⑥ [意]F. 卡尔卡诺:《商法史》,贾婉婷译,商务印书馆2017年版,第1-2页。

释放出新的'卫星',其力量是离心而非向心"。[①]

其三,与商法的上述特性相关,各商事单行法往往各行其是,难以对其"提取公因式"。我们很难在商法中找到诸如民法中的私法自治原则、善意原则等贯穿整个法律部门的基本原则,也很难在商法中找到诸如民法中的自然人、法人、法律行为、权利等贯穿整个法律部门的基本概念。[②] 这是因为,公司、证券、破产、海商等商事制度彼此之间在体系上的联系其实并不紧密,本来各自构成不同学科,唯因历史文化传统等原因被整合在一起,它们作为整体存在的稳定性极其有限。[③] 即使进行法典化,由于这些制度之间的"个性远远大于共性",很难从中归纳出总则性规定。[④]

如能克服上述几个方面的困难,编纂商法典也未尝不可,虽然此时的商法典更多地表现为一种汇编型法典。更重要的是,本文之所以得出我们已不必然需要商法典但编纂商法典也未尝不可的结论,更重要的原因在于,民商合一与民商分立的区分仅仅具有形式上的意义,判断的标准不应是有无独立的商法典,而是商法有没有在实质上形成一个独立的法律秩序体系。[⑤] 对此一个有趣的证据是,我国澳门地区延续葡萄牙传统,采纳的是明显的民商分立的立法体例,但现行《澳门商法典》中的很多具体规定其实来自 1942 年的《意大利民法典》,而后者恰恰是民商合一派在意大利取得决定性胜利的成果。出现该现象的原因在于,《意大利民法典》虽然废除了形式意义上的商法,但实质意义上的商法仍然清晰可见,它们是以"营业"及其组织为中心的一组制度。[⑥]

事实上,无论采用民商合一还是民商分立的立法体例,商法在实质上都

---

① 参见[葡]乔治·曼努埃尔·高迪纽德·阿布莱乌:《商法教程》(第一卷),王薇译,法律出版社 2017 年版,第 27 页。

② 其中法律原则尤其重要,它们被认为是构建体系的真正要素,参见[德]卡尔·拉伦茨:《法学方法论》(第六版),黄家镇译,商务印书馆 2020 年版,第 219 页。

③ António Menezes Cordeiro, *Direito Comercial*, 4.ª Edição (revista, atualização e aumentada), Almedina, 2016, p. 150.

④ 王利明:《民商合一体例下我国民法典总则的制定》,载《法商研究》2015 年第 4 期。

⑤ 石佳友:《解码法典化:基于比较法的全景式观察》,载《比较法研究》2020 年第 4 期。

⑥ 徐国栋:《民商合一的多重内涵与理论反思——以 1942 年〈意大利民法典〉民商合一模式的解读为中心》,载《中外法学》2019 年第 4 期。

是独立的，这一点是毋庸置疑的。[①] 民商合一立法模式所消灭的是商法典，而非商法。[②] 实质意义上的商法，永远会作为一组有其特殊性的规范而独立存在。[③] 例如，根据卡纳里斯教授的概括，商法的特别之处在于：商法扩大了私法自治的范围；商法对交易保护和信赖保护提出更高要求；商法对商人的注意义务和职责提出更高要求；商法经常成为法律发展的开路者；商法对欧洲和全世界范围内的法律统一化运动作出了重要贡献；等等。[④] 商法的特殊性，导致其必然具有实质上的独立性。正如日本学者松波任一郎所指出的，作为法典的商法、形式意义上的商法将来会归于消灭，其中的规范将由民法或单行法规范，但作为法学的商法、实质意义上的商法将永远存续。[⑤]

总而言之，当代商法的最新发展趋势并非制定商法典，事实上，由于商法与经济生活之间存在的紧密联系，具有极强的灵活性，法典化模式也难以适应商法的发展需求。[⑥] 这一论断对于如中国这般从未拥有过商法典的法域尤其适用。当然，制定商法典也未尝不可，只不过此种情况下订立的只能是汇编型法典，而且在此过程中要注意对法典化——尤其商法法典化——的固有缺陷作出回应，减低其不良影响。另外，即使确认民商合一是不可阻挡的历史潮流，商法学者是否都要转去研究民法（事实上，法国学者就曾指出，大部

---

① 王涌：《商事立法的困境与"商事通则"》，载王洪亮、田士永、朱庆育、张双根、张谷主编：《中德私法研究（15）：民商合一与分立》，北京大学出版社2017年版，第42页；纪海龙：《现代商法的特征与中国民法典的编纂》，载王洪亮、田士永、朱庆育、张双根、张谷主编：《中德私法研究（15）：民商合一与分立》，北京大学出版社2017年版，第24页。

② ［德］扬·彼得·施密特：《单一法典》，殷安军译，纪海龙校，载王洪亮、田士永、朱庆育、张双根、张谷主编：《中德私法研究（15）：民商合一与分立》，北京大学出版社2017年版，第179页。

③ 正如卡尔卡诺所述，"商法的历史是一部以特别方式创造法律的历史，这种'特别主义'的历史使得对商事关系的规范调整具有了与对其他关系的规范调整截然不同的显著特征"，参见［意］F.卡尔卡诺：《商法史》，贾婉婷译，商务印书馆2017年版，第1页。

④ ［德］C. W. 卡纳里斯：《德国商法》，杨继译，法律出版社2006年版，第8－11页。参见陈自强：《代理权与经理权之间——民商合一与民商分立》，北京大学出版社2008年版，第205－206页；赵万一：《民商合一体制下商法独立的可能性及其实现路径》，载《法学杂志》2021年第7期；杨峰：《商法思维的逻辑结构与司法适用》，载《中国法学》2020年第6期；范健：《中国〈民法典〉颁行后的民商关系思考》，载《政法论坛》2021年第2期。

⑤ ［日］松波仁一郎：《日本商法论》，秦瑞玠、郑钊译述，王铁雄点校，中国政法大学出版社2005年版，第12页。

⑥ 石佳友：《解码法典化：基于比较法的全景式观察》，载《比较法研究》2020年第4期。

分商法"专家"其实终究都可以归类为民法专家)?[①] 非也,而且恰恰相反。当今年代其实是一个商法学者大有可为的年代,经济和科技的迅猛发展给我们带来了很多新议题,其中的很多都落在商法学的研究范畴。商法在法学教育和学术研究中的独立性不会因立法者采纳了民商合一的立法模式而消失。[②]

三、商法体系化的替代方案

(一)有分有合的第三种模式

事实上,我国商法学者的讨论早已超越民商合一抑或分立,而是向着多维方向发展,立法形式走向多样化,单纯强调法典化的时代成为过去。[③] 我国商法学者意识到,民商合一和民商分立不是唯二的两种立法模式,可以选择有分有合的第三种模式:"分"表现在民法与商法分别立法,商法通则与商事单行法分别立法;"合"表现在对某些领域将民事规范和商事规范融为一体,如民法总则部分既规范民事主体也规范商事主体,合同法部分既规范民事合同也规范商事合同,信托法中既规范民事信托也规范商事信托,等等。[④] 简言之,这意味着私法体系由"《民法典》+商事一般法+商事单行法"的模式所组成,该方案获得大多数学者的关注和支持。[⑤] 也有很多商法学者虽然没有最终放弃编纂商法典的理想,但也深知制定商法典不可一蹴而就,建议可以首先制定一部总纲性的"商法通则",接着在此基础上编纂一部"商事法律汇编"(包括"商法通则"和商事单行法),逐步过渡到商法典。[⑥]

可见,无论两种方案中的哪一种,制定作为商事一般法的"商法通则"都被

---

① Jean - Paul Marty, "La distinction du droit civil et du droit commercial dans la législation contemporaine", *RTDComm*, 1981, p. 685.

② 张谷:《商法,这只寄居蟹——兼论商法的独立性及其特点》,载《清华法治论衡》2005年第2期;纪海龙:《现代商法的特征与中国民法典的编纂》,载王洪亮、田士永、朱庆育、张双根、张谷主编:《中德私法研究(15):民商合一与分立》,北京大学出版社2017年版,第22-23页。

③ 朱慈蕴:《营业规制在商法中的地位》,载《清华法学》2008年第4期。

④ 王文宇:《揭开法人的神秘面纱——兼论民事主体的法典化》,载《清华法学》2016年第5期。

⑤ 赵旭东:《民法典的编纂与商事立法》,载《中国法学》2016年第5期;李建伟:《民法总则设置商法规范的限度及其理论解释》,载《中国法学》2016年第5期;赵万一:《后民法典时代商法独立性的理论证成及其在中国的实现》,载《法律科学》2021年第2期;赵万一:《民商合一体制下商法独立的可能性及其实现路径》,载《法学杂志》2021年第7期;周林彬:《商法入典标准与民法典的立法选择——以三类商法规范如何配置为视角》,载《现代法学》2019年第6期。

⑥ 参见范健:《编纂〈中国商法典〉前瞻性思考》,载《广东社会科学》2018年第3期;范健:《民法典编纂背景下商事立法体系与商法通则立法研究》,载《中国法律评论》2017年第1期。

认为是中国商法体系化的必由之路，这部具有统帅性、一般性和补缺性的重要立法甚至可以超越民商合一与民商分立的探讨。[①] 在不制定商法典的情况下我们需要"商法通则"的主要原因在于，公司法、破产法、票据法等内容因逐渐自成体系而在特别法中予以规范，留下关于商号、商事登记、营业转让的规则等内容，很难证成有作为独立法典存在的正当性；不过，要给这些规则找到合适的位置安置，也并不容易。[②] "商法通则"便是安置该等一般规则的合适场所。

而且，安置商法一般规则这一大陆法系国家曾经共同面临的难题，在我国尤其具有重要性。例如，我国始终没有出台"商事登记法"，长期以来依靠适用于不同实体的商事登记条例来对商事登记进行管理，体现了公法上的管理性质，但没有明确规定商事登记在私法上的效力。[③] 出现类似困境的还有商号，我国对商号的管理主要通过国务院颁布的《企业名称登记管理规定》，效力较低，而这些内容本该上升到商事一般法层面，或至少通过法律的形式加以规范。[④]

又如，目前我国法律体系中不存在统一的营业转让制度，虽然此类交易在实践中广泛存在。[⑤] 在描述该现象时，我国现行的规范性文件中甚至用到不同概念，包括"企业产权的转让""企业的出售""资产的出售"等，它们都不是严格意义上的法律概念，内涵和外延不明确，也无坚实的法理基础，而且该等规范的立法层次很低。[⑥] 而且，这些关于企业/营业转让的行政法规、部门规章和司法解释都有特定的历史背景和特殊的历史使命，主要服务于国企改革过程中对国有资产进行保护的目的，对商事活动不具有普遍意义，更何况有些规范性文件年代久远，也无法满足今天的制度要求。[⑦] 甚至当有关制度

---

① 王保树：《商事通则：超越民商合一与民商分立》，载王保树：《商法经济法的动与静》，法律出版社2015年版，第1－18页。

② ［德］扬·彼得·施密特：《单一法典》，殷安军译，纪海龙校，载王洪亮、田士永、朱庆育、张双根、张谷主编：《中德私法研究（15）：民商合一与分立》，北京大学出版社2017年版，第185页。

③ 王涌：《商事立法的困境与"商事通则"》，载王洪亮、田士永、朱庆育、张双根、张谷主编：《中德私法研究（15）：民商合一与分立》，北京大学出版社2017年版，第47页。

④ 同上注。

⑤ 林泰松：《商事营业转让法律制度研究》，法律出版社2018年版，第1页。

⑥ 同上注，第4－5、121－123页。

⑦ 同上注，第123页。

在位阶较高的法律中以较准确的名称出现时，对其含义的界定也不明确：例如《企业破产法》和《反垄断法》中有“营业的转让”或“转让营业”等表述，但都没有界定何为“营业”，该等法律的目的也不是构建营业转让制度，而是利用营业转让的有关技术来实现其他立法规制目的。①

更严重的是，在其他根本没有对此类现象进行任何描述的法律部门中，出现问题时只能依靠民商法上的一般规定进行调整，无法妥善地调和在这一商事活动中所涉及的复杂的多方利益。② 例如，想象某经营者欲将其营业转让，而该营业是在承租的不动产中经营，假如此时将此行为视为不动产的转租，则根据《民法典》第七百一十六条规定，该行为必须获得出租人的同意，否则出租人有权解除合同。这实际上相当于将两位商主体之间的商事交易能否达成的决定权置于不动产出租人手上，对交易的实现极为不利。以法国为代表的大陆法系国家的通常做法是，对营业转让中涉及不动产租赁的情况进行特别安排，不令该行为的效力取决于不动产出租人的同意。这样的安排使原经营者能够比较容易地出让其营业，使取得人能够取得保持高价值和高功能的营业，最重要的是，它确保了营业本身的持续运作，这对整体经济十分重要。③

我国现行法律制度中所欠缺的这些制度，恰恰就是“商法通则”中所应当包含的制度。这些制度其实正是欧洲大陆民商分立国家商法典中关于公司、银行、保险、运输等规则自成体系脱离法典以后余下的部分，是关于经营活动的一般规则。具体而言，这包括商主体的定义及其义务，后者例如采用商号、进行商业登记、制备商业簿册和账目等；商行为的定义及其规则，后者例如推定有偿、多数人之债以连带责任为原则、允许适当高于法定利率的商业利率、允许约定较高的违约金、明确商事习惯作为法律渊源的地位等；经理（或商事代理）制度；营业转让及租赁制度；等等。④

① 蒋大兴：《营业转让的规制模型：直接规制与功能等值》，载《清华法学》2015 年第 5 期；马哲：《“营业”的破产法意义——兼论对我国〈企业破产法〉的完善建议》，载《中国政法大学学报》2021 年第 4 期。

② 林泰松：《商事营业转让法律制度研究》，法律出版社 2018 年版，第 2 页。

③ ［葡］乔治·曼努埃尔·高迪纽德·阿布莱乌：《商法教程》（第一卷），王薇译，法律出版社 2017 年版，第 257－258 页。

④ 对“商法通则”结构及内容的详尽建议，参见范健：《民法典编纂背景下商事立法体系与商法通则立法研究》，载《中国法律评论》2017 年第 1 期。

另外,在"商法通则"的立法技术方面,同样建议其中的规定应尽可能泛化而非具体化,以确保商事规则能够因应市场变化灵活应对。对此王文宇教授进行了详尽的论述:"着眼于商法因应市场变化之弹性,商事通则的内容宜秉持仅对商法共通基础原则作宣誓之界线,并采取低度干预商法之立法策略,而将具体庞杂之规范内容留待各商事单行法订定,以免僵化之原则性规范反绑手绑脚造成阻碍。"①

在"商法通则"的基础上,在将来有需要而编纂商法典之时,或在编纂没有法律约束力的"商法汇编"时,只需将其他单行商法制度纳入即可。至于哪些单行法属于商法范畴,笔者认为可从以下几个方面考虑:首先可以参考立法背景资料,如果立法者直接或间接地将某一法律制度定性为商法,则其为商法;其二,如有关事宜在历史上属于在商法典中规范的事宜,例如公司法、保险法、破产法、运输法、票据法等,则其可被归类为商法;其三,如有关制度主要考虑的是商事利益,例如工业产权法、广告法、以营业为客体的法律行为制度等,也可纳入商法范畴。如果以更广阔的视角看商法,将之视为营业法或者围绕营业之法,则商法汇编中尚可包括竞争法、规范银行市场及金融工具的基础规范等内容。②

(二)商法体系化的核心概念:营业

按照上述思路形成的"商法通则",恰是以"营业"概念为核心的一般性商事规范,这既符合大陆法系商法学的最新理念,也符合我国不少商法学者的期待。③

所谓"营业",主要包含两方面含义。其一是动态意义上的营业,即经营

① 王文宇:《从商法特色论民法典编纂——兼论台湾地区民商合一法制》,载《清华法学》2015年第6期。

② [德]沃尔夫冈·卡尔:《法典化理念与特别法发展之间的行政程序法》,马立群译,载《南大法学》2021年第2期。

③ 近年来,国内外很多商法学者主张以"营业"作为核心概念构建或重构商事基础性法律,我国学者的论述,参见叶林:《企业的商法意义及"企业进入商法"的新趋势》,载《中国法学》2012年第4期;蒋大兴:《商人,抑或企业?——制定〈商法通则〉的前提性疑问》,载《清华法学》2008年第4期;蒋大兴:《〈商法通则〉/〈商法典〉的可能空间?——再论商法与民法规范内容的差异性》,载《比较法研究》2018年第5期;丁凤玲、范健:《中国商法语境下的"营业"概念考》,载《国家检察官学院学报》2018年第5期。

者所从事的经营活动，通常具有“营利性”，但其实其最重要的特征是“营业性”，或称“持续性”，后者其实是商法调整对象相对于民法调整对象的本质区别。[①] 因为这一意义上的营业在以德国为代表的商人主义商法中被用来界定商主体身份，所以又称主观意义上的营业。其二是静态意义上的营业，即经营者从事经营活动所依托的组织体，表现为有形财产、无形财产及非物化的财产、具有经济价值的事实关系或状况、为经营而缔结的合同地位等要素组成的集合。[②] 因为此种意义上的营业是一种现实存在，且被视为权利客体和法律关系客体，所以又称客观意义上的营业。营业的两个方面本质上不可分割，没有客观方面也就无法识别主观方面，反之亦然。[③] 正是因为这一一体性，动态的营业活动与静态的营业结构两相互动，才使作为整体的营业的价值通常高于构成它的各项元素的价值的加总，这也是欧洲大陆商法学对营业这一特殊客体进行特别规制的原因：设计一组规则，使这一价差能够保持，甚至不断扩大，这对整体经济有益。[④] 以“营业”作为我国未来“商法通则”的核心概念，可以避开在传统上作为商法核心概念的“商人”或“商行为”在发挥此功能时所显现的弊端。

最早的独立意义上的商法是“商人法”，是商人之间的习惯法。[⑤] 后以1900年《德国商法典》为代表的立法模式被称为“商人主义”商法，特点是先定义何者为“商人”，然后将“商行为”定义为商人所从事的行为，即从商人概念出发界定商法的体系和适用范围。以商人为核心概念构建的商法体系的

---

① 朱慈蕴：《营业规制在商法中的地位》，载《清华法学》2008年第4期；施天涛：《商事法律行为初论》，载《法律科学》2021年第1期。

② 马哲：《“营业”的破产法意义——兼论对我国〈企业破产法〉的完善建议》，载《中国政法大学学报》2021年第4期。

③ 朱慈蕴：《营业规制在商法中的地位》，载《清华法学》2008年第4期；[日]近藤光男：《日本商法总则·商行为法》，梁爽译，法律出版社2016年版，第74页。

④ 马哲：《“营业”的破产法意义——兼论对我国〈企业破产法〉的完善建议》，载《中国政法大学学报》2021年第4期。

⑤ [美]哈罗德·J. 伯尔曼：《法律与革命（第一卷）：西方法律传统的形成》，贺卫方、高鸿钧、张志铭、夏勇译，法律出版社2018年版，第466页；[德]扬·彼得·施密特：《单一法典》，殷安军译，纪海龙校，载王洪亮、田士永、朱庆育、张双根、张谷主编：《中德私法研究（15）：民商合一与分立》，北京大学出版社2017年版，第180页；W. Mitchell, *An Essay on the Early History of the Law Merchant*, Cambridge University Press, 1904, p. 1.

优点是，在设计商法时可以使相对较小范围的主体(自然人商人)对所有条款都适用，同时将一部分条款扩大适用至更大的主体范围(法人商人，尤其公司)。[①] 但是，"商人"概念作为商法体系化的核心概念时备受诟病。其一，很多国家成文法中对"商人"的界定不清晰，甚至形成"绕口的文字游戏"，即在商法典中将商人定义为实施商行为并以此为业的人，但对何为商行为又定义不明，甚至再反过来用商人来定义商行为；其二，对"商人"特殊性的强调体现了将其视为特权阶层的历史痕迹，与现代社会崇尚的自由、平等理念不符；其三，传统"商人"概念一般指商自然人，规则和权利义务等多围绕自然人设置，忽略了法人商人的重要性，而后者随着经济的发展，早已成为更主要的市场主体；其四，虽然传统商法也视公司为商人，但并不规范公司内部的治理结构问题，而该等问题会随着社会分工程度的提高和公司规模的扩大而愈益严重。[②] 因此我国立法很早就不采纳"商人"术语，而是列举"店""社""行""厂"等"属概念"。[③]

以1807年《法国商法典》为代表的立法模式被称为"商行为主义"商法，它列举一系列商行为(最初版本第632条和第633条，2000年新法典第L110-1条和第L110-2条)，在此基础上规定商人是从事商行为并以此为业之人；但商行为并不一定要由商人实施，任何人(包括非商人)从事的营利行为，均为商行为，均适用商法规范。[④] 但商行为主义商法的弊端也正在于此：对商行为进行定义一直是立法者面对的难题，长期以来各国立法者无一能将商行为"无过不及而悉网罗"；对"商行为"的定义及其在商法制度设计和规则适用中的作用，学者们至今也未形成一致意见，很多学者尝试对"商行为"给出统一的定义，但都没有取得满意的结果；商行为主义最大的问题在于，法典

---

① [德]C. W. 卡纳里斯：《德国商法》，杨继译，法律出版社2006年版，第23页。

② 蒋大兴：《商人，抑或企业？——制定〈商法通则〉的前提性疑问》，载《清华法学》2008年第4期；王建文：《从商人到企业：商人制度变革的依据与取向》，载《法律科学》2009年第5期；王建文：《我国商法引入经营者概念的理论构造》，载《法学家》2014年第3期。

③ 叶林：《企业的商法意义及"企业进入商法"的新趋势》，载《中国法学》2012年第4期。

④ 罗结珍译：《法国商法典》(上册)，北京大学出版社2015年版，第3页。

能列举的商行为种类总归有限,无法解决所有商法问题。[①] 以一个本身不确定的概念为核心构建法律体系,结果自然难以令人满意。更何况,“商行为”概念对我国而言是舶来品,它在大陆法系国家的法律文本中有所确认尚且含义不甚明确,在我国仍然只是学理上的概念,更加深了其不确定性。[②]

在“商人”和“商行为”作为商法体系化的核心概念都不令人满意的背景下,营业主义商法在兼采两种观念的基础上,调和了它们之间的分歧。在营业主义的立法模式之下,立法者的首要任务是定义何为“经营活动”,为此可描述其营利性、营业性等特征,然后以“经营活动”为出发点界定商主体和商行为:商主体是从事经营活动之人,商行为是为经营而作出的行为,从而确定商法的适用范围,尤其是其相对于民法的适用范围。如此构建的商法体系,适用对象为从事经营活动之人(商主体)、他们为从事经营活动而作出的行为(商行为)以及经营活动本身。可以说,营业主义立法模式融汇了商人主义和商行为主义立法模式,其中既涉及商人和商事组织法律制度,又涉及商行为运行规则,而且全面贯彻着商法的精神:营业自由体现了商法对效率的追求;营业存续的不间断、反复、有计划,营业转让后取得人承继经营活动等,体现着商法中的营业维持原则;营业转让中对债权人利益进行保护等规则,贯彻了商法中的交易安全、便捷、保护信贷等原则;以从事经营活动作为取得商主体身份和资格的条件,体现了商法上的平等精神,也体现了交易安全的要求;等等。[③]

1942 年《意大利民法典》代表了营业主义商法学理论在立法领域的首次重要胜利,法典第 2082 条规定,经营者(imprenditore)是以生产或交换商品或服务为目的从事有组织的经济活动并以此作为职业之人;该等活动即为营

① [日]松波仁一郎:《日本商法论》,秦瑞玠、郑钊译述,王铁雄点校,中国政法大学出版社 2005 年版,第 238 页;刘凯湘:《商事行为理论在商法中的意义与规则建构》,载《法治研究》2020 年第 3 期;[葡]乔治·曼努埃尔·高迪纽德·阿布莱乌:《商法教程》(第一卷),王薇译,法律出版社 2017 年版,第 42 - 44 页;夏小雄:《商行为的体系定位和结构转换——历史维度的再考察》,载《环球法律评论》2017 年第 1 期。

② 范健:《商行为论纲》,载《南京大学法律评论》2004 年秋季号;刘凯湘:《商事行为理论在商法中的意义与规则建构》,载《法治研究》2020 年第 3 期;施天涛:《商事法律行为初论》,载《法律科学》2021 年第 1 期。

③ 朱慈蕴:《营业规制在商法中的地位》,载《清华法学》2008 年第 4 期。

业。在《意大利民法典》实为商法和劳动法的第5卷中,“营业”概念具有黏合剂的地位,大量规范围绕营业或经营者而作出。

1999年的《澳门商法典》和2006年的《奥地利营业法典》更是在此基础上作出了重大突破。前者以“营业”作为核心概念重塑了商法典,后者将属于传统商法调整的事宜规范入一部名为“营业法典”的法律之中,取代了商法典,二者被认为分别体现了“营业”进入商法和“营业法”取代商法的新趋势。[①]叶林教授认为两地的立法者可以更勇敢的原因在于,与“商法历史悠久、商法传统积淀厚重的国家”相比,“奥地利是商法的后进国家,我国澳门地区属于规模较小的经济体,在引入新术语和创新商法制度中,很少承载制度传承的历史重任,无须担心制度创新带来的困扰,商法制度创新或能带来某种比较优势”。笔者认为这种观点在评价中国澳门和奥地利的时候其实过于乐观:无论奥地利还是中国澳门,作为法律继受者,在进行立法创新的时候并非可以无惧障碍。[②] 这段评价真正的适用对象其实恰恰是我国境内。我国境内目前的商事规范以单行法的方式松散存在,体系化工作仍处于尝试和起步阶段,受传统体系和旧有术语的羁绊较小,无须顾虑采用新术语带来的冲击,不妨在“营业”基础上构建商法。[③]

四、结论

商法是因应社会经济现实的需要而发生的自然结果,它最初以商人之间的习惯法的形式存在,随着欧洲封建王权的加强而成为国家成文法的组成部分,接着又被投入到法典化的洪流之中。抛开这些特定的时代背景,今时今

---

① 叶林:《企业的商法意义及“企业进入商法”的新趋势》,载《中国法学》2012年第4期。

② 以我国澳门地区为例,澳门虽然是一个规模很小的经济体,但在进行立法和法律改革工作时,尤其是引入新术语和创新制度时,并非无须顾忌制度承载的历史重任,也不可不担心制度创新带来的困扰,否则将难以保障同一法律内部各关键概念之间、法律体系内部不同部门法之间的协调和统一。立法者也曾明言,“制定《商法典》时,并无忽略延续现时法律所定之解决方案,也尊重由学说及司法见解形成之法律传统”,见澳门八月三日第40/99/M号法令第6段。事实上,现行《澳门商法典》在坚守葡萄牙传统商法理论的基础上只是对部分术语有所创新,部分葡萄牙学者其实对此颇有微词,例如Menezes Cordeiro教授一方面承认澳门商法对比葡萄牙的文本有诸多改善,同时亦指出,存在着统一的法律葡语,它们本应该被尊重,认为澳门立法者对某些术语的选择和使用令人感到遗憾。See António Menezes Cordeiro, *Direito Comercial*, 4.® Edição (revista, atualização e aumentada), Almedina, 2016, p. 132.

③ 叶林:《企业的商法意义及“企业进入商法”的新趋势》,载《中国法学》2012年第4期。

日在没有历史和传统负担的我国讨论商法体系化的逻辑进路问题时，我们不难发现，是否进行法典化、是否进行商法的法典化、以哪一概念作为核心概念进行商法的法典化，无一不是形式问题，是立法技术问题，答案取决于立法者的选择。简言之，编纂商法典并非不可为之事，而为可为之事，但虽为可为之事，又并非不得不为之事。

不过，根据近代以来各国的立法实践可知，法典编纂不再被一味地认作更优越的解决方案，需要时常随市场而变动的商法尤其如此，有民商分立传统的国家尚有理由惧于变革成本而维系传统，从未拥有过商法典的国家则实在没有理由编纂这样一部法律汇编。对我国而言，目前最符合形势所需的将商法体系化的方式应为在已经颁布的《民法典》之侧制定“商法通则”，后者与已制定的和将制定的商事单行法一起，形成中国的商法体系。

具体而言，“商法通则”应当尽量抽象，其中应当包含关于经营的一般规则，例如，商主体相对于一般民事主体的义务、商号、商事登记、商业记账、以营业为客体的法律行为制度等，如此形成的“商法通则”是一部以“营业”为核心概念的商事一般法，这符合欧洲大陆法系国家最先进的商事立法潮流，也符合我国不少商法学者的期待。当然，编纂商法典也未尝不可，只不过此种情况下制定的商法典只能是一部汇编性质的法典，内容除涵盖前述“商法通则”中的内容，将之作为商法典总则以外，再纳入商事单行法中的规范即可。在此过程中要尤其注意法典化本身所具有的不易变动等弊端，对其作出反应。

即使不制定商法典，并不影响商法本身和商法研究的独立性，更不会影响商法学者的地位。事实上，“这是最好的时代，这是最坏的时代。”狄更斯在《双城记》开篇对两百多年前欧洲社会环境的描述，用来形容今日商法和商法学的发展情况和命运再合适不过。对于执迷于法典之人，这是最坏的时代，商法解法典化的浪潮势不可当，即使改为以受到较少争议的“营业”概念为基础编纂，所形成的商法典也不过是对商事规则的汇编。对于商法学者而言，这也是最好的时代。商法在历史上长期扮演“法律发展的开路者”的角色，①

① ［德］C. W. 卡纳里斯：《德国商法》，杨继译，法律出版社 2006 年版，第 9 – 10 页；张谷：《商法，这只寄居蟹——兼论商法的独立性及其特点》，载《清华法治论衡》2005 年第 2 期；［德］拉德布鲁赫：《法学导论》，米健译，商务印书馆 2013 年版，第 109、113 页。

如今这一功能正继续加强,原因是现代社会“高度商事化、金融化、信息化、全球化”,给商法学研究带来很多新议题,尤其是在金融、证券、电子商务等领域。[①]

因此,与讨论是否编纂商法典、是否制定商法通则、以何者作为商法体系化的基本概念等问题相比,商法学者和立法者“更重要的任务是通过具体的商事立法、判例和学说,发展精细的商法规则,以应对创新迭出、纷繁复杂的商事实践”。[②] 商法学者在此过程中可以大有可为,正如卡纳里斯教授所言,“商法是发展的强大发动机和通向未来之门,它使商事交易更为简便,并由此促进了经济生活和福利;它扩充了法律规范的制定基础,这些规范将来并不必然限于商法范畴,而是可能丰富整个法律制度”。[③]

---

① 蒋大兴:《论民法典(民法总则)对商行为之调整——透视法观念、法技术与商行为之特殊性》,载《比较法研究》2015年第4期。

② 纪海龙:《现代商法的特征与中国民法典的编纂》,载王洪亮、田士永、朱庆育、张双根、张谷主编:《中德私法研究(15):民商合一与分立》,北京大学出版社2017年版,第39页。

③ [德]C. W. 卡纳里斯:《德国商法》(第二十三版汉译本),杨继译,法律出版社2006年版,序言。

域外被保险人精神障碍自杀免责该当性的判断构造及其启示

王学士*

摘要:被保险人因精神障碍实施自杀是否属于保险人的免责事由,是值得研究的重要课题。我国《保险法》第四十四条第一款将被保险人自杀作为保险人的法定免责事由,但其内涵与边界并不清晰。在被保险人因患精神障碍实施自杀的情形下,被保险人是否存在自杀的主观"故意"或无法决定自身意思,难以作出准确认定。将因精神障碍丧失自由的意思决定能力之状态下实施的自杀视为自杀免责规定例外的理由是:被保险人不具有引起保险事故之故意。在被保险人精神障碍自杀免责该当性的判断构造问题上,司法实践通常综合考虑以下因素:被保险人在患精神障碍前的原本性格、人格;直至自杀为止被保险人的言行举止及精神状态;自杀方式;是否存在其他动机。

关键词:精神障碍 自由意思 自杀免责 遗族利益保护 四要素判断构造

一、问题的提出

精神障碍患者自杀已成为全球性的"流行病"。国务院新闻办公室于2020年12月23日在就《中国居民营养与慢性病状况报告(2020年)》有关情况举行的发布会上指出:中国抑郁症和焦虑症这两个患病率接近7%。

* 日本高冈法科大学法学部副教授。

在法律层面,自杀是保险人的免责对象。依我国《保险法》第四十四条第一款,法定免责期间内被保险人的自杀行为为保险人免除保险金给付责任提供了法律依据。然而,并非所有的自杀行为都足以使保险人免责,当被保险人自杀时为"无民事行为能力人",保险人不可免责。最高人民法院 2002 年 3 月 6 日发布的《关于如何理解〈中华人民共和国保险法〉第六十五条"自杀"含义的请示的答复》(〔2001〕民二他字第 18 号)中指出:"被保险人在投保后两年内因患精神病,在不能控制自己行为的情况下溺水身亡,不属于主动剥夺自己生命的行为","保险人应按合同约定承担保险责任。"被保险人由于精神障碍丧失了"自由的意思决定能力",从而限定了保险人的免责范围。

在具体案件中,如何判断被保险人自杀是否属于免责对象以外因精神障碍自杀并非易事。例如,"刘某在保险期间因患有中度抑郁症自杀死亡案"中,法院认为:中度抑郁症不属于不能辨认自己行为的精神病人,依法不属于《保险法》第四十四条第一款规定的无民事行为能力人。也就是说,自杀行为和抑郁症之间不存在必然的因果关系,不属于因疾病身故。① 又如,在"刘某投保短期健康保险和意外保险合同生效当日即溺死案"中,法院认为:若溺死者仅为外出游玩而故意购买短期健康保险和意外伤害保险,应无必要,也不合常理;但死者年轻未婚,尚未报答父母养育之恩,且临别时告诉姐姐照顾好家人,不排除其有为父母获得保险利益的嫌疑。因此,被保险人溺死前具有自杀的动机,系蓄意自杀。② 上述司法难以认定保险人是否可以免责的原因在于,自杀行为本身就是一种"反常的"(abnormal)行为,在被保险人自杀决断过程中出现精神上的异常反倒正常。在司法实践中,法院通常很难对被保险人是否存在主观"故意",或是达到无法自由地作出意思决定之状态作出准确的界定。

在比较法上,近年来,国外政府相关部门以应对不断攀升的精神障碍自

① 参见广东省高级人民法院(2017)粤民申 4305 号民事裁定书。

② 参见江苏省连云港市中级人民法院(2017)苏 07 终 1509 号民事判决书。

杀的问题,出台了一系列的对策法案。① 在人寿保险实务中,从德日法来看,受益人以被保险人因患精神疾病而自杀为由向保险人提出给付保险金请求的案例并不在少数。在这种情况下,判例与学说曾对被保险人精神障碍自杀免责该当性这一问题展开过激烈的讨论。通过司法实践的不断积累,法院在判断被保险人是否属于精神障碍自杀的判断构造也不断得以客观化、明确化。鉴于此,本文拟对精神障碍自杀免责该当性的具体判断路径进行分析,以期对我国在处理类似问题上提供镜鉴。

二、自杀免责的内涵与边界的国别考察

(一)何以自杀成为法定免责事由

1.《德国保险合同法》第 161 条的立法意旨及其法律性质。依《德国保险合同法》第 161 条第 1 款第 2 句,如果自杀不是来自被保险人自由的意志,而是因患精神疾病造成的,则不构成故意自杀,保险人仍需承担给付保险金的责任。② 此种规范模式将被保险人不具备自由的意思决定能力之情形限定为"精神病例干扰"之场景;而儿童因心智能力欠缺,不能自由地控制其行为而自杀者,则不属于自杀条款的例外,保险人可以拒赔。③ 对此,立法理由书作出如下说明:之所以将因精神障碍丧失自由的意思决定能力之状态下实施的自杀视为自杀免责规定的例外,其理由在于,被保险人"不具有以有责的引起保险事故之故意",此等自杀行为是一种不具备使请求权丧失之正当化的事故,因此保险人不可以免责。可见,从保险事故应当是一种不具备"可归责的主观故意招致"(zurechenbarem Vorsatze)的法律理论来看,如果该事故并非被保险人基于"可归责"的故意而引起的,那么保险人免责将不被正当化。④ 德国联邦最高法院也持相同见解。⑤ 判例和通说均认为,《德国保险合同法》第 161 条第 1 款第 2 句表述的"自由的意思决定能力"与《德国民法典》第 104 条

① 例如,日本政府致力于预防自杀相继于 2006 年 6 月 21 日颁布《自殺対策基本法》,2007 年 6 月 8 日制定《自杀综合对策大纲》。

② 孙宏涛:《德国保险合同法》,中国法制出版社 2012 年版,第 18 页。

③ 梁鹏:《〈保险法〉自杀条款研究》,载《金融服务法评论》2013 年第 5 卷。

④ 土岐孝宏「精神障害中の自殺有責法理の研究—ドイツ法からの示唆を得て」中京法学 51 巻 4 号(2017 年)399 頁参照。

⑤ BGH 5. 12. 1990 VersR 1991, 289. 转引自,竹濵修「生命保険契約における自殺免責(2・完)—ドイツ保険契約法の現状と分析」立命館法学 374 号(2017 年)255 頁。

第2项中的“无行为能力”的内涵相同，即被保险人存在不能自由地、不受精神障碍之影响而形成并遵循适当得来的理解作出的某种行为。该规定的规范目的并不是为了保护被保险人（或投保人），而是为了保护遗族的利益。也就是说，精神障碍中的“自杀有责法理”是以保护遗族为契机，并以此为目的而引入的规则，其法理的理论依据是“欠缺可归责性的故意”。①

此外，就《德国保险合同法》第161条适用范围而言，有几点需要注意：其一，该条仅适用于人寿保险合同，不适用于意外伤害保险。其二，保险人支付保险金的前提是，被保险人发生死亡事故；但本条规定并不局限于定期死亡保险合同，同样也适用于保险公司提供的保障死亡事故的各种人寿保险合同（即除养老金保险外，一般称为资金形成型人寿保险，相当于我国的养老保险）。

2.《日本保险法》第51条的规范意旨。依《日本保险法》第51条第1项，在死亡保险合同中，被保险人自杀的，保险人不承担给付保险金的责任。该规定的规范目的在于：其一，自杀行为违反了作为射幸合同之人寿保险合同中所要求的诚实信用原则；其二，防范人寿保险合同被不当目的利用。② 因此，人寿保险合同条款一般皆明确规定，被保险人自杀属于保险人的法定免责事由。具言之，所谓“自杀”，系指被保险人以结束自己生命为目的而引起死亡结果的行为，即因“故意”导致死亡。③ 通说认为，被保险人由于不具备意思能力或因患精神疾病而陷入精神障碍导致的自杀行为不包含在此规定之内。如此一来，既然自杀免责也是一种故意免责，那么被保险人对死亡的认识或放任就是构成“故意”之必要要件。④

3. 两国比较。首先，德日两国均认为，设置自杀免责条款的意旨在于，该规定具有防范被保险人决意自杀而不当利用人寿保险的功能。不过，德国设置该条款的目的并不包含“公益”（或公序良俗）这一要素，其仅仅是为了保护保险人利益而防止保险合同被不当利用；不仅如此，德国学界很少依赖“诚实

---

① 新井修司＝金岡京子訳『ドイツ保険契約法改正専門家委員会最終報告書（2004年）』（日本損害保険研究会＝生命保険研究会，2006年）244頁参照。

② 萩本修編著『一問一答：保険法』（商事法務、2009年）192頁参照。

③ William R. Vance, *Handbook on the Law of Insurance*, West Publishing Co, 1951, p. 566.

④ 山下友信『保険法（下）』（有斐閣、2022年）243頁参照。

信用原则"阐释自杀免责的内涵。① 其次,与日本相比,保护遗族利益是该规定的首要意旨。可以说这一点是德国法的特色。正因为如此,有日本学者批判地指出,在被保险人不具备自由的意思决定能力的情形下实施的自杀行为,不能评价其存在主观故意,因此不属于自杀免责条款中的"自杀"。相较于从理论上认为不会成为保险人免责的日本判例以及通说而言,德国在立法意旨上更加强调保险人的保险金支付责任。②

（二）何谓"精神障碍自杀"

对何谓"精神障碍自杀",《日本保险法》没有明文规定。在司法来看,在"被保险人因患麻醉躁狂型精神病上吊自杀案"中,就"精神障碍自杀"内涵,法院承认了被保险人自杀的事实,但由于原《日本商法》并未对"自杀"的原因作出区分,因此,即使被保险人因精神疾病而自杀,保险人也理应免除给付责任,驳回了受益人的诉请。受益人以一审对自杀理解有误为由提出上诉。对此,日本大审院(日本近代的最高审判机关,是现在最高法院的前身)作出了撤销一审判决、受益人胜诉的终审判决。其理由如下:所谓自杀,系指被保险人故意结束自己的生命,使之产生死亡结果的行为;如若被保险人的自杀是基于过失行为或精神障碍而引起的,那么被保险人就不具有自杀之"故意"。③ 这是因为,"精神障碍自杀"是一种被保险人因患精神疾病,无法作出自由的意思决定而自杀的行为方式。如此一来,被保险人因精神障碍实施的自杀行为就不属于免责事由之自杀。主流观点认为,被保险人基于自由意思实施的自杀行为就等同于自杀免责条款中的自杀;反之,在其不具备自由的意思决定能力之状态下实施的自杀并不等同于自杀免责条款中的自杀。④

综上所述,构成意图自杀以被保险人具有"自由的意思决定能力"为前提。具体地说,被保险人是否具有自由的决定意思能力是以"辨识事理的能

① 土岐孝宏「精神障害中の自殺有責法理の研究—ドイツ法からの示唆を得て」中京法学51巻4号(2017年)402頁参照。

② 竹濵修「生命保険契約における自殺免責(2・完)—ドイツ保険契約法の現状と分析」立命館法学374号(2017年)255頁参照。

③ 大審院1916年2月12日判決,大審院民事判決録22辑234頁。

④ 遠山聡「自殺の意義」山下友信＝洲崎博史編『保険法判例百選』(有斐閣、2010年)164頁参照。

力”为前提，通常认为是具有“足以判断法律行为结果的精神能力”或“意思能力”。[①] 因此，如若自杀是在精神障碍不妨碍被保险人作出自由的决定的情形下实施的，则属于保险人免责之自杀。有学者认为，将被保险人因精神障碍自杀排除在免责事由之外的意旨在于：一方面，对于不能自由地进行意思决定的被保险人而言，不应当赋予保险人免责的法律效果；另一方面，既然不承认保险人免责是以被保险人无法作出自由的决定之状态为据，那么精神障碍就不一定是永久性的，也可以是暂时性的。[②] 可见，对于该如何理解被保险人实施的自杀构成保险人免责的意旨，学理上尽管措辞不一，但被保险人的意图自杀行为违反了作为射幸合同之人寿保险合同性质所要求的当事人之间的诚实信用原则，以及防范以不当的目的利用人寿保险合同这两点上并无异议。立法工作人员也持相同立场。[③]

另外，多数学者认为，自杀本身不具“犯罪性”，社会对其评价不像故意杀人那样会受到强烈的谴责。对在保险期间内被保险人的意图行为而言，承认保险人一律免责，但自杀免责规则并非以“公益”为基础的“绝对性强行规定”。[④] 因此，通常在人寿保险合同条款中规定，从责任开始日或复效日的一定期间内（免责期间，通常为1年至3年），若被保险人自杀，保险人就不需要承担给付死亡保险金的责任。之所以在免责条款中作出如此的规定，其理由在于以下两点：其一是保险人需要排除通常情况下无法承担的巨大风险；[⑤]其二是保险人确保对保险合同的危险评估，以维持健全的保险制度运营。[⑥]

（三）精神障碍自杀的界定

《德国保险合同法》第161条第1款第2句所述的精神活动的病态障碍，

---

① 我妻榮『新訂民法総則（民法講義Ⅰ）』（岩波書店、1965年）60頁。

② 山下友信「精神障害中の自殺」山下友信＝永沢徹編著『論点体系：保険法2』（第一法規、2014年）148頁参照。

③ 萩本修編著『一問一答：保険法』（商事法務、2009年）192頁参照。

④ 榊素寛「故殺・自殺・保険事故招致免責の法的根拠」黒沼悦郎＝藤田友敬編『江頭憲治郎先生還暦記念：企業法の理論（下巻）』（商事法務、2007年）349－351頁；山下友信『保険法（下）』（有斐閣、2022年）241頁参照。

⑤ 竹濵修「人保険における自殺免責条項」立命館法学225・226号（1993年）1075頁参照。

⑥ 遠山聡「精神障害による自殺未遂と高度障害保険金請求」ジュリスト1441号（2012年）126頁参照。

包括了理性、意志、感情以及本能的全部障碍。在此,被保险人并不需要患有“真正的”精神疾病,被保险人处于极端的烂醉如泥的状态也属于本条的规范对象;不仅如此,病态精神障碍也不需要满足时间上的持续性。通常认为,判断被保险人是否处于病态精神障碍的要点在于,其是否能够无障碍地“形成”自己的意志,即被保险人是否能够作出自由的决定。这是因为,被保险人的决策能力由于受到无法控制的冲动和表象的影响,其已经无法将该行为评价为自由的决定。[①] 由此,被保险人因患内因性或心因性疾病处于高度抑郁状态而引致其自杀的情形下,可以理解为本人处于上述病态。不过,当被保险人只是处于普遍存在的“感情受挫致精神异常”状态,是不足以评价其欠缺自由的意思决定能力的。于此而言,就所谓“打算自杀”(Bilanz - selbstmord, Bilanz - Suizid)来说,并不足以说被保险人实施的自杀行为是在丧失了自由的意思决定能力的情形下作出的。实务中之所以难以排除自杀的“可理解动机”,这是因为引致该动机对被保险人的自杀判断仍然有着重要的影响,被保险人对自己的决定是否有着周全的平衡。[②]

除此之外,依《法国保险法典》L132 - 1 条第 2 款,作为各种保险合同的共同事项,保险人对被保险人的故意行为或欺诈行为本身所造成的损失及损伤不承担赔付责任。例如,在死亡保险合同中,若被保险人故意导致自己死亡,则保险合同将被视为无效;而被保险人自愿且有意识地实施自杀行为的,保险人不承担赔付责任。[③] 就“意识性自杀”的定义众说纷纭,一般认为,被保险人具有自由的意思决定能力,在其支配着“故意”要素,具备主动性的“自觉自杀”之意志的情形,就构成“意识性自杀”;反之,若被保险人失去控制自己的意识并扭曲其自由意识的精神冲动,则构成无意识的自杀。[④]

同样,在日本,依迄今为止的判例和学说,作为免责事由之自杀是故意结

① Hans - Leo Weyers and Manfred Wandt, *Versicherungsvertragsrecht*;藤原正則 = 金岡京子訳『保険契约法』(成文堂、2007 年)204 頁参照。

② 竹濱修「生命保険契約における自殺免責(2・完)—ドイツ保険契約法の現状と分析」立命館法学 374 号(2017 年)262 頁参照。

③ 宮島司編『逐条解説・保険法』(弘文堂、2019 年)705 頁参照。

④ Y. Lambert - Faivre, Droit des assurances, 11e éd., 2001, n° 403. 转引自,山野嘉朗『保険契約と消費者保護の法理』(成文堂、2007 年)243 頁。

束自己的生命的行为;而精神疾病及其他精神障碍导致的自杀并不具有结束自己生命的目的(或意思决定),因此不被免责事由之自杀所包含。有学者认为,作为能够评价为免责对象之外的“精神障碍自杀”,“意味着被保险人处于不能进行自由的意思决定之状态;在程度上,与法律行为论上的欠缺意思能力相当。”[①]也就是说,免责对象之外的自杀只限于在欠缺此种意思能力之状态下实施的自杀。不过,既然自杀本身就是一种“疾病实体”(disease entity),或者是精神错乱的“插曲”;[②]并且,一般来说,自杀大多是由于某种精神障碍引起的,在这种情况下如果所有的精神障碍都不属于免责对象,那么自杀免责的适用范围就会过窄。如此一来,保险法承认的自杀免责规则之立法意旨可能会被“掏空”。[③] 因此,在保险实务中,被保险人在患精神疾病及其他原因引起的精神障碍或处于精神失常的情形下实施的自杀行为,由于其不能辨别自己行为的是非善恶,不具有自由的意思决定能力,故不属于自杀免责的对象,而被视为疾病死亡。[④] 近年来,司法实践中存在大量的因抑郁症引致自杀的判例,法院通常依赖被保险人自杀时的精神、心理状态受抑郁症的影响程度,以及自由的意思决定能力是否受到一定程度的影响导致其丧失或受到限制,否认保险人免责。[⑤] 正因为如此,仅在被保险人丧失自由的意思决定能力之限定的情况下,其实施的自杀行为才不属于自杀免责的对象。[⑥] 概言之,“即使被保险人因疾病而患精神障碍,但如若不能承认其在行为时精神耗弱,即被保险人的意思活动几乎等于丧失之状态的话,则不能否认其存在故意。”[⑦]依反对解释,如果被保险人病情轻微且不妨碍其作出自由的意思决定,则属于免责事由之自杀。

---

① 山下友信『保険法』(有斐閣、2005年)468頁。

② 在精神医学上,80% ~100%的自杀被认定存在某种精神障碍。飛鳥井望「自殺の背景をなす精神障害」樋口輝彦編『自殺企図その病理と予防』(永井書店、2003年)63頁参照。

③ 潘阿憲「精神障害中の自殺と保険者免責」生命保険論集〔生命保険文化センター設立40周年記念特別号(Ⅱ)〕(2016年)100頁参照。

④ 日本生命保険研究会『生命保険の法務と実務』(きんざい、2016年)219－220頁。

⑤ 東京高等裁判所2006年11月21日判决,生命保険判例集18卷780頁参照。

⑥ 竹濵修「うつ病の被保険者の自殺と自殺免責条項の適用の可否」商事法務1878号(2009年)69頁参照。

⑦ 高橋祐司「精神障害者の自殺企図行為(マンションからの転落)による高度障害について故意免責を認めなかった事例」保険事例研究会レポート265号(2012年)22頁参照。

三、日本精神障碍自杀免责该当性的判断构造

被保险人受精神疾病影响实施的自杀行为,在日本战前法院否定被保险人是在不具自由的意思决定能力之状态下实施自杀的判例不在少数。如前所述,在日本具有指导性意义的1916年大审院判决对精神障碍自杀免责该当性这一问题,明确了自杀免责的意义及其适用范围。除此之外,如下文所述,鉴于当时的医学状况,在被保险人有可能被诊断为患抑郁症的案例中,法院认定被保险人是基于精神障碍而自杀,否定保险人免责的判例也不在少数。

(一)精神障碍自杀免责该当性的判断构造之摇篮期

在日本早期,围绕自杀免责与精神障碍关系的判例涉及很多方面。在此,本文着重介绍具有代表性的案件,以此梳理法院在这一时期对精神障碍自杀免责该当性的判断标准。在这一点上,在早期的判例中,法院采用何种判断标准认定被保险人在自杀时是否处于不能进行自由的意思决定之状态尚无统一标准,大致可以分为以下四种情况。

第一,因"发作性精神障碍"导致自杀。例如,在"身心俱疲的被保险人深夜登上塔台,在忧伤气氛中发作性跳楼案",[①]以及"除遗书外没有留下任何可以证明被保险人自杀是基于其自由意思决定,且'内源性抑郁症'与自杀具有不可分割之关系,用刀割伤颈部动脉致死是源于'内源性疾病'初期的发作性自杀案"中,法院均肯定了被保险人是基于精神障碍实施的自杀。[②] 不过,在前者判例中,被保险人只不过是因感伤、发作性地跳楼自杀,与精神病患者的自杀行为并不完全相同,被保险人有着结束自己生命的意识,明知会产生死亡结果而纵然跳楼。对此,有学者质疑法院不承认被保险人意图自杀的判断。[③] 又如,在"未患精神疾病的被保险人因涉嫌欺诈被捕,在被关押拘留时将内衣做成细绳挂在牢房内厕所门框上吊自杀一案"中,判决认为:(1)虽然被保险人是因突然被捕而自杀,但不能说本人对生死的认识陷入不能自由地作出意思决定之状态;(2)就自杀方式而言,难以将其评价具有发作性,因此

---

① 東京地方裁判所1953年11月27日判决,下級裁判所民事裁判例集4卷11号1770頁参照。

② 大阪高等裁判所1979年12月20日判决,文研生命保険判例集2卷261頁参照。

③ 鴻常夫「発作的精神障害中の動作に基因する死亡」鴻常夫編『生命保険判例百選(増補版)』(有斐閣、1988年)149頁参照。

构成自杀。[①]

第二,自杀时存在阻碍被保险人作出自由的意思决定的精神障碍。例如,在"被保险人被诊断患有神经症自杀案"中,判决认为:(1)鉴于精神疾病及其他因精神障碍导致被保险人结束自己生命的行为被排除在自杀之外的意旨,如果因被保险人不具有自由的意思决定能力,则应从是否存在阻碍其作出自由的意思决定的精神障碍这一角度分析自杀的性质。(2)尽管被保险人在上吊自杀前经常出现烦躁、失眠等症状,但并不存在能够评价其无法自由地作出意思决定的情事,因此该等自杀行为属于免责事由之自杀。[②]

第三,自杀时因患"综合失调症"而处于精神失常状态。例如,在"被保险人从桥上坠落身体受重击致死案"中,判决认为:鉴于被保险人在死亡时因精神分裂疾病使其精神处于失常状态,因此不属于免责事由之自杀,保险人应当向受益人给付死亡保险金。[③] 本案中,法院基于被保险人罹患"综合失调症"接受过精神科治疗这一事实,承认了其自杀成为自杀免责对象。换言之,自杀前是否患精神疾病而接受过精神科医生的诊断治疗成为判断是否构成精神障碍自杀的重要因素。

第四,存在引致被保险人实施自杀行为的动机。例如,在"被保险人在自家房间横梁上挂上电线,穿着睡衣上吊自杀案"中,判决认为:被保险人对胃癌、原子弹爆炸后遗症的担心,以及对单位调岗不满等情况成为自杀诱因动机,以此导致其自杀是顺其自然的,因此构成免责事由之自杀。[④] 又如,在"被保险人并非因患精神疾病,而是因恶性淋巴瘤以及公司经营问题导致其自杀一案"中,判决认为:尽管被保险人在自杀时精神和肉体上都相当疲惫,言行举止让人难以理解,但并不能认定被保险人是在因精神障碍无法作出自由的意思决定之状态下实施的自杀。[⑤] 针对该判决,有学者批判地指出:如果严格区分被保险人实施自杀行为时的自由的意思决定能力和动机,则结果是,在自杀行为的瞬间,仅将精神丧失状态下的行为从免责事由中排除,有扩大免

① 東京地方裁判所1999年11月29日判决,生命保険判例集11卷676頁参照。
② 鹿兒島地方裁判所1995年6月28日判决,生命保険判例集8卷156頁参照。
③ 大阪地方裁判所1999年9月28日判决,生命保険判例集11卷542頁参照。
④ 大阪地方裁判所1973年2月2日判决,判例タイムズ302号278頁参照。
⑤ 東京地方裁判所1999年8月30日判决,判例タイムズ1063号238頁参照。

责范围之嫌。[①]

总体来说,在这一时期的判例中,法院对自杀认定的标准呈现多样化,对精神疾病自杀免责该当性的判断标准并不明晰,并未形成具有统一性及连贯性的判断标准。简言之,在判例中,被保险人的自杀如果是在无法作出自由的意思决定之情况下实施的话,则不属于意图自杀。因此,问题在于,具体在何种情况下能够评价被保险人是并非基于自由意思决定的自杀。在这一点上,如果被保险人生前接受精神科医生检查及治疗,被认定罹患具体的精神疾病,则法院倾向不承认被保险人是基于自由的意思决定之自杀;反之,如果并非如此,抑或是自杀仅仅是一时冲动所为,那么法院通常承认其是基于自由的意思决定之自杀。

(二)精神障碍自杀免责该当性的判断构造之过渡期

在2000年以后的判例中,被保险人在自由的意思决定能力明显受限状态下实施的自杀行为也被认为是精神障碍自杀。围绕法院是否已经放弃了一直以来严格的判断标准,从而转向比较宽松的判断标准这一问题,学者对此展开了讨论。

例如,在"被诊断为'心因性反应'及'抑郁状态',一直在医院接受治疗的被保险人蹲在铁路道口与正在行驶的火车相撞而自杀案"中,判决认为:(1)鉴于大多数自杀会受到精神疾病的影响,因此如果精神疾病影响了被保险人自由的意思决定,则可将其评价为是因患精神疾病之自杀。(2)在该案中,尽管被保险人因职场及家庭压力积累而陷入"反应性抑郁"状态,通过在家疗养重新振作精神投入工作后,最终不知因何种原因而导致自杀,但诊断名并非"抑郁症"而是"抑郁状态",并且没有证据证明主治医生劝过被保险人住院。(3)被保险人的精神障碍程度并不严重,"对自杀意思决定的影响仅停留在促进程度"。综上所述,此等自杀不属于保险人免责事由中的自杀对象。[②]

在该案中,法院从重视被保险人自杀时精神障碍的程度之立场出发指出,如果自杀时被保险人所患精神障碍并未达到严重程度,则否定其是精神

① 仓沢康一郎「自殺の意義」鴻常夫編『生命保険判例百選(増補版)』(有斐閣、1988年)151頁。

② 京都地方裁判所2000年5月11日判决,生命保险判例集12卷288頁。

障碍自杀。对此,有学者认为,不仅在被保险人丧失自由的意思决定能力的情况下,在其自由的意思决定能力受到显著限制的状态下,自杀也应被视为精神障碍自杀。可见,一直以来法院采取的严格的判断标准得到了实质的缓和。[①] 但也有学者对上述见解针锋相对地指出:从实质上看,被保险人不能自由地作出意思决定之状态的判断框架并没有发生变化。即谓:"所谓自由的意思决定能力的减弱,意味着对待死亡本人处于意志无法控制的状态"。[②] 还有学者认为,判断被保险人是否满足自由的意思决定能力"明显减弱"的要件,取决于医生出具的诊断书的内容。也就是说,法院应当重视医生的医学评价(罹患重度精神障碍之事实)。[③] 但不管如何,在司法实践中,应当通过对被保险人是否处于无法自由地作出意思决定或其能力受到明显限制的程度,以及是否欠缺"意思能力"的证成,明确精神障碍自杀的内涵。

(三)精神障碍自杀免责该当性的判断构造之客观化·明确化时期

1. 四要素判断构造的指标性判决。在上述精神障碍自杀免责该当性判断的基本框架下,近年来,罹患抑郁症等精神疾病的被保险人实施的自杀行为是否构成精神障碍自杀其争议颇多。2003 年大阪高等法院对此类案件的判断提供了一个客观明确的判断指南:四要素判断标准。通常认为,该判决是精神疾病自杀免责该当性判断的一个指标性案件。[④]

该案的主要事实如下:(1)原告的丈夫甲于 1981 年与保险公司订立了以妻子为被保险人,自己为受益人,保险缴费期限为 21 年的人寿保险合同,[⑤] 1987 年甲将受益人变更为妻子。(2)1996 年 9 月初,被保险人下腹部出现异常,妇产科医生建议其尽快进行全面检查,此后被保险人便开始食欲减退,在

---

① 遠山聡「精神障害による自殺未遂と高度障害保険金請求」ジュリスト1441 号(2012 年)126 頁参照。

② 竹濵修「うつ病の被保険者の自殺と自殺免責条項の適用の可否」商事法務 1878 号(2009 年)69 頁。

③ 土岐孝宏「精神障害中の自殺有責法理の研究—ドイツ法からの示唆を得て」中京法学 51 巻 4 号(2017 年)390 – 391 頁参照。

④ 山下友信『保険法(下)』(有斐閣、2022 年)245 頁。

⑤ 该人寿保险合同规定:当被保险人处于高度残障状态时,保险公司需向其给付 1500 万日元的高度残障保险金(意外事故时为 3000 万日元);投保人或被保险人故意引起给付事由时,保险人免除给付责任。

经过全面检查后,发现卵巢有肿瘤,医生建议切除卵巢和子宫;同年 10 月,被保险人接受子宫全摘除手术,再加上卵巢癌,遵照医嘱计划住院治疗了 8 个月;自次年 1 月开始,被保险人便认为自己患晚期癌症已无法救治,在甲来看被保险人已患抑郁症,但医生并未进一步安排被保险人接受精神科的检查。(3)1997 年 3 月 8 日,被保险人趁甲不注意用腰绳在客厅栏杆上吊自杀。(4)为此,甲以被保险人处于高度残障状态为由,向保险公司请求给付保险金,但保险公司认为高度残障状态是被保险人"故意"造成的,拒绝赔付。第一审判决承认了被保险人的请求。

综合上述事实,大阪高等法院作出如下判决:(1)鉴于被保险人企图自杀时精神状态大多处于抑郁等精神异常状态,将因精神障碍引致的意图自杀行为评价为,并非基于免责条款的"故意"有违投保人对获得风险保障的合理期待的说理有欠妥当;(2)判断被保险人是否属于基于故意行为之自杀,也即,抑郁症是导致被保险人丧失自由的意思决定能力或显著削弱以致自杀,需要考虑四项要素。具言之,要素之一是被保险人罹患抑郁症前的原本性格、人格。在本案中,被保险人曾患有精神疾病,医院也认定其有容易陷入情绪低落的性格;虽然被保险人患有抑郁症,但与以前相比,其性格与人格并未发生较大的变动。要素之二是被保险人直至自杀前的言行举止及精神状态。就本案而言,一方面,被保险人并非仅仅是单纯的情绪低落,还积极主动地向甲和护士诉说自己的不安与疑虑;另一方面,被保险人在某种程度上能够和甲及其他人进行正常的对话,且在接受医生说明后也稍微恢复平静。要素之三是自杀方式。就本案而言,被保险人趁甲离开视线后的自杀方式并非异常。要素之四是被保险人是否存在其他动机。在本案中,尽管从被保险人确诊为晚期癌症病痛解脱出来的动机中可以推断出其曾试图自杀,但并没有充分证据证明其在自杀当天有特别怪异之言行。更进一步地说,尽管被保险人罹患中度抑郁症,且在自杀前曾靠近 5 楼阳台栅栏,携带腰带试图自杀;但鉴于被保险人处于癌症晚期,且在极度消沉的情形下因患抑郁症使其丧失或显著削弱了自由的意思决定能力,其结果并不意味着必然导致其自杀。综合以上因素,被保险人所患抑郁症在丧失或明显减弱了自身的自由的意思决定能力之结果,不能评价使其导致自杀。[①]

本案是罹患中度抑郁症的被保险人上吊自杀行为(未遂)是否满足保险条款所规定的高度残障保险金的免责事由,即被保险人是否满足故意自杀问题的争议案件。由于被保险人曾罹患抑郁症且有自杀的倾向,因此即使被保险人患有精神障碍,该自杀行为是否构成“故意”便成为问题。判决认为:如果精神障碍并未达到丧失或显著削减被保险人自由的意思决定能力的,则可认为构成“故意”。采用四要素判断构造的2003年大阪高等法院判决,成为近年来认定精神障碍自杀免责该当性的重要判例。通过上述判决可以看出,法院致力于为精神疾病自杀免责该当性创设一个判断标准,即在满足特定条件下,承认被保险人并非基于“故意”之主观状态,从而构成“精神障碍自杀”。该规范体现为以下四个方面:第一,被保险人在罹患抑郁症前的原本性格、人格;第二,直至自杀为止,被保险人的言行举止及精神状态;第三,自杀方式;第四,是否存在其他动机。从要素之一至要素之三可以看出,被保险人是经历了怎样的过程才导致自杀。其中,要素之一是从被保险人患抑郁症前的性格及人格来考虑,如果抑郁症对其性格及人格产生较大影响;且要素之二,即自杀前的言行举止及精神状态是否存在异常,如果自杀方式(要素之三)存在异常,则被保险人会较容易被认定是属于“发作性自杀行为”。然而,关于要素之四,则作为肯定“自杀”之要素,即如果存在自杀动机,则排除“发作性自杀行为”。[②]

回到该案,医生虽给被保险人开具了安眠药处方,但被保险人并未接受过精神科医生的抑郁症治疗。法院认为,即使被保险人罹患中度抑郁症,根据四要素判断标准综合考虑具体事实关系,抑郁症并未达到使被保险人丧失自由的意思决定能力或使其显著削减之程度。在这一点上,如后所述,在本案判决后,就接受精神科医生抑郁症治疗的被保险人在自杀免责期间上吊自杀的相关案件,大多数法院采用相同的判断构造,作出自杀行为时被保险人自由的意思决定能力显著减弱,不满足免责事由“自杀”的结论。

---

① 大阪高等裁判所2003年2月21日判决,金融・商事判例1166号2頁。

② 大泽康孝「うつ病患者の自殺未遂と高度障害保険の故意行為免責」ジュリスト1323号(2006年)185-186頁参照。

2. 四要素判断构造的发展:2003 年大阪高等裁判所判决之后的判例动向。近年来,日本绝大多数法院采用 2003 年大阪高等法院提出的四要素判断构造:在认定精神障碍症状之医学诊断的基础上,综合考虑四要素,判断抑郁症是否致使被保险人丧失或显著削减了自由的意思决定能力,导致自杀。以下本文通过类案研究的方法对此类判例进行梳理,总结四要素判断构造在被保险人精神障碍自杀免责该当性适用过程中的疑难问题。

总体来说,承认被保险人不构成精神障碍自杀的情形占据了绝大多数,①只有少量的判例否定了保险人免责。下面通过四则实务中的典型判例加以说明。

案例 1:甲(投保人、被保险人)有一妻两子,早年以建筑物清扫业务为目的设立了丙公司。丙公司虽有经营不佳的情况,但公司财务状况相对良好,离债务超支相距甚远,不存在连带保证及资金周转问题。甲自 2000 年 12 月起至次年 1 月期间,出现抑郁症迹象,同时伴有精神、肉体上痛苦及疲劳感,并出现失眠、食欲不振。同年 4 月,甲在同事的陪同下接受了精神科检查。自此甲就向乙表现出自杀念头,在居民楼外的逃生梯用登山绳上吊自杀。法院在肯定四要素判断构造的基础上,认为:甲在自杀时患有中等程度以上的抑郁症,该抑郁症或已达重症。这样一来,甲在自杀时受到了相当程度的精神、心理状态的抑郁症影响,其自由的意思决定能力因相当程度的抑郁症影响而受到制约,但据此无法评价甲在抑郁症发病前是否完全地丧失了其本来人格,因此即便甲处于精神失常的状态,但至少在对待"死亡"方面,其自由的意思决定能力明显削减,不构成自杀免责。②

① 近年,不构成精神障碍自杀的案例有:大阪高等裁判所 2003 年 2 月 21 日判决,金融·商事判例 1166 号 2 頁;東京高等裁判所 2006 年 5 月 23 日判決,生命保険判例集 18 巻 346 頁;東京高等裁判所 2006 年 11 月 21 日判決,生命保険判例集 18 巻 760 頁;東京地方裁判所 2012 年 12 月 26 日判決,生命保険判例集 24 巻 671 頁;東京地方裁判所 2013 年 4 月 24 日判決,2013WLJPCA04248004;東京高等裁判所 2016 年 3 月 9 日判決,2016WLJPCA03096010;東京地方裁判所 2015 年 11 月 16 日判決,判例タイムズ1425 号 304 頁;東京地方裁判所 2016 年 9 月 30 日判決,LEX/DB25537002;東京地方裁判所 2018 年 11 月 29 日判決,2019WLJPCA01118010;東京地方裁判所 2019 年 1 月 11 日判決,LEX/DB25559343;東京地方裁判所 2019 年 12 月 4 日判決,LEX/DB25582069;東京地方裁判所 2020 年 3 月 5 日判決,LEX/DB25584879。

② 大分地方裁判所 2005 年 9 月 8 日判決,判例時報 1935 号 158 頁。

持批判观点的学者认为,在案例1中,被保险人在自杀前仍能与他人正常的对话,且自杀三周前就已经准备好了自杀工具,因此法院对判断被保险人是否因患抑郁症而自杀的具体事实评价上有待商榷。① 还有学者指出:(1)判决承认了,即使被保险人在自由的意思决定能力明显削减的状态也构成精神障碍,因此放宽了自杀免责的判断标准;(2)在本判决中,被保险人所患抑郁症的鉴定书意见对判断其为重症有着相当重要的意义,就此而言,即使被保险人被认定是有心理准备的自杀,认定其构成自杀似合乎情理;(3)但抑郁症这种精神疾病会对自杀产生多大程度的影响,在医学上尚存诸多疑难问题,仅凭法学界的常识性判断就得出结论应持慎重态度。② 在本文看来,在本案中,一方面,既然被保险人的抑郁症程度很有可能已达重症程度,因抑郁症的发病与其原本的性格、人格相差甚远,该抑郁症的基本症状以及从第三人来看也有所异常言行、精神状态均得以认定,因此无法否定抑郁症对自杀的影响。另一方面,法院结合精神科医生出具的鉴定报告,判断保险人是否可以免责,虽然与2003年大阪高等法院的判决在结论上有所不同,但都采用四要素判断构造,综合具体案件的事实关系判断被保险人是否构成"自杀"这一点上并无不同。

案例2:原告与人寿保险公司订立以自己为被保险人、高度残障保险受益人,甲为死亡保险受益人的定期保险特约终身保险合同。此后,原告将受益人由甲变更为姐姐乙。原告在自杀前曾4次大量服药自杀(未遂),并因疑患适应障碍及抑郁症住院6次。被保险人在自杀前曾被当时的交往对象提出分手,且在自杀前一天把该交往对象叫到自家被拒绝后,试图大量服药,打算跳楼,最终被警察劝阻而放弃。次日,被保险人在公寓室外楼梯4楼越过1.5米高的扶手而坠楼死亡被发现。此外,被保险人在坠楼前,曾向该交往对象发送内容为"现在跳楼,过来看看"的电子邮件。对此,法院同样采用2003年大阪高等法院的四要素判断框架,承认了被保险人坠楼前处于抑郁状态。在此基础上,法院指出:认定被保险人是否构成精神障碍自杀,需要满足精神障碍

① 芦原一郎「精神障害による自殺」保険事例研究会レポート205号(2007年)12-13頁参照。

② 佐藤和夫=薙野久法「生命保険実務を視野に入れた自殺免責条項に関する一考察」日本保険医学会誌115巻1号(2017年)54頁。

导致被保险人丧失了自由的意思决定能力或与丧失具有同等程度显著减弱之情形,引致自杀。但在具体评价时,应当认识到该评价并不是"纯粹的自然科学评价",而是对"被保险人是否单方面破坏了投保人与保险人之间的高度信赖关系"的评价。具体到本案,被保险人罹患"边缘性人格障碍",坠亡与丧失了自由的意思决定能力具有相同程度显著削减的结果,这种评价并不违背"契约当事人之间合理意思的期待"。[①]

在案例2中,法院将"信赖关系破坏"这一"规范性评价要素"纳入判断精神障碍自杀是否妥当的问题,大多数学者持否定观点。有一种观点认为,在性质上,精神障碍自杀免责该当性的判断必须依赖自然科学进行评价。该判决排除了这一评价标准,而采用"信赖关系破坏"的评价方式,此种评价标准过于牵强。[②] 另有一种观点认为,如若采用当事人之间合理的期待意思解释之立场,则今后在处理无法明确界定是否构成显著削减之"灰色地带"案件时,该解释就可能成为判断标准。[③] 还有一种观点认为,否定故意免责是因为,引起保险事故的原因在于,被保险人的行为受到精神障碍的大幅度控制而无法自由地作出意思决定,因此不需要引入诚实信用原则和信赖关系破坏等概念。[④] 在本文看来,被保险人实施自杀行为时,因精神障碍其正常认识、行为选择能力受阻,或者在控制自杀行为的能力方面被阻碍状态下导致的自杀,即使构成免责事由故意之"自杀",并非当然构成违反当事人之间的诚实信用原则。

案例3:被共济人(相当于被保险人)甲于2008年4月加入农业共济组合乙,在乙分店负责营销工作。自2009年4月1日起,被任命为乙分店店长的丁为提高甲的业绩,对甲反复施暴和斥责,结果甲于2010年3月28日在山林中用在树上挂上橡胶软管的方法上吊自杀。甲在自杀前未留下遗书。受益人丙认为甲是受到了丁强度的"权力骚扰"(power harassment)而陷入精神障碍最终导致自杀,遂向乙请求给付死亡共济金。乙认为甲并未出现急性压力

---

① 奈良地方裁判所2010年8月27日判决,判例タイムズ1341号210頁。

② 土岐孝弘「精神障害と故意免責」法学セミナー680号(2011年)151頁。

③ 梅村悠「判批」保険毎日新聞2011年9月28日4－5頁。

④ 中込一洋「人格障害による自殺企図行為と高度障害条項」落合誠一＝山下典孝編『保険判例の分析と展開』(経済法令研究会、2012年)89頁。

反应,其自杀是基于自己自由的意思决定,故满足自杀免责条款拒赔。对此,判决认为:被共济人受到上司的暴行,心理压力进一步增加,产生重度心理压力反应及适应障碍。具言之,上司“权力骚扰”致使被共济人罹患精神障碍;被共济人原来的性格、人格及自杀前的性格、人格发生背离,引致自杀为止的言行举止及自杀方式也存在异常性。因此,被共济人因精神障碍使其丧失或明显削减了自由的意思决定能力以致自杀。[①]

在案例3中,法院采用综合考虑四要素判断框架本身与一直以来的裁判例相同,并未发生实质性的改变。就结论而言,该判决同前述2005年大分地方法院判决和2010年奈良地方法院判决一样,作出被保险人不属于自杀免责对象的判断,但主要以何作为“基准”(merkmal)进行判断这一点上并不明确。[②] 就此点而言,本文认为,案例3对作为评价被保险人自由的决定能力显著削减状态的具体考虑要素,即来自上司权力骚扰具有重要意义这一点上进行了明确判断,这一点与以往的判决有所不同。[③] 具体来说,包括以下几点。其一,在以往的案例中,如果被保险人自杀是具有计划性或其他动机,并未受到精神障碍影响的情形下实施的,则成为保险人免责的对象。但在案例3中,被保险人虽然是否具有自杀动机尚不明确,但这并不能否认上司实施的“权力骚扰”对其造成精神上和肉体上的痛苦,并对自杀行为产生的严重影响。其二,在认定被保险人“并非基于自由的意思决定”之状态时,在削减程度达到何种程度才能够被评价为“显著”,导致其丧失了自由的意思决定能力,抑或是显著削减以致自杀这一点上,尽管判决内容并不明确,但从本案自杀方式来看,即在山林中使用胶管自杀这种特别不需要事先计划和准备,并且无法否定是突发性的、发作性自杀之可能性;况且被保险人在自杀时也没有留

---

① 甲府地方裁判所2015年7月14日判决,判例時報2280号131頁。

② 王学士「自殺免責条項適用の可否:重度ストレス反応及び適応障害に罹患した者の自殺の場合」ジュリスト1507号(2017年)133頁参照。

③ 同上注,第133-134页。

下遗书的前提下,[1]既然尚不清楚是否存在其他触发自杀的动机,因此就难以得出被保险人是在其自由的意思支配状态下导致自杀的结论。[2]

案例4:被保险者于2014年8月26日早晨,在自家附近河岸公园树木高3.3米处挂上绳子上吊自杀。判决对四要素综合判断后指出:被保险人的精神障碍疑似罹患综合失调症,但并没有接受精神科的检查。尽管没有医生的确切诊断,但从其亲属以及同事的证言中获得到的被保险人自杀前的状况之事实来看,被保险人在自杀当时已经丧失了正常的判断力,抑或是可以说其是在自由的意思决定能力显著削减的状态下实施的自杀行为,因此保险人不可免责。[3]

有学者指出,在案例4中,判决是根据被保险人自杀之日起3个月前便开始出现的异常言行和自杀前的行为,判断其为精神障碍自杀,但这些言行举止在医学上是如何被评价的尚不明确。[4] 不仅如此,在本文看来,被保险人虽然在自杀后,医生诊断出其患综合失调症的概率较高这一事实已经被认定,但该病症是否介入到精神障碍中这一认定,在诊断的内容中并没有得到考虑。

(四)精神障碍自杀免责该当性判断构造的理论分歧

综上所述,从迄今为止的判例观之,法院对精神障碍自杀免责该当性的判断构造问题上,皆综合考虑了被保险人的精神障碍程度,以及四要素的内容,在结合抑郁症等精神障碍的程度及其影响作出判断后,进而得出其是否

① 在审判实践中,遗书是认定被保险人自杀的有利证据,但并非所有自杀被保险人在自杀前都会留有遗书;不过,没有遗书也未必不能认定被保险人构成故意自杀。参见奚晓明主编、最高人民法院保险法司法解释起草小组编著:《〈中华人民共和国保险法〉-保险合同章-条文理解与适用》,中国法制出版社2010年版,第299页;例如,徐某在溺水死亡前尽管留下遗书,但请求人未对徐某在死亡前的反常行为作出合理解释(即出现抑郁状态,经常提到想自杀,并且时有轻微自残行为),因此法院作出构成“自杀”,保险人免责的判决(广东省深圳市中级人民法院(2017)粤03民终678号民事判决书)。

② 福田弥夫「自殺免責と精神障害中の自殺」落合誠一＝山下典孝編『保険判例の分析と展開Ⅱ(平成24年~平成28年)』(経済法令研究会、2018年)85頁参照。

③ 東京地方裁判所2020年7月20日判決,2020WLJPCA07208009参照。

④ 黒木松男「精神障害による自殺、免責が認められなかった事例」保険事例研究会レポート344号(2021年)12-13頁〔山下友信教授・コメント〕。

构成基于精神障碍之自杀免责的结论。这种判断构造得到了大部分学者的支持。[①] 日本司法实践对精神障碍自杀免责该当性这个问题形成的判断标准体现出,法院虽然无法直接确认被保险人自杀时的精神状态,但在证明其企图自杀之主观状态时,不可避免地要通过"周边情况"予以判断。[②] 不过,将上述判断构造适用于具体案件时,学者对四要素的具体评价标准有所分歧。

分歧之一:整体上对四要素判断构造进行限定解释适用。该见解在日本最具说服力。例如有观点指出:在评价被保险人是否构成免责事由之"自杀",法院应当通过排除给付免责对象中的"精神障碍"内涵进行严格解释,不应轻易认定被保险人是处于无法自由地作出意思决定的状态。[③] 再如,还有观点认为,以四要素判断构造作为评价被保险人是否满足"精神障碍"免责要件,应当将其"限制在程度相当严重的情况下"。[④] 另有观点进一步主张,应重视四要素在具体案件中的评价方式。具体来说,所谓"无法自由的决定意思之状态",通常包含以下三种情况:其一,丧失决策能力;其二,自由的意思决定能力显著削减;其三,因抑郁症等精神障碍控制行为受到限制,但这种状态与被保险人选择自杀受到限制的区分并不明确,因此应当对被保险人自杀之前及当时本人的状况、言行举止等方面进行详细的认定,并分别进行具体判断。[⑤] 也就是说,由于四要素是为判断被保险人是否处于欠缺自由的意思决定状态而采用的评价因素,因此其在具体案件中的如何解读具有重要意义。[⑥]

---

① 例如,松田敬「生命保険における被保険者の精神障害と自殺免責」日本保険医学会誌115巻1号(2017年)8頁;潘阿憲『保険法(第2版)』(中央経済社、2018年)248頁;山下典孝編『スタンダード商法Ⅲ・保険法』(法律文化社、2019年)212頁〔岩澤泰弘〕;甘利公人ほか『ポイントレクチャー保険法(第3版)』(有斐閣、2020年)250-252頁;山下友信『保険法(下)』(有斐閣、2022年)245頁;等等。

② 興石進「うつ病の被保険者が自殺しようとして高度障害状態となった場合に保険者の免責が認められた事例」法律のひろば60巻9号(2007年)69頁参照。

③ 竹濱修「うつ病の被保険者の自殺と自殺免責条項の適用の可否」商事法務1878号(2009年)69頁参照。

④ 潘阿憲「精神障害中の自殺と保険者免責」生命保険論集〔生命保険文化センター設立40周年記念特別号(Ⅱ)〕(2016年)100頁参照。

⑤ 長谷川仁彦「精神障害(うつ病)による自殺と保険者免責」保険学雑誌61号(2012年)159頁参照。

⑥ 白井正和「生命保険における被保険者の精神障害中の自殺」黒沼悦郎=藤田友敬編『企業法の進路:江頭憲治郎先生古稀記念』(有斐閣、2017年)684頁。

分歧之二:要素之三的内涵阐释。要素之三是通过分析被保险人的自杀方式,来推断被保险人在自杀时是否存在自由决定的意志。就自杀方式而言,上吊自杀(占比为45%)、跳楼(占比为8%)、一氧化碳中毒(占比为4%)被称为三大自杀方式。其中,是否需要事先准备自杀工具(一般来说,需要的情况,例如煤球一氧化碳中毒;不需要的情况,例如跳楼、卧轨),也被认为是判断被保险人是不是基于自由的意思决定之自杀的判断材料之一。[①] 在判例中,主要存在两种情况:(1)自杀方式是否不自然;[②](2)从自杀方式来看是具有计划性还是临时突发性。[③] 这两种情况虽存重合,但至少在判例中成为评价对象事实关系这一点上,学说并无异议。

不过,有学者认为,自杀方式要件并不重视行为是突发性还是计划性。[④] 另有学者主张,因要素之三缺乏法律根据,因此应将其从四要素判断构造中排除,应以要素之四,即自杀动机作为主要判断要素,要素之一[⑤]和要素之二

① 斉藤学「"うつ病"と自殺」日本保険医学会誌 103 巻 4 号(2005 年)298 頁参照。

② 例如,大阪高等裁判所 2003 年 2 月 21 日判决,金融・商事判例 1166 号 2 頁;東京高等裁判所 2006 年 11 月 21 日判决,生命保険判例集 18 巻 760 頁;奈良地方裁判所 2010 年 8 月 27 日判决,判例タイムズ1341 号 210 頁;甲府地方裁判所 2015 年 7 月 14 日判决,判例時報 2280 号 131 頁;等等。

③ 例如,大分地方裁判所 2005 年 9 月 8 日判决,判例時報 1935 号 158 頁;東京地方裁判所 2015 年 11 月 16 日判决,判例タイムズ1425 号 304 頁;等等。

④ 遠山聡「精神障害による自殺未遂と高度障害保険金請求」ジュリスト1441 号(2012 年)126 頁参照。

⑤ 在判例中,如果被保险人原本的性格、人格被认定为严格要求自己不允许妥协一丝不苟之性格(例如,東京高等裁判所 2001 年 7 月 30 日判决,生命保険判例集 13 巻 617 頁);或神经质、容易消沉之性格(例如,大阪高等裁判所 2003 年 2 月 21 日判决,金融・商事判例 1166 号 2 頁),则精神障碍对被保险人精神方面的影响相对轻微,法院倾向认定其是基于自由的意思决定之自杀。与此相对,如果被保险人对任何事情都有积极向上、勇于克服逆境的坚强精神(例如,大分地方裁判所 2005 年 9 月 8 日判决,判例時報 1935 号 158 頁);或对人际关系不感到苦恼,拥有积极向上、有责任感的性格、人格(例如,奈良地方裁判所 2010 年 8 月 27 日判决,判例タイムズ1341 号 210 頁),则精神障碍可能对被保险人精神方面产生重大影响,因此,难以认定其是基于自由的意思决定而自杀。不过,在此需要注意的是,在评价该要素时,无法回避人的性格、人格复杂的多面性,以及难以单纯化的问题。更进一步地说,对于被认定的被保险人原本的性格、人格,应该将其作为倾向肯定保险人免责的要素来看待,还是作为倾向于否定其责任的要素来看待,在个案评价中,无法否认存在其评价困难的可能性。因此,在司法实践中,并非总是能够对该要素作出明确的判断。于此而言,要素之一与其他要素相比,其对保险人是否可以免责的结论影响相对有限。

作为补充要素；[①]且不应排除考虑其他情况。[②] 与此相对，持反对意见的学者强调，应重视要素之三。也就是说，如果回到自杀免责规定中的“自杀”定义本身，即如果“意识到自己的生命将被结束，以此为目的而为之”，则自杀方式对判断被保险人是否具自杀之有计划性及行为危险性就会起到关键的作用。因此，以便通过四要素判断构造得出妥当的结论，需要以要素之三为重点进行判断。[③] 与该观点类似，有学者认为，应首先分析“能够比较客观地作出判断”的要素之三，在分析被保险人是否存在自杀的计划性、异常性之后，按照要素之三、要素之一、要素之四的顺序依次进行分析。[④] 除此之外，还有学者认为，根据精神障碍的种类及其症状不同，存在通过四要素判断构造难以判断的案件，对要素之三之相关学说主张的妥当性仍需慎重讨论。[⑤]

分歧之三：各要素之间的相互关系及强弱程度等分析尚有不足。有学者指出，鉴于四要素中的单个要素在具体案件中的“判断权重”不同会改变自杀免责与否之判断结论，因此，将其作为一般的判断标准予以适用时，判例的积累是不可缺少的。[⑥] 不过，作为精神障碍自杀的判断标准，综合考虑四要素的做法在类似案件判断中仍具重要意义；具体案件事实认定尤为重要，在各要素之间的相互关系及其强弱程度等分析这一点上仍然存在不少问题。[⑦]

---

① 就要素之二而言，一般情况下，如果被保险人的行为未出现异常变化（例如，東京高等裁判所2001年7月30日判决，生命保険判例集13卷617頁；東京高等裁判所2006年11月21日判决，生命保険判例集18卷760頁）；或者可以冷静的与周围人交谈（例如，大阪高等裁判所2003年2月21日判决，金融・商事判例1166号2頁；東京地方裁判所2015年11月16日判决，判例タイムズ1425号304頁），则容易被认定其是基于自由的意思决定而自杀。反之，如果存在让人感到异常的言行举止（例如，大分地方裁判所2005年9月8日判决，判例時報1935号158頁；奈良地方裁判所2010年8月27日判决，判例タイムズ1341号210頁）等情况，则难以认定其基于自由的意思决定之自杀。在评价该要素时，大多数情况下是需要结合相关人员的证词，因此该要素在诉讼中比较容易被认定。

② 原弘明「生命保険法における精神障害・疾患に関するわが国裁判例の体系的分析」生命保険論集190号（2015年）96頁参照。

③ 吉川良平「精神障害中の自殺」共済と保険60卷1号（2018年）31頁参照。

④ 勝野義人「精神障害中の自殺とは認められないとして保険者の免責が認められた事例」法律のひろば69卷51号（2016年）69頁参照。

⑤ 金岡京子「精神障害中の自殺」ジュリスト1522号（2018年）34頁参照。

⑥ 新谷直樹「精神障害中の自殺」保険事例研究会レポート214号（2007年）19頁参照。

⑦ 福田弥夫「自殺免責と精神障害中の自殺」落合誠一＝山下典孝編『保険判例の分析と展開Ⅱ（平成24年～平成28年）』（経済法令研究会、2018年）85頁参照。

四、我国保险法中的精神障碍自杀免责规则的适用前瞻

如开篇所述，我国《保险法》第四十四条第一款规定了被保险人"自杀"作为保险人的法定免责事由。"自杀免责"的内涵仍有解释空间。正如樊启荣教授在讨论保险法上的自杀构成要件问题时所表述的，"作为保险人免责事由的意义上的自杀，系指被保险人在具备自由意思决定能力情形下所导致自己死亡之行为，不包含缺乏自由意识决定能力者导致自己死亡之情况"。① 李玉泉先生也认为："无民事行为能力人的智力程度或精神状态不足以辨别自己的行为所造成的结果，不具备故意自杀的主观要件，不构成故意自杀"。② 换言之，自杀必须是被保险人在精神状态自由的情况下，自主结束自己生命的行为。即谓："自杀必须以被保险人有意思能力为前提"。③ 因此，自杀原则上属于人寿保险合同中的免责事由，但作为例外，如若自杀因患精神障碍所造成，则不属于免责事由之自杀，保险人应负给付保险金责任。因自杀原本即为保险人的免责事由，因此被保险人自杀的举证责任在保险人一方，被保险人因精神障碍等原因自杀的举证责任则在受益人一方。④ 在保险理赔诉讼实践中，保险公司通常主张被保险人故意自杀，以此对抗保险索赔；而保险金索取方则主张，被保险人自杀时处于精神障碍状态，争辩保险公司的免责抗辩。⑤ 如此一来，精神障碍自杀免责该当性的判断标准就成为争论焦点。

通过对日本法的考察可以发现，在对精神障碍自杀是否属于免责事由中的自杀行为的解释这一问题上，日本的判例经历了：以大审院判决确定的精神障碍自杀免责为基准的判断为起点，提出了判断精神障碍自杀的免责事由该当性的"基本公式"，地方法院在判断手法上，在大审院的判断定式的前提

---

① 樊启荣：《人寿保险合同之自杀条款研究—以2009年修订的〈中华人民共和国保险法〉第44条为分析对象》，载《法商研究》2009年第5期。

② 李玉泉：《保险法》（第3版），法律出版社2019年版，第240页。

③ 参见梁鹏：《〈保险法〉自杀条款研究》，载《金融服务法评论》2013年第5卷；王林清、杨心忠：《保险合同纠纷裁判精要与规则适用》，北京大学出版社2016年版，第115页。

④ 最高人民法院关于适用《〈中华人民共和国保险法〉若干问题的解释（三）》（法释〔2015〕）第二十一条规定："保险人以被保险人自杀为由拒绝给付保险金的，由保险人承担举证责任。受益人或者被保险人的继承人亦被保险人自杀时无民事行为能力为由抗辩的，由其承担举证责任。"

⑤ 参见王林清、杨心忠：《保险合同纠纷裁判精要与规则适用》，北京大学出版社2016年版，第115页。

下，形成了判断被保险人是不是基于精神障碍自杀的免责事由该当性的判断构造之四要素判断标准。该四要素判断构造作为被保险人所患精神障碍对自杀行为时被保险人的精神状态带来何种影响的规范判断标准，对我国在被保险人基于精神疾病自杀，是否构成保险人免责意义中的自杀之认定问题上，具有一定借鉴意义。通过四要素判断构造，给保险人与请求人双方带来了预测可能性，且在一定程度上确保了判断的公平性，因此，作为事实认定之手法确有裨益且具妥当性。但在我国借鉴四要素判断构造时，本文认为仍需注意以下几点问题。

其一，在适用该判断构造时，不应脱离具体案件中的四要素内容，而仅通过综合评价作出价值判断。具言之，将该规范适用于个案时的具体评价方式，因个案存在一定程度不同的考虑因素，且原本评价本身就存在难以认定的考虑因素。因此，将四要素应用于被保险人疑似患有精神障碍自杀的案件中，无法否认其有可能损害当事人对给付保险金的预见性问题。这样一来，在认定被保险人是否构成故意"自杀"时，除死亡现场的具体情况以及死亡经过在个案需要被具体讨论之外，被保险人在公司经营上的窘境、因工作环境变化带来的心理负荷、短期内大量投保、家庭经济状况也应作为其考虑的要素。例如，在"被保险人王某坠楼案"中，法院认为，张某为证明被保险人系意外高坠死亡，提供了王某的生前生活照片及证人证言，能够充分证明王某生前为人乐观开朗、工作收入稳定、家庭幸福，其没有选择自杀结束生命的理由，因此应属意外坠亡。[①]

其二，之所以未将因精神疾病引致的自杀归入免责事由中的"自杀"，是因为，可以把此种情况下实施的自杀行为与因精神疾病导致的"疾病死亡"作同等对待。从这个角度看，排除免责事由之"自杀"至少需要满足以下两个条件：一是被保险人自杀是由于精神疾病或者与之相当程度的事由引起的；二是自杀本身就是异常行为，被保险人在自杀前出现精神波动是理所当然的，因此，被保险人在自杀时，精神疾病或根据以此为基准的理由，需要达到其本人无法理解自己行为意义的状态或难以控制自己行为状态之程度。[②]

---

① 参见辽宁省葫芦岛市中级人民法院（2016）辽14民终第1917号民事判决书。

② 参见广东省高级人民法院（2017）粤民申第4305号民事裁定书。

其三,在被保险人罹患“综合失调症”或抑郁症等精神疾病的情况下,其死亡结果可能被认定为,自由的意思决定能力受到一定程度的影响所致。[①]然而,即使被保险人患有抑郁症等精神疾病,仍然存在其自由的意思决定能力未受到限制而承认保险人免责之情事,尤其是在症状轻度的情况下,是否能够认定被保险人自由的意思决定能力受到限制这个问题上,“是”与“不是”难以界分。换言之,如若被保险人并非患重度抑郁症,那么在患病期间就很难说该精神障碍会支配其自杀行为。由于患病与否的认定涉及复杂的医学问题,因此,应当慎重作出法律层面的判断。

其四,尽管被保险人处于精神障碍状态,但在其未达到丧失自由的意思决定能力的情形下,学理上,对作为其违反了故意免责之法理的“诚实信用原则”被承认本身这一点上不存疑问。不过,即使被保险人在自杀时仍具有自由的意思决定能力,该自杀行为虽然违反了“诚实信用原则”,但较以保险索赔欺诈为目的之自杀,以及受益人杀害被保险人那样的故意引起保险事故相比,在程度上有很大的差异。因此,在本文看来,评价精神障碍自杀免责该当性这一问题时,以免对基于违反诚实信用原则作为免责事由滋生疑义,医学上就患有抑郁症的被保险人的精神状态的见解极具参考价值。

① 参见四川省南充市中级人民法院(2004)南中法民终字第 191 号民事判决书。

跨越“卢比孔河”

——大型平台公司集团化经营的体系性治理

李 欢*

摘要:集团化发展是平台经济的一项突出特点,当某一项业务获得优势地位之后,平台公司往往据此不断拓展相关市场,并最终形成一个庞大的集团生态系统。与传统的公司集团相比,平台公司集团化不仅存在传统上的交叉补贴、关联交易等情形,也出现了用户导流、设置平台间壁垒以及扼杀式收购等问题,危及竞争秩序和商业环境。在数字经济不断深化的背景下,这种发展模式造成的问题也越来越引起关注。从公司治理的角度来看,当平台公司由一个单一市场发展为庞大的生态系统时,针对单一公司的规制往往无法实现预期的效果,需要跨越不同平台与市场,将生态系统内彼此关联的各个公司统筹考虑。其治理规则也需要从单一平台公司治理调整为集团内系统规范,在监管对象、业务并购以及大股东表决等方面作出调整。

关键词:平台公司 集团化 规制 扼杀式收购

公元前49年,罗马著名军事家凯撒(Caesar)率领军队渡过了高卢和意大利的界河卢比孔河,由此奠定了帝国时代的基础。按照当时的法律,一旦跨越该河就会被视为叛国,但凯撒还是以破釜沉舟的态度通过该河,并留下了那句经典的“骰子已经掷下”。今天,随着大型平台公司走向“集团式”的发展

* 华东政法大学传播学院讲师。

模式,我们似乎也迎来了平台公司治理中的“卢比孔河时刻”。在现有的业务模式中,科技巨头往往以一个优势业务为核心向外拓展,借助平台内的数据导流以及入股、并购等手段形成了一个涵盖多种业务的生态系统(Ecosystem),除了庞大的规模或资本积累之外,更为严重的是这些大型平台公司事实上拥有了超越市场的能力。针对单一平台的治理往往并不能实现预期的效果,这也意味着公司治理规则需要作出调整,跨越不同平台与市场,将生态系统内彼此关联的各个平台公司统筹考虑。正如诺贝尔经济学奖获得者梯若尔(Tirole)指出的那样,在数字化技术迅速发展、竞争范围不断扩大的时代,旧的监管制度已经不适应现阶段出现的新问题。大型科技平台利用不平等的收购、通过非正常手段维持其主导地位等行为,削弱了社会可竞争性,这需要新的监管和干预空间。①

一、平台公司发展的集团化模式

集团化发展是商业实践中一种非常普遍的做法,特别是对于一些业务广泛、规模庞大的公司来说,与直接或者间接控制的其他公司组成共同行动联合体,更有利于在市场中占据优势。虽然每一个公司形式上都是个别独立的法人,但实际上却是一个经济体,由同一人或者一群人控制并进行决策。② 在平台经济中,大型平台公司集团化的发展趋势尤为突出,借助投资以及并购等手段,形成庞大且完整的生态系统,而不再是一个单一的市场。

(一)对外投资与交叉持股

大型平台公司形成生态系统主要是通过三种方式实现的,首先是通过投资持股形成。在某一项业务在市场中获得优势之后,一些平台公司会将自己定位为综合性服务提供者,并通过设立子公司或者投资新公司的方式发展新的业务,由此形成多个业务板块的公司集团模式。在实践中,持股是形成公司集团最常见的方式,其中尤以金字塔持股(见图1)和交叉持股(见图2)最为常见。金字塔持股是指公司的实际控制人通过间接持股的方式控制了多层次的公司,例如,甲成立第一公司,第一公司再转投第二公司并取得控制,

---

① Tirole J., Competition and the Industrial Challenge for the Digital Age, *IFS Deaton Review of Inequalities*, (2020), pp. 2-3.

② 参见方嘉麟主编:《变动中的公司法制》,元照出版公司2018年版,第336页。

第二公司再转投第三公司并取得控制。如果第二公司与第三公司股东人数较多,上一层股东不一定具有过半的股份,但仍可借助大股东身份实现控制。金字塔结构不仅可以发挥以小博大的杠杆效果,也可以规避一些信息披露、责任追溯等方面的规定,如果仅第二层级公司、第三层级公司属于上市公司,那么一般来说仅需公开第三层级公司的相关状况,而第二层级、第一层级公司的相关状况不一定需要公开展示。除了金字塔持股外,交叉持股也是一种常见的做法,两个或以上的企业通过相互持有彼此的股份,形成企业集团公司。交叉持股与金字塔结构相同,都可以利用转投资达到以小博大的杠杆效果,金字塔结构中出现的信息不透明、责任难以追究等也同样发生在交叉持股上。[①] 当然,交叉持股也可以成为不同平台公司展开合作的重要方式,最具代表性的就是2015年阿里巴巴与苏宁的合作,根据其交易方案,阿里巴巴旗下的淘宝公司与苏宁云商通过交叉持股的方式展开战略合作,淘宝公司参与苏宁云商的非公开发行,而苏宁云商则投资认购阿里巴巴集团增发的普通股股份。在完成交叉持股后,两家公司在物流、电商等领域展开合作,以应对市场上其他竞争对手的竞争。

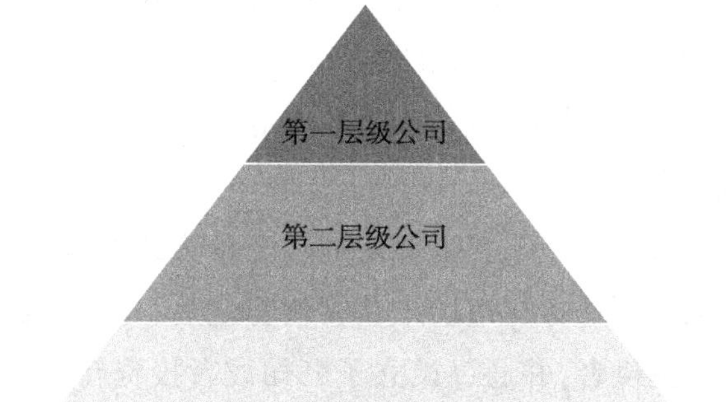

图1 金字塔持股

(二)大规模的初创公司收购

平台公司形成集团生态系统的第二种方式是大量收购初创公司。据不

① 参见方嘉麟主编:《变动中的公司法制》,元照出版公司2018年版,第339－342页。

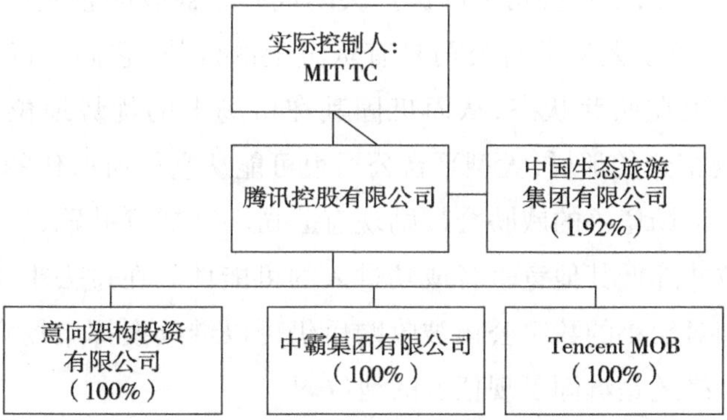

图 2　腾讯控股有限公司对外投资示意图(部分)

完全统计,过去十年中,微软、苹果、亚马逊、Alphabet(谷歌母公司)和 Facebook 在全球范围内进行了 400 多次收购。这些大型平台公司斥资数百万美元在全球范围内收购各式新兴的创新公司,它们几乎在没有反垄断当局干预的情况下,以压制竞争为目的,对不成熟但具有创新性的初创企业掀起了收购狂潮。[①] 一方面,这些大型平台公司可以利用收购扩展其产业链,在多个层面建立强大的生态系统,以发展其在主要市场的地位。由于大型平台公司往往拥有较高效率以及将创新产品和服务更快推向市场的潜力,数字公司进行的大多数收购可以提升被收购对象的市场竞争力,而获得成功之后,这种优势又会转化为收购方的优势。一个典型的例子是 Facebook 在 2012 年收购了 Instagram,作为新兴的社交平台,Instagram 当时已经初步显示出了挑战 Facebook 地位的发展态势,而作为优势方的 Facebook 则选择通过收购改变这种竞争格局。在收购完成之后,扎克伯格将两个平台打通,并利用 Facebook 平台上的广告资源、用户资源等帮助 Instagram 发展壮大,最终成功将其做大并盈利。时至今日,Instagram 已经成为 Facebook 庞大生态系统的一部分,为巩固其在社交媒体领域的优势作出了贡献,与之类似的还有其针对"WhatsApp"的收购。另一方面,市场化的竞争使得平台公司在发展中不断受到挑战,为了应对这种挑战,以消灭竞争对手为目的的掠夺式并购成为优势平台公司的选

① Ramirez I., Merger Thresholds in the Digital Economy, *Delaware Journal of Corporate Law*, Vol. 45, No. 3 (2020), p. 434.

择。在收购完成后,平台公司可以选择关闭或终止被收购企业产品或服务来避免竞争冲突,由于大型平台公司具有资金上的优势,它们可以较小的代价将竞争对手消灭在萌芽状态,从而巩固其在市场上的优势地位。正如福曼(Furman)等观察到的那样,大型平台公司很可能从它们所取代的竞争对手中吸取了教训。市场竞争的威胁会鼓励现有公司不断展开并购,以此来巩固它们的优势地位并降低其他竞争者成功进入的可能性。在过去十年中,虽有几起案例显示相对较小的数字公司被收购后仍可以继续发挥市场竞争作用,但它们的成功最终还是巩固了现任者的地位。①

(三)跨平台的协议合作

通过与其他平台建立合作关系拓展业务也是形成平台生态系统的重要方式。大型平台公司优势地位的形成很大程度上因为其具有将经济领域的各种参与者聚集到在线服务中的能力,而如何提升其汇聚用户的能力便成为平台公司竞争力的核心。尽管平台公司可以通过业务扩展以及并购来建立自己的平台,但这种方式并非适用任何情况,比如在该领域已经有较为成熟的运营商时,自建一个新的业务公司就面临着人力、物力等方面的制约。此时与其他优势公司展开合作就成为一种相对较为便捷的做法,通过跨平台的合作,提升本平台的用户量和使用黏性。加拿大学者尼堡(Nieborg)和荷兰学者赫尔蒙德(Helmond)联合进行的一项研究就发现,在兼并、收购之外,跨国媒体和通信公司常常通过建立企业伙伴关系或结成联盟来获得市场份额。Facebook 通过建立行业和营销合作伙伴关系,制定行业技术标准、许可协议以及其他形式的机构协同,实现了自身力量的扩展。② 不过,相比投资持股和初创公司并购两种方式,平台间合作在融合的程度上是相对较低的。一般是提供访问接口、允许信息分享等方式,通常不涉及核心数据共享,并且在实际的操作中也较为复杂,甚至出现在一个细分市场是竞争对手,在其他细分市场是合作伙伴以及通过竞争对手平台将用户引导到自己的品牌服务上的情况。

---

① Furman J., Coyle D., Fletcher A., et al, *Unlocking Digital Competition: Report of the Digital Competition Expert Panel*, Uk Government Publication, 2019, p. 40.

② Nieborg D. B., Helmond A., The Political Economy of Facebook's Platformization in the Mobile Ecosystem: Facebook Messenger as a Platform Instance, *Media, Culture & Society*, Vol. 41, No. 2 (2019), p. 201.

例如,Facebook 与优步(Uber)建立了合作伙伴关系,允许用户通过其 Messenger 应用程序订购出租车,此类合作就是比较典型的跨平台合作引流,二者也不存在竞争关系。再比如,Facebook 旗下的 Messenger 和 Instagram 是苹果应用商店中下载次数最多的社交类程序,但它们与苹果自身开发的类似应用是竞争关系。[①] 总之,平台间的合作是一种错综复杂的关系,而平台公司也试图通过各式的合作建立一个复杂的生态系统。

二、大型平台公司集团化经营的负外部性

(一)基础设施趋势下的弱竞争性

平台模式本质是一种双边结构,但借助集团化的发展模式,大型平台公司在一定程度上成为具有准公共产品属性的新型经济"社会基础设施",[②]一个平台越大,它们能够收集的数据点就越多,这种对用户个人数据的非凡控制,超过了大多数其他组织,包括国家。[③] 诚如学者所言,在设法渗透和"重新设计"社会互动的程度上,大型平台公司正在成为基础设施,在公共和私人生活中承担着关键作用。[④] 在成为基础设施之后,大型平台公司获得了超越一般竞争对手的市场权力,并且形成了一种新的市场结构。在新的结构下,庞大的平台生态系统拥有强大的市场控制力,并借此实现了削减市场竞争的效果。[⑤] 美国联邦贸易委员会(FTC)主席坎(Khan)注意到,如果不查看企业的结构及其在市场中扮演的结构性角色,就无法完全理解公司的权力和该权力的潜在反竞争性质。[⑥] 当下的亚马逊不仅是一家零售商,它同时还是一个物流网络、支付服务商、图书出版商、电视和电影制片人、硬件制造商以及领先的云服务器空间和计算能力提供商。创始人在创立这家公司时,他的目标不

---

① Van Dijck J., Nieborg D., Poell T., Reframing Platform Power, *Internet Policy Review*, Vol. 8, No. 2 (2019), p. 8.

② 参见中国信息通信研究院:《互联网平台治理研究报告(2019)》,http://m.caict.ac.cn/yjcg/201903/t20190301_195339.html,最后访问日期 2022 年 8 月 28 日。

③ Fourcade M., Gordon J., Learning Like a State: Statecraft in the Digital Age, *Journal of Law and Political Economy*, Vol. 1, No. 1 (2020), p. 94.

④ Langlois G., Elmer G., Impersonal Subjectivation from Platforms to Infrastructures, *Media, Culture & Society*, Vol. 41, No. 2 (2019), pp. 236 - 240.

⑤ 参见苏宇:《平台数据垄断的监管限度》,载《国家检察官学院学报》2022 年第 6 期,第 128 - 144 页。

⑥ Khan L. M., "Amazon's Antitrust Paradox", *Yale Law Journal*, Vol. 126, No. 3 (2017), p. 717.

是单纯建立一个在线零售商,而是建立一个对商业至关重要的“公用事业”(Utility),其目标客户不仅是终端消费者,还包括其他企业。亚马逊希望将自己定位为电子商务的中介服务商,并成为其他企业经营所依赖的重要基础设施,从而将竞争对手转化为客户。例如,与其竞争销售商品的零售商可能会使用其交付服务,而与其竞争生产或营销内容的媒体公司也可能使用其平台或云基础设施,这种模式为该公司提供了优于竞争对手的关键优势。亚马逊控制着互联网经济的关键基础设施,可以从竞争对手处收集信息,然后利用这些信息来获得比它们更多的优势,而新进入者很难复制或拥有与之竞争的方式。[①]

(二)集团内关联交易不当输送利益

对于集团内公司而言,通过关联交易的方式共享资源、筹集资金是一种普遍的做法,其优势在于可以节约在市场上谈判的交易成本,壮大公司集团的整体力量。在业务广泛的大型平台公司中,平台间的关联交易比较常见,包括知识产权共享、数据共享以及内部交易等。蚂蚁科技在2021年向港交所提供的招股说明书中就披露了自身与阿里巴巴集团的关联交易状况,该说明显示,在2011年取得了支付宝中国的控制权之后,蚂蚁科技与阿里巴巴、支付宝中国等签订了《框架协议》以及一系列执行协议,如《支付服务商业协议》《知识产权许可协议》《共享服务协议》等,并在2014年和2019年作出了一些修正,这些协议明确了两家公司重要的财务和商业关系。[②] 不过,由于关联中存在复杂的利益关系,这种交易也容易出现转移资产、侵害公司独立人格、不当利益输送等现象,损害公司和投资者以及消费者合法利益。比较具有代表性的就是2017年的“谷歌购物案”,该案于2013年提起,一家名为“Foundem”的比价网站公司起诉谷歌,原告认为其在搜索结果中优先显示自家“谷歌购物”(Google Shopping)搜索结果,而原告则受到了降级。此后,欧盟委员会在2017年对谷歌作出处罚,理由是谷歌滥用其在线搜索的主导地位,为自己的

① Id, pp. 754 - 755.

② 参见蚂蚁集团:《蚂蚁科技集团股份有限公司H股首次公开发售招股章程》,https://www1.hkexnews.hk/listedco/listconews/sehk/2020/1026/2020102600166_c.pdf,最后访问日期2021年7月22日。

比价购物服务提供优惠待遇。[①] 与之类似,2018 年 7 月,谷歌又因迫使手机制造商在其移动操作系统安卓中预装应用程序而被欧盟委员会处以创纪录的 43 亿欧元罚款。负责竞争政策的专员玛格丽特·维斯塔格(Margrethe Vestager)表示:"谷歌对安卓设备制造商和网络运营商施加的限制使得这些设备上的流量流向了谷歌搜索引擎,这些做法剥夺了竞争对手的创新机会和竞争优势,也剥夺了欧洲消费者利益。根据欧盟反垄断规则,这是非法的。"[②] 这两个案例中谷歌的做法正是当下平台公司在集团系统内的常见做法,利用数据导流以及内嵌链接等方式发展关联方平台,而这些方式对于系统外的是参与者是不公的。

(三)集团外公司设置交易壁垒

除了向集团内公司不当输送利益外,对集团外公司设置进入壁垒也是其负外部性的体现。出于维护平台内生态系统优势的需要,大型平台公司很多情况下会采取设置准入壁垒、拒绝接入竞争对手等措施来限制外界的进入。虽然平台公司拥有管理平台内容的权利,但过度膨胀的准入限制行为则会扭曲市场竞争,造成竞争弱化、大平台欺压等问题。国内一些平台公司屏蔽竞争对手链接就是一种典型的设置壁垒行为。早在 2013 年,腾讯旗下的微信平台就和阿里巴巴旗下的淘宝平台爆发了"封禁之战",双方相互屏蔽来自对方的链接。在淘宝屏蔽了来自微信的链接后,微信也在对话框、朋友圈、公众号等场景中屏蔽了淘宝的链接。2014 年,微信又屏蔽了有着阿里背景的快的打车的红包功能,以至于该公司公开呼吁:希望腾讯履行开放承诺,让市场竞争回归公平,我们不排除采取法律手段维护自身和用户的权益。此后,腾讯又陆续禁止抖音、今日头条、钉钉等众多外部链接。[③] 尽管微信始终声称封禁外部链接是为了提升其产品的用户体验,并且出台了《微信外部链接内容管理

---

① Caro A., "Leveraging Market Power Online: The Google Shopping Case", *Competition Law Journal*, Vol. 17, No. 1 (2018), pp. 49 – 50.

② European Commission, Antitrust: Commission Fines Google €4.34 Billion for Illegal Practices Regarding Android Mobile Devices to Strengthen Dominance of Google's Search Engine, https://ec.europa.eu/commission/presscorner/detail/en/IP_18_4581,最后访问日期 2022 年 8 月 22 日。

③ 参见杨雪梅:《微信七年"封链"史》,https://tech.sina.com.cn/i/2020-03-06/doc-iimxxstf6775344.shtml,最后访问日期 2022 年 8 月 22 日。

规范》,但从其针对对象来看,主要集中在头条系、阿里系等具有竞争关系的平台公司上,而对于其生态系统内的应用程序则基本是开放的,设置壁垒以维护其竞争优势是更为重要的目标。事实上,今天的微信已经不能单纯视为一个"社交软件",借助其庞大的用户量,微信已经成长为一个集社交、支付、购物以及短视频等为一体的综合平台服务提供商,特别是微信内部的小程序服务已经成为一种基础性平台业务,其设置壁垒的行为将对市场秩序造成更为显著的负面影响。不过,随着2021年中国对大型平台公司的监管政策趋于严格,这些科技平台也开始开放自己的壁垒,据《华尔街日报》报道,在新的监管政策下,中国的阿里巴巴和腾讯两家在线巨头越来越难以维持其虚拟壁垒,它们正在考虑逐步向彼此开放服务的可行性。阿里巴巴可能会将腾讯的微信支付引入其电子商务市场淘宝和天猫,而腾讯可能将允许阿里巴巴的电商信息在微信分享,或者允许微信用户通过小程序使用阿里巴巴的一些服务。①

三、大型平台公司集团化经营的规范思路转型

当平台公司由一个单一市场发展为庞大的生态系统时,针对单一公司的规制就无法实现预期的效果,只有跨越不同平台与市场,将生态系统内彼此关联的各个公司统筹考虑,才能维护良好的市场秩序。公司治理同样如此,基于大型平台公司集团化的发展趋势,其治理规则也应在单个平台公司治理之外,探索针对公司集团的特殊规则,实现从单一平台公司治理到公司集团规制的思路转型。正如学者观察到的那样,现有的碎片化监管与平台公司的实际经营状况是不相符的,当下的监管一般仅限于生态系统内的单个公司,虽然不同公司在一定程度上可以区分,但就整体环境而言却是不可分割的。一个典型的代表就是集团内跨平台补贴。2006年,亚马逊建立了自己的物流公司亚马逊物流(Fulfillment By Amazon,FBA),用来向独立卖家提供物流和配送服务。使用FBA服务的商家可将它们的产品存放在亚马逊的仓库中,由亚马逊根据订单进行包装和运输,并且通过FBA销售的产品有资格获得Am-

① Yang J., Zhai K., Alibaba and Tencent Consider Opening Up Their Walled Gardens, https://www.wsj.com/articles/alibaba-and-tencent-consider-opening-up-their-walled-gardens-11626259544, accessed Augest 22nd, 2022.

azon Prime 会员服务。[①] 通过这种方式,亚马逊成功地将卖家引导到其新的业务领域当中。[②] 从组织法的角度来看,其物流部分是一家具有法人资格的独立公司,但在整个亚马逊所构建的平台生态系统中,物流公司又是不可分割的一部分。

大型平台公司所建立的数字生态系统通常由若干家关联公司组成,仅仅关注其中一个平台或者业务往往无法精准识别其在市场上扮演的角色,也无法按照传统竞争法规则加以规制。比如在即时通信服务市场上,虽然微信、QQ 以及境外的 WhatsApp、Twitter 等在各自市场具有明显的优势,但这种服务通常是免费的,其盈利是通过广告以及扩展其他服务(支付、电商等)实现的,并且往往系统内会通过交叉补贴的方式来实现平衡。即时通信业务是作为整个生态系统的一部分而存续的,此时仅仅以通信市场判断其是否具有市场支配地位显然是不全面的,也无法从实质上判断其市场影响。在针对平台公司的规制中,针对大型平台公司特殊规制是一种普遍的做法,不管是《数字服务法》还是《加州隐私保护法案》等立法,主要都是将特定平台的规模作为判断法案是否适用的依据,比如《数字服务法》将向欧盟内的服务对象提供服务,且月均活跃服务对象的数量大于等于 4500 万的在线平台确定为超大型在线平台并施加特殊义务。但该规定并没有考虑到平台公司集团化的问题,假设一个单一平台没有达到预定的用户数,但存在多个关联公司运营相关业务且用户数量庞大,对市场有着重要影响,就会出现规则的空白,而如果允许作出一定的扩展,将系统内的多个市场和服务结合起来考量或许更有利于实现预定的目标。当然,数字生态系统的业务分配是非常复杂的,简单将相关公司业务累积也可能会出现过度规制的情况,这与公司法本身所奉行的公司法人人格独立规则也不兼容。应当明确,考虑到有限责任和法人人格是现代公司制度的基石,单一公司的治理和规范仍然是最为主要的方式,跨公司的规制是一种特例而非常态。从组织法的角度来看,所有权关系通常是审查企业并购和合作伙伴关系的有效方式,对平台生态系统的规制同样可以借助对公

① Amazon Prim 是亚马逊 2005 年推出的一项会员服务,最初是以 79 美元的价格为消费者提供无限制的两天送货服务,后来又陆续捆绑了租借电子书、流媒体音乐和视频等内容。

② Khan L. M., "Amazon's Antitrust Paradox", *Yale Law Journal*, Vol. 126, No. 3 (2017), p. 774.

司所有权(股权结构)的分析来完成,从关注单一平台公司治理到公司集团的规制。

具体而言,其内容大致包括两个方面:一是规范生态系统内平台公司的关联交易;二是强化对大型平台公司所进行并购活动的监管。就前者而言,传统公司治理对关联交易的规范主要集中在其是否符合审计规定,是否通过关联交易损害了小股东以及公司的整体利益。例如,一些关于上市公司的规定在程序上要求具有利害关系的股东在表决时回避、需要独立董事知情并同意等。但这些规范并未考虑平台公司经营的特殊性,在平台公司中跨平台补贴、数据引流、设置竞争壁垒等比较常见,特别是系统内补贴,以单一平台亏损换取集团整体利益的模式,更是平台公司一种常见的业务扩张方式。因此,对于平台公司关联交易的规范需要在股东利益、公司利益等之外加入竞争秩序以及社会公共利益的考量,针对现有的商业模式提出针对性的考量。就后者而言,并购是平台公司生态系统变得垄断的重要途径,以往的竞争法规则也会出于维护竞争的需要拆分或拒绝在一个市场中拥有过多份额的平台公司合并。但这并非以往公司治理规则关注的内容,以往的治理规则更加侧重考量公司发展战略以及决策程序等方面,竞争秩序以及公共利益并非关注的重点。不过,数字市场具有其特殊性,诚如学者所言,数字市场不太可能迅速自我纠正,尤其是在现有公司能够利用其垄断利润购买新生竞争对手的情况下。与传统企业和竞争对手相比,它们在竞争中处于更好的位置。[①] 这种特殊性也需要治理规则作出改良,如在并购决策中增加公益考量以及设置预防禁令等,避免因过度并购出现损害公益现象。在 Facebook 合并 Instagram 和 WhatsApp 时,有批评者声称这种不合理的并购不仅会使 Facebook 主导社交网络的新市场,损害其直接竞争对手,它同时拥有的线上新闻发布和广告服务执行把关也会对公共话语造成潜在影响。[②] 这种影响也正是治理规则需要关注的。

---

① Ramirez I., "Merger Thresholds in the Digital Economy", *Delaware Journal of Corporate Law*, Vol. 45, No. 3 (2020), p. 444.

② Van Dijck J., Nieborg D., Poell T., "Reframing Platform Power", *Internet Policy Review*, Vol. 8, No. 2 (2019), p. 9.

四、大型平台公司集团内规范的具体路径

(一)关注用户利益与竞争秩序

在针对关联交易的规范中,保护债权人和小股东始终是一种普遍的价值追求。一个典型的例子就是美国法上的辛克莱标准(Sinclair Standard)。辛克莱石油总公司(以下简称辛克莱)是一家从事石油勘探、生产以及销售的控股公司,旗下设置有辛克莱委内瑞拉石油公司和两家子公司,并持有 97% 和 100% 的股份。在本案中,集团内部发生了两笔关联交易,一笔是辛克莱委内瑞拉公司向母公司以及少数股东支付了超过公司收益的股息,另一笔是两家子公司之间签订了一份合同,辛克莱委内瑞拉公司以特定价格出售其原油和精炼产品。辛克莱委内瑞拉公司的小股东莱文(Levien)认为,过度分红和不合理的买卖最终导致了公司的解散,于是对母公司提起诉讼,要求其赔偿子公司因支付的股息以及与辛克莱国际石油公司之间交易而遭受的损失。最终特拉华州高等法院作出裁判:当存在母子公司交易时,母公司确实对其子公司负有信托责任,但仅凭这一点并不能启动内在公平标准。该标准仅适用于受信义务伴随着自我交易的情况,即母公司利用其控制地位从子公司获得利益,并排除和损害子公司的少数股东利益。本案中第一笔交易中股息的一部分是由少数股东收到的,这些红利不是自我交易,而买卖合同属于自我交易,对于其应当进行公平性审查。[①]

辛克莱标准在美国公司治理中具有重要的法律意义,它明确了需要予以限制的关联交易的三个条件:第一,控股股东在交易中支配双方;第二,排除非控股股东的利益;第三,给非控股股东利益造成损害。[②] 从其内容来看,小股东利益是核心的关注对象,这也是传统公司法规则一直强调的。我国《公司法》中关于母子公司担保、决议程序限制的规定,也是出于保护债权人和小股东利益的需要。但在平台公司中,除了小股东和债权人之外,用户利益和竞争秩序也是需要予以考虑的内容。这是因为平台公司集团内部所进行的

---

① *Sinclair Oil Corp. v. Levien*, 280 A. 2d 717 (1971).

② Kang S, Y, "Rethinking Self – Dealing and the Fairness Standard: A Law and Economics Framework for Internal Transactions in Corporate Groups", *Virginia Law & Business Review*, Vol. 11 (2016), pp. 113 – 114.

流量引导、数据迁移等新型关联交易影响最大的并非小股东和债权人,用户以及潜在的竞争者更容易受到影响。比如,在谷歌购物案中,谷歌搜索对自家"谷歌购物"搜索结果的优先展示直接损害的就是竞争者以及消费者的利益。而腾讯、阿里等平台对竞争对手的链接封锁以及在本集团内部进行的数据共享,[①]直接影响的也是用户和潜在竞争者。公司法对关联交易的限制缺乏对用户和竞争秩序的关注,单一强调小股东和债权人利益的规范模式也与平台公司的经营模式存在不适之处。而增加涉及用户和竞争者利益的关联交易程序限制、明确控股股东利用关联交易侵害用户和消费者利益的赔偿责任以及必要信息披露等都是可以进行调整的方向。

(二)大股东及特别表决权股东的监管

在针对银行和保险公司关联交易的规范中,《银行保险机构大股东行为监管办法(征求意见稿)》提出了诸多新的监管规则,不仅明确了九种禁止的关联交易行为,还提出了审慎控制关联交易规模以及关联交易动态管理的规定。总体而言,鉴于大股东在关联交易中的优势地位,该办法试图通过对大股东的限制,提升关联交易的透明性和公允性。在平台公司的规范中,这一思路同样具有重要的参考意义,这是因为在关联交易中能够起到关键决定作用的往往是公司的大股东,并且出于利益的考量,它们也更加倾向于选择对自己利益最大的方案,而由此可能引发的则是小股东、被控制公司以及其他相关者的利益受损。可以说,大股东滥用权利几乎是所有关联交易都可能面临的问题,而对其行为的限制也是针对关联交易规范所共同关注的。

不过,在平台经济中,还有一个比较特殊的点就是"特别表决权股东"在关联交易中发挥的作用。科创企业的大量兴起引发了公司核心竞争力的转变,工业革命时期"资本为王"的产业模式正在转变为"创新为王",而人力资源正是创新的动力之源,越来越多的公司试图通过发行特别的员工股来实现保留人力资源的目标。[②] 在此背景下,大量平台公司选择发行类别股上市,包

① 同一平台公司集团内部系统的数据共享非常常见,比如支付宝中接入了阿里旗下的淘宝、飞猪、菜鸟等公司的服务模块,并且用户的购物、物流数据等可以互通。

② 参见李欢:《多元需求背景下我国公司股权融资的制度面向——以类别股的体系规范路径为视角》,载陈洁主编:《商法界论集(第5卷)》,法律出版社2020年版,第192页。

括阿里巴巴、小米以及美团点评等都采取了双重股权结构，而公司创始人则可以借助类别股保持较大的控制权。尽管这些“创始人”不一定属于大股东，但他们对于整个公司的控制确是有力的，并且可能借助这种特殊控制来谋取利益。一个典型的例子就是阿里巴巴管理层与雅虎（阿里巴巴最大但非控股股东）在支付宝控制权上发生的纠纷。2010 年，阿里巴巴放弃了其对支付宝的控制权，并将支付宝控制权转移到阿里巴巴的执行主席马云手中。阿里巴巴表示，董事会在 2009 年 7 月就被告知转让已经发生，但雅虎称自己直到 2011 年 3 月才得知此事。著名公司法学者沃伦（Warren）表示：“我认为，雅虎的董事会成员不可能坐视一项宝贵资产转移给阿里巴巴首席执行官而不反对。雅虎可以根据特拉华州法律起诉马云，而马云必须证明他从自己公司收购的一项主要资产是公平进行的。”[①]因此，考虑到特别表决权股东在公司治理中发挥的实际作用，有必要将其也纳入大股东的监管。一个简便的方式就是将股东及其关联方、一致行动人的持股比例合并计算，持股比例合计符合法定要求的，股东及其关联方、一致行动人均视为大股东。《银行保险机构大股东行为监管办法（征求意见稿）》采取的就是这种方式。

（三）关联交易决策的程序要求

2019 年发布的《全国法院民商事审判工作会议纪要》第 11 条提出了“过度支配与控制”的概念，[②]该条还进一步明确了过度支配的五种类型。从其内容来看，主要强调的是母子公司利用关联交易逃避债务、利益输送等行为，对公司关联交易决策程序的独立性并未关注过多。正如学者强调的那样，决议程序是保障公司意思独立的重要方式，股东意思只有经过决议程序才能转化为公司意思。但现有决议程序并不足以保障公司意思的独立性，需进一步完善相关程序规则。[③] 尽管《公司法》已经作出了一些程序限制，如上市公司董事涉及关联交易时不得参与表决、对外担保中的回避等。但总体而言，目前的程序规则仍然较为欠缺，无法充分保障关联交易决策中的独立性。平台公

① Saba J. , Stempel J. , Yahoo battle with China's Alibaba intensifies, https://www. reuters. com/article/us - yahoo - idUSTRE74C31F20110513, accessed Augest 22nd, 2022.

② 如果公司控制股东操纵公司的决策过程，使公司完全丧失独立性，严重损害公司债权人利益，应当否认公司人格，由滥用控制权的股东对公司债务承担连带责任。

③ 参见王湘淳：《论公司意思独立的程序之维护》，载《中外法学》2021 年第 4 期。

司既是组织又是市场的双重属性决定了其影响的特殊性,特别是对于大型平台公司而言,覆盖范围的广泛会加重关联交易对整个市场秩序造成的冲击。因此,其关联交易则应该更加强调程序限制以保障决策的独立性。

从规则改进的视角来看,大致包含三个方面。第一,禁止大股东设置不当的程序限制。如实践中出现的大股东人为设置决议前置批准程序现象,为了架空股东会、董事会参与决策的功能,一些公司增加了特定事项议事的前置程序,未经前置程序审批的议案,无法进入决议程序。这种方式不仅增加了集体议事的成本,也干预和限制了股东会、董事会的决策功能。第二,发挥独立董事的监督作用。独立董事在公司决策中具有特别的功能,由于其与公司利益联系较少,强化其监管功能有利于低成本地实现关联交易的独立决策。蚂蚁金服在其招股说明书中强调了独立董事的实际作用,如独立非执行董事将持续审阅关联交易,批准对交易条款的任何重大变更,并确认相关年度的年报及账目。再比如,不获豁免的持续关联交易条款的任何重大变更均须获得独立股东批准等。[①] 第三,投票程序披露。信息披露是规范关联交易的重要方式,为保障关联交易的决策独立性,有必要要求公司履行投票政策披露义务,将决定使用投票权的相关程序明确公示。

(四)大型平台公司的业务限制

竞争是市场秩序运行的核心支点,为了防止优势的基础业务公司利用其地位损害下游企业利益,要求其剥离相关业务是一种普遍的做法,最具代表性的便是银行业。在 1956 年《银行控股公司法案》(*Bank Holding Company Act*,BHCA)颁布之后,美国银行业务活动便被限制在有关银行管理以及与银行密切相关的范围内。该法案主要是作为反垄断法设计的,旨在限制大型银行集团的地域扩张和行业集中。根据该法案,所有依据法案注册的银行控股公司都受到美联储的审慎监督,除了拥有"金融控股公司"资格的银行可以开

① 参见蚂蚁集团:《蚂蚁科技集团股份有限公司 H 股首次公开发售招股章程》,https://www1.hkexnews.hk/listedco/listconews/sehk/2020/1026/2020102600166_c.pdf,最后访问日期 2022 年 8 月 22 日。

展证券交易和保险承销等业务外，禁止银行控股公司从事银行以外的业务活动。[①] 时至今日，银行与商业的分离已经是美国银行监管体系的核心原则之一。究其原因，确保银行体系的安全和稳健，维持经济中信贷的公平和有效流动，以及防止金融和经济权力过度集中是最主要的原因。[②] 由于银行公司很大程度上决定着一般商业公司的融资活动，一旦其扩展业务范围，参与到与一般公司的竞争中来，就会获得天然的优势，依赖强大的资金支持，极容易将其他竞争者排挤出市场。不仅如此，银行公司还可以利用其信贷政策干预和影响合作公司，以谋取自身利益。一个典型的例子就是美国联邦能源监管委员会（FERC）关于摩根大通（JPMC）的全资子公司 JPMorgan Ventures Energy Corp 的处罚。FERC 收到加利福尼亚和中西部电网运营商的投诉，指控其干预电力交易商，故意抬高向这些重要区域市场供电的批发价格，并于 2011 年就该公司涉嫌操纵贸易行为开始正式调查。最终摩根大通公司与监管机构和解同意支付 2. 85 亿美元的民事罚款并退还 1. 25 亿美元不当利润。[③]

显然，对于具有一定基础设施功能的平台公司而言，使用其服务进行商业活动的经营者天然处于弱势地位。[④] 存在利益冲突的情况下，平台公司既可以借助其掌握的数据比较全面地掌握市场动态，也可以利用算法和信息排列机制优先展示自营商品，甚至在服务中对合作商家增加不合理的条件，这些最终都会转化为竞争中的优势。而这些平台公司在实际中扮演的角色与银行非常类似。20 世纪初期，面对当时金融机构不断扩张的现实，美国著名的大法官布兰代斯（Brandeis）在其著作中写道："比过去发生在我们身上的所有事情更危险的是，银行正在通过控制信贷来抑制行业的竞争。"这些少数银行家及其合作伙伴共同主导了大多数的金融政策，与他们存在竞争的公司几乎不可能从其手中筹集资金。这种行为比任何事情都对竞争更具破坏性，因

① Omarova S. T. , Tahyar M. E. , "That which We Call a Bank: Revisiting the History of Bank Holding Company Regulation in the United States", *Review of Banking and Financial Law*, Vol. 31 (2011), p. 119.

② Id, p. 269.

③ Tracy R. , Fitzpatrick D. , J. P. Morgan Settles Electricity - Market Case, https://www.wsj.com/articles/SB10001424127887324170004578637662037547582, accessed Augest 22nd, 2022.

④ 参见郑彧：《金融市场基础设施的历史进路及其监管应对》，载《国家检察官学院学报》2022 年第 5 期，第 158 - 176 页。

为它打击了每个受其保护的行业潜在竞争者。如果这种情况继续得到允许,恢复工业世界正常竞争的所有尝试都将变得不可能。[①] 这一论断指出了银行业对相关企业竞争秩序造成的威胁,这在今天的平台经济中同样适用。大型平台公司对于使用其服务的竞争者的控制丝毫不亚于银行业,银行业通过信贷政策影响竞争对手,而基础性平台则利用其服务使自己居于优势地位,这是应当受到限制和规范的。

总之,很多大型平台公司已经成为各自领域的数字看门人,牢牢把控着平台内参与者获得市场机会的可能,如果这些基础平台也亲自参与这些业务,销售自己的商品或者服务,就会造成竞争上的不平衡。而立法者需要通过强制性的结构分离来消除这种利益冲突。为了实现这一目标,效仿银行业的"业务分离模式",禁止大型平台公司合并与之存在利益冲突的公司,从而限制其业务的扩张,可能是一种比较有效的做法。

五、结语

在公司发展的早期,单个公司发展是市场上的常态,但随着资本发展进入新的阶段,公司之间的联合成为一种新的趋势,进入数字时代以后这种趋势更为突出。今天的科技巨头往往涉及多个业务领域,并借此形成了独特的竞争优势。2022 年 5 月,国际清算银行金融稳定研究所公布了一项研究报告,该报告指出,科技公司扩展的业务进入银行系统可能会加剧传统金融风险,需要针对不同科技公司制定差异化的许可规则。[②] 显然,大型平台公司集团化的发展带来的负外部性已经越来越受到重视,如何在克服其业务模式负外部性的同时,保持企业的发展创新动能将是我们需要谨慎衡量的命题。在这一过程中,推动平台公司集团的体系性治理无疑是需要重点关注的方向。

---

① Brandeis L. D. ,*Other People's Money and How the Bankers Use It*, Cosimo Inc. , 2009, p. 3.

② Zamil R. , "Digital Giants at the Gate: Tech Ownership of Banks and the Regulatory Response", https://cepr. org/voxeu/columns/digital - giants - gate - tech - ownership - banks - and - regulatory - response, accessed Augest 22nd, 2022.

论我国操纵市场行为的类型划分

庞一然[*]

摘要：操纵市场的本质是对市场价格机制的破坏，表现为对市场施加的控制性影响，进而获取无风险收益。规范意义上的操纵着眼于人为价量的形成，作为对操纵结果普遍特征的描述，并不能进一步揭示操纵行为的不同类型。操纵市场可以分类为欺诈型操纵和不正当市场优势型操纵。前者以人为价格为核心，操纵目的的实现有赖于人为价格基础上的反向交易；后者则与人为价格无关，依托不正当市场优势形成对市场公平交易机制的破坏。传统操纵手法以欺诈型操纵为主，随着市场进入高频程序化交易时代，不正当市场优势型操纵的重要性更加凸显。

关键词：操纵市场　人为价格　反向交易　不正当市场优势　程序化交易

一、问题的提出

在证券交易活动中，禁止操纵市场是一项重要的法律原则，也是各国证券市场普遍的规则之一。查处市场操纵违法行为一直是我国资本市场执法工作的重点。2014 年 5 月，国务院发布《关于进一步促进资本市场健康发展的若干意见》第九点明确要求"健全操纵市场等犯罪认定标准"。然而，操纵市场违法行为的认定标准取决于对操纵市场本身的定义，对此法律并没有给出明确的规定，而是通过"列举 + 概括、兜底"的方式规制操纵市场行为，[①]并

* 中国社会科学院大学法学院 2020 级博士研究生。

① 《证券法》第五十五条，2014 年《证券法》甚至只有列举，没有概括（第七十七条）。

且随着法律的修改逐步增加列举新的操纵手段和方式。这种立法模式尽管照顾到了法律适用的现实需求，但在理论上阐释清楚操纵市场的概念始终是学界孜孜以求的一个目标，从而能够更加准确地揭示出操纵市场行为的本质，并进一步能够对操纵市场的类型作出全面的划分。例如，田宏杰（2014）认为操纵证券市场行为以人为控制或者影响证券市场行情为核心。缪因知（2019）认为操纵市场与内幕交易不同，其并无逻辑统一的内在机理，任何可能造成证券交易价格或交易量被扭曲的行为都可以被归纳为操纵市场，其表现形式可以多种多样、变化繁复。[①] 钟维（2021、2022）主张为降低执法证明的难度，宜从单一价格操纵模式走向价格操纵与欺诈操纵并存的二元模式，同时主张对价格操纵理论本身也进行适当的修正，摆脱证明人为价格的困境。刘宪权、谢杰（2014）则认为市场操纵犯罪的实质是对金融商品或市场资本的非正当控制，反对以价量操纵和市场欺诈来理解操纵市场行为的本质。可见，理论学说对操纵市场的定义莫衷一是，大体包含了价格操纵、欺诈操纵、市场力量操纵等学说。值得注意的是，对于市场操纵行为的本质及其内涵，不仅理论界歧见纷呈，而且各国和地区的立法规定也不一。其中，既有基于主观归责的立场将市场操纵界定为欺诈，如美国和德国；又有从客观后果的角度将市场操纵定义为市场滥用，如英国和欧盟；还有从合法性的角度将市场操纵认定为市场失当或市场禁止的行为，如澳大利亚。[②]

理论和立法上的争鸣都是为了厘清操纵市场行为的边界。实践中，新类型案件的出现也给我们如何认识操纵市场的本质带来启发，如伊世顿国际贸易有限公司操纵期货市场案在2017年经上海市第一中级人民法院和上海市高级人民法院两审最终落下帷幕，该案是国内首例被认定滥用高频程序化交易操纵股指期货市场的刑事案件，在当时引起较为广泛的社会关注。[③] 判决指出，伊世顿公司的操纵行为系新型操纵行为，不仅破坏了股指期货市场的基本制度、基本原则和交易秩序，而且造成了严重的社会危害，与《中华人民

---

① 缪因知：《信息型操纵市场行为执法标准研究》，载《清华法学》2019年第6期。

② 徐洪涛：《市场操纵行政法律责任构成要件比较研究》，深圳证券交易所综合研究所深证综研字第0129号研究报告，2006年3月27日；参见田宏杰（2014）。

③ 何兆飞：《伊世顿案及其进展——滥用程序化交易操纵市场的监管思路评释》，载彭冰主编：《金融法苑（2020总第一百零三辑）》，中国金融出版社2020年版。

共和国刑法》第一百八十二条第一款前三项所规定的典型操纵情形在危害性上具有相当性。[1] 但分析该案带给我们的疑惑仍然是伊世顿案为什么被认定为操纵,其属于哪一种类型的操纵? 换言之,本案如何嵌入现有操纵市场行为的理论之中,抑或其对现有的操纵市场理论带来哪些挑战? 本文在对证券法操纵市场条款进行规范分析的基础上,通过梳理现有操纵市场理论,主张以是否存在反向交易将操纵市场的类型进行二元区分,并进一步提出操纵市场本质为欺诈操纵与不正当市场优势操纵的二元理论结构。

二、人为价格:操纵市场概念的规范解释

2014 年《证券法》第七十七条规定"禁止任何人以下列手段操纵证券市场",在 2019 年修订《证券法》时,一个重要变化是在原来规定的基础上,增加了"影响或者意图影响证券交易价格或者证券交易量"的要件。值得注意的有两处修改,一是增加了影响交易量的要件,与影响交易价格并列;二是增加了意图影响的情形。

(一)影响交易价格或交易量:结果要件抑或性质要件

从 2019 年《证券法》第五十五条"影响或者意图影响证券交易价格或者证券交易量"的表述来看,似乎将人为价格或交易量作为操纵市场的内涵,换言之,操纵市场就等同于形成了人为价格或交易量。但这一直观判断并不成立。二者并非同一关系,人为价格或证券交易量实为操纵市场的必然结果,或者说为必要但不充分条件。这是因为交易量和交易价格是市场的客观反映,不论是正常的市场交易,还是操纵市场的违法行为,客观上均会影响交易价格或者交易量。所谓价格或交易量的人为性,是相对于正常市场条件下通过正当竞争机制形成的市场公开价格而言的,是指行为人能够人为左右或显著影响市场价格或交易量。可见,人为价格或交易量是一个程度的判断。这便带来两个问题:一方面,人为价格并非一概不具有正当性,而是一个中性的事实判断。那些具有资金优势、持股优势的人,本身就具有影响市场价格和交易量的能力,其通过公开市场操作,影响市场价格或交易量,并不具有违法性,单纯从市场价格或交易量的人为性,并不能得出行为性质属于操纵市场

---

① 参见上海市第一中级人民法院(2016)沪 01 刑初 78 号刑事判决书。

违法行为的结论。所以，尽管新《证券法》第五十五条似乎试图明确操纵市场的具体含义，但其通过规定价格或交易的人为性要件的做法却并没有达到这一目的，何为操纵仍然是一个有待回答的问题。另一方面，人为价格或交易量难以证明。通常需要通过价格参照系比较等经济分析方法来对人为价格进行证明，价格参照系的选取本身极为困难，其正当性也容易受到挑战：在市场的同一时刻，难以找出不受操纵影响的竞争性价格；在市场的不同时刻，难言具有相同的市场条件，而不同市场条件下的价格的可比性自然也存疑。

此外，对于将交易量与交易价格并列值得商榷。有学者指出，与交易价格不同，交易量并不直接与行为人的利益挂钩，交易量的变动也并非行为人操纵市场所要达到的目的。对交易量的影响只是行为人为实现价格影响所运用的一种手段，或者是在价格操纵认定框架之下证明行为人具备影响价格的能力的证据之一。所有操纵行为都是影响或者意图影响市场价格的行为，但并非所有操纵行为都包含有对市场交易量的影响。这也就是为什么，价格操纵条款可以被作为市场操纵的兜底性条款，而交易量的变动并不包含在价格操纵条款的证明要件中的原因。[①] 换言之，在证券市场或期货市场中，价格才是市场机制的集中反映，价格综合了市场信息在内的全部要素，行为人谋取不正当利益也是通过市场机制来完成，进一步是通过人为影响市场价格实现其目的。人为价格体现了行为人对市场机制的不正当干预，破坏了市场机制的价格功能，正是在这个意义上，操纵市场行为具有违法性，反之也是在这个意义上法律将一些具有或潜在具有该风险的行为定性为操纵行为。[②] 对于人为价格的概念，如果从结果的意义上来理解，则其只是操纵行为的必要条件之一，更准确地理解应当是从行为的意义上将其理解为人为地故意地干预市场正常价格机制的行为，这时人为价格意在描述行为的性质，指行为人的行为具有产生人为价格的风险。新《证券法》及《刑法修正案（十一）》写入意图影响的表述，相比修订前的表述，则更为明显地表明了法律的这一立场。

---

① 钟维：《关于〈中华人民共和国期货法（草案）〉的修改建议》，载彭冰主编：《金融法苑（2021总第一百零五辑）》，中国金融出版社2021年版。

② 参见刘宪权：《操纵证券、期货市场罪“兜底条款”法教义学的再展开》，载《国家检察官学院学报》2022年第6期，第41－53页。

（二）意图影响：操纵是手段行为抑或结果行为

有观点指出，意图影响的写入，使操纵市场行为从一种结果犯转向了具体的危险犯，从行为与人为价格及其因果关系的证明转向对行为本身危险性的证明。[①] 这种证明必然是客观的，即分析行为在客观上是否具有操纵市场的风险，如果客观上具有这样的风险，那么行为人实施这种行为就构成操纵市场。至于操纵的主观故意，通常也是基于行为的客观特征来予以证明的；相反，如果客观上不具有操纵的风险，则即便行为人声称其意图操纵市场，也不会导致其行为被法律作为操纵市场的违法行为进行处理。更进一步，对于判断行为是否具有操纵市场的现实危险时，应当从操纵证券市场的本质出发，重点考察行为是否具有市场优势以及行为人是否具有滥用行为两个方面。[②] 其中，对市场优势的理解，不应局限于传统的资金优势、持股优势或信息优势，凡是能够实现对市场操纵结果的行为都可以被认为具市场优势。

除了对操纵市场行为本身的理解，其实操纵市场行为在现实中通常是行为人以通过市场机制获利为目的，在主观故意支配下的一系列行为，人为价格的形成或者操纵行为的实施只是整个以操纵为手段谋取不正当利益中的一环。作为一个理性经济人的市场参与主体，其实施操纵市场违法行为也有成本收益的考量，特别是通过公开市场操作达致操纵市场之目的，需要操纵者付出巨大的经济成本。其通过操纵市场行为必然要达到获利的目的，相应地操纵行为只是其达致获利的一个前提，为其最终的获利行为提供基础和条件。在本文看来，目前对于操纵市场定义的争论似乎都局限于操纵获利的前阶段即操纵本身，而缺乏从整体上考虑行为人通过操纵市场获利的整个不法行为。如果着眼于不法行为的全部，则操纵市场的类型化建构似乎就可以跳出法律列举的操纵手段的划分，如交易型、信息型、虚假申报型操纵等，而是从行为人获利的方式是否包含了反向交易来整体区分为两种形态：存在反向交易的操纵市场行为和不存在反向交易的操纵市场行为。相应地，对操纵的定义也可以在二元框架下分别作出澄清，从而建立一种操纵市场理论的二元

① 贝金欣：《反思操纵证券市场结果及因果关系之构成要件地位——新修订〈证券法〉第 55 条“意图影响”要件之解释》，载蒋建春、卢文迈主编：《证券法苑（第三十卷）》，法律出版社 2021 年版。

② 缪因知：《信息型操纵市场行为执法标准研究》，载《清华法学》2019 年第 6 期。

结构。

三、建立在人为价格基础之上的欺诈型操纵理论

(一)欺诈型操纵理论的提出

在证券、期货市场中,市场机制和要素集中体现为价格,市场主体经济头寸的变化都是由价格变动引起的。正如前文所述,交易价格直接与行为人的利益挂钩,所有操纵行为都是影响或者意图影响市场价格的行为。因此,通过操纵市场达到操纵价格的目的,使其通过价格的特定变动谋利,是行为人实施操纵市场行为的一般逻辑。反向交易正是行为人通过操纵市场人为影响或控制市场价格后的必然选择。证监会《关于〈期货交易管理条例〉第七十条第五项"其他操纵期货交易价格行为"的规定》第二条、第三条、第四条关于虚假申报操纵、蛊惑操纵、抢帽子操纵的规定中,均明确指出进行相关反向交易是该类操纵获利手法的组成部分。可以说,凡是以影响市场价格为目的的操纵市场行为,均包含了反向交易因素。

行为人通过操纵市场行为影响市场价格,受到影响的市场价格尽管也是市场客观存在的事实,但是在其不能反映市场真实供需关系的意义上来说,该价格是虚假的,可以认为行为人通过操纵行为虚构了一个虚假价格的事实,使其他市场参与者对市场真实价格出现认识错误,进而作出了交易决策并造成损失。因此,这种通过操纵市场行为影响市场价格获利的模式具有欺诈的性质,可以概括为欺诈操纵。在这里,行为人利用了市场的价格机制来获取不正当利益,通过操纵行为引起价格向与其内心对价格的真实判断相反的方向移动,并最终通过反向交易从受到被操纵价格影响的其他市场参与人处获利,造成其他市场参与人损失。

人为价格与欺诈理论之间的连接点是欺诈市场理论,该理论认为,操纵和欺诈的对象是整个市场,投资者因为信赖市场的真实性而交易,故只要存在人为价格,就说明相应投资者的损失即与该操纵和欺诈行为存在因果关系。[①] 多数操纵在根本上是通过诱导他人交易来实现非法牟利目的,而其他人被诱导交易是由于被欺诈——对交易价量产生误判,而非屈服于操纵人的

---

① 参见李明良、李虹:《〈多德—弗兰克法〉期货市场反操纵条款研究》,载张育军、徐明主编:《证券法苑(第五卷)》,法律出版社 2011 年版,第 1202 页。

市场力量。操纵引发的市场波动、秩序混乱是大量投资者被欺诈的后果。[①]可见，将以人为价格为核心的操纵作为欺诈性质来解释，在本质上是类比了虚假陈述行为，将形成人为价格的行为看作一种利用市场价格信号机制实施的虚假陈述。

但是也要看到，将操纵与欺诈相联系，仅是在解释类比的意义上而言。一方面，欺诈市场理论是基于市场有效性和对投资者投资决策模型相当简化的假设之上，在真实的市场中，至少投资者的投资决策可能基于多种因素，并非仅依据市场价格的单一因素作出交易决定。因此，欺诈市场理论似乎通过着眼于市场整体来解释人为价格对市场交易者的误导作用，但毕竟其只是一种理论模型或假设，实践中操纵行为人的对手方是否基于被欺诈而陷入认识错误进而决定交易不无疑问。另一方面，也可以理解为这里的欺诈并非指使交易相对方陷入认识错误的严格的欺诈行为，而是在行为人实施了相应的形成人为价格的行为并反向交易的意义上构成一种欺诈，并不是说反向交易的相对方一定要受到价格信号的欺骗，有时相对方可能在明知价格过高的情况下不得不接受该价格，如在下文所述的囤积和逼仓中就会发生这种情形，它们与连续买卖等公开市场操作一样，操纵涉及的具体交易行为都是公开的，并无隐瞒，所隐瞒的只是行为模式下的操纵意图。因此，我们在谈欺诈型操纵时，并非将其等同于一般诈骗行为的构成，只要能够通过反向交易的显著性特征证明行为本身具有不正当性时，便可以认定行为人的行为构成了操纵市场。

（二）欺诈型操纵理论下对操纵行为的证明

欺诈操纵理论的提出，由于一定程度上规避了证明人为价格的结果，降低了指控证明操纵市场行为的难度。[②] 在本文看来，其作用的发挥主要表现在两个方面。

一是使对人为价格的量的证明转换为对行为违法性的证明。典型的如本身即带有欺诈性质的操纵类型，由于反向交易之存在或者行为人交易行为存在显著的不正当性，其行为的违法性特征较为明显，可以将其径直认定为

① 缪因知：《信息型操纵市场行为执法标准研究》，载《清华法学》2019 年第 6 期。

② 钟维：《欺诈理论与期货市场操纵二元规制体系》，载《清华法学》2021 年第 3 期。

操纵市场行为。[①] 其主要包括:(1)虚假信息型操纵,是指通过向市场注入虚假信息以达到影响证券市场价格的目的,如蛊惑操纵,表现为编造、传播虚假信息或者误导性信息,诱导投资者进行交易;[②]重大事件操纵,表现为通过策划、实施资产收购或者重组、投资新业务、股权转让、上市公司收购等虚假重大事项,误导投资者作出投资决策;[③]抢帽子操纵,表现为对证券、证券发行人公开作出评价、预测或者投资建议,同时进行反向证券交易,也可以认为这里的评价、预测或者投资建议为虚假信息,不反映行为人的真实意思,目的在于诱导投资者进行交易。(2)虚假交易型操纵,是指通过不具有真实经济目的的虚假交易(订单)诱导投资者进行交易,由于虚假交易释放的价格信息具有误导性,其实质与直接向释放虚假信息并无不同,因此也属于欺诈型操纵,主要包括约定交易操纵、洗售交易操纵和虚假申报操纵三种类型。

二是引入反向交易与前续交易关联性证明的方法。主要针对除上述明显属于虚假行为的真实交易型操纵。所谓真实交易型操纵,是指行为人通过真实的交易活动本身来操纵市场,其典型情形是连续交易型操纵。真实交易型操纵中所包含的交易活动被称为"公开市场交易",是以操纵意图进行的真实交易,其中涉及的是真实的交易对手方和真正的价格和经济风险。通过真实交易形成的"人为价格",并实施基于该人为价格的反向交易,不仅表明行为人自身的交易行为不符合善意原则,而且由于市场交易者关注的并不是静态的价格,而是动态的价格走势,交易者基于对未来价格趋势的判断作出买入或卖出的决定。因而也构成了对相信市场行情而进行交易的交易对手方的欺诈。由此看来,人为价格仍然是操纵行为的核心,欺诈型操纵的实现必然会落实到人为价格之上。此时,操纵市场行为的构成要件主要表现在:一是存在明显的反向交易;二是行为人的获利主要来源于反向交易。可以说任

① 参见钟维:《基于价格影响的期货市场操纵规制理论:反思与重构》,载《法学研究》2022年第1期。

② 证监会《关于〈期货交易管理条例〉第七十条第五项"其他操纵期货交易价格行为"的规定》第三条;证监会《证券市场操纵行为认定指引(试行)》第三十一条;最高人民检察院 公安部《关于公安机关管辖的刑事案件立案追诉标准的规定(二)》(2022)第三十四条第(三)项。

③ 最高人民检察院 公安部《关于公安机关管辖的刑事案件立案追诉标准的规定(二)》(2022)第三十四条第(五)项。

何投资者的获利均需通过反向交易来实现，如基于对价格上涨趋势判断的买多者，在价格下行前决定反向卖出，从而获利；或者基于价格下跌趋势判断的卖空者，在价格探底前决定反向买多，实现获利。因此，关键需证明行为人的反向交易与其之前的交易行为之间存在明显的相关性，其前续交易与后续反向交易在时间关联度、规模关联度等方面具有显著而稳定的特征，从而能够得出前续交易的目的是为后续反向交易创造条件和进行准备的结论。因此，可以说，欺诈操纵理论仍然是依托于人为价格的原理，但是在证明方法上，由于引入反向交易与前续交易的关联方法，使其证明相比直接证明前续交易形成了人为价格而言更具可操作性。

可以看出，上述两个方面均得益于反向交易因素的引入，从而更有利于揭示出行为的欺诈性（实质违法性），由于具有此种违法性的行为本身就会对市场价格产生操纵的影响（至于是否达到操纵的程度，不影响操纵的性质），因而可以直接认定其构成操纵市场。

（三）欺诈型操纵理论的局限

以人为价格为中心的欺诈型操纵理论是为人们所熟悉的传统意义上的操纵理论，人为价格和反向交易的行为模式具有较强的直观性，易于被人们所理解。但是它也有着与其形成的时代相适应的局限性。我们知道，存在金融市场的地方，总会伴随操纵市场行为或风险的存在。近一个世纪以前，美国于 1934 年制定《证券交易法》的主要立法动因之一便是防范市场操纵，而后者被认为是造成 1929 年美国股灾的主要原因。[①] 在美国 1934 年《证券交易法》中，被作为规制操纵市场法源的主要有第 9 条和第 10 条，[②]其中第 9 条是关于禁止操纵的专门规定，9(a)规定了洗售、对敲等虚假交易型操纵，9(b)禁止为了引诱他人交易该等证券而通过一系列交易制造实际上或表面上的交易活跃现象，或者影响其价格。第 10 条并列提及欺诈和操纵，10(b)授权美国证交会制定相应规则。后者制定的 10b－5 成为打击与证券交易有关的欺诈和操纵行为的最主要工具，但是，尽管 10b－5 在标题上也同时提及欺诈

---

① Merritt B. Fox, Lawrence R. Glosten & Sue S. Guan, "Spoofing and Its Regulation", *COLUM. Bus. L. REV.*, (2021), p. 1244.

② 15 U. S. C 78i; 15 U. S. C. 78j.

和操纵,但其内容却只提及了欺诈,并未提及操纵。[①] 然而,这并不影响10b-5适用于操纵市场行为,事实上,它成为美国《证券交易法》上的一般反欺诈规则。[②] 从上述规定我们可以看到,在美国法上操纵与欺诈经常被联系在一起,可以从欺诈的角度对操纵加以涵摄,而且对操纵的认识往往着眼于人为的价格。可以发现,就对操纵的规范着眼点而言,《美国证券交易法》的做法与我国《证券法》关于操纵行为的列举式规定在实质上是很类似的。这并非我国《证券法》相对较晚建立于20世纪末的缘故,相反它揭示了背后决定证券法制度安排的客观原因——基于人工交易的证券交易的时代背景。就在20世纪最后十年,证券交易还是以人工在实体交易场所或席位的活动为主要特征,但到现在,全球主要金融资产的市场中已经几乎全部变为电子化交易。[③]

近年来,程序化交易、高频交易等概念成为金融市场热议的词汇。通常来讲,程序化交易是指通过计算机软件自动生成或执行交易指令的行为,[④]是与人工交易相对的一个概念,主要标准在于交易指令的生成和下达两环节的人工参与程度。高频交易是程序化交易的一个类型,顾名思义其指令的生成和下达速度特别快,以毫秒乃至微秒级的速度执行交易,远超人工所及,速度的提升使得其可以在传统人工交易无法发现和利用的极为短暂的市场变化中产生交易机会。[⑤] 程序化交易时代,市场参与者的交易能力得到了几何倍数的增长。交易能力的提升也使传统人工交易环境下不可能实现的交易行为在程序化交易背景下变得可能,随之而来的是在以传统人为价格为中心的操纵行为的基础上,又出现了新的操纵市场样态。新型操纵行为不以人为价格为核心,反映了新技术优势给金融市场交易带来的新挑战。传统的基于人

① 17 C. F. R. 240. 10b-5.

② 汤欣:《美国证券法上针对虚假陈述的民事赔偿机制——兼论一般反欺诈性条款的确立》,载张育军、徐明主编:《证券法苑(第二卷)》,法律出版社2010年版。

③ Matteo Aquilina, Eric Budish, and Peter O' Neill, "Quantifying the High-Frequency Trading 'Arms Race'", working paper, July 2021, https://papers.ssrn.com/sol3/papers.cfm?abstract_id=3636323, accessed sept. 12th, 2022.

④ 参见中国证监会《证券期货市场程序化交易管理办法(征求意见稿)》。

⑤ 参见《期货市场上主流的高频交易系统有哪些 七大系统简介》,http://www.khqihuo.com/rjxz/1420.html,最后访问日期2022年10月30日。

为价格的欺诈操纵理论面对不以人为价格为中心的新型操纵行为,便失去了理论解释能力。

2010 年美国颁布实施的《多德—弗兰克法案》对美国《商品交易法》进行修改,增加了对破坏性行为(Disruptive Practices)的禁止性规定,明确列举了三种破坏性行为,作为与操纵市场相并列的一类独立的违法类型,并规定了相同的法律制裁,[①]体现了美国在应对程序化交易挑战方面的思考。我国程序化交易发展虽然晚于美国,但是实践中已经出现了与程序化交易相关的案例,并通过司法回应现实需求,开辟了操纵市场的新的理论空间,为进一步探索我国完善程序化交易监管的路径提供了有益的思路。

四、对欺诈型操纵理论的突破:不正当市场优势型操纵理论的提出

(一)司法实践的创新:伊士顿操纵期货市场案

2015 年股市大幅波动后中国证监会查处并移送司法的伊士顿操纵期货市场案,[②]是新型操纵期货市场的典型案例,法律、司法解释对本案中操纵方法没有明确规定。[③] 该案认定操纵市场并不能适用前述欺诈型操纵的原理,应属于不正当市场优势型操纵的范畴。伊士顿公司的违法行为集中体现其通过违反相关期货监管规则非法获取的两个方面的市场优势。

一是交易速度的优势。伊世顿公司违反《期货交易管理条例》《期货公司监督管理办法》《中国金融期货交易所交易细则》中关于中金所实行会员(即期货公司)分级结算制度和基于该制度延伸出的保证金制度和持仓限额制度等基本制度,擅自使用未经检测的 RM 交易系统,绕过华鑫期货有限公司的资金和持仓验证,减少了相对于其他合规投资者必须耗费的验证时间,降低了自身整体交易时间延迟,从而非法取得其他合规投资者无法取得的额外交易速度优势。[④]

二是不受风控指标限制的优势。伊世顿公司实际控制了 19 个个人期货

---

① Dodd - Frank Wall Street Reform and Consumer Protection Act, Pub. L. No. 111 - 203, 124 Stat. 1376 (2010); 7 USC 6c(a)(5), 7 USC 13(a)2.

② 参见上海市第一中级人民法院(2016)沪 01 刑初 78 号刑事判决书。

③ 张家港保税区伊世顿国际贸易有限公司、金文献等操纵期货市场案——最高人民法院发布 7 件人民法院依法惩处证券、期货犯罪典型案例之三,2020 年 11 月 6 日。

④ 参见上海市第一中级人民法院(2016)沪 01 刑初 78 号刑事判决书。

账户、7个特殊法人账户，由此实际控制了连同伊世顿公司自有期货账户在内的伊世顿账户组。伊世顿公司隐瞒实际控制伊世顿账户组等情况，规避中金所对账户实际控制关系报备、股指期货交易的交易手数、撤单量和自成交量等限制的监管措施，从而取得不正当交易优势。①

上述两个方面的优势均是市场其他投资者所不具备的，而其获利本身是通过违反相关监管规则的方式得以实现。判决在指出上述两个市场优势后，进一步阐明，"伊世顿公司在本身已使用高频程序化交易的基础上，利用上述不正当交易优势和额外交易速度优势抢占交易先机，限制或排除其他合规投资者最优交易机会，其行为严重破坏了股指期货市场公平交易秩序和原则，符合操纵期货市场的行为特征。"②可见，本案认定操纵市场的全部基础都在于伊世顿公司不正当取得的两个市场优势，这是伊世顿公司得以实现操纵市场结果（即对市场的控制性影响）进而获利的手段行为。换言之，伊世顿公司操纵市场目的的实现并不依赖于对人为价格的利用，也不存在基于人为价格的反向交易。认定其构成操纵市场的唯一原因在于通过不正当市场优势对市场形成控制性影响的事实。

需要指出的是，判决列明证据的第11项显示，中金所《关于伊世顿公司从事期货交易行为的分析报告》、证监会《关于伊世顿公司涉嫌操纵期货市场案有关问题的认定函》《关于伊世顿公司涉嫌操纵期货市场案有关问题补充说明的函》，对伊世顿公司利用上述两个不正当市场优势形成的交易特征进行了分析，概括出成交量占比明显高，委托速度绝对领先，订单排序绝对优先，成交率优势明显，最优价位成交率处于垄断地位，以及在交易方向及交易数量对市场后续5笔行情均价已经产生了实际影响，干扰了市场瞬间行情的涨跌趋势一共5个方面的特征。③ 但这些特征是伊世顿公司手段行为产生的结果，进一步印证了伊世顿公司的行为对市场产生了现实的控制性影响，并不能否认伊世顿公司的操纵行为在手段上的特殊性，其性质与欺诈型操纵依

① 同上注。

② 参见上海市第一中级人民法院（2016）沪01刑初78号刑事判决书。

③ 同上注；参见林中明、潘志凡：《揭秘那些首例金融罪案的办理过程》，载《检察日报》2020年10月27日第5版。

赖人为价格的操纵原理迥异，这也是该案被评价为新型操纵期货市场典型案例的原因。

伊世顿操纵期货市场案的发生表明，进入高频程序化交易时代，传统的以人为价格和反向交易为主要特征的操纵市场理论已经不能完全涵盖新的市场条件下的扰乱市场秩序的违法行为，后者不再停留在交易层面而进入了报价（或订单）层面，相应地对操纵行为的观察也离开了交易驱动型操纵的视角而进入到了报价驱动型操纵的视角。[①] 与欺诈型操纵主要体现操纵行为的欺骗性特点不同，不正当市场优势型操纵理论着眼于对市场公平交易机制的破坏，在分析该型操纵市场行为时，就要着重分析行为人交易（报单）行为对市场形成影响，以及这种影响是否达到了对市场的控制性程度，从而使行为人在成交率、成交量等方面形成垄断性影响，侵害了其他市场主体公平参与交易的机会。行为人取得不正当市场优势的原因既可能是来自对既有市场监管规则的违反，也有可能没有相应的或者明确的监管规则，只要其具有了市场优势，且基于该市场优势形成了前述控制性影响，从而能够获取无风险收益，侵害了其他投资者公平交易机会的，就可以认为属于不正当市场优势。

（二）不正当市场优势型操纵理论的内涵

不正当市场优势型操纵，是指市场优势的取得不具有正当性，则该取得行为本身就构成操纵市场。不正当市场优势的核心是市场优势的不正当性，这是行为违法性的基础，对此可以进行形式和实质的双重判断，从形式上来看，如果违反规定，包括法律、行政法规以及监管机构、自律管理机构的规章或规范性文件，则可以推定具有不正当性，这正是伊世顿案中发生的情形；但是并不意味着如果没有明确对应的监管规则，便不存在认定为不正当市场优势的可能，这就需要再进行实质的判断。实质判断又包括两个方面，一方面是规范属性的判断，这是一种规范意义上的价值判断或衡平判断，这里的规范可以理解为比监管规则更高层次的一般性法律原则，如公平原则，即追问行为人所具有的市场优势是否具有控制性影响，对其他市场主体是否足够公平，是否严重影响了其他市场主体参与交易的权益等，如果有违公平原则，则

① Merritt B. Fox, Lawrence R. Glosten & Sue S. Guan, "Spoofing and Its Regulation", *COLUM. Bus. L. REV.*, (2021), p. 1244.

所取得的市场优势具有不正当性。另一方面是进行经济实质的判断,在任何自由市场中最关键的一条是交易只有在增进双方福利的情况下才会发生,[①]如果行为人的行为并非正常寻求流动性的行为,除了获得无风险收益的"寻租目的"以外没有经济实质,使交易相对方不可避免地遭受损失,那么就可以说行为人所获得的市场优势不具有正当性。可见,规范属性判断和经济实质判断是一枚硬币的两个方面,相对于形式判断,实质判断更具有决定性,前者只有推定的效果,最终要落脚到实质判断来认定市场优势的不正当性。

为正确理解范畴所指,首先应当将其与欺诈型操纵进行辨析。二者最主要的区别在于是否依赖人为价格实现操纵的目的。欺诈型操纵依托于人为价格,一方面是指人为价格的形成标志着操纵结果的发生;另一方面也意味着操纵目的的实现有赖于人为价格机制,主要表现为反向交易。总之不离"操纵行为—人为价格—反向交易"的结构。而不正当市场优势型操纵并不依托于人为价格,它是对市场变化的动态反映,其参与真实的市场交易,市场价格也随之自由变动,因此并不会对价格形成单方向或维持的效果,只不过由于其具有不正当的市场优势,破坏了市场的公开、公平,使其不正当地获取无风险收益,相对地使交易对方受到损失。由于它并不是通过对交易价格的操纵而实现,其逻辑结构中并不存在引诱其他投资者交易的因素,所以,在不正当市场优势型操纵理念中,人为价格这一因素变得没有意义,也不存在反向交易。

另外,需要注意对涉及市场优势的相近概念进行区分。例如应当与滥用市场优势操纵相区分。有学者持操纵市场的本质是滥用市场优势控制市场,从而反对将操纵市场的本质解释为欺诈的观点。[②] 这种观点与不正当市场优势型操纵存在实质差异。虽然二者都注意到了市场优势,但是仍然存在两个方面的主要区别:一是前者市场优势是正当的,只是其行为滥用,产生了操纵市场的结果;后者是市场优势本身不正当,这种不正当市场优势本身具有社

---

① Interview with Milton Friedman, PBS: Commanding Heights (Oct. 1, 2000), https://www.pbs.org/wgbh/commandingheights/shared/minitext/int miltonfriedman.html (last visited Nov. 7, 2016). See Joseph D. Heinz, "Spoofing: Ineffective Regulation Increases Market Inefficiency", *DePaul L. Rev.*, Vol. 67 (2017), p. 77.

② 刘宪权、谢杰:《市场操纵犯罪的实质解构:法律与经济分析》,载《现代法学》2014年第6期。

会危害性，其危害特点表现为操纵效果。二是操纵市场不论如何对其进行分类，本质上都表现为对市场正常供需力量的干预和对市场定价机制的破坏，此时，原本在正常市场机制下的交易风险被排除，转化为无风险收益。从结果的意义上来看，可以将操纵市场描述为行为人对市场的控制。[①] 但仅仅在结果意义上描述操纵市场的普遍特征，并不能揭示操纵市场内在机理的不同模式，后者需要从手段特征而非结果特征上进行描述。上述观点所谓市场优势，其实是指行为人得以实现操纵结果的能力，衡量的是行为人在操纵目的支配下的操纵性质的行为在客观上产生操纵危害结果的可能性或风险大小，而不是行为人赖以实现操纵结果的手段特征，相反本文提出的不正当取得市场优势则能够反映出这一操纵行为类型的手段特征。同理，我国《证券法》《期货交易管理条例》的禁止操纵市场条款中均使用了“资金优势”“持仓优势”“信息优势”等表述，但其实际上属于实施连续交易型操纵的基础条件（基于该优势而具有实施连续交易型操纵行为的能力或可能性），仍属欺诈操纵的框架。

值得进一步说明的是，在囤积和逼仓操纵中，有学者将之概括为跨市场操纵中的市场力量型操纵，主要理由在于区别于仅仅依靠资产价格相关性实现价格跨市场传导的跨市场操纵类型而言，囤积或逼仓不仅利用了期货合约和标的资产之间的关系，更主要利用了期货的实物交割机制，导致在期货和现货市场同时持有控制性头寸的行为人限制了期货合约另一方的交割能力，导致其不得不接受价格高涨的期货对手方向合约进行对冲平仓。[②] 本文认为，将之定性为市场力量型操纵值得进一步澄清和讨论。实际上，实物交割条款导致的价格跨市场传导和基于资产价格关联性实现的价格跨市场传导并无本质区别，二者均是完成了两个市场价格的联动。在囤积或逼仓中，行为人取得控制性头寸的行为本质上就是利用持仓优势，或者说利用形成的垄

---

① 如有观点认为，操纵市场的本质不是欺诈，而是滥用优势非法控制市场，即通过制造市场波动来牟利。参见刘宪权、林雨佳：《操纵证券、期货市场犯罪的本质与认定》，载《国家检察官学院学报》2018 年第 4 期。但须知虽然操纵市场的行为均会因对市场的控制效应而形成受人为影响的价格，但并不意味着必然通过人为价格进行谋利，宜区分人为价格（或受人为因素影响的价格）在结果和手段意义上不同含义。

② 钟维：《跨市场操纵的行为模式与法律规制》，载《法学家》2018 年第 3 期。

断性市场优势，此时行为人的目标仍然是人为价格，而在期货市场的获利行为往往涉及行为人抛出较高价格的与其持仓方向相反的头寸，本质上就是在从事反向交易。所以我们仍然能够看到"人为价格—反向交易"的结构，因此将囤积或逼仓认定为市场力量型操纵，固然在揭示跨市场操纵行为模式方向上具有启发性，但应当注意这时市场力量的说法仍然是在前文所讨论的滥用市场优势操纵理论的意义上提出的，与本文提出的不正当市场优势型操纵应当作出区分。

（三）不正当市场优势型操纵理论的应用

尽管涉及高频程序化交易的伊世顿案没有讨论高频交易本身的合规性问题，但是由该案引申出来的不正当市场优势型操纵理论为我们审视高频程序化交易的规制问题提供了值得探索的思路。高频程序化交易具有其他市场交易者不具有的速度优势，利用计算机程序可以快速分析市场盘口信息，作出交易决策并完成下单或撤单等报单行为。这一速度优势本无可厚非，它是交易技术信息化发展的必然产物。高频程序化交易在全球资本市场逐步占主流的情况下，利用其交易速度上的优势显著提升了资本市场的流动性，有利于市场充分发挥价格发现的功能。[①] 高频程序化交易作为一种交易手段和方式，本身具有作为工具的中立性，运用高频程序化交易从事交易获利行为的不同方式又称为高频交易的策略，常见的高频交易策略包括被动做市策略、套利策略、趋势策略等，[②]正是高频交易策略的不同决定了高频程序化交易对市场产生积极影响或消极影响的结果。那些给市场产生消极影响的有害的高频程序化交易策略，则是我们在规制高频程序化交易时需要重点关注的对象。下面以与高频交易密切相关的两类交易行为为例进行简要分析。

1. 幌骗。如前所述，美国2010年颁布实施的《多德—弗兰克法案》对美国《商品交易法》进行修改，增加了对破坏性行为（Disruptive Practices）的禁止性规定，明确列举了三种破坏性行为，其中之一为撤单之目的而下单的幌骗

---

① Lazaro I. Vazquez, "High Frequency Trading: Is Regulation the Answer", *WAKE Forest J. Bus. & INTELL. PROP. L.*, Vol. 17(2017), p. 151.

② Concept Release on Equity Market Structure, Exchange Act Release No. 34 - 61, 358, 75 Fed. Reg. 3594, 3608 - 09(Jan. 21, 2010).

行为(spoofing)。[①] 美国商品期货委员会在2013年发布《反破坏性行为指引》(*Antidisruptive Practices Authority*),对上述三种破坏性行为的认定进行了解释,其中对幌骗的说明中列举了四种可能构成幌骗的行为,包括:(1)导致报单系统超负荷的报撤单行为;(2)导致他人交易延迟成交的报撤单行为;(3)制造虚假市场深度表象的报撤单行为;(4)意图制造人为价格涨跌的报撤单行为。[②]

可见,幌骗行为下的报单虽然是市场真实发生的订单,但由于行为人自始意图在成交前撤销,其并没有给市场提供真实的流动性,因而对市场而言是一种没有经济实质的行为;不仅如此,由于这种订单现实地出现在电子订单簿上,会借助电子订单簿机制对市场或其他交易者产生影响,这种影响既可能是向其他交易者传递一种市场交易动向的信息,从而误导其他交易者的交易决策,也可能是造成交易系统功能上的不稳定,从而影响市场交易的稳定运行。因此,幌骗是一种无经济实质且有害的行为,将其作为破坏性交易予以禁止具有必要性和正当性。那么,我国如何对幌骗行为进行法律规制?

在我国,与幌骗最接近的另一个概念是虚假申报。[③] 2007年以来,中国执法机构根据国内人工交易进行虚假申报操纵的实际情况,通过一系列行政处罚案例,逐步建立和发展起一套对虚假申报操纵进行法律认定的分析逻辑体系。[④] 2020年3月30日,全国首例虚假申报型操纵证券市场犯罪案件在上海宣判。[⑤] 所谓虚假申报,是不以成交为目的,频繁或者大量申报并撤销申报的

---

① 7 USC 6c(a)(5). 另外两种为:违反买单、卖单报价规则的报单行为;以及表明具有故意或不计后果地漠视交割期(the closing period)正常交易秩序之主观状态的行为。

② 78 FR 31890 -01.

③ 证监会2007年制定的《证券市场操纵行为认定指引(试行)》第三十八条规定了虚假申报操纵行为,作为对彼时《证券法》第七十七条操纵证券市场兜底条款的解释。2019年《最高人民法院、最高人民检察院关于办理操纵证券、期货市场刑事案件适用法律若干问题的解释》第一条第(五)项也把虚假申报操纵作为《刑法》第一百八十二条操纵证券、期货市场罪的兜底条款的解释。2019年《证券法》第五十五条第(四)项把虚假申报作为操纵行为之一加以明确列举。

④ 夏中宝:《算法交易对虚假申报操纵法律认定逻辑的新挑战》,载《证券市场导报》2017年10月。

⑤ 北京大学金融法研究中心:《全国首例"虚假申报型"操纵证券市场犯罪案一审宣判》,2020年4月24日,https://mp.weixin.qq.com/s/6Ic_v4LNvynn52Oo8mSCvA,最后访问日期2022年8月19日。

行为。如前所述,虚假申报操纵适用欺诈型操纵理论,人为价格及反向交易成为认定虚假申报操纵的必要条件。[①] 显然,虚假申报对应的是前述第(4)种类型的幌骗行为。同时我们也看到,虚假申报只是幌骗的一种类型,以报撤单为特点的幌骗行为在不同情形下表现出不同的行为目的,当行为并非以形成人为价格并实施反向交易为目的时,立足于欺诈型操纵理论的虚假申报操纵行为便无法涵盖这种幌骗行为。不难发现,此时幌骗行为人其实是利用了其交易能力,人为地创造了相对于其他市场主体的交易优势,而这种交易优势由于干扰和限制了其他交易对手的交易机会,因而具有不正当性,因此那些不属于欺诈型操纵的幌骗行为实际上属于不正当市场优势型操纵理论的范畴,可以将其认定为不正当市场优势型操纵,从而纳入操纵市场的规制范围。特别是在高频交易背景下,计算机程序可以基于预先设定好的交易策略,对市场报单信息的动态变化作出快速反应,自主高速完成大量的下单和撤单行为。这种交易环境会使各种形式的幌骗行为变得更加容易。运用不正当市场优势型操纵规制虚假申报以外的其他幌骗行为完全可以成为我国监管机构和司法实践的一个重要选择。

2. 试单交易。在高频交易的诸多交易策略中,有一种高频交易策略被称为试单交易或订单预测交易,高频交易商借助复杂的交易行为模式识别算法从市场公开信息中预测大额买家或卖家的存在,或者通过在市场上快速地报出特定类型的小额订单,根据订单的成交情况来探测机构投资者的大订单是否存在,一旦发现了市场上的大订单(以买入方向为例),高频交易商便利用速度优势先以当前的较低价格扫清市场上现有的所有该只股票的订单,然后利用市场上大订单带来的价格上涨效应,作为交易对手方以更有利于高频交易商的价格将股票卖给该大订单,[②]从而大订单得到的只是一个高频交易商赚取了中间差价以后的更劣价格。高频交易商的上述交易策略类似于传统的抢先交易,但不同点在于传统的抢先交易中,行为人盗用了其事先知悉的

① 参见2019年《最高人民法院、最高人民检察院关于办理操纵证券、期货市场刑事案件适用法律若干问题的解释》第一条第(五)项。

② 刑会强:《证券期货市场高频交易的法律监管框架研究》,载《中国法学》2016年第5期;郑成:《证券期货市场破坏性交易的法律规制》,载《期货及衍生品法律评论》第二卷。

大额交易方的交易动向信息,违反了负有的信义义务,而在高频交易的试单策略中,行为人是基于高频交易技术获得了大额交易方的交易动向信息,并未违反任何法律义务,这使得传统的基于违反信义义务或构成欺诈的规制逻辑,并不能贴切地适用于试单交易策略,试单交易策略成为高频交易背景下亟待规制的一类新型有害交易行为。

不难发现,试单交易策略的主要特征在于行为人利用高频交易技术取得了不正当的市场优势,它不同于正常的寻找流动性的行为,后者旨在实施一个正当的交易策略,具有买入或出售需求的交易者互相匹配完成交易,双方均可以实现交易目的从而获益,①而试单交易行为中的高频交易商没有真实的流动性需求,其获利是基于特定交易行为产生的一种无风险收益,相当于对大额订单交易者获取流动性过程收取的租金。试单交易者相对于大额订单交易者建立了一种控制性的市场优势,这种市场优势本身不具有正当性,因而试单交易行为可以适用不正当市场优势型操纵理论,被认定为一种市场操纵行为。

综上所述,不正当市场优势型市场操纵理论的一个优势,就是可以更好地适应新技术发展背景下的监管需求,它能够与新技术优势的特点有效连接,具有较强的适应性和包容性。新技术带来的新优势本身是中性的,如果某种行为构成了对新技术的滥用,则应当受到法律的规制。通过不正当市场优势型操纵的概念有利于把高频程序化交易下那些有害的行为和有益的行为区分开来,把有害的交易行为纳入打击,并保护有益交易行为的发展,可以说不正当市场优势型操纵理论划分了新技术背景下合法与非法行为的界限。

五、结语

本文主要探讨的问题是对操纵市场进行类型化的解构,从而对纷繁复杂、层出不穷的操纵手段或操纵类型进行抓住本质、执简驭繁的理论概括,有利于应对不断发展变化的操纵手法以及从实质上理解操纵市场的本质。尽管学者对于操纵市场本质有过丰富的争论,也提出了通过市场优势、控制市场的角度来揭示操纵市场的本质,但本文认为,这些讨论意义有限,它仅从最

---

① Concept Release on Equity Market Structure, Exchange Act Release No. 34 - 61,358, 75 Fed. Reg. 3594, 3608 - 09(Jan. 21, 2010).

宏观的层面为操纵市场提供了一种特征描述,对于诸如不同操纵类型的实质区分标准问题的解释力有限,对于实践指导性不强。特别是随着市场发展和司法实践的新变化,现有对操纵市场行为类型的探讨更显不足。

法律对操纵市场的规制旨在维护证券市场或者期货和衍生品市场的正常交易秩序,表现为投资者善意地从事交易行为,市场价格由正常的供需力量所决定,让市场真正发挥其价格发现的功能和作用。操纵市场的本质正是对这一正常市场机制的破坏,而其实现路径则可以分为欺诈型操纵与不正当市场优势型操纵两个类型,分别揭示了认定操纵行为的内在机理。相对传统的欺诈型操纵,后者更强调对于市场公平交易秩序的破坏,特别是在高频程序化交易时代,不正当市场优势型操纵认定理论可以发挥更加重要的作用。

美国欺诈市场理论下有效市场的解释与认定

——兼评《虚假陈述侵权赔偿若干规定》第一条

任妍姣*

摘要：在美国司法实践中，市场效率属于适用欺诈市场理论的背景性事实。在诉讼中，原被告需要围绕案涉证券市场是否为有效市场进行质证和辩论。但欺诈市场理论并不以有效市场假说为理论基础，其所假设的有效市场不必符合有效市场假说下的半强式有效市场之样态。美国司法裁定欺诈市场理论下的有效市场范围限于证券交易市场，对股票交易市场以及债券交易市场的有效性程度不作区分。域外相关判例给我们的启示是：对公开发行市场应慎用交易因果关系推定原则；应厘清我国证券交易所以及国务院批准的其他全国性证券交易场所并非均属于有效市场；银行间债券市场的市场效率需作特殊考量。

关键词：欺诈市场理论　市场效率　有效市场假说　全国性证券交易场所　银行间债券市场

一、引言

在涉及公开证券市场（public securities markets）的证券欺诈案件中，信赖（reliance）作为证明对象中的六项实体要件事实之一，通常指向交易因果关系（transaction causation），[②]即"若无失实陈述或遗漏（misrepresentation or omis-

---

* 中央财经大学法学院2022级博士研究生。

② See *Dura Pharms.*, *Inc. v. Broudo*, 544 U. S. 336, 341 (2005).

sion),原告不会进行不利证券交易”。[①] 在交易因果关系的认定问题上,美国联邦最高法院于 Basic 案中确认一种推定方法:“欺诈市场理论(fraud - on - the - market theory, FOTM)基于这样一种假设:在公开(open)、发达(developed)的证券市场中,公司股票的价格由有关公司及其业务的可获得的重大(material)信息决定……因此误导性陈述(misleading statement)将欺骗股票(stock)的购买者,哪怕使其不直接依赖于此……这时被告的欺诈行为和原告的股票购买行为间的因果关系不亚于直接信赖失实陈述”。[②] 经欺诈市场理论之推定,交易因果关系变形为“投资者信赖市场价格的完整性(integrity)而以市场设定的价格买入或卖出股票”,[③]对市场价格完整性的信赖成为决定交易因果关系成立的关键。

至于如何判断投资者是否信赖市场价格的完整性,“公开(public)且重大(material)的失实陈述扭曲交易于有效市场(efficient market)的股票价格,可认为以市场价格(market price)买入股票者信赖失实陈述”。[④] 徐徐图之,投资者应当先在集团诉讼确认阶段(class certification)证明存在足以推断市场效率(market efficiency)、公开性(publicity)与市场时点(market timing)的基础事实,后在实体阶段(merits stage)证明存在足以推断重大性(materiality)的基础事实。[⑤] 其中,市场效率所对应的基础事实以案涉证券市场是否属于有效市场为中心。与之不同,我国《最高人民法院关于审理证券市场虚假陈述侵权民事赔偿案件的若干规定》(以下简称《虚假陈述侵权赔偿若干规定》)取缔投资者对市场效率的证明责任。然从第一条的设计效果来看,司法解释的规制范围与有效市场的认定规则融为一体,如此便可谓殊途同归。

本文从理论争议和实务要点两个方面出发,以回溯欺诈市场理论发源地的有关成文法和判例法为主线,在此基础上进行《虚假陈述侵权赔偿若干规

---

① *Emergent Capital Inv. Management, LLC v. Stonepath Group, Inc.*, 343 F. 3d 189, 197 (2d Cir. 2003). 也称“misstatement or omission”。See e. g., In re HealthSouth Corp Sec. Litig., 257 F. R. D. 260, 263 (N. D. Ala. 2009).

② *Basic, Inc. v. Levinson*, 485 U. S. 224, 241 - 242 (1988).

③ *Basic, Inc. v. Levinson*, 485 U. S. 224, 247 (1988).

④ *Halliburton Corp v. Erica P. John Fund, Inc.*, 573 U. S. 258, 283 - 284 (2014).

⑤ “相反,Basic 案确定原告通过证明推定的适用条件——即公开性、重大性、市场效率和市场时点——来履行显示优势的责任。”同上注。

定》第一条的合理性评价。一方面,省思有效市场假说与欺诈市场理论是否一脉相承,正名前者所假设的有效市场实非包含后者所假设的有效市场。另一方面,秉持比较研究服务于本土法治之宗旨,对照基于事实判断方法形成的市场效率之裁判标准体系,讨论我国几类证券交易场所会否被认定为欺诈市场理论下的有效市场。

二、欺诈市场理论下的有效市场的再定义

(一)误读:捆绑欺诈市场理论和有效市场假说

1970 年,芝加哥大学 Fama 教授针对证券价格调整的三个相关信息子集,“历史价格或返回序列”、“所有明显可公开获得的信息”和“特定投资者或团体垄断获得的与价格形成相关的任何信息”,分别进行弱式测试(weak form tests)、半强式测试(semi - strong form tests)与强式测试(strong form tests)三类实证研究,由此提出“关注任何时点的价格是否‘充分反映’可获得信息”的有效市场假说(Efficient Markets Hypothesis, EMH)。[①] 我国一些学者肯定有效市场假说是欺诈市场理论的理论基础,[②]视欺诈市场理论下的有效市场与半强式有效市场假说下的有效市场为同一概念(以下简称同一论)。[③] 这些错误的声音事实上根植于自 20 世纪 80 年代兴起的美国本土相关思潮。

1980 年,得克萨斯州北区联邦地区法院率先在分析欺诈市场理论时,论及“经济学家现已积累充分的经验数据,足以合理证明大型公司广受欢迎的证券被‘有效’定价:股票的市场价格反映所有可公开获得的信息,也因此必然反映任何重大失实陈述”。[④] 1982 年,芝加哥大学 Fischel 教授实质分析有效市场假说对欺诈市场理论的影响,“由于价格本身传递所有可获得的信息,

① See Eugene F. Fama, “Efficient Capital Markets: A Review of Theory and Empirical Work”, *The Journal of Finance*, Vol. 25, No. 2 (1970), pp. 413 - 414. 另注,有效市场假说又名有效资本市场假说(ECMH),以 Fama 教授使用的实证研究工具为标准,其包括弱式有效市场假说、半强式有效市场假说、强式有效市场假说三种形式。

② “美国联邦最高法院所采用的‘欺诈市场理论’的基础在于‘有效市场假说’。”樊健:《我国证券市场虚假陈述交易上因果关系新问题》,载《中外法学》2016 年第 6 期。

③ “从理论上讲,欺诈市场理论适用的市场条件只能是半强式有效市场。”焦津洪:《“欺诈市场理论”研究》,载《中国法学》2003 年第 2 期。

④ In re LTV Sec. Litig., 88 F. R. D. 134, 144 (N. D. Tex. 1980).

投资者没有动力研究其他可获得的信息”,[①]“该理论(欺诈市场理论)采用投资决策的市场模型,强调市场在信息传递过程中的作用,以及投资者对特定信息的认识是无关紧要的”。[②] 1989年,Basic案中持反对意见的White大法官,把多数派的判决描述为“基于当代微观经济理论的新的法律解释”。[③]

此后一段时间内,White大法官的观点在渐获肯认的基础上有所延伸。例如,康奈尔大学Macey教授等指出“当代微观经济理论”特指半强式有效市场假说,“多数派采用有效市场假说的半强式版本,不论它是否意识到自己在这么做。”[④]第二巡回上诉法院进一步阐释半强式有效市场假说下的有效市场之样态,“联邦最高法院采纳的有效市场假说认为,交易于发达市场的股票的市场价格反映所有可公开获得的信息”。[⑤] 美国法律、法学界一度坚持将欺诈市场理论与有效市场假说明确联系起来。譬如,Eckert Seamans Cherin & Mellott律师事务所Stanek律师基于届时通识的角度挂钩两种理论,“欺诈市场理论是许多法院和评论家支持的有效市场假说的实际体现”。[⑥] 明尼苏达大学Adams教授等基于有效性的角度挂钩两种理论,“联邦最高法院采用欺诈市场理论的依据是,它暗含对构建ECMH的基本原则之有效性的假设”。[⑦]第九巡回上诉法院则精炼两种理论之关系,“欺诈市场理论最初由联邦最高法院在Basic案中予以确认,它建立在有效市场假说的基础上”。[⑧] 甚至不乏通过批评有效市场假说质疑欺诈市场理论者。比如,国家经济研究协会(NERA)Dunbar副主席担忧道,“如果承认某些交易活跃的股票某时不遵守

---

① Daniel R. Fischel, “Use of Modern Finance Theory in Securities Fraud Cases Involving Actively Traded Securities”, *The Business Lawyer*, Vol. 38, No. 1 (1982), p. 3.

② Id, p. 9.

③ *Basic, Inc. v. Levinson*, 485 U. S. 224, 253(1988).

④ Jonathan R. Macey, Geoffrey P. Miller, “Good Finance, Bad Economics: An Analysis of the Fraud – on – the – Market Theory”, *Stanford Law Review*, Vol. 38, No. 1 (1990), p. 1077.

⑤ *ATSI Commc'ns*, Inc. v. Shaar Fund, Ltd., 493 F. 3d 87, 100 (2d Cir. 2007).

⑥ Martin J. Stanek, “The Fraud on the Market Theory: The Debate Rages On”, *Duquesne Law Review*, Vol. 27, No. 2 (1989), p. 284.

⑦ Edward S. Adams, David E. Runkle, “Solving a Profound Flaw in Fraud – on – the – Market Theory: Utilizing a Derivative of Arbitrage Pricing Theory to Measure Rule 10b – 5 Damages”, *University of Pennsylvania Law Review*, Vol. 145, No. 5 (1997), p. 1109.

⑧ *Conn. Ret. Plans & Trust Funds v. Amgen*, Inc., 660 F. 3d 1170, 1173 (9th Cir. 2011).

有效市场的规则,投资者可能不信赖价格充分反映可公开获得的信息……在这种情况下若未能拒绝信赖推定,就等于使欺诈市场理论从推定信赖变为免除原告对信赖的举证责任”。①

总括之,美国法律、法学人士确曾普遍主张有效市场假说是欺诈市场理论的理论基础。以法律逻辑学为视阈,该项主张实则构成一个必要条件假言命题,根据换位定理将之转换成充分条件句后可得,后件欺诈市场理论“→”(读作蕴含)前件有效市场假说。上述结论性质上属于同一论命题的前提,为关联后件下的有效市场与前件中的半强式有效市场提供条件。

(二)正解:非有效市场假说的半强式有效市场

然依笔者之见,同一论命题的前提无法成立。一方面,颇为讽刺的是,捆绑两种理论的后果与司法实践相抵牾。半强式有效市场假说认为价格反映所有可获得的信息,正因认可欺诈市场理论以有效市场假说为理论基础,得以理解 Fischel 教授缘何阐述“投资者是否平等获得信息、是否获得信息皆无关紧要”,②觉得缺乏预测市场未来状态之优势的投资者“没有投资信息收集(information gathering)的动机,如此行动是在浪费他们的钱,最好的办法是接受特定的市场价格”,③揣度“接受欺诈市场理论的逻辑得出的结论是,不必在证券欺诈案件中分别调查重大性、信赖、因果关系和损失。这些调查在须主观评估对方所提供信息的面对面交易中是必要的,但在市场价格传递所有相关信息的公开市场交易中无关紧要”。④ 显然,他的结论同第一部分归纳的判例规则并不吻合。就此去伪存真,否定“不必在证券欺诈案件中分别调查重大性、信赖、因果关系和损失”,再由后向前逆推势必会撼动同一论命题的前提。究其根本,半强式有效市场假说虽营造信息完全对称的理想状态,却无法掩盖投资者处在不利信息地位的客观事实。投资者“接受特定的市场价

① Frederick C. Dunbar, Dana Heller, “Fraud on the Market Meets Behavioral Finance”, *Delaware Journal of Corporate Law*, Vol. 31, No. 2 (2006), p. 532.

② Daniel R. Fischel, “Use of Modern Finance Theory in Securities Fraud Cases Involving Actively Traded Securities”, *The Business Lawyer*, Vol. 38, No. 1 (1982), p. 4.

③ Daniel R. Fischel, “Use of Modern Finance Theory in Securities Fraud Cases Involving Actively Traded Securities”, *The Business Lawyer*, Vol. 38, No. 1 (1982), p. 4.

④ Id, p. 9.

格"不是缺乏动力遂理性冷漠的表现,而是迫于能力不足只好妥协的无奈。换言之,"证券市场最显著的特点在于证券市场上信息的分布是典型的不对称",[①]欺诈市场理论需要容忍现实证券市场一定程度的信息不对称,而这是半强式有效市场假说无法接受的。

另一方面,已有司法意见直接推翻同一论命题的前提。2014年,联邦最高法院在Halliburton II案的判决内容中,纠正有效市场假说非欺诈市场理论的理论基础。"本院承认经济学家们就资本市场的效率展开辩论,但拒绝认可'任何关于可公开获得的信息多快、多充分地反映于市场价格的特定理论',相反,本院将信赖推定建立在相当温和的前提(fairly modest premise)上,即'市场专业人士一般考虑大多数公开宣布的有关公司的重大陈述,从而影响股票市场价格'"。[②] 继而两相比较,半强式有效市场假说下的有效市场与欺诈市场理论下的有效市场,区别之一在于市场价格反映信息的数量不同:"所有"一词揭示前者要求信息借由市场价格完全传递给投资者,"大多数"一词揭示后者仅需信息借由市场价格部分传递给投资者。另一区别在于后者不再要求市场价格反映信息的时限。以2005年的PolyMedica案为例,第一巡回上诉法院曾要求投资者证明案涉市场满足信息效率(informational efficiency),即"当新信息迅速反映在价格中以致交易者不可能据此赚取利润",股票价格"充分反映"所有可公开获得的信息。[③] 由此可见,欺诈市场理论对有效市场的标准低于半强式有效市场假说对有效市场的标准。纵然如是,笔者不否认两种理论下的有效市场存在一定联系,毕竟它们依赖信息与市场价格的互动,"即使是公开信息会对股价产生影响的一般意见,欺诈市场理论也完全可以作为依据适用"。[④]

综言之,欺诈市场理论下的有效市场只需是相对意义上的有效市场,不必达到前述有效市场假说下的半强式有效市场之标准。所谓相对意义,指虽

---

① 刘凤根:《信息、信念、偏好与新兴大国证券市场投资者的行为偏差:基于中国证券市场的分析》,上海人民出版社2013年版,第54页。

② *Halliburton Corp v. Erica P. John Fund*, Inc., 573 U.S. 258, 261(2014).

③ See In re Poly Medica Corporation Sec. Litig., 432 F. 3d 1, 16-17 (1stCir. 2005).

④ Kun Young Chang, "Revisiting the Fraud-on-the-Market Theory and the Transaction Causation", *The Jounal of Comparative Private Law*, Vol. 23, No. 3 (2016), p. 777.

要求信息为证券市场所吸收并反映于价格，却不禁止一定程度的信息不对称，也不勉强市场价格尽快反映所有信息。

三、裁量欺诈市场理论下的有效市场的美国经验

（一）先决：有效市场范围限于证券交易市场

按证券进入市场顺序形成的纵向结构关系划分，现实证券市场由证券发行市场与证券交易市场构成。[①] 正如第一部分所述，欺诈市场理论下的有效市场是公开且发达的证券市场。新泽西州联邦地区法院最早在Cammer案中解释道："公开市场是任何人，或至少很多人均可进行买卖的市场。发达市场是活跃度和频率相对较高、交易信息（如价格、数量）随处可得的市场，主要包括流通证券（outstanding securities）形成的二级市场，通常但不一定具有连续性和流动性（以相对较小的价格变化吸收合理数量的交易）……发达市场几乎总是公开市场，有效市场几乎总是发达市场。"[②]但是，比起依此裁量案涉证券市场有效性，更需先行解决其前置性问题——如何在现实证券市场中限定有效市场的范围？对此，美国司法实践业已形成若干裁判结论。

其一，应将证券公开发行市场排除在有效市场范围之外。[③] 具言之，有关结论主要围绕债券公开发行市场和股票公开发行市场。一则点明债券发行市场不属于欺诈市场理论下的有效市场。例如，宾夕法尼亚州东区联邦地区法院概述"新发行债券的发行市场欠缺效率（not efficient）"。[④] 第六巡回上诉法院明示"欺诈市场理论……不适用于涉及在发行市场针对新发行免税市政债券（municipal bonds）实施欺诈行为的案件"。[⑤] 得克萨斯州南区联邦地区法院直言"Enron公司债券的发行市场……不能算作公开市场"。[⑥] 二则点明股

① 参见中国证券业协会编：《证券市场基础知识》，上海财经大学出版社2002年版，第7－8页。

② *Cammer v. Bloom*, 711 F. Supp. 1264, 1276 (D. N. J. 1989).

③ "在这些术语的任何定义下，新发行证券的一级市场都不是有效的或发达的。" In re Initial Pub. Offerings Secs. Litig., 471 F. 3d 24, 42 (2d Cir. 2006). 涉及公开证券市场的案件方有认定交易因果关系的需要。See *Dura Pharms.*, Inc. v. Broudo, 544 U. S. 336, 341 (2005). 因此称证券公开发行市场更为妥当。

④ *In re Bexar County Health Facility Dev. Corp. Sec. Litig.*, 130 F. R. D. 602, 607 (E. D. Pa. 1990).

⑤ *Freeman v. Laventhol & Horwath*, 915 F. 2d 193, 199 (6th Cir. 1990).

⑥ *In re Enron Corp. Sec. Deriv. & ERISA Litig.*, 529 F. Supp. 2d 644, 771－72 (S. D. Tex. 2006).

票发行市场不属于欺诈市场理论下的有效市场。譬如,纽约州南区联邦地区法院认为欺诈市场理论不适用于通过 IPO 获得的股票,[①]暗示"在这种情况下,不适用欺诈市场理论是因为首次发行股票价格的效率低下(inefficiency)……"。[②]

其二,唯有证券交易市场可能在有效市场范围之内。有关结论所列欺诈市场理论下的有效市场之外延,包括但不限于如下几种证券交易场所:一是纽约证券交易所(New York Stock Exchange, NYSE)。比如,第六巡回上诉法院谈及"交易于纽约证券交易所等全国性交易市场的证券……极宜适用欺诈市场理论"。[③] 第三巡回上诉法院梳理后得出,"……无论是被告还是本院,皆未发现认定交易纽交所证券的市场效率低下的案件"。[④] 二是纳斯达克(NASDAQ)。诸如,加利福尼亚州中区联邦地区法院发现股票在纳斯达克上市是很好的效率指标。[⑤] 第三巡回上诉法院也赞同"证券在纽约证券交易所或纳斯达克等主要交易所上市将利于裁定市场效率"。[⑥] 三是亚太证券交易所(Asia Pacific Stock Exchange)。早在其前身被收购并更名之前,俄亥俄州南区联邦地区法院就示例"发达且非面对面(impersonal)的市场,如纽约或太平洋证券交易所(Pacific Stock Exchange)……"。[⑦] 此外诚有法官坦言,"若大量股票成交于大型全国性市场并被许多分析师跟踪,法院一般会确认集团诉讼成立",[⑧]鉴于裁定市场效率是确认美国证券集团诉讼的一环,其可充作判断案涉交易市场是否属于有效市场的简单规则。

(二)建模:股票交易市场有效性的裁判方法

"Basic 案认识到市场效率是一个程度问题(a matter of degree),并因此使

① See *Berwecky v. Bear, Stearns & Corp*, 197 F. R. D. 65, 68 (S. D. N. Y. 2005).

② In re Tronox, Inc. Sec. Litig., No. 09 Civ. 6220 (SAS), 2010 WL 2835545, at * 11 (S. D. N. Y. June 28, 2010).

③ *Freeman v. Laventhol & Horwath*, 915 F. 2d 193, 199 (6th Cir. 1990).

④ In re DVI, Inc. Sec. Litig., 639 F. 3d 623, 634 – 635 (3d Cir. 2011).

⑤ See *Vinh Nguyen v. Radient Pharm. Corp.*, 287 F. R. D. 563, 573 (C. D. Cal. 2012).

⑥ In re DVI, Inc. Sec. Litig., 639 F. 3d 623, 634 (3d Cir. 2011).

⑦ *Bovee v. Coopers & Lybrand*, 216 F. R. D. 596, 606 (S. D. Ohio 2003).

⑧ *Strougo v. Barclays PLC*, 312 F. R. D. 307, 322 (S. D. N. Y. 2016).

之成为一个证据问题(a matter of proof)”。[①] 虽然欺诈市场理论不以有效市场假说为理论基础,但美国法官仍借由经济学的方法论认定个案证券交易市场的有效性,以数据为中心裁量股票交易市场有效性的一系列方法即为典例。“因无针对效率的明线测试(bright - line tests),重要的是综合考虑确定好的效率因素,没有单一测试或指标能够决定某个特定市场是否有效”。[②] 纵观之,它们由三个互为补充的层次构成:(1)新泽西州联邦地区法院的 Cammer 因素;(2)得克萨斯州北区联邦地区法院的 Krogman 因素;(3)其他法院不断添加的若干因素。

首先,Cammer 因素是裁量股票交易市场有效性的主要方法。具体适用方面,纽约州南区联邦地区法院曾总结“绝大多数法院将 Cammer 因素用作分析工具而非清单”,[③]评价第二巡回上诉法院“未要求使用它们,或认为其中任何一点都是决定性的”。[④] 正因如是,原告不必证明个案完全满足以下五项子因素。[⑤] 其中,前四项子因素“通过估计案涉证券市场的属性(attributes)是否益于信息效率而间接评估市场效率”,[⑥]第五项子因素涉及“有效市场的本质和欺诈市场理论的基础”。[⑦]

(1)“平均每周成交数量”(average weekly trading volume)。每周大量成交“暗示投资者对公司非常感兴趣……许多投资者正在根据新获得或被传播的公司信息进行交易”。[⑧] 涉及一项裁判标准:“平均每周成交数量不低于流通股本的2%,将有充分理由有力推定(strong presumption)案涉证券市场为有效市场……占比1%将有充分理由实质推定(substantial presumption)”。[⑨]

(2)“分析师数量”(analyst coverage)。跟踪、报道一家公司的分析师人

---

① *Halliburton Corp v. Erica P. John Fund*, Inc., 573 U. S. 258, 273 (2014).

② *Cosby v. KPMG, LLP*, No. 3:16 - CV - 121 - TAV - DCP, 2020 WL 3548653, at *27 (E. D. Tenn. June 26, 2020).

③ *Carpenters Pension Trust Fund of St. Louis v. Barclays PLC*, 310 F. R. D. 69, 83 (S. D. N. Y. 2015).

④ Ibid.

⑤ See *Simpson v. Specialty Retail Concepts*, 823 F. Supp. 353, 355 (M. D. N. C. 1993).

⑥ In re Countrywide Fin. Corp. Sec. Litig., 273 F. R. D. 586, 613 - 614 (C. D. Cal. 2009).

⑦ See *Cammer v. Bloom*, 711 F. Supp. 1264, 1287 (D. N. J. 1989).

⑧ *Cammer v. Bloom*, 711 F. Supp. 1264, 1286 (D. N. J. 1989).

⑨ Id, p. 293.

数越多,投资者依赖被提供的该公司相关信息的可能性就越大。[①] 关于个案所涉报道公司的分析师数量的裁判标准,"50 名分析师是无可争议的重要数字"。[②] 只是"法院倾向于考察跟踪某一特定证券(而非整个公司)的分析师数量"。[③] 进而展开说明,"集团诉讼期间至少 3 名分析师跟踪并发布报告",[④]"2 名分析师不能在很大程度上支撑裁定效率",[⑤]"1 名独立分析师和穆迪等出版物的报道不足以使分析师数量因素益于裁定市场效率"。[⑥]

(3)"做市商、套利者"(market makers and arbitrageurs)。"存在做市商表明证券具有流动性,相关信息被传播并适当地吸收于价格中……"[⑦]套利者作为补充流动性提供者(supplemental liquidity providers, SLPs),[⑧]是"通过在不同市场买卖相同证券来利用不同市场价格差异的专业投资者"。[⑨] 二者之所以合并作为一项子因素并被用于裁定市场效率,是因为"做市商和套利者提高市场效率,均系通过'买卖证券并将之推动到一个变化的价格水平,以对公司动态和被报道的财务业绩作出快速反应'"。[⑩] 由作为子因素组成部分的"做市商"展开,裁判过程应当聚焦于"做市商……是否提供足够流动且消息灵通的(sufficiently fluid and informed)交易环境,以致当有关发行人的重大信息被传播时,投资者有机会在知情基础上以适当的买方报价和卖方报价进行交易",[⑪]不仅需要考虑个案所涉做市商的数量(number)与交易量(volume of

---

① See Xcelera. com Sec. Litig. , 430 F. 3d 503, 514 (1st Cir. 2005).

② In re Petrobras Sec. Litig. , 312 F. R. D. 354, 355 (S. D. N. Y. 2016).

③ Id, p. 366.

④ In re Turbodyne Technologies, Inc. Sec. Litig. , No. CV9900697MMMBQRX, 2000 WL 33961193, at *14 (C. D. Cal. Mar. 15, 2000).

⑤ *Cheney v. Cyberguard Corp.* , 213 F. R. D. 484, 499 (S. D. Fla. 2003).

⑥ *Krogman v. Sterritt*, 202 F. R. D. 467, 475 (N. D. Tex. 2001).

⑦ In re NII Holdings, Inc. Sec. Litig. , 311 F. R. D. 401, 410 (E. D. Virg. 2015).

⑧ *Hayes v. MagnaChip Semiconductor Corp.* , No. 14 - cv - 01160 - JST, 2016 WL 7406418, at *6 (N. D. Cal. Dec. 22, 2016).

⑨ Stuebler v. Xcelera. com, 430 F. 3d 503, 515 (1st Cir. 2005).

⑩ Teamsters Local 445 Freight Div. Pension Fund v. Bombardier, Inc. , 2006 WL 2161887, at *7 (S. D. N. Y. Aug. 1, 2006). "一个变化的价格水平"特指"市场出清水平(market - clearing level)"。*Stuebler v. Xcelera. com*, 430 F. 3d 503, 515 (1st Cir. 2005).

⑪ *Cammer v. Bloom*, 711 F. Supp. 1264, 1282 - 1283 (D. N. J. 1989).

trading activity),[①]而且可以观察个案是否存在通过指定做市商(designated market maker, DMM)交易的情况。[②]

(4)“有权提交 Form S－3 注册说明书”(entitled to file an S－3 Registration Statement)。经证交会允许提交 Form S－3 注册说明书的公司,应当满足7500 万美元市值要求,且连续 12 个月向证交会提交报告。[③] Form S－3 是一种缩略的发行文件(abbreviated prospectus),所要求披露的信息少于 Form S－1或 Form S－2。“Form S－3 供股票交易活跃且受到广泛关注的公司所用”,[④]“只有公众持股量(public floats)或个人募集规模(individual offerings)足够巨大的发行人才可提交该表格”,[⑤]“该表格的条件是 SEC 相信市场会为这些公司有效运作,即市场已传播、说明注册者借证交所报告(Exchange Act reports)与其他媒体(比如新闻稿)披露的信息”。[⑥] 有鉴于此,被告在集团诉讼期间内提交多份 Form S－3、被告在集团诉讼期间的多数时段有权提交 Form S－3 等裁判事实足以认定案涉股票交易市场是有效市场。[⑦]

(5)“因果关系”(cause and effect relationship)。全称为“意外的公司动态或财务信息发布与股票价格即时反应间的因果关系”。[⑧] 很多法院认为这是 Cammer 因素下最重要的子因素,[⑨]也有法院否定其在个案中的决定性作用。[⑩]

---

① See *Unger v. Amedisys Inc.*, 401 F. 3d 316, 324 (5th Cir. 2005).

② See e. g., *Vinh Nguyen v. Radient Pharm. Corp.*, 287 F. R. D. 563, 573 (C. D. Cal. 2012); *Willis v. Big Lots, Inc.*, 242 F. Supp. 3d 634, 654 (2017).

③ Forms Prescribed Under the Securities Act of 1933, 17 C. F. R. § 239. 13 (2018).

④ *Unger v. Amedisys Inc.*, 401 F. 3d 316, 326 (5th Cir. 2005).

⑤ *Police Retirement System of St. Louis v. Granite Construction*, No. C 19－04744 WHA, 2021 WL 229310, at ＊6 (C. D. Cal. Jan. 21, 2021).

⑥ *Cammer v. Bloom*, 711 F. Supp. 1264, 1284 (D. N. J. 1989).

⑦ See e. g., Cosby v. *KPMG, LLP*, No. 3:16－CV－121－TAV－DCP, 2020 WL 3548653, at ＊5 (E. D. Tenn. June 26, 2020).

⑧ *Cammer v. Bloom*, 711 F. Supp. 1264, 1287 (D. N. J. 1989).

⑨ See e. g., In re PolyMedica Corp. Sec. Litig., 453 F. Supp. 2d 260, 268 (D. Mass. 2006); In re Countrywide Fin. Corp. Sec. Litig., 273 F. R. D. 586, 614 (C. D. Cal. 2009); In re Winstar Commc'ns Sec. Litig., 290 F. R. D. 437, 448 (S. D. N. Y. 2013).

⑩ See e. g., *Carpenters Pension Tr. Fund of St. Louis v. Barclays PLC*, 310 F. R. D. 69, 83 (S. D. N. Y. 2015); *Beaver Cty. Employees' Ret. Fund v. Tile Shop Holdings, Inc.*, No. 14－786 ADM/TNL, 2016 WL 4098741, at ＊10 (D. Minn. July 28, 2016).

双方当事人据以质证的方式原则上不限于一种,[①]“最为常见的因果关系实证测试是试图计算事件对公司股票价值之影响的事件研究法(event study)”。[②]从性质上讲,“事件研究法是用于区分源自市场和行业因素的价格变动与源自公司特定因素的价格变动的统计分析方法(statistical analysis)”。[③] 在市场效率的裁定过程中,它“被当作是存在因果关系的初步证据(prima facie evidence)”,[④]“用于衡量证券价格对有关发行公司(issuing company)的意想不到的新信息的反应”。[⑤] 出现计算方法不健全、不可靠等情况可能会致一方或双方当事人举证失败。[⑥] 除非被告成功抗辩或反证案涉股票交易市场为非有效市场,否则原告提交的专家报告即使证明力较弱也足以支撑其举证成功。[⑦]

其次,四项Krogman因素是裁量股票交易市场有效性的次要方法。梳理其子因素前需要处理“机构投资者所有”的涵摄问题,也即将之归为Cammer因素下的“做市商”子因素,[⑧]归为Krogman因素下的“流通股”子因素,[⑨]还是视作Krogman因素下一项独立的子因素?[⑩] 笔者在意前两者的不妥之处而倾向支持第三种观点,归入“做市商”中将陷入机构投资者不可能皆满足做市商资格条件的困顿之中,[⑪]归入“流通股”中则或有可能面临裁判事实不符合流

---

① See *Cosby v. KPMG, LLP*, No. 3:16 - CV - 121 - TAV - DCP, 2020 WL 3548653, at *12 (E. D. Tenn. June 26, 2020).

② In re Diamond Foods, Inc., Securities Litig., 295 F. R. D. 240, 248 (N. D. Cal. 2013).

③ *Nursing Home Pension Fund v. Oracle Corporation*, No. C01 - 00988 MJJ, 2006 WL 8071391, at *11 (N. D. Cal. December 20, 2006).

④ In re Winstar Commc'ns Sec. Litig., 290 F. R. D. 437, 448 (S. D. N. Y. 2013).

⑤ *Plumbers & Piperfitters Nat. Pension Fund v. Burns*, 967 F. Supp. 2d 1143, 1151 (N. D. Ohio Sept. 4, 2013).

⑥ See In re Winstar Commc'ns Sec. Litig., 290 F. R. D. 437, 448 (S. D. N. Y. 2013).

⑦ See In re NII Holdings, Inc. Sec. Litig., 311 F. R. D. 401, 424 - 425 (E. D. Virg. 2015).

⑧ See e. g., In re Global Brokerage, Inc., No. 17 - CV - 916 (RA) (BCM), 2021 WL 1160056, at *11 - *12 (S. D. N. Y. Mar. 18, 2021); *Loritz v. Exide Technologies*, NO. 2:13 - cv - 02607 - SVW - E, 2015 WL 6790247, at *13 (C. D. Cal. July 21, 2015).

⑨ See e. g., In re NII Holdings, Inc. Sec. Litig., 311 F. R. D. 401, 414 (E. D. Virg. 2015).

⑩ See e. g., *Unger v. Amedisys Inc.*, 401 F. 3d 316, 323 (5th Cir. 2005); *Bell v. Ascendant Solutions, Inc.*, 422 F. 3d 307, 313 (5th Cir. 2005); In re Scientific - Atlanta, Inc. Sec. Litig., 571 F. Supp. 2d 1315, 1338 (N. D. Ga. 2007).

⑪ “由满足一定资格条件的交易商担任,在公认的交易商报价系统中定期发布或要求提供善意的竞争性投标和报价,准备好、愿意并能够按报价同其他经纪商或交易商进行合理数量的交易。”General Rules And Regulations, Securities Exchange Act of 1934, 17 C. F. R. § 240. 15c3 - 1 (2006).

通股定义项中的属。

(1)“股票市值”(market capitalization),指“股票价格乘流通股本的数量”。[①] 投资者更有动力向市值较高的公司投资,因为“大型公司的规模、美元交易量往往反映消除错误定价(eliminate mispricing)的经济诱因(economic incentive)的大小”。[②] 诉讼中存在两种常见的质证方式,一是比较集团诉讼期间案涉股票的平均市值与美国主要交易所中同种类股票的平均水平。利于支持案涉股票交易市场有效性的裁判事实诸如,“超过 89% ~95% 的纽约证券交易所和纳斯达克普通股”,[③]“超过纽约证券交易所和纳斯达克中的大多数股票”,[④]“在交易于纽约证券交易所和纳斯达克交易所的所有普通股的中位数范围内”。[⑤] 二是比较集团诉讼期间案涉股票的平均市值与同种类公司发行的同种类股票的平均水平。比如“超过 90% 的公开上市交易的美国公司”将益于裁定市场效率。[⑥]

(2)“买卖价差”(bid - ask spread),指“投资者愿意买入股票的价格与当前股东愿意出售股票的价格的差额”,“大的买卖价差表明市场效率低下,因为暗示股票太贵以致无法交易”。[⑦] 司法实践中买卖价差计算结果的呈现方式多样,除常见的百分比形式外还可包含倍数形式,如明尼苏达州联邦地区法院曾在个案中表示“纽约证券交易所和纳斯达克市场中的公司的平均买卖价差(0.70%)是 CenturyLink 普通股买卖价差(0.04%)的 17 倍”。[⑧] 既可计算案涉证券的日均相对买卖价差,如佛罗里达州南区联邦地区法院、纽约州南区联邦地区法院曾分别认定 2.44%、[⑨]0.27% 的日均相对买卖价差益于裁

① *Krogman v. Sterritt*, 202 F. R. D. 467, 478 (N. D. Tex. 2001).

② *O' Neil v. Appel*, 165 F. R. D. 479, 503 (W. D. Mich. 1996).

③ In re CenturyLink Sales Practices and Sec. Litig., 337 F. R. D. 193, 207 (D. Minn. 2020).

④ Police Retirement System of St. Louis, 2021 WL 229310, at *6.

⑤ *Cosby v. KPMG, LLP*, No. 3:16 - CV - 121 - TAV - DCP, 2020 WL 3548653, at *5 (E. D. Tenn. June 26, 2020).

⑥ In re Petrobras Sec. Litig., 312 F. R. D. 354, 366 (S. D. N. Y. 2016).

⑦ *Krogman v. Sterritt*, 202 F. R. D. 467, 478 (N. D. Tex. 2001).

⑧ See e. g., In re CenturyLink Sales Practices and Sec. Litig., 337 F. R. D. 193, 200 (D. Minn. 2020).

⑨ See *Cheney v. Cyberguard Corp.*, 213 F. R. D. 484, 501 (S. D. Fla. 2003).

定市场效率。[①] 又可比较案涉证券与随机抽样证券在样本月份的平均买卖价差,如加利福尼亚州中区联邦地区法院曾在个案中选择集团诉讼期间买卖价差最大的样本月份,比较得出"……买卖价差很小(0.034% ~0.078%),远低于随机挑选的100只普通股的平均价差"。[②] 至于样本相关数据的来源,可以是主要交易所指数,如"……证券价格研究中心数据库中所有股票的平均买卖价差为0.59%",[③]或当事人自有的研究数据库,如"……是这些交易于纽约证券交易所和纳斯达克的100只普通股的平均买卖价差"。[④]

(3)"流通股"(float),指"公众相对于企业内部员工所持股份的百分比","内部员工可能拥有尚未反映在股价中的信息,其持股更多的股票不太可能通过价格准确反映所有可获得的信息。故而高比例的内部员工持股和相对较低的流通股不利于裁定市场效率"。[⑤]

(4)"机构投资者所有"(institutional ownership)。主要涉及三种可以用于裁量案涉股票交易市场有效性的裁判事实:一是持股的机构投资者人数较多。如"银行的普通股在全国范围内交易,有200多个大型机构投资者,且可能有数千个集团成员(class members)",[⑥]"存在453家机构投资者足以满足人数要求"。[⑦] 二是持股的机构投资者增幅明显。如"在集团诉讼期间,持有HealthSouth股票的机构投资者由118家增加至489家"。[⑧] 三是机构投资者所占持股比例较高。裁判结果显示,高持股比例是可以灵活理解的概念,如集团诉讼期间机构投资者占有30%以上的公众持股量、[⑨]每季度末机构投资

---

① See *McIntire v. China MediaExpress Holdings*, Inc., 38 F. Supp. 3d 415, 433 (S. D. N. Y. 2014).

② See Police Retirement System of St. Louis, No. C 19-04744 WHA, at *6 (N. D. Cal. 2021).

③ In re Petrobras Sec. Litig., 312 F. R. D. 354, 366 (S. D. N. Y. 2016).

④ *Cosby v. KPMG, LLP*, No. 3:16-CV-121-TAV-DCP, 2020 WL 3548653, at *18 (E. D. Tenn. June 26, 2020).

⑤ *Cheney v. Cyberguard Corp.*, 213 F. R. D. 484, 502 (S. D. Fla. 2003).

⑥ *Burges v. Bancorpsouth, Inc.*, NO. 3:14-cv-1564, 2017 WL 2772122, at *3 (M. D. Tenn. June 26, 2017).

⑦ Police Retirement System of St. Louis, 2021 WL 229310, at *4.

⑧ See In re HealthSouth Corp Sec. Litig., 261 F. R. D. 616, 635 (N. D. Ala. 2009).

⑨ See *Cosby v. KPMG, LLP*, No. 3:16-CV-121-TAV-DCP, 2020 WL 3548653, at *5 (E. D. Tenn. June 26, 2020).

者平均占有95.03%的公众持股量均符合要求。[①]

最后,裁量股票交易市场有效性的辅助方法包括但不限于如下几项因素:(1)"自相关"(autocorrelation),又称序列相关(serial correlations),"一般指同一序列在不同日期的两个观测结果之间的相关性",[②]在市场效率的裁判过程中具化为衡量"股票定价基于历史数据的可预测性",以及股票是否交易于主要证券交易所。[③] "如果某一证券在特定日期的价格变化显示其在次日的价格变化的迹象,那么该证券就显现出自相关性特征",[④]"自相关性代表过往价格走势预测未来价格走势的程度,不为零时表明效率低下"。[⑤] (2)"期权交易"(options trading)。结合个案案情发现集团诉讼期间期权交易活跃,也能服务于认定案涉股票交易市场的有效性。[⑥] 另外值得一提的是,Loritz案被告的专家证人曾试图建议法院额外考虑"股价变化与交易量间的相关性"(the correlation between stock price changes and trading volume),加利福尼亚州中区联邦地区法院鉴于案情认为"这些额外因素不会改变其结论",[⑦]没有正面回应此种做法的可行性。

(三)延伸:债券交易市场有效性的审判思路

美国的债券交易市场以场外市场为主,笔者选择其中公司债的场外交易市场进行小范围的实证研究,理由主要包括公司债是美国债券市场中的主要券种,公司债与我国银行间企业债发行主体相似,以及相关判例总体数量多故易筛选样本。纵观涉及合格投资者从事公司债场外交易的8起案件(见表1),上节梳理的裁判方法本为判断案涉股票交易市场是否为有效市场而设计,却仍应司法实践之需求扩张适用于债券交易市场,即使因"地"制宜有所

① See In re NII Holdings, Inc. Sec. Litig., 311 F. R. D. 401, 412 (E. D. Virg. 2015).

② *Plumbers & Pipefitters Nat. Pension Fund v. Burns*, 967 F. Supp. 2d 1143, 1160 (N. D. Ohio 2013).

③ See *Första AP – Fonden v. St. Jude Med.*, Inc., 312 F. R. D. 511, 518 (D. Minn. 2015).

④ In re DVI, Inc. Sec. Litig., 249 F. R. D. 196, 213 (E. D. Pa. 2008).

⑤ Police Retirement System of St. Louis, 2021 WL 229310, at *6.

⑥ See e. g., *Cosby v. KPMG, LLP*, No. 3:16 – CV – 121 – TAV – DCP, 2020 WL 3548653, at *4 (E. D. Tenn. June 26, 2020); Police Retirement System of St. Louis, 2021 WL 229310, at *6.

⑦ *Loritz v. Exide Technologies*, NO. 2:13 – cv – 02607 – SVW – E, 2015 WL 6790247, at *9 (C. D. Cal. July 21, 2015).

变形并作增补,仍未改变裁判标准之宽严。略过美国债券场内交易市场,不致破坏研究结果的周延性,理由类比美国法院在股票场内、场外交易市场有效性的认定上一视同仁,如前所述,它们经常把纽约证券交易所和纳斯达克一并当作案涉股票交易市场的比较对象。至于裁量债券交易市场有效性过程中所需把握的要点,详言之:

表1　　美国公司债场外交易市场有效性的审判思路

案件名称	Cammer因素适用情况	Krogman因素适用情况	其他因素适用情况	案涉证券市场有效性
AAL High Yield Bond Fund v. Ruttenberg	提交Form S－3(√)、披露与证券价格即时反应的因果关系(√)	买卖价差(√)	信用机构评级(√)	√
In re HealthSouth Corp. Sec. Litig.	平均每周成交数量(√)、分析师数量(√)、做市商数量(√)、提交Form S－3(√)、意外信息与证券价格即时反应的因果关系(√)	市值(√)	信用机构评级(√)	√
In re CenturyLink Sec. Litig.	平均每周成交数量(√)、分析师数量(√)、做市商数量(√)、提交Form S－3(√)、意外信息与证券价格即时反应有因果关系(√)	市值(√)、买卖价差(√)、流通股(√)	自相关性(√)	√
In re Tronox, Inc. Sec. Litig.	分析师数量(√)	—	信用机构评级(√)、交易于Portal市场、定期向SEC提交公开报告	√

续表

案件名称	Cammer 因素适用情况	Krogman 因素适用情况	其他因素适用情况	案涉证券市场有效性
Bennett v. Sprint Nextel Corp.	平均每周成交数量(√)、分析师数量(√)、做市商数量(×)、提交 Form S-3(√)、意外信息与证券价格即时反应的因果关系(√)	市值(√)、买卖价差(×)、机构投资者持股比例(√)	自相关性(×)	√
In re Safety-Kleen Corp. Bondholders Litig.	分析师数量(×)、做市商数量(×)、意外信息与证券价格即时反应的因果关系(×)	—	—	×
In re Global Brokerage, Inc. Sec. Litig.	平均每周成交数量(×)、分析师数量(×)、做市商数量(×)、提交 Form S-3(√)、意外信息与证券价格即时反应的因果关系(×)	市值(×)、流通股(×)	信用机构评级(×)	×
Loritz v. Exide Technologies et al.	平均每周成交数量(√)、分析师数量(√)、做市商数量(√)、提交 Form S-3(√)、意外信息与证券价格即时反应的因果关系(×)	—	—	×

第一,计算"平均每周成交数量"时要考虑整个集团诉讼期间。Global Brokerage 案原告举证不能是因为没有排除孤立离群值事件之影响,[①]Loritz 案

① 该案中孤立的离群值事件是"2015 年瑞士央行闪电崩盘后交易活动的异常激增"。In re Global Brokerage, Inc., No. 17-CV-916 (RA) (BCM), 2021 WL 1160056, at *10 (S. D. N. Y. Mar. 18, 2021)。

原告举证不力则是因为集团诉讼期间内某一阶段交易量低。[①] 计算"平均每周成交数量"时也可以考虑案涉证券的成交频率与成交金额。据此认定案涉债券交易市场为有效市场的3起案件中,HealthSouth案原告未像Bennett案、CenturyLink案原告般采用Cammer因素设定的2%基准,[②]而是通过对比同时期同种类债券的成交频率并计算案涉债券单笔成交金额。[③] 另外值得注意的是,上述案件集团诉讼期间内的多数乃至全部交易日皆存在交易。

第二,"分析师数量"的裁判标准存在一定争议。就据此判断案涉债券交易市场是否属于有效市场方式而言:以分析师的报道对象为标准,部分案件单纯关注跟踪公司的分析师数量,Bennett案根据跟踪公司的分析师数量裁定市场效率。[④] 多数案件同步关注跟踪案涉债券的分析师数量,HealthSouth案、CenturyLink案因跟踪公司及案涉债券的分析师数量均多而裁定市场效率,[⑤]其余案件中跟踪案涉债券的分析师数量有限,能否为此进行证据补强的司法意见不一,Loritz案允许投资者另行提供跟踪公司、案涉股票的分析师数量,[⑥] Safety - Kleen案、Global Brokerage案至此则直接否认案涉债券交易市场是有

① 该案原告自认在2011年9月13日前交易量不明确但较低,相比2012年、2013年的100%交易日交易,2011年仅约76%的交易日交易案涉债券。See *Loritz v. Exide Technologies*, NO. 2:13 - cv - 02607 - SVW - E, 2015 WL 6790247, at *13 (C. D. Cal. July 21, 2015)。

② "平均每周交易量占该公司未偿还债券的2.76%。*Bennett v. Sprint Nextel Corp.*, 298 F. R. D. 498, 508 (D. Kan. 2014). "7.60%的优级债券平均每周换手率为2.5%,中位数为1.8%,由集团诉讼期间发行之日起计,所有可能的交易日均有交易。" In re CenturyLink Sales Practices and Sec. Litig., 337 F. R. D. 193, 209 (D. Minn. 2020)。

③ "HealthSouth债券的交易频率几近比同期美国所有公司债券前10%流动性最强、最高的债券高出5~8倍,一笔交易的平均美元价值从50万美元到150万美元不等。" In re HealthSouth Corp Sec. Litig., 261 F. R. D. 616, 632 (N. D. Ala. 2009)。

④ 集团诉讼期间平均25家分析公司报道Sprint并发布340多份分析报告。See Bennett v. *Sprint Nextel Corp.*, 298 F. R. D. 498, 508 (D. Kan. 2014)。

⑤ "对HealthSouth及其债券的广泛报告,特别是市场专业人士、公共媒体和机构投资者的报告……" In re HealthSouth Corp Sec. Litig., 261 F. R. D. 616, 632 (N. D. Ala. 2009). "分析师密切关注CenturyLink,集团诉讼期间发布1000多份报告并积极参加17次电话会议,还发布大量针对CenturyLink债券的报告。" In re CenturyLink Sales Practices and Sec. Litig., 337 F. R. D. 193, 209 (D. Minn. 2020)。

⑥ "缺乏债务分析师的报告影响市场效率,但这一结论被2家评级机构的Exide及其股票的分析师报告所缓和。" Loritz v. Exide Technologies, NO. 2:13 - cv - 02607 - SVW - E, 2015 WL 6790247, at *13 (C. D. Cal. July 21, 2015)。

效市场。[①] 笔者更为支持允许双方当事人使用补强证据的第一种做法。专门跟踪债券的分析师数量具有直接裁定债券交易市场有效性存在与否的实际能力,跟踪公司或其他证券的分析师数量也有间接裁定债券交易市场有效性存在与否的证明潜力,不宜断然排除单纯利用确实充分的间接证据证明待证事实的可能性。况且,反之会有把处于诉讼弱势地位的投资者的举证门槛设置过高之嫌。

第三,个别针对股票交易市场的裁判方法不适配债券交易市场,如HealthSouth 案、Bennett 案均意识到"债务一般不为企业内部员工所持有,所以流通股与债券市场的效率的相关性低于股票",[②]笔者不免质疑 Global Brokerage 案、CenturyLink 案针对案涉债券利用"流通股"的合理性。再结合前文评述"机构投资者所有"归属而作的三点考量,笔者倾向于在 8 起案件中总括梳理对应二者和"做市商数量"的裁判事实:做市商并非一般的机构投资者,应当确定满足单独识别性与三项资格条件,而 Global Brokerage 案、[③]Bennett 案原告分别因此举证不能。[④] 至于"做市商数量"的裁判标准,Safety – Kleen 案笼统认定集团诉讼期间案涉债券的做市商数量太少,HealthSouth 案明确根据"HealthSouth 债券至少有 140 名可单独识别的做市商"支持案涉债券交易市场的有效性。[⑤] "机构投资者所有"以一般的机构投资者为核心,原告据此举证成功的裁判事实中,既可单凭持股机构投资者的人数,如 Bennett 案中"约有 224 名机构投资者买入并持有 Sprint 债券"。[⑥] 又可综合持股机构投资者的人数及持股比例,如 Loritz 案中"88 家不同机构投资者持有的债券面值占未

---

① "只有两三名分析师提供关于债券的信用研究。" Safety – Kleen, 2004 WL 3115870, at *7. "没有分析师具体报道这些债券。" In re Global Brokerage, Inc., No. 17 – CV –916 (RA) (BCM), 2021 WL 1160056, at *11 (S. D. N. Y. Mar. 18, 2021)。

② In re HealthSouth Corp Sec. Litig., 261 F. R. D. 616, 637 (N. D. Ala. 2009).; *Bennett v. Sprint Nextel Corp.*, 298 F. R. D. 498, 511 (D. Kan. 2014).

③ "在没有任何可识别的做市商的情形下,不能简单假设'通常担任债券做市商的交易商'在本案中仍是如此。" In re Global Brokerage, Inc., No. 17 – CV –916 (RA) (BCM), 2021 WL 1160056, at *13 (S. D. N. Y. Mar. 18, 2021)。

④ "没有说明这些做市商是否'准备好、愿意和能够'交易 Sprint 公司债券。" *Bennett v. Sprint Nextel Corp.* 298 F. R. D. 498, 508 (D. Kan. 2014)。

⑤ In re HealthSouth Corp Sec. Litig., 261 F. R. D. 616, 635 (N. D. Ala. 2009).

⑥ *Bennett v. Sprint Nextel Corp.*, 298 F. R. D. 498, 510 (D. Kan. 2014).

偿还债券的 30. 4% ~52%，平均占比 43%”，[①]CenturyLink 案中“超过 120 家机构投资者持有的 7. 60% 优先债券占比 21% ~33%”。[②]

第四，根据“因果关系”裁量案涉债券交易市场的有效性时，一要注意债券价格与股票价格对信息的反应不同。HealthSouth 案总结影响股票价格的信息是公开股息、损益表，影响债券价格的信息是发行人信誉、债务违约前景。[③] Bennet 案指出投资级债券的价格可能对日常股价波动与公司公告不甚敏感。[④] 二要清楚提交运用事件研究法的专家报告非唯一的质证方式。AAL 案、Bennett 案原告未选择该种方式却同样举证成功。[⑤] 三是进行事件研究法所需的显著性检验时，先应明确检验对象系债券价格而非债券报价，Bennett 案被告即因“卖方报价非执行价格且可能已过时”才反证未果。[⑥] 后须客观地在集团诉讼期间内选择所有事件日，Global Brokerage 案被告则因两个事件日之一不在集团诉讼期间内而反证失败。[⑦] 四应留待观察虚假陈述诉讼中运用其他经济学方法的合理性。如 Loritz 案没有采纳未获学术权威肯定的逆向事件研究法（reverse – event study）、信息日—非信息日研究法（news v. non – news study）。[⑧]

第五，“股票市值”在债券案件中变形为“债券市价”（market value），指未偿还本金（债券面值）乘债券的当前价格。[⑨] 据此成功认定案涉债券交易市场

---

① *Loritz v. Exide Technologies*, NO. 2:13 – cv – 02607 – SVW – E, 2015 WL 6790247, at * 14 (C. D. Cal. July 21, 2015).

② In re CenturyLink Sales Practices and Sec. Litig., 337 F. R. D. 193, 209 (D. Minn. 2020).

③ See In re HealthSouth Corp Sec. Litig., 261 F. R. D. 616, 633 –634 (N. D. Ala. 2009).

④ See *Bennett v. Sprint Nextel Corp.*, 298 F. R. D. 498, 510 (D. Kan. 2014).

⑤ “BAS 不否认原告已在（《1934 年证券交易法》）第 10(b) 条和 Rule 10b –5 诉讼的其他要素上必要地表明共同问题的主导性（predominance）。”AAL High Yield Bond Fund v. Ruttenberg, 229 F. R. D. 676, 685 (N. D. Ala. 2005). “……2008 年 1 月 18 日，一位 Sprint 的分析师发布……的研究报告，当时 Sprint10 只债券中有 8 只价格下跌。此外，2008 年 2 月 28 日，当 Sprint 发布新闻稿……Sprint10 只债券中有 9 只价格下跌，跌幅为 9. 44% ~12. 5%。原告诉称，这是新的 Sprint 新闻和 Sprint 公司债券的价格存在因果关系的证据。”*Bennett v. Sprint Nextel Corp.*, 298 F. R. D. 498, 509 (D. Kan. 2014).

⑥ *Bennett v. Sprint Nextel Corp.*, 298 F. R. D. 498, 510 –511 (D. Kan. 2014).

⑦ In re Global Brokerage, Inc., No. 17 – CV –916 (RA) (BCM), 2021 WL 1160056, at * 13 (S. D. N. Y. Mar. 18, 2021).

⑧ See *Loritz v. Exide Technologies*, NO. 2:13 – cv –02607 – SVW – E, 2015 WL 6790247, at * 15 (C. D. Cal. July 21, 2015).

⑨ In re HealthSouth Corp Sec. Litig., 261 F. R. D. 616, 634 (N. D. Ala. 2009).

为有效市场的3起案件中，CenturyLink案中债券市价为“5.87亿到8.44亿美元不等”，[①]HealthSouth案中债券市价为“8.7亿到35亿美元不等”，[②]Bennett案中债券市价为“142亿~181亿美元”。[③]

第六，债券交易市场缺少公开报道的买卖价差，[④]无碍当事人自行计算集团诉讼期间案涉债券的买卖价差。据此成功认定案涉证券市场为有效市场的2起案件中，AAL案“价差中值为0.22美元”，[⑤]CenturyLink案“平均买卖价差为2.48%，买卖价差中值为2.55%”，做市商间交易“平均买卖价差为1.09%，买卖价差中值为0.93%”。[⑥] 计算买卖价差时同样应当使用价格而非报价，Bennett案原告举证失败的原因即为按照彭博社报价计算买卖价差。[⑦]

第七，“自相关”无法用于佐证案涉债券交易市场非有效市场。Bennett案原告举证证明“Sprint债券的自相关性在整个债券市场上并不罕见”，[⑧]可见据此判断案涉股票交易市场是否属于有效市场时，理应将债券交易市场与股票交易市场区分开来。

第八，“信用机构评级”（credit agency ratings）是针对债券交易市场的新增因素，据此裁定市场效率的原理在于，“可公开获得的财务信息影响债券信用评级的方式和信息影响有效股票市场中的股票价格的方式大致相同”。[⑨] 两种情况下能够认定案涉债券交易市场为有效市场，一是信用评级机构及时下调评级，如HealthSouth案中信用评级机构处理、公开财务信息并对之作出反应，[⑩]AAL案中标普在被告披露实际存货金额、修订信贷安排的次日均下调其

---

① In re CenturyLink Sales Practices and Sec. Litig., 337 F. R. D. 193, 210 (D. Minn. 2020).

② Ibid.

③ *Bennett v. Sprint Nextel Corp.*, 298 F. R. D. 498, 510 (D. Kan. 2014).

④ See In re HealthSouth Corp Sec. Litig., 261 F. R. D. 616, 634 (N. D. Ala. 2009); In re Global Brokerage, Inc., No. 17-CV-916 (RA) (BCM), 2021 WL 1160056, at *14 (S. D. N. Y. Mar. 18, 2021).

⑤ *AAL High Yield Bond Fund v. Ruttenberg*, 229 F. R. D. 676, 685 (N. D. Ala. 2005).

⑥ In re CenturyLink Sales Practices and Sec. Litig., 337 F. R. D. 193, 210 (D. Minn. 2020).

⑦ See *Bennett v. Sprint Nextel Corp.*, 298 F. R. D. 498, 510 (D. Kan. 2014).

⑧ Id, pp. 510-511.

⑨ In re HealthSouth Corp Sec. Litig., 261 F. R. D. 616, 635 (N. D. Ala. 2009).

⑩ In re HealthSouth Corp Sec. Litig., 261 F. R. D. 616, 635 (N. D. Ala. 2009).

债券评级。[①] 二是案涉债券经国际三大评级机构(穆迪、标普、惠誉)评级,Tronox案、Global Brokerage案各从正反维度强化该标准。[②]

四、借鉴下的省思:评析《虚假陈述侵权赔偿若干规定》第一条

(一)针对公开发行市场慎用交易因果关系推定原则

在理解司法解释的条文规定时,可以参照探究立法原意、忠于文本含义的法律解释目标。[③] 立法原意乃“历史上立法者之意旨”。[④] 早在《最高人民法院关于审理证券市场因虚假陈述引发的民事赔偿案件的若干规定》实施时代,最高人民法院便表示其制定的司法解释“参考国外普遍采用的欺诈市场理论和信赖推定原则”。[⑤] “是故当基于法律义理的要求,必须将法律根据其意旨上的关联给予系统化”,[⑥]参考法律体系的一贯性要求,理应继续尊重司法解释有所吸纳欺诈市场理论的起草者意见。易言之,在我国证券市场虚假陈述侵权民事赔偿案件中,不免继续借鉴欺诈市场理论判断能否推定交易因果关系成立,《虚假陈述侵权赔偿若干规定》第十一条、第十二条确也践行以推定方法认定交易因果关系的原则。如此这般,第三部分结合美国司法实践归纳的结论——“理应将证券公开发行市场排除在有效市场范围之外”具有一定的应用价值。

问题在于,《虚假陈述侵权赔偿若干规定》第一条第一款规定:“信息披露义务人在证券交易场所发行、交易证券过程中实施虚假陈述引发的侵权民事赔偿案件,适用本规定。”参考文义解释中的“语义因素”解释方法进行推理,[⑦]《虚假陈述侵权赔偿若干规定》第十一条、第十二条列举的适用条件不牵涉限制案涉市场的类别,那么针对我国证券公开发行市场可以适用交易因果关系

---

① See *AAL High Yield Bond Fund v. Ruttenberg*, 229 F. R. D. 676, 685 (N. D. Ala. 2005).

② See In re Tronox, Inc. Sec. Litig., No. 09 Civ. 6220 (SAS), 2010 WL 2835545, at *9 (S. D. N. Y. June 28, 2010); In re Global Brokerage, Inc., No. 17 - CV - 916 (RA) (BCM), 2021 WL 1160056, at *12 (S. D. N. Y. Mar. 18, 2021).

③ 参见王利明、王叶刚:《法律解释学读本》,江苏人民出版社2016年版,第23页。

④ [德]拉伦茨:《法学方法论》,陈爱娥译,商务印书馆2005年版,第197页。

⑤ 李国光主编:《最高人民法院关于审理证券市场虚假陈述案件司法解释的理解与适用》,人民法院出版社2003年版,第14页。

⑥ 黄茂荣:《法学方法与现代民法》,中国政法大学出版社2001年版,第510页。

⑦ 参见刘平:《法律解释:良法善治的新机制》,上海人民出版社2015年版,第130页。

推定原则，再顾及欺诈市场理论本身就是一种交易因果关系推定原则，似乎将推导出针对我国证券公开发行市场可以适用欺诈市场理论。由此观之，第一条第一款的潜在争议在于，其恐怕站在否定证券公开发行市场属于有效市场的另一端。

笔者认为，主张证券公开发行市场不算有效市场是无关国别的。“推定是对已知事实与未知事实间因果关系的假设”，[①]第一部分已述欺诈市场理论作用下的交易因果关系之内涵，触及假设由市场设定案涉证券的价格。可是，无论在《公司法》仅允许溢价、平价发行的我国，还是在一并认可折价发行的美国，证券的发行形式皆是有弹性的，发行价格与票面金额的关系为主体因素所左右，发行价格由发行人及其主承销商决定而非证券市场设定。正因为如此，第二巡回上诉法院认识到价格和可获得信息间的正常联系在证券发行阶段是不适用的。[②] 再者，欺诈市场理论本质上是一种交易因果关系推定原则，而“投资者按照发行价格认购股份或‘购买’股票实际上并无交易性质”。[③] 这些事实无不指明针对证券公开发行市场适用欺诈市场理论的理由不足，又何谈具有判断案涉证券公开发行市场是否属于有效市场的机会？概言之，一定程度上讲，《虚假陈述侵权赔偿若干规定》第一条第一款在其他规定的共同作用下，无端包容不该被欺诈市场理论保护的证券公开发行市场中的投资者。

“法律解释的边界以外是法律漏洞的栖身之地”。[④] 就上述情况而言，最为理想的方案是部分修订司法解释以填补法律漏洞，其间起草者应当遵循比例原则的要义，尽量把不利影响控制在较小范围与限度之内，修订之处宜集中于规定内容更窄的《虚假陈述侵权赔偿若干规定》第十一条、第十二条。为求条文设计的科学性，还要考虑证券私募发行市场的情况。在传统的面对面交易中，投资者与证券出售者或其代理人经过直接议价签订证券买卖合同，

---

① 陈卫东、谢佑平主编：《证据法学》（第2版），复旦大学出版社2016年版，第169页。

② See In re Initial Public Offering Sec. Litig., 471 F.3d 24, 42 (2d Cir. 2006).

③ 陈甦：《公司法对股票发行价格的规制》，载《法学研究》1994年第4期。

④ 孔祥俊：《法律规范冲突的选择适用与漏洞填补》，人民法院出版社2004年版，第412页。

他们一般单纯期待对方陈述其感兴趣的特定信息并予以担保,①查证相关信息反映的证券价值以主观评估能够接受的证券交易价格,此时致信客体的举证重心落在直接证明他们信赖虚假陈述之上,不再适用推定方法便无适用交易因果关系推定原则的余地。概言之,或许应当在《虚假陈述侵权赔偿若干规定》第十一条、第十二条的既有规定前统一添加前缀,内容为"对于信息披露义务人在证券交易场所交易证券过程中实施虚假陈述引发的侵权民事赔偿案件"。

(二)四大全国性证券交易场所非全员属于有效市场

裁量案涉证券交易市场有效性的美国经验,启示我们同样应当辩证看待《虚假陈述侵权赔偿若干规定》第一条第一款中的"证券交易场所",既不能妄自菲薄地猜测其不及欺诈市场理论对有效市场的标准,又要看到其与欺诈市场理论下的有效市场之样态的现时差距。

本文第三部分提及一项诠释美国司法实务普遍做法的规则,即根据许多分析师跟踪的案涉证券大量成交于全国性证券交易场所,以推定方法实质认定案涉证券交易市场为有效市场。由此及彼,参考综合"法意因素、目的因素、逻辑因素等"的体系解释,②《虚假陈述侵权赔偿若干规定》第一条第一款中的"证券交易场所"联结"适用本规定",第一条第二款中的"区域性股权市场"联结"可以参照适用本规定",鉴于需要保障司法解释上下条款的融通性,不难理解"证券交易场所"实际隐含全国性的级别限制。那么从理论上讲,可以援引前述域外规则分析四大全国性证券交易场所有效性的程度。

骨感的现实却是,最新数据显示,"截至2020年底……注册登记分析师3364人,发布境内外上市公司和新三板挂牌公司研究报告85000余份",③权威统计尚未区分A股、新三板的分析师跟踪数量数据,加上"2020年全年,国

① "在某些情况下,投资者可能只关心公司的部分业务或运营。例如,对于一家从事零售业务但拥有高价房地产的公司,投资者可能主要因其房地产的价值而买入其发行股票,并不关心其零售业务的盈利能力。"Steven A. Fishman, "Duty to Disclose under Rule 10b - 5 in Face - to - Face Transactions", *The Journal of Corporation Law*, Vol. 12, No. 2 (1987), p. 257。

② 刘平:《法律解释:良法善治的新机制》,上海人民出版社2015年版,第130页。

③ 证券业协会开展证券公司发布证券研究报告业务经营情况统计,载"中国证券业协会"官网2021年9月23日,https://www.sac.net.cn/ljxh/xhgzdt/202109/t20210923_147598.html,最后访问日期2023年2月24日。

内共有 88 家券商共 4269 位分析师,发布了 166808 份研报,共覆盖 2430 家 A 股上市公司”,[①]不吻合的分析师数据佐证同年针对 A 股的民间统计精度偏低。不过,在较高分析师数量与年度成交金额的共同影响下,[②]可以合理相信上海和深圳证券交易所(以下简称上深两所)能够提供欺诈市场理论所需的市场环境。

然而峰回路转的奇迹只有一次。同年全国中小企业股份转让系统(以下简称新三板)的股票年度成交金额较上深两所差距显著,[③]北京证券交易所(以下简称北交所)因注册成立不到一年而无法统计分析师年度数据,必须寻找其他方法判断它们是否符合欺诈市场理论下的有效市场之样态。新三板、北交所可供收集的市场数据的现实情况,决定目前只有“平均每周成交数量”“做市商、套利者”能被用于判断二者是否属于有效市场。第一,在不计跨月周的前提下,以 2022 年上半年每月第 2 周的发行交易概况为例(见表 2),综合平均成交数量、平均流通股本、前者占后者之比三项指标的计算结果来看,北交所共有半数情况符合或趋近 1%、2% 的司法要求,新三板则可谓确实与前述司法要求相差悬殊。[④] 第二,虽然新三板只缺少套利者数量的市场数据,但截至 2022 年 7 月 1 日,其做市股票数量共 402 只,做市商有 69 家,[⑤]而美国仅是个案中做市股票的做市商数量有时就会超过百家。[⑥] 北交所则缺少关于

① 《重磅出炉! 2020 年券商研究实力排行榜!》,载微信公众号“东方财富 Choice 数据”2021 年 1 月 7 日,https://mp. wei xin. qq. com/s/ - sBet - oFoRjRjAmltVoKUg,最后访问日期 2023 年 2 月 24 日。

② 2020 年,上深两所的股票年度成交金额分别为 839860. 8623 亿元、1228391. 66 亿元。资料来源:上海证券交易所官网“数据—股票数据—成交概况—年度概况”板块,http://www. sse. com. cn/market/stockdata/overview/yearly/index - his. shtml,最后访问日期 2023 年 2 月 24 日,深圳证券交易所官网“市场数据—股票数据—成交概况—年度概况”板块,http://www. szse. cn/market/stock/situation/annual/index. html,最后访问日期 2023 年 2 月 24 日。

③ 2020 年,新三板的股票年度成交金额为 1294. 64 亿元。《全国中小企业股份转让系统 2020 年市场统计快报》,载“全国中小企业股份转让系统”官网 2020 年 12 月 31 日,http://www. neeq. com. cn/static/statisticdata. html,最后访问日期 2023 年 2 月 24 日。

④ 资料来源:全国中小企业股份转让系统与北京证券交易所官网“市场数据—统计数据—定期统计—日报”板块,https://www. neeq. com. cn/static/statiticdata. html,最后访问日期 2023 年 2 月 24 日。

⑤ 资料来源:全国中小企业股份转让系统官网“市场数据—做市信息”板块,https://www. neeq. com. cn/nq/listedMakerlnfo. html,最后访问日期 2023 年 2 月 24 日。

⑥ See e. g. ,“当时 Treehouse 的股票有 100 多家做市商……”*Public Employees' Retirement System of Mississippi v. TreeHouse Food Inc.* , No. 16 - cv - 10632, 2020 WL 919249, at ∗4 (N. D. Ill. Feb. 26, 2020).

做市商和套利者数量的全部数据。这些市场效率所对应的基础事实指向如下结论:北交所或有加入上深两所行列之可能,但新三板与有效市场的应然状态差距明显。

表2　　北交所与新三板2022年1—6月第2周发行交易情况

类别	时间	平均成交数量(万股)	平均流通股本(亿股)	百分比(保留三位小数)
北交所	1.10－1.14	10795.694	57.656	1.872%
	2.14－2.18	6707.156	67.22	0.998%
	3.14－3.18	7783.664	71.376	1.091%
	4.11－4.15	3304.32	71.63	0.461%
	5.9－5.13	4660.648	74.526	0.625%
	6.13－6.17	4602.76	80.46	0.572%
新三板	1.10－1.14	11423.86	2834.31	0.04%
	2.14－2.18	8677.266	2822.996	0.031%
	3.14－3.18	7991.29	2820.144	0.028%
	4.11－4.15	4273.652	2786.526	0.015%
	5.9－5.13	5898.608	2775.288	0.021%
	6.13－6.17	6697.594	2754.208	0.024%

是故,我国四大全国性证券交易场所中,实则存在无法当然认定为欺诈市场理论下的有效市场者。若朝前逆推上节由文义解释作用形成的逻辑规则,得出针对相关全国性证券交易场所不可以适用欺诈市场理论。在这种情形下,倘若平义解释《虚假陈述侵权赔偿若干规定》第一条第一款中的"证券交易场所",词汇的宽泛外延难免会对所在规定的合理性评价产生消极影响。一言以蔽之,结合实际情况限缩解释"证券交易场所",方可回归正确注解条文规定的要义。

(三)不予规制银行间债券市场合乎市场效率之考量

新三板不属于欺诈市场理论下的有效市场,并不代表场外交易市场一概如此。《虚假陈述侵权赔偿若干规定》第一条第二款规定:"按照国务院规定设立的区域性股权市场中发生的虚假陈述侵权民事赔偿案件,可以参照适用本规定。"选择性地把区域性股权市场纳入规制范围,积极意义在于承认股票场外交易市场可能属于有效市场。不过,该款继续留白富有争议的银行间债券市场的法律适用问题,笔者将之作为研究我国债券场外交易市场的切入点,并认为目前暂且可以搁置有关准立法间的既有冲突,因为未来或有扼制部门利益统一修法之可能。

美国法院有时判决欺诈市场理论适用于公司债的场外交易市场,我国企业债券市场可以像这样满足市场效率所需的诸多要求吗? 事实上,我们对其所在的整个银行间债券市场也只能抱有期待态度。参考 Cammer 因素加以判断的过程中,缺少债券流通量数据导致无法计算"平均每周成交数量",只能求助以债券发行量为基础的成交量统计。平安资产管理金融工程团队总结,2019 年 1 月 15 日至 6 月 30 日,平安利顺、天津信唐、中诚宝捷思、上海国际、上海国利 5 家货币经纪平台中,"有成交记录的债券只数仅占交易中心录入交易债券只数的 60% 左右",[①]折合以周计约为 2.5%,情况恐怕不容乐观。并且银行间市场交易商协会官网文件显示,银行间债券市场现有 93 家现券做市商,其中综合类做市商 70 家、利率债专项做市商 10 家、信用债专项做市商 2 家、公司信用债专项做市商 1 家。[②] 整个市场的做市商总数甚至不及 HealthSouth 案单只债券的做市商数量("140 名")。

好在我国银行间债券市场的投资者不断增加且稳定性越发提升。2021 年 3 月至 12 月,参与银行间债券市场的机构投资者的数量始终保持上升趋势且涨幅十分稳定,或有满足公开市场对投资者数量之要求的可能(见图 1)。2020 年债券发行价格的最高价与最低价之差约为 2.26 元,2021 年降低至约 1.65 元(见图 2)。未来应在继续维稳投资者数量和保障市场稳定性之余,逐步改善银行间债券市场的流动性问题,努力将其建设为真正发达的市场,从而为相关投资者提供效率足以支撑适用欺诈市场理论的市场环境。并且,建议官方及民间在完善研究报告、补充市场数据时,以美国判例规则为蓝本行"一石二鸟"之计,追求调研要素的精细化、精确化与精准化,让市场建设导向之所需、案件审理工作之所依皆落到实处。

---

① 王文健、王志雄:《银行间债券市场流动性成本度量研究》,载《债券》2020 年第 9 期。

② 银行间债券市场现券做市商名单(截至 2021 年 11 月 29 日),载"中国银行间市场交易商协会"官网 2021 年 11 月 29 日,http://www.nafmii.org.cn/zlgl/scjy/jyszz/201707/t20170712_80774.html,最后访问日期 2023 年 2 月 24 日。

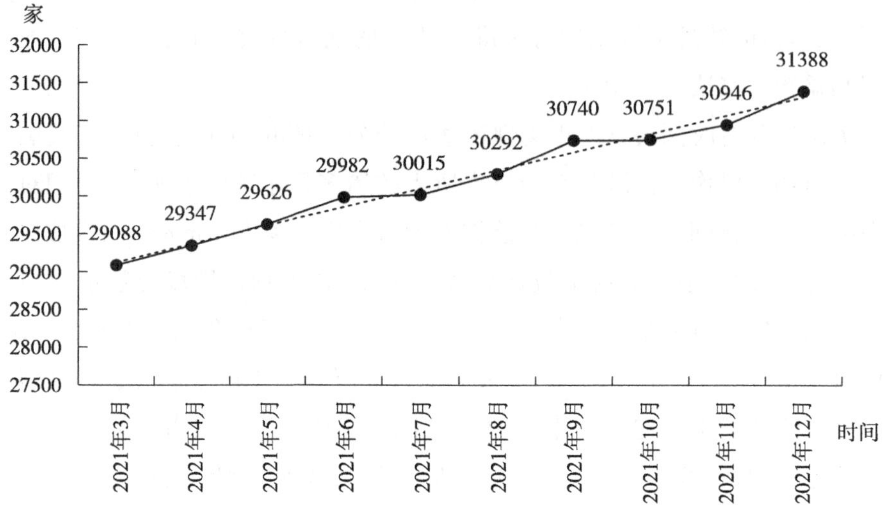

图1 银行间债券市场投资者数量情况(2021年)

(数据来源:中国债券信息网)

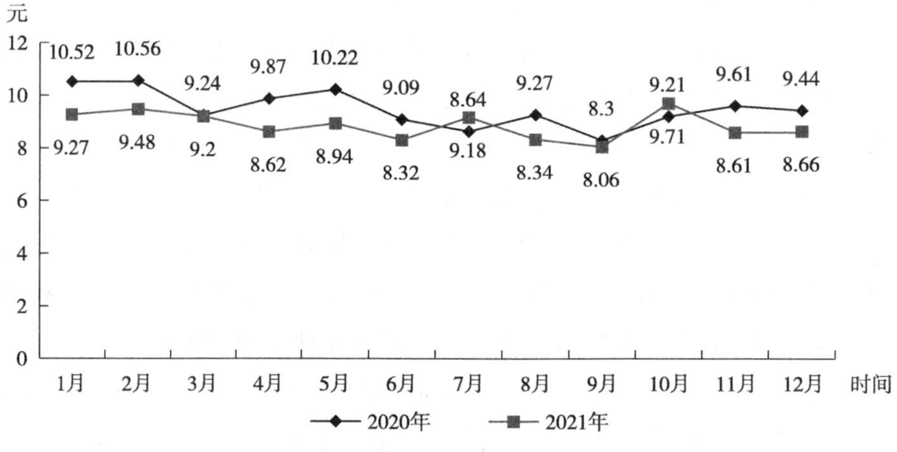

图2 银行间债券市场发行价格情况(2020—2021年)

(数据来源:中国银行间市场交易商协会官网)

五、结语

《虚假陈述侵权赔偿若干规定》第一条在理解欺诈市场理论下的有效市场上有所进步,但对比美国有关市场效率的判例规则可见留存一定局限性。

发展永远不是一蹴而就的,学界肩负跟进域外法治趋势与学术动态的使命。在交易因果关系的认定问题上,还有必要深入研究产生自欺诈市场理论之假设的其他三项推定事实。再进一步,损失因果关系的证明与抗辩、经济损失赔偿的计算模型与标准,也是投资者诉请民事赔偿的过程中面对的实际关卡。广大学者理应长期关注证券虚假陈述民事诉讼裁判过程中可能发生的实体问题。

学位论文

中介机构虚假陈述比例连带责任研究

李燕琪*

摘要:2021年以来,中介机构虚假陈述责任问题成为证券法理论界和实务界的热议话题。法院在"中安科"案、"五洋债"案等证券虚假陈述民事责任纠纷中作出的"比例连带责任"之判决成为突破中介机构刚性连带责任的重要司法实践。2022年1月出台的《最高人民法院关于审理证券市场虚假陈述侵权民事赔偿案件的若干规定》对"过错"采取故意和过失之二分的思路,在坚持《证券法》第八十五条、第一百六十三条连带责任之责任形态的同时,为仅具有过失之过错的中介机构承担比例连带责任预留了弹性空间。在此背景下,本文对中介机构虚假陈述比例连带责任进行研究。本文的主要研究思路为:在肯定比例连带责任对于过失的中介机构存在适用空间的基础上,基于数人侵权体系对比例连带责任的正当性进行分析,依此明确应通过综合考量过错和原因力来确定比例连带责任范围,并进而探讨比例连带责任下应如何进行内部责任分配及追偿。

本文第一章从规范体系视角和司法裁判视角,说明中介机构比例连带责任的产生背景和适用空间。通过对相关规范体系和典型裁判案例的梳理发现,通过对过错程度和原因力进行综合考量确定存在过失的中介机构与发行人一并承担比例连带责任的裁判思路,是司法实践在连带责任之责任形态的框架内对中介机构刚性连带责任进行突破的方式,并已成为目前的主要审判趋势。

第二章对中介机构承担比例连带责任的正当性基础进行分析。依托数人侵权体系,指出《证券法》下存在过失的中介机构承担连带责任的法理依据

* 北京大学法学院2022届法律硕士。

有两条可能的法律解释路径，分别为“基于按份责任型无意思联络数人侵权的法律拟制”和“基于‘中间状态型无意思联络数人侵权’的原因力部分重合”；进而探究各法律解释路径下比例连带责任的正当性基础。无论基于哪条法律解释路径之法理，存在过失的中介机构承担比例连带责任而非全部连带责任均具有正当性，并应以过错程度和原因力作为确定其比例连带责任之范围的考量因素。两条法律解释路径也将贯穿本文研究的全部核心问题，不仅证实比例连带责任具有正当性，也是第三章中以过错程度和原因力作为考量因素确定比例连带责任范围的法理依据，并在第四章中为探讨内部责任分配及追偿提供法理视角。

第三章研究确定比例连带责任范围的考量因素以及如何确定比例连带责任的具体“比例”。基于第二章已表明的以过错程度和原因力作为考量因素的正当性，首先分别分析针对过错程度和原因力的判断方法。过错程度方面，本文认为应根据是否针对专业相关业务事项而将中介机构的注意义务区分为特别注意义务和普通注意义务两种类型，进而提出可通过“程序性义务”和“判断性义务”之类型化区分对中介机构过错程度作进一步的层次性划分。在此之上，提出“严重违反注意义务”之过失应包括程度较重的专家过失或非专家过失，存在该等过失的中介机构应承担比例连带责任。原因力方面，分别从损失因果关系和交易因果关系的视角对原因力大小进行判断。在损失因果关系视角下，可根据中介机构类型和注意义务类型作定性判断，利用中介机构虚假陈述行为在完整虚假陈述信息生产链中的定位作定量判断；在交易因果关系视角下，可参考投资者信赖程度等进行判断。本文主张采取“主次区分法”对两个考量因素进行结合，从而确定“侵权责任内比例”。以案涉全部投资者损失为基准，通过“侵权责任外比例”确定“侵权责任损失”；再以“侵权责任损失”为基准，与“侵权责任内比例”相乘，所得即为某一中介机构在对外责任承担层面比例连带责任的最终范围。

第四章对比例连带责任下内部责任份额的确定方式及相应追偿规则进行探讨。本文认为可限制发行人及其他具有故意之过错的责任主体向承担比例连带责任的中介机构追偿，限制就同一业务事项负有特别注意义务的中介机构向负有普通注意义务的中介机构追偿。继而提出“在‘侵权责任损失’

内按照‘内部分配比例’分配”和“在连带责任范围内按照连带责任人人数均分”这两个兼具法理基础和司法可行性的内部责任分配方案，并分别基于不同法律解释路径，明确了各方案下的具体追偿规则。

关键词：虚假陈述　中介机构责任　比例连带责任　过错程度　原因力

引言

2021 年 5 月，“中安科”案二审判令案涉证券公司在 25% 的范围内承担连带责任、案涉会计师事务所在 15% 的范围内承担连带责任；2021 年 9 月，“五洋债”案二审维持原判，判令案涉律师事务所在 5% 的范围内承担连带责任，案涉信用评估机构在 10% 的范围内承担连带责任。在此之前，证券虚假陈述相关案例都基本上最终判令中介机构就投资者损失与上市公司承担全部的连带赔偿责任。在“中安科”案、“五洋债”案之后，司法实践中又出现多起以类似思路作出判决的案例。①

所谓“比例连带责任”，是指不同于主观存在共谋或故意的中介机构，存在过失的中介机构②仅就一定范围的投资者损失与发行人承担部分连带责任而非全部连带责任，③可能是更为公平合理的责任承担方式；而比例连带责任正是部分连带责任在司法实践中的表达方式。对于与发行人共谋或对发行人虚假陈述行为明知的中介机构，其与发行人共同承担全部连带责任并无争议。然而，在证券虚假陈述中，中介机构往往主观上仅存在过失，并受限于某些客观因素而未能发现发行人或其他参与主体的虚假陈述行为。基于其虚

① 详见本文第一章中的案例梳理。

② 下文所述“中介机构”包括证券服务机构和保荐、承销机构。本文主要针对证券服务机构进行研究。但由于现行《证券法》第八十五条、第一百六十三条下保荐、承销机构和证券服务机构的归责原则一致，且根据新出台的《最高人民法院关于审理证券市场虚假陈述侵权民事赔偿案件的若干规定》，现行《证券法》第八十五条、第一百六十三条下“过错”的内涵一致，存在过失的保荐、承销机构同存在过失的证券服务机构一样，均有适用比例连带责任的空间。因此，本文整体上对存在过失的保荐、承销机构与证券服务机构一并分析；在第三章关于注意义务和职责边界的相关分析中，囿于篇幅，着重以证券服务机构作为主要研究对象，而仅对保荐、承销机构简述。

③ 下文所述“发行人”为对证券的发行人、上市公司及挂牌公司的统称，与《最高人民法院关于审理证券市场虚假陈述侵权民事赔偿案件的若干规定》一致。

假陈述行为特点，判令中介机构承担全部连带责任，似乎并不公平合理。

2022年1月新出台的《最高人民法院关于审理证券市场虚假陈述侵权民事赔偿案件的若干规定》（法释〔2022〕2号）（以下简称《虚假陈述司法解释（2022）》）未提及中介机构应承担怎样责任形态的民事赔偿责任，也未对比例连带之司法创设给予明确回应。然而，其对《证券法》第八十五条、第一百六十三条下"过错"之内涵的限缩，在肯定了故意与过失之二分的同时，也仍为存在《证券法》第八十五条、第一百六十三条下"过失"的中介机构适用比例连带责任提供了空间。

在上述背景下，本文就存在过失的中介机构的虚假陈述民事赔偿责任这一话题，围绕"比例连带责任"这一核心责任形态进行研究。本文提出以下问题，并对其展开探讨：首先，《证券法》赋予中介机构以连带责任的法理依据是什么？比例连带责任的正当性基础是什么？这也将作为后续问题探讨的法理基础。其次，确定比例连带责任之"比例"的考量因素是什么？具体应如何确定该等比例？只有对此进行明确，才能使比例连带责任之判决下的精细化考量实现类案同判。最后，在解决了对外责任层面的责任分担问题后，比例连带责任下各虚假陈述责任主体间的内部责任份额应如何确定？各相关责任主体间应如何追偿？这是比例连带责任下较为棘手、却又不可避免的问题，只有对此回应，才能使比例连带责任的最终效果切实落地。

第一章 中介机构比例连带责任的产生背景和适用空间

一、基于规范体系视角

我国有关中介机构虚假陈述民事赔偿责任的规范体系由以《证券法》为核心的法律及若干司法解释和指导性意见构成。这里梳理该等规范体系中针对中介机构虚假陈述民事责任形态及责任范围的规定，以探寻比例连带责任的产生背景和适用空间。

（一）规范体系梳理

1. 证券法[①]。《证券法（1998）》第六十三条（《证券法（2004）》第六十三

① 《证券法（1998）》、《证券法（2004）》、《证券法（2005）》、《证券法（2013）》、《证券法（2014）》、《证券法（2019）》分别指于1998年、2004年、2005年、2013年、2014年、2019年发布的证券法。

条）规定，[1]发行人和承销机构应就其虚假陈述行为向投资者承担赔偿责任；《证券法（1998）》第一百六十一条（《证券法（2004）》第一百六十一条）规定，[2]证券服务机构应“就其负有责任的部分”承担连带责任。《证券法（2005）》第六十九条（《证券法（2013）》第六十九条、《证券法（2014）》第六十九条）规定，[3]保荐、承销机构应当与发行人承担过错推定的连带责任；《证券法（2005）》第一百七十三条（《证券法（2013）》第一百七十三条、《证券法（2014）》第一百七十三条）规定，[4]证券服务机构应承担过错推定的连带责任，删除了“就其负有责任的部分”这一针对连带责任之承担的修饰。从《证券法（1998）》的文义来看，未履行勤勉尽责义务的证券服务机构可仅承担一定范围的连带责任，而非必然承担全部连带责任。其虽未区分故意和过失，但为比例连带责任之适用提供了一定的空间。而从表述之变化来看，《证券法（2005）》加强了证券服务机构的责任，将其收紧为全部连带责任。现行《证券法（2019）》（以下简称《证券法》）第八十五条规定，[5]保荐、承销机构应当承

① 《证券法（1998）》第六十三条规定：“发行人、承销的证券公司公告招股说明书、公司债券募集办法、财务会计报告、上市报告文件、年度报告、中期报告、临时报告，存在虚假记载、误导性陈述或者有重大遗漏，致使投资者在证券交易中遭受损失的，发行人、承销的证券公司应当承担赔偿责任……”《证券法（2004）》第六十三条的规定相同。

② 《证券法（1998）》第一百六十一条规定：“为证券的发行、上市或者证券交易活动出具审计报告、资产评估报告或者法律意见书等文件的专业机构和人员，必须按照执业规则规定的工作程序出具报告，对其所出具报告内容的真实性、准确性和完整性进行核查和验证，并就其负有责任的部分承担连带责任。”《证券法（2004）》第一百六十一条的规定相同。

③ 《证券法（2005）》第六十九条规定：“……保荐人、承销的证券公司，应当与发行人、上市公司承担连带赔偿责任，但是能够证明自己没有过错的除外。”《证券法（2013）》第六十九条、《证券法（2014）》第六十九条的规定相同。

④ 《证券法（2005）》第一百七十三条规定：“证券服务机构为证券的发行、上市、交易等证券业务活动制作、出具审计报告、资产评估报告、财务顾问报告、资信评级报告或者法律意见书等文件，应当勤勉尽责，对所依据的文件资料内容的真实性、准确性、完整性进行核查和验证。其制作、出具的文件有虚假记载、误导性陈述或者重大遗漏，给他人造成损失的，应当与发行人、上市公司承担连带赔偿责任，但是能够证明自己没有过错的除外。”《证券法（2013）》第一百七十三条、《证券法（2014）》第一百七十三条的规定相同。

⑤ 《证券法（2019）》第八十五条规定：“……保荐人、承销的证券公司及其直接责任人员，应当与发行人承担连带赔偿责任，但是能够证明自己没有过错的除外。”

担过错推定的连带责任;第一百六十三条规定,[1]证券服务机构应与委托人承担过错推定的连带责任。除了部分非实质性修改,[2]《证券法》第一百六十三条关于证券服务机构连带责任之规定相较《证券法(2005)》没有变化。对于未尽勤勉的中介机构是否必然承担全部连带责任、存在过失的中介机构能否仅承担比例连带责任,仍不明确。

可见,从《证券法(1998)》到现行《证券法》,呈现出注册制下证券监管加强证券服务机构虚假陈述民事赔偿责任的意图,立法对于比例连带责任适用空间的态度越发模糊。虽然《证券法》第一百六十三条并未明确将任一存在过错的证券服务机构的责任限定为全部连带责任,但若仅依据《证券法(1998)》第一百六十一条的内涵对《证券法》第一百六十三条进行解释以证明比例连带责任之正当性,恐怕欠缺说服力。存在过失的保荐、承销机构能否仅承担比例连带责任同样不明。

2. 公司法、注册会计师法、律师法。公司法、注册会计师法、律师法中的相关条款对中介机构的赔偿责任进行了规定。《公司法(2005)》第二百零八条第三款(《公司法(2018)》第二百零七条第三款)规定了评估、[3]审验机构"在其评估或者证明不实的金额范围内"承担过错推定的赔偿责任,根据相关释义,其为补充赔偿责任。[4] 可见,其并未对过错作故意和过失之类型区分,而是一律以补充责任对存在过错的中介机构进行规制。《注册会计师法

---

① 《证券法(2019)》第一百六十三条规定:"证券服务机构为证券的发行、上市、交易等证券业务活动制作、出具审计报告及其他鉴证报告、资产评估报告、财务顾问报告、资信评级报告或者法律意见书等文件,应当勤勉尽责,对所依据的文件资料内容的真实性、准确性、完整性进行核查和验证。其制作、出具的文件有虚假记载、误导性陈述或者重大遗漏,给他人造成损失的,应当与委托人承担连带赔偿责任,但是能够证明自己没有过错的除外。"

② 指基于上市公司与审验机构间"委托—代理"模式将"发行人、上市公司"修改为"委托人",以及将会计师事务所出具的"审计报告"扩展为"审计报告及其他鉴证报告"以更契合实践。参见陈洁:《证券虚假陈述中审验机构连带责任的厘清与修正》,载《中国法学》2021年第6期;参见邢会强:《证券市场虚假陈述中的勤勉尽责标准与抗辩》,载《清华法学》2021年第5期。

③ 《公司法(2005)》第二百零八条第三款规定:"承担资产评估、验资或者验证的机构因其出具的评估结果、验资或者验证证明不实,给公司债权人造成损失的,除能够证明自己没有过错的外,在其评估或者证明不实的金额范围内承担赔偿责任。"《公司法(2018)》第二百零七条第三款的规定相同。

④ 参见安建主编:《中华人民共和国公司法释义》,法律出版社2005年版,第292页。

(2014)》第四十二条笼统地规定会计师事务所应承担赔偿责任,[①]并未说明具体责任形态。《中华人民共和国注册会计师法修订草案(征求意见稿)》(财政部2021年10月19日发布)第八十九条第一款中将会计师事务所在故意、[②]重大过失与一般过失情形下的赔偿责任分别规制为连带责任、一定比例的补充责任与审计收费金额范围内的补充责任。《中华人民共和国律师法修正》(2017)第五十四条规定了存在过错的律师事务所应承担赔偿责任,[③]并未区分过错类型,也未说明具体责任形态。

3. 中介机构连带责任相关司法解释。

(1)《关于审理证券市场因虚假陈述引发的民事赔偿案件的若干规定》(法释〔2003〕2号,已失效,以下简称《虚假陈述司法解释》(2003))。《虚假陈述司法解释》(2003)第二十三条第一款规定,[④]承销机构承担过错推定的赔偿责任;第二十四条规定证券服务机构"就其负有责任的部分"承担过错推定责任。[⑤] 第二十七条规定"知道或者应当知道"发行人虚假陈述的中介机构因与发行人构成共同侵权而应承担连带责任。[⑥] 最高法释义中将"知道或者应当知道"解释为包括"因怠于职责而未知"的过失形态,[⑦]但对该等过失包含哪

---

① 《注册会计师法》(2014)第四十二条规定:"会计师事务所违反本法规定,给委托人、其他利害关系人造成损失的,应当依法承担赔偿责任。"

② 《中华人民共和国注册会计师法修订草案(征求意见稿)》(财政部2021年10月19日发布)第八十九条第一款:"利害关系人因合理信赖,使用会计师事务所出具的存在虚假记载、误导性陈述或者重大遗漏的审计报告造成损失的,会计师事务所应当区分以下情形依法承担赔偿责任:(一)属于一般过失的,被审计单位的财产依法强制执行后仍不足以赔偿损失的,由会计师事务所在审计收费金额范围内承担补充赔偿责任;(二)属于重大过失的,被审计单位的财产依法强制执行后仍不足以赔偿损失的,由会计师事务所承担一定比例的补充赔偿责任;(三)属于故意的,会计师事务所应当与被审计单位承担连带赔偿责任。"

③ 《律师法》(2017)第五十四条规定:"律师违法执业或者因过错给当事人造成损失的,由其所在的律师事务所承担赔偿责任。律师事务所赔偿后,可以向有故意或者重大过失行为的律师追偿。"

④ 《虚假陈述司法解释》(2003)第二十三条第一款规定:"证券承销商、证券上市推荐人对虚假陈述给投资人造成的损失承担赔偿责任。但有证据证明无过错的,应予免责。"

⑤ 《虚假陈述司法解释》(2003)第二十四条规定:"专业中介服务机构及其直接责任人违反证券法第一百六十一条和第二百零二条的规定虚假陈述,给投资人造成损失的,就其负有责任的部分承担赔偿责任。但有证据证明无过错的,应予免责。"

⑥ 《虚假陈述司法解释》(2003)第二十七条规定:"证券承销商、证券上市推荐人或者专业中介服务机构,知道或者应当知道发行人或者上市公司虚假陈述,而不予纠正或者不出具保留意见的,构成共同侵权,对投资人的损失承担连带责任。"

⑦ 参见李国光主编:《最高人民法院关于审理证券市场虚假陈述案件司法解释的理解与适用》,人民法院出版社2015年版,第292页。

些具体过失程度并未明确。《虚假陈述司法解释》(2003)虽未明确对存在不同过错类型的中介机构以不同责任形态进行规制,也并未明确应承担连带责任的过失情形的具体范围,但通过对第二十四条和第二十七条进行体系解释,应认为其为存在过失的中介机构在一定情况下承担比例连带责任或非连带责任之形态的赔偿责任留下了空间。

(2)《最高人民法院关于审理涉及会计师事务所在审计业务活动中民事侵权赔偿案件的若干规定》(法释〔2007〕12号)(以下简称《审计侵权若干规定》)。《审计侵权若干规定》第五条规定了在审计业务活动中会计师事务所承担连带责任的情形。其中第一款规定了主观状态为故意的情形;[①]第二款规定了"应当知道"的情形,[②]由于故意无法推定,[③]应将其理解为重大过失情形。第六条明确了存在过失的会计师事务所应根据其过失大小承担赔偿责任,[④]根据第十条[⑤]和最高人民法院相关释义,[⑥]其为补充赔偿责任。可见,

---

① 《审计侵权若干规定》第五条第一款规定:"注册会计师在审计业务活动中存在下列情形之一,出具不实报告并给利害关系人造成损失的,应当认定会计师事务所与被审计单位承担连带赔偿责任:(一)与被审计单位恶意串通;(二)明知被审计单位对重要事项的财务会计处理与国家有关规定相抵触,而不予指明;(三)明知被审计单位的财务会计处理会直接损害利害关系人的利益,而予以隐瞒或者作不实报告;(四)明知被审计单位的财务会计处理会导致利害关系人产生重大误解,而不予指明;(五)明知被审计单位的会计报表的重要事项有不实的内容,而不予指明;(六)被审计单位示意其作不实报告,而不予拒绝。"

② 《审计侵权若干规定》第五条第二款规定:"对被审计单位有前款第(二)至(五)项所列行为,注册会计师按照执业准则、规则应当知道的,人民法院应认定其明知。"

③ 参见程啸:《侵权责任法》(第二版),法律出版社2015年版,第96页。

④ 《审计侵权若干规定》第六条规定:"会计师事务所在审计业务活动中因过失出具不实报告,并给利害关系人造成损失的,人民法院应当根据其过失大小确定其赔偿责任。注册会计师在审计过程中未保持必要的职业谨慎,存在下列情形之一,并导致报告不实的,人民法院应当认定会计师事务所存在过失:(一)违反注册会计师法第二十条第(二)、(三)项的规定;(二)负责审计的注册会计师以低于行业一般成员应具备的专业水准执业;(三)制定的审计计划存在明显疏漏;(四)未依据执业准则、规则执行必要的审计程序;(五)在发现可能存在错误和舞弊的迹象时,未能追加必要的审计程序予以证实或者排除;(六)未能合理地运用执业准则和规则所要求的重要性原则;(七)未根据审计的要求采用必要的调查方法获取充分的审计证据;(八)明知对总体结论有重大影响的特定审计对象缺少判断能力,未能寻求专家意见而直接形成审计结论;(九)错误判断和评价审计证据;(十)其他违反执业准则、规则确定的工作程序的行为。"

⑤ 《审计侵权若干规定》第十条规定:"人民法院根据本规定第六条确定会计师事务所承担与其过失程度相应的赔偿责任时,应按照下列情形处理:(一)应先由被审计单位赔偿利害关系人的损失。被审计单位的出资人虚假出资、不实出资或者抽逃出资,事后未补足,且依法强制执行被审计单位财产后仍不足以赔偿损失的,出资人应在虚假出资、不实出资或者抽逃出资数额范围内向利害关系人承担补充赔偿责任。(二)对被审计单位、出资人的财产依法强制执行后仍不足以赔偿损失的,由会计师事务所在其不实审计金额范围内承担相应的赔偿责任。(三)会计师事务所对一个或者多个利害关系人承担的赔偿责任应以不实审计金额为限。"

⑥ 参见宋晓明主编:《最高人民法院关于会计师事务所审计侵权赔偿责任司法解释理解与适用》,人民法院出版社2015年版,第220页。

《审计侵权若干规定》认为会计师事务所应根据过错程度的不同而承担相应的侵权责任,并对故意(包括重大过失)和过失下会计师事务所的侵权责任分别赋予了连带责任和补充责任的责任形态。根据相关释义,《审计侵权若干规定》认定公司法和证券法上的不同规定构成体系违反并对该等冲突型法律漏洞进行补充,对《公司法(2005)》第二百零八条第三款和《证券法(2005)》第一百七十三条进行限缩解释,使其分别仅适用于过失和故意情形。[①]《审计侵权若干规定》以故意与过失二分为思路,明确主观存在故意的会计师事务所承担连带责任、存在过失的会计师事务所承担补充责任,并应根据过失大小在不同责任范围内承担责任。

(3)《虚假陈述司法解释(2022)》。《虚假陈述司法解释(2022)》第十三条将《证券法》第八十五条、[②]第一百六十三条下"过错"的内涵明确限缩为故意和"严重违反注意义务"的过失。可见,基于尽责归位、各负其责的精神,《虚假陈述司法解释(2022)》采纳了故意与过失二分的思路,明确将不构成严重违反注意义务之程度的过失排除在《证券法》第八十五条、第一百六十三条的规制范畴之外,限制了中介机构承担连带责任的情形。

在对《证券法》第八十五条、第一百六十三条规定的"过错"进行明确限缩之外,《虚假陈述司法解释(2022)》同样存在留白之处。

首先,从文义来看,《虚假陈述司法解释(2022)》坚持了存在《证券法》第八十五条、第一百六十三条下"过错"的中介机构承担连带责任这一责任形态的赔偿责任,并未对存在其他过失程度的中介机构应承担怎样形态的侵权责任进行回应。存在《证券法》第八十五条、第一百六十三条之"过错"的中介机构是否均承担全部连带责任这一大小相同的责任,是否应对具有故意和过失的中介机构之责任承担进行区分?本文认为,虽然具有《证券法》第八十五条、第一百六十三条下"过错"的中介机构均承担连带责任这一责任形态的赔

① 参见宋晓明主编:《最高人民法院关于会计师事务所审计侵权赔偿责任司法解释理解与适用》,人民法院出版社2015年版,第208、220、244页。

② 《虚假陈述司法解释(2022)》第十三条规定:"证券法第八十五条、第一百六十三条所称的过错,包括以下两种情形:(一)行为人故意制作、出具存在虚假陈述的信息披露文件,或者明知信息披露文件存在虚假陈述而不予指明、予以发布;(二)行为人严重违反注意义务,对信息披露文件中虚假陈述的形成或者发布存在过失。"

偿责任，但具有故意和过失的中介机构仍应承担不同大小的连带责任，这也是《虚假陈述司法解释（2022）》对故意和过失之二分进行明确的意义之一。在对“过错”进行限缩的同时，应对《证券法》第八十五条、第一百六十三条下的“连带责任”进行扩大解释。即《证券法》第八十五条、第一百六十三条下的连带责任不仅包括就全部投资者损失承担连带责任，同样包括在一定范围内承担连带责任。具体地，具有故意的中介机构承担全部连带责任；而具有“严重违反注意义务”之过失的中介机构虽同样承担连带责任，但应仅承担“比例连带责任”。

其次，对于所谓“严重违反注意义务”的过失，应如何界定？从一般侵权法法理来看，过失可分为重大过失、一般过失和轻微过失等。然而，在证券虚假陈述场景下，应如何具体界分重大过失、一般过失与轻微过失？对“严重违反注意义务”之过失的内涵进行明晰，是对相关中介机构适用比例连带责任之裁判的基础。下文相关部分将对此展开详细分析。

4. 最高人民法院相关司法政策文件。

（1）《全国法院民商事审判工作会议纪要》（法〔2019〕254号，以下简称《九民纪要》）。《九民纪要》中关于证券虚假陈述的部分指出，[①]虚假陈述相关责任人应当承担与其侵权行为及主观过错匹配的责任。

（2）《全国法院审理债券纠纷案件座谈会纪要》（法〔2020〕185号，以下简称《债券会议纪要》）。《债券会议纪要》第六章中再次指出应将责任承担与过错程度相匹配，[②]具体说明了应根据相应业务事项的专业性，将债券承销机构和债券服务机构的注意义务区分为特别注意义务和普通注意义务。第31条

---

① 《九民纪要》第六部分第一点“关于证券虚假陈述”的相关内容为：“在案件审理过程中，对于需要借助其他学科领域的专业知识进行职业判断的问题，要充分发挥专家证人的作用，使得案件的事实认定符合证券市场的基本常识和普遍认知或者认可的经验法则，责任承担与侵权行为及其过错程度相匹配，在切实维护投资者合法权益的同时，通过民事责任追究实现震慑违法的功能，维护公开、公平、公正的资本市场秩序。”

② 《债券会议纪要》第六部分的相关内容为：“会议认为，对于债券欺诈发行、虚假陈述案件的审理，要按照证券法的规定，严格落实债券承销机构和债券服务机构保护投资者利益的核查把关责任，将责任承担与过错程度相结合。债券承销机构和债券服务机构对各自专业相关的业务事项未履行特别注意义务，对其他业务事项未履行普通注意义务的，应当判令其承担相应法律责任。”

指出,[①]债券服务机构的特别注意义务应限于其专业领域,存在故意或过失的中介机构应各自承担相应的责任。根据《债券会议纪要》的精神,中介机构分别对其专业业务事项和非专业业务事项负有特别或普通注意义务。中介机构违反不同类型的注意义务应承担不同大小,甚至不同责任形态的赔偿责任。如此看来,若中介机构仅构成对普通注意义务的轻微违反,其可能仅需就此承担非连带责任形态的侵权责任或不承担责任。

上述司法政策文件中明确了中介机构连带责任之承担应区分过错程度,不应以全部连带责任一概而论,体现了司法实践中对中介机构赔偿责任加以精细化考量的指导精神。

(二)比例连带责任存在适用空间

从上述规范体系中的相关规定来看,目前立法和司法精神都有根据中介机构主观过错之不同区分其应承担的赔偿责任之趋势。对于证券法与公司法就中介机构在审验工作中存在过错时应负赔偿责任的不一致规定,《审计侵权若干规定》以填补立法漏洞的姿态通过限缩解释,明确存在过失的中介机构应承担补充责任;而基于注册制下压实中介机构"看门人"角色的考量,适用《审计侵权若干规定》以突破《证券法》下中介机构承担连带责任之规定的可行性依然存疑。《虚假陈述司法解释(2022)》中对《证券法》第八十五条、第一百六十三条下的"过错"进行故意与过失之二分,则在未突破连带责任之责任形态的前提下,更明确地为存在过失的中介机构承担比例连带责任提供了空间。

二、基于司法裁判视角

(一)裁判案例梳理

通过对过往证券虚假陈述案件进行梳理,本文总结了其中典型的裁判结果和裁判进路。[②] 具体情况见表1。

---

① 《债券会议纪要》第31条的相关内容为:"会计师事务所、律师事务所、信用评级机构、资产评估机构等债券服务机构的注意义务和应负责任范围,限于各自的工作范围和专业领域,其制作、出具的文件有虚假记载、误导性陈述或者重大遗漏,应当按照证券法及相关司法解释的规定,考量其是否尽到勤勉尽责义务,区分故意、过失等不同情况,分别确定其应当承担的法律责任。"

② 案例检索方法为以"虚假陈述责任"为关键词在北大法宝、威科先行法律数据库搜索,为展示司法裁判主要观点之目的,筛选了部分案例,并未穷尽。

表1 **证券虚假陈述案例**

案件名称	案号、裁判结果、裁判依据及裁判进路
保千里案（一审）	(2018)粤03民初3692号等
	资产评估公司承担30%的补充责任，证券公司承担10%的补充责任，会计师事务所承担15%的补充责任
	《虚假陈述司法解释(2003)》第二十三条、第二十四条，《审计侵权若干规定》第六条
	将中介机构的过错程度区分为故意和过失，认为其具有故意则应承担连带责任，存在过失则仅承担补充责任
大智慧案	(2019)最高法民申2374号等
	会计师事务所承担全部连带责任
	《证券法(2014)》第一百七十三条
	未区分过错程度，认为只要存在主观过错，即应承担全部连带责任
华泽钴镍案（一审）	(2019)川01民初1626号等
	证券公司承担60%的比例连带责任，会计师事务所承担40%的比例连带责任
	《虚假陈述司法解释(2003)》第二十三条、第二十四条
	根据勤勉尽责义务确定中介机构的过失程度和对投资者的影响程度，进而确定其应承担的连带责任范围
金亚科技案	(2020)川民终882号等
	会计师事务所承担全部连带责任
	《虚假陈述司法解释(2003)》第二十七条
	认定中介机构主观明知，构成共同侵权，应承担全部连带责任
雅博科技案之一	(2020)鲁01民初3777号等
	证券公司、会计师事务所承担全部连带责任
	《证券法》第一百六十三条、《虚假陈述司法解释(2003)》第二十七条
	认定中介机构主观明知，构成共同侵权，应承担全部连带责任
华泽钴镍案（二审）	(2020)川民终293号
	证券公司和会计师事务所均承担全部连带责任
	《虚假陈述司法解释(2003)》第二十三条、第二十四条、第二十七条
	认定中介机构主观明知，构成共同侵权，应承担全部连带责任
中安科案	(2020)沪民终666号
	证券公司承担25%的比例连带责任，会计师事务所承担15%的比例连带责任
	《证券法(2014)》第一百七十三条、《虚假陈述司法解释(2003)》第二十七条
	根据中介机构的过错程度以及原因力认定其应承担的连带责任范围

续表

案件名称	案号、裁判结果、裁判依据及裁判进路
圣莱达案	(2020)浙02民初634号
	会计师事务所承担全部连带责任
	《证券法(2014)》第一百七十三条
	未区分过错程度,认为只要存在主观过错,即应承担全部连带责任
保千里案(二审)	(2020)粤民终1744号等
	资产评估公司承担30%的比例连带责任
	《证券法(2005)》第一百七十三条
	综合考量案涉虚假陈述行为中各责任主体的过错程度及侵权行为原因力
鞍重股份案	(2021)辽民终1144号等
	证券公司承担全部连带责任
	《证券法》第一百六十三条
	未区分过错程度,认为只要存在主观过错,即应承担全部连带责任
五洋债案	(2021)浙民终436号
	证券公司、会计师事务所承担全部连带责任,评级机构承担10%的比例连带责任,律师事务所承担5%的比例连带责任
	《证券法(2014)》第六十九条、第一百七十三条
	区分了过错程度,并根据案涉中介机构的过错程度认定其应承担的连带责任范围
康美药业案	(2020)粤01民初2171号
	会计师事务所承担全部连带责任
	《证券法(2014)》第一百七十三条、《虚假陈述司法解释(2003)》第二十七条
	区分了过错程度,认定案涉中介机构严重违反特别注意义务,存在重大过失,因此应承担全部连带责任
奥瑞德光电案	(2021)黑01民初2353号
	会计师事务所承担5%的比例连带责任
	《证券法》第一百六十三条
	根据中介机构的注意义务和应负责任范围,综合考量中介机构虚假陈述所涉事项、过错程度与造成损失的原因力等因素认定其应承担的连带责任范围
雅博科技案之二	(2021)鲁01民初1326号等
	会计师事务所承担30%的比例连带责任,证券公司承担20%的比例连带责任
	《证券法(2014)》第六十九条、第一百七十三条
	结合中介机构的工作职责、过错程度以及其不实报告对投资者的影响力等因素认定其应承担的连带责任范围

通过对典型证券虚假陈述案件的梳理可以看到,在司法实践中,就是否根据中介机构的过错程度区分其应承担的民事赔偿责任,并未形成统一裁判意见,在具体个案中存在裁判结果和裁判理由不一的现象。总结而言,主要有以下几种观点:第一,不区分过错程度,也不对具体过错程度进行审查,只要案涉中介机构主观上存在过错,即判令其承担全部连带责任。在该种裁判思路下,法官不探究中介机构责任承担的法理基础。第二,对于所有主观存在过错的中介机构,直接认定其主观状态为明知,构成共同故意的共同侵权,应承担全部连带责任。在该种裁判思路下,法官不区分中介机构的主观状态而直接以共同侵权作为法理依据进行裁判。第三,对中介机构的过错程度进行审查,并将其区分为故意和过失两类,并进而区分中介机构应承担的民事赔偿责任;就存在过失的中介机构的具体民事赔偿责任之承担,有的法院判令其承担比例连带责任,有的法院则判令其承担补充赔偿责任而非连带责任。其多通过"过罚相当"的一般侵权法原则进行说理。特别地,自"中安科"案中形成综合考量过错程度和原因力因素确定存在过失的中介机构应承担连带责任之比例的裁判思路后,"奥瑞德光电"案、"雅博科技"案等裁判中也延续了如此的裁判观点。

(二)比例连带责任为刚性框架内的司法应对

可见,基于对证券法及相关规范体系中规则的不同理解,在司法实践中,法官或囿于《证券法》第八十五条、第一百六十三条下连带责任之责任形态的刚性规定,直接判令存在过错的中介机构承担全部连带责任;或尝试根据中介机构的过错程度判令其在一定范围内承担比例连带责任或补充责任。而通过对过错程度和原因力大小进行综合考量确定存在过失的中介机构与发行人承担比例连带责任,为在保持连带责任之责任形态的基础上对中介机构刚性连带责任进行突破的主要裁判方式。

从结合规范体系和司法裁判案例来看,比例连带责任之裁判思路已成为目前司法实践中的主要审判趋势;在《虚假陈述司法解释(2022)》下,比例连带责任仍然是司法实践中矫正中介机构刚性连带责任的有效途径。为司法实践中能够合理、顺畅地使存在过失之过错的中介机构承担比例连带责任,有必要就比例连带责任的正当性基础、中介机构过失程度的具体划分进行研究，以基于《虚假陈述司法解释（2022）》对《证券法》第八十五条、第一百六十三条进行准确适用，对中介机构虚假陈述赔偿责任之承担进行精细化考量。

第二章 比例连带责任的正当性基础：基于数人侵权体系

《证券法》第八十五条、第一百六十三条作为直接规制中介机构证券虚假陈述之责任的核心法条，其背后所依据法理为何，并不明晰。对于虚假陈述行为的性质，通说认为应属侵权行为。最高人民法院在对《虚假陈述司法解释（2003）》进行解读时明确将虚假陈述行为定性为侵权行为，并否定了中介机构与投资者间存在合同关系；[①]《虚假陈述司法解释（2022）》也明确将"侵权"二字写入文件名称中。比例连带责任属于连带责任范畴，应当满足连带责任的正当性基础，并在不违背该等正当性基础的前提下，同时具有承担"比例"连带责任的正当性。而连带责任具有多种适用情形，不同类型侵权行为下的连带责任的正当性基础也并不相同。此部分研究《证券法》第八十五条、第一百六十三条下连带责任的法理依据，明确相应的连带责任的正当性基础，进而在该等正当性基础上，探讨司法构建比例连带责任这一弹性责任形态的合理性。

一、中介机构虚假陈述连带责任的法理依据

存在过失的中介机构就其虚假陈述侵权行为承担比例连带责任是否相较于全部连带责任更为合理，仅笼统地以"过罚相当"的一般侵权法原则作为理由，未免说服力不足。我们有必要为其寻找更为直接有力的法理依据。以《民法典》侵权责任编为核心依据，规范数人侵权连带责任类型的条款为《民法典》第一千一百六十八条至第一千一百七十二条。根据条文表述，第一千一百六十八条规范共同侵权（指狭义的共同侵权）行为之连带责任；第一千一百七十一条规范无意思联络的数人侵权之连带责任；第一千一百七十二条规范无意思联络的数人侵权之按份责任，与第一千一百七十一条相对应。由此，某一中介机构与发行人的虚假陈述行为可能适用的数人侵权行为类型应主要由《民法典》第一千一百六十八条、第一千一百七十一条、第一千一百七

① 参见李国光主编：《最高人民法院关于审理证券市场虚假陈述案件司法解释的理解与适用》，人民法院出版社 2015 年版，第 234－235 页。

十二条来构建。

(一)基于数人侵权体系的基本框架

1."共同实施"之含义:狭义共同侵权行为与无意思联络数人侵权行为的界分。关于共同侵权的界定及"共同实施"的含义,通说主要存在共同故意说、共同过错说、主客观共同说三种观点,其对共同侵权行为范畴的界定从限缩到宽泛。

共同故意说认为,只有主观上具有共同故意的数人侵权行为才能构成共同侵权。支持该学说的学者认为,采取共同故意说可以将《民法典》第一千一百六十八条与《民法典》第一千一百七十一条、第一千一百七十二条规定的无意思联络侵权行为区隔开来,符合《民法典》的体系设计并使之协调,否则将可能在法律适用时发生第一千一百七十一条、第一千一百七十二条被架空的情况。①

有学者持共同过错说。② 共同过错说将可适用的主观状态扩大到行为人具有共同过错即可。共同过错包括共同故意和共同过失。共同故意要求各行为人间就侵权行为具有必要的共谋;共同过失要求各行为人对损害结果发生的可能性具有共同的可预见性。

主客观共同说认为,"共同实施"包括主观共同和客观共同。即除共同故意和共同过失外,对于故意行为与过失行为相结合的数人侵权行为,虽主观上不具有关联性,但由于客观共同,构成"客观的共同联络",因此同样属于共同侵权。③ 参与立法者在《民法典》的相关解读中采纳该观点;④最高人民法院对《民法典》侵权责任编的解读中说明,数人侵权行为在客观上为受害人之损害的共同原因,则也应属于共同侵权;⑤最高人民法院《关于审理人身损害赔偿案件适用法律若干问题的解释(2003)》(法释〔2003〕20号)第三条第一

① 参见程啸著:《侵权责任法》(第二版),法律出版社2015年版,第347-351页。

② 参见叶金强:《共同侵权的类型要素及法律效果》,载《中国法学》2010年第1期。

③ 参见王胜明主编:《中华人民共和国侵权责任法解读》,中国法制出版社2010年版,第42页。

④ 参见黄薇主编:《中华人民共和国民法典侵权责任编释义》,法律出版社2020年版,第17-18页。

⑤ 参见最高人民法院民法典贯彻实施工作领导小组主编:《中华人民共和国民法典侵权责任编理解与适用》,人民法院出版社2020年版,第53-54页。

款中也将各侵害行为直接结合造成同一损害结果的数人侵权行为归为共同侵权。[①] 构成客观的共同联络的数个侵权行为必须结合为一体才能造成同一损害后果,缺少任一行为都不能造成该等结果。[②]

2. “足以造成全部损害”之含义:按份责任型与连带责任型无意思联络数人侵权行为的界分。基于原因力理论,原因力是指构成同一损害结果的数个原因中的各原因对于损害结果之发生或扩大所发挥的作用力。[③] 以原因力大小来描述,“足以造成全部损害”是指侵权行为人的侵权行为对损害结果的原因力为100%;不足以造成全部损害则是指该原因力小于100%。《民法典》第一千一百七十二条所规定的按份责任应为无意思联络数人侵权行为的一般责任形态,第一千一百七十一条所规定的连带责任应为无意思联络数人侵权行为的特殊责任形态。

3. 中介机构虚假陈述可能适用的数人侵权框架。基于上述分析,着眼于《民法典》第一千一百六十八条、第一千一百七十一条、第一千一百七十二条,形成中介机构虚假陈述行为可能适用的下述数人侵权行为框架:《民法典》第一千一百六十八条规定的是狭义共同侵权行为,《民法典》第一千一百七十一条、第一千一百七十二条规定的是无意思联络数人侵权行为。在第一层次,根据是否“共同实施”,将数人侵权行为区分为共同侵权和无意思联络的数人侵权两类;进而,在第二层次,以原因力大小为标准,将无意思联络的数人侵权行为区分为连带责任型和按份责任型无意思联络数人侵权。

(二)中介机构虚假陈述连带责任的法律解释路径

在证券虚假陈述事件中,虚假陈述的收益主要由发行人享有,而中介机构却需基于连带责任之形态承担法律成本,因此中介机构并无故意进行虚假陈述的强烈动机,其典型的主观状态应为过失。因此,从主观角度来看,存在过失而非故意的中介机构与主观为故意的发行人共同虚假陈述导致投资者

① 《关于审理人身损害赔偿案件适用法律若干问题的解释(2003)》第三条第一款规定:“二人以上共同故意或者共同过失致人损害,或者虽无共同故意、共同过失,但其侵害行为直接结合发生同一损害后果的,构成共同侵权,应当依照民法通则第一百三十条规定承担连带责任。”

② 参见杨立新著:《〈中华人民共和国侵权责任法〉精解》,知识产权出版社2010年版,第64页。

③ 参见杨立新:《侵权法论》(第二版),人民法院出版社2004年版,第525页;张新宝、明俊:《侵权法上的原因力理论研究》,载《中国法学》2005年第2期。

损失，才是《证券法》第八十五条、第一百六十三条最典型的规制对象；而这正符合证券法规范中介机构勤勉尽责义务以实现“看门人”制度的规制本意。[①]

另外，发行人作为信息披露义务人通过发布虚假陈述信息直接地对投资者造成全部损害结果；而基于勤勉尽责义务对相关披露信息进行审验的中介机构往往在其中发挥相对辅助、次要的作用。此时，发行人的侵权行为足以造成全部损害、对投资者损失具有全部原因力，而中介公司的侵权行为不足以造成全部损害、对投资者损失仅具有部分原因力。因此，从客观角度来看，发行人的虚假陈述行为对投资者损害结果具有全部原因力、中介机构未勤勉尽责地对相关信息进行审验和纠正因而对损害结果具有部分原因力，此为虚假陈述的典型行为形态。

不仅证券服务机构的虚假陈述行为具有该等特点，保荐、承销机构同样具有该等行为形态。虽然保荐、承销机构可能基于其职责主导性的特点而具有相较证券服务机构更大的原因力（下文详述），但该等原因力大小也并不构成充足的原因力。因此，基于数人侵权体系，存在过失的保荐、承销机构承担比例连带责任之正当性应和证券服务机构相同。

1. 基于狭义共同侵权。若对《民法典》第一千一百六十八条下狭义共同侵权行为采取共同故意说进行解释，由于主观上没有共同故意，存在过失的中介机构的虚假陈述行为不与发行人构成共同侵权。若对狭义共同侵权采取共同过错说，由于缺乏共同的可预见性，存在过失的中介机构不与具有故意的发行人构成共同侵权。由于发行人披露信息、中介机构单独发表其专业意见，中介机构与发行人的行为并不直接结合；且发行人虚假陈述的这一单独行为即可造成投资者损失的损害结果。因此，即使对狭义共同侵权采取主客观共同说，中介机构和发行人的侵权行为也并不构成客观的共同联络，进而存在过失的中介机构并不与发行人构成共同侵权。

综上所述，无论对《民法典》第一千一百六十八条之狭义的共同侵权行为采取共同故意说、共同过错说还是主客观共同说，存在过失的中介机构都并不与发行人构成共同侵权。对于主观状态为共谋或故意的中介机构，其虚假

---

① 参见陈洁：《证券虚假陈述中审验机构连带责任的厘清与修正》，载《中国法学》2021 年第 6 期。

陈述行为与发行人构成共同侵权,应依据《民法典》第一千一百六十八条承担连带责任。

2. 基于无意思联络的数人侵权行为。如前所述,连带责任型无意思联络数人侵权与按份责任型无意思联络数人侵权的区别在于原因力大小的不同。第一千一百七十一条明确规定连带责任型无意思联络数人侵权中的各侵权行为人均对损害结果具有充足的原因力,其原因力大小均为100%;而第一千一百七十二条并未明确按份责任型无意思联络数人侵权是否要求全部侵权行为人均仅对损害结果具有部分原因力,即各自原因力大小均小于100%,是否包含部分侵权行为人对损害结果具有充足原因力、其他侵权行为人对损害结果具有部分原因力的情形。这种部分侵权行为人具有充足原因力、其他侵权行为人具有部分原因力的"中间状态"是侵权领域不可避免的常见情形;特别地,如上文所述,在证券发行虚假陈述场景下,发行人对投资者损失具有全部原因力、中介机构未勤勉尽责地审验相关信心而对投资者损失具有部分原因力,正是中介机构虚假陈述行为的典型形态。因此,有必要就第一千一百七十二条所容纳的侵权行为形态的范畴进行阐释,以解决前述"中间状态"的法条适用问题。对此,两种不同的解释方式如下。

(1)基于按份责任型无意思联络数人侵权的法律拟制。一种观点认为,[①]第一千一百七十二条所适用的情形不仅包括全部侵权行为人均对损害结果仅具有部分原因力的情形,同样包括部分侵权行为人对损害结果具有充足原因力、其他侵权行为人对损害结果具有部分原因力的情形。如此,可以解决"中间状态"所适用法条不明晰的问题。在此种解释之下,第一千一百七十一条、第一千一百七十二条可以作为所有无意思联络数人侵权行为责任形态的法规依据来直接引用。

此时,在证券市场虚假陈述中,由于对投资者损失仅具有部分原因力,对于存在过失的中介机构,其与发行人构成第一千一百七十二条下的按份责任型无意思联络的数人侵权。中介机构应与发行人承担按份责任,应根据其承

① 参见曹险峰:《〈侵权责任法〉第12条之按份责任正当性论证——兼论第12条与第37条第2款的关系》,载《苏州大学学报(哲学社会科学版)》2014年第2期;叶金强:《解释论视野下的共同侵权》,载《交大法学》2014年第1期。

担的责任大小确定其具体赔偿责任。

这里,《证券法》第八十五条、第一百六十三条与《民法典》第一千一百七十二条规定的责任形态产生了差异。最高人民法院《关于审理证券市场虚假陈述案件司法解释的理解与适用》中就此给出了解释,说明这是《证券法》为落实中介机构的“看门人”职责而加重其应承担的责任。[①] 作为证券监管领域的特别法,《证券法》应被理解为特别法于特定领域进行了特别规定,出于证券监管之考量,为加重中介机构的责任,对连带责任进行了法律拟制。

由此形成一条对《证券法》下中介机构连带责任的法律解释路径:中介机构与发行人构成按份责任型无意思联络的数人侵权,中介机构承担《民法典》第一千一百七十二条下的按份责任。《证券法》作为特别法在证券监管领域作出特别规定,要求中介机构承担连带责任而非按份责任。在此解释路径下,通过《证券法》作为特定立法权力的行使工具,证券监管主体实现了加大中介机构虚假陈述违法行为的民事责任之监管目标。我们将该法律解释路径命名为法律解释路径一。该基于按份责任型无意思联络数人侵权的法律解释路径一适用于存在过失且具有部分原因力的中介机构。

(2)基于“中间状态型无意思联络数人侵权”的原因力重合。不同于上述法律解释路径一所依据的观点,也有观点认为,[②]第一千一百七十二条所适用的情形不包括部分侵权行为人对损害结果具有充足原因力、其他侵权行为人对损害结果具有部分原因力的情形,而只包括全部侵权行为人均对损害结果仅具有部分原因力的情形。如此,第一千一百七十一条或第一千一百七十二条均无法适用于“中间状态”,此处立法存有缺漏,需要依据第一千一百七十一条和第一千一百七十二条为“中间状态”这种原因力部分重合的无意思联络数人侵权行为补充责任形态。有学者将其称为“半叠加分别侵权行为”,指

---

① 相关内容原文表述为:“凡是未尽到职责,必然为发行人或者上市公司的虚假信息的公布提供了方便之门,故有必要对承销商和中介机构适用加重责任。故证券法规定这几类主体就其所出具各种报告的真实性、准确性和完整性进行核查和验证,并就其负有责任的部分承担连带责任。”参见李国光主编:《最高人民法院关于审理证券市场虚假陈述案件司法解释的理解与适用》,人民法院出版社2015年版。

② 参见梁慧星:《共同危险行为与原因竞合——〈侵权责任法〉第10条、第12条解读》,载《法学论坛》2010年第2期;杨立新著:《侵权责任法》(第三版),法律出版社2018年版,第119页。

出其责任承担形态应为各侵权行为人对共同造成的损害部分承担连带责任、具有充足原因力的侵权行为人对原因力不重合的损害部分单独承担按份责任。[①]《最高人民法院关于审理环境侵权责任纠纷案件适用法律若干问题的解释》(法释〔2015〕12号)第三条第三款便创设性地在司法解释中明确对这种存在部分原因力重合的无意思联络数人侵权行为形态适用“部分连带责任”的责任形态。[②]

具体在证券市场虚假陈述中,发行人的虚假陈述行为对损害结果具有充足的原因力,而中介机构的虚假陈述行为对损害结果不具有充足的原因力。依据半叠加分别侵权行为之法理,参照环境侵权领域的司法实践,中介机构应当在其具有的原因力比例内承担部分连带责任,即比例连带责任;而发行人应在其全部原因力中刨去中介机构具有的原因力比例后就剩余的比例部分承担按份责任。此时中介机构与发行人构成“中间状态型无意思联络数人侵权”。

由此形成又一条对《证券法》下中介机构连带责任的法律解释路径:中介机构与发行人构成“中间状态型无意思联络数人侵权”,依据《民法典》第一千一百七十一条和第一千一百七十二条,中介机构在其侵权行为对损害结果所具有的原因力比例范围内,与发行人承担连带责任。这里《证券法》下规定的中介机构的连带责任形态与《民法典》第一千一百七十一条、第一千一百七十二条下中间状态型无意思联络数人侵权的责任形态一致。我们将该法律解释路径命名为法律解释路径二。该基于“中间状态型无意思联络数人侵权”的法律解释路径二可适用于存在过失且具有部分原因力的中介机构。

3. 基于连带责任型无意思联络的数人侵权行为。如前所述,《民法典》第

---

① 杨立新:《环境侵权司法解释对分别侵权行为规则的创造性发挥——〈最高人民法院关于审理环境侵权责任纠纷案件适用法律若干问题的解释〉第3条解读》,载《法律适用》2015年第10期。

② 《最高人民法院关于审理环境侵权责任纠纷案件适用法律若干问题的解释》(法释〔2015〕12号)第三条第三款规定:“两个以上污染者分别实施污染行为造成同一损害,部分污染者的污染行为足以造成全部损害,部分污染者的污染行为只造成部分损害,被侵权人根据侵权责任法第十一条规定请求足以造成全部损害的污染者与其他污染者就共同造成的损害部分承担连带责任,并对全部损害承担责任的,人民法院应予支持。”《最高人民法院关于审理环境侵权责任纠纷案件适用法律若干问题的解释(2020修正)》(法释〔2020〕17号)第三条第三款仅将“根据侵权责任法第十一条规定”修正为“根据民法典第一千一百七十一条规定”,仍延续此关于部分连带责任的规定。

一千一百七十一条下的侵权行为形态要求全部侵权行为人均对损害结果具有全部原因力。对于包括证券服务机构和保荐、承销机构在内的中介机构，由于其虚假陈述行为并不对损害结果具有全部原因力，其与发行人的虚假陈述行为不符合连带责任型无意思联络的数人侵权行为形态。因此，该路径无法为中介机构与发行人承担连带责任提供法理依据。

综上所述，对于存在过失的中介机构，法律解释路径一、法律解释路径二这两条法律解释路径可为其承担《证券法》下的连带责任提供法理基础。法律解释路径一基于《民法典》第一千一百七十二条下的按份责任型无意思联络数人侵权，此时《证券法》通过法律拟制将中介机构原本应与发行人共同承担的按份责任转化为连带责任。法律解释路径二基于以《民法典》第一千一百七十一条和第一千一百七十二条为依据的“中间状态型无意思联络数人侵权”，此时中介机构由于与发行人存在原因力的部分重合而承担连带责任。

二、中介机构虚假陈述比例连带责任的正当性基础

通过以上分析，基于《民法典》第一千一百六十八条、第一千一百七十一条、第一千一百七十二条下的数人侵权行为类型，我们为《证券法》下中介机构虚假陈述侵权行为之连带责任找到了两条可能的法律解释路径，并分别对应于不同的法理依据。此部分，我们继续探究各法律解释路径下比例连带责任之责任形态的正当性基础。

（一）法律解释路径一：将法律拟制下的连带责任还原为按份责任

1. 按份责任型无意思联络数人侵权下连带责任源于法律拟制。在法律解释路径一下，《证券法》下中介机构的连带责任为从按份责任拟制而来。这种法律拟制下的连带责任，其正当性基础为特别法下的政策考量。

2. 按份责任型无意思联络数人侵权下比例连带责任的正当性：基于风险责任和最终责任之区分。将数人侵权责任分担中所分配的责任区分为“风险责任”和“最终责任”，[①]方能窥探比例连带责任的价值。风险责任是指在侵权人和受害人之间对求偿不能之风险进行分配。最终责任是全部赔偿责任在

---

① 参见王竹：《论数人侵权责任分担原则——对〈侵权责任法〉上“相应的”数人侵权责任立法技术的解读》，载《苏州大学学报（哲学社会科学版）》2014年第2期。

各侵权责任人之间的最终分配，对应于内部责任分配层面，不影响侵权人在对外责任层面对受害人的责任承担。而连带责任和按份责任在最终责任分配上并没有区别，两种责任形态的本质差异在于风险责任的分配——按份责任下风险责任被全部分配给了受害人，连带责任下被分配给了侵权人。全部连带责任侧重对受害人赔偿救济的保障，由于侵权行为人对全部风险责任的承担，虽然连带责任下存在追偿权，因清偿能力之风险，仍可能产生侵权行为人中过错程度及原因力较小的部分侵权人最终实际承担过重的责任负担，有损各侵权行为人之间责任分配的公平性。按份责任侧重对各侵权行为人依据各自过错程度和原因力分配其应负的责任份额，但使得受害人承担全部风险责任，轻视受害人实际受偿效果，不利于实现侵权法填补受害人损失的功能，有损侵权人与受害人间的利益平衡。尝试在两种价值之间折中，同时平衡各侵权人间、侵权人与受害人间的利益，这正是比例连带责任作为居中于按份责任和全部连带责任之责任形态的价值。

比较比例连带责任和全部连带责任，如上所述，在内部责任分配层面，各侵权责任人的最终责任分配理论上并不受具体责任形态的影响；区别在于，在对外责任承担层面，全部连带责任下中介机构需承担更多的风险责任。若认为《证券法》将中介机构原本应承担的按份责任拟制为全部连带责任，虽然并不直接导致中介机构最终责任份额的增加，但由于中介机构承担了相较比例连带责任下可能大得多的风险责任，该等法律拟制很可能将实际导致中介机构实际承担的最终责任份额明显增加，拉大中介机构与发行人间侵权责任承担的不平衡。若《证券法》仅将中介机构的责任拟制为比例连带责任，则中介机构相较按份责任下增加的风险责任幅度将小于全部连带责任下的幅度。可见，对《证券法》下连带责任之法律拟制为比例连带责任的限制性解释，是对中介机构风险责任之加重的克制，是在优先保护投资者的倾向下，对中介机构的责任承担较发行人之公平性的补偿，更为合理。可以说，此时比例连带责任的正当性基础为特别政策考量下对虚假陈述行为人与投资者、中介机构与发行人间利益的双重平衡。具体地，将法律拟制的连带责任的范围通过还原为按份责任之责任形态下进行量度，进而确定比例连带责任的具体范围，合于法理。

（二）法律解释路径二：基于原因力的部分重合

1.“中间状态型”无意思联络数人侵权下连带责任的正当性基础。在法律解释路径二下，“中间状态型无意思联络数人侵权”源于《民法典》第一千一百七十一条和第一千一百七十二条行为形态的折中，第一千一百七十一条下连带责任的正当性基础为基于原因力重合的一体性。

2.“中间状态型”无意思联络数人侵权下比例连带责任的正当性。由于各侵权行为人的侵权行为间仅存在部分而非全部原因力重合，基于原因力重合的一体性的法理，“中间状态型无意思联络数人侵权”成立部分而非全部连带责任，具有正当性。

三、过错程度和原因力作为比例连带责任考量因素的正当性

确定了比例连带责任的正当性后，则需考虑如何确定具体的连带责任比例。不同比例大小体现不同的法律拟制克制程度，背后是对投资者保护、各侵权人间利益之平衡这两个价值目标之间的政策考量；基于不同的倾向及倾向程度，可以对比例连带责任之具体范围的确定产生不同的方案。这需要在司法实践中由法官自由裁量。而对于应以何种因素作为确定比例连带责任范围的考量因素，可以通过延续上述法理分析找到答案。

（一）法律解释路径一：基于按份责任之责任份额的确定方法

通过将法律拟制下的连带责任还原为按份责任的初始形态进行量度，我们可以厘清应根据哪些因素确定连带责任的具体比例——按份责任型无意思联络数人侵权下各侵权责任人之按份责任的具体份额之确定所依据的考量因素，同样应是确定连带责任比例的考量因素。

而无论从法理还是立法、司法来看，按份责任份额的考量因素应为过错程度和原因力。在法理方面，其依据主要为“过错、原因力综合比较说”。在侵权领域责任分配问题上，过错、原因力综合比较说成为通说，并认为原因力与主观过错之功能的扩张使得二者成为且必然共同成为确定侵权损害赔偿责任分担的最终衡量因素。[①] 对于某一以按份责任为责任形态的侵权责任人，其向受害人承担的按份责任的份额即为其最终责任份额。因此，依据过

① 参见杨立新、梁清：《客观与主观的变奏：原因力与过错——原因力主观化与过错客观化的演变及采纳综合比较说的必然性》，载《河南省政法管理干部学院学报》2009年第2期。

错、原因力综合比较说，原因力和过错程度作为按份责任的考量因素符合法理。在立法方面，虽然《民法典》第一千一百七十一条和第一千一百七十二条的条文表述中均仅涉及原因力而未提及主观过错因素，但并不意味着其意将过错程度排除在侵权责任范围的影响因素之外。对《民法典》的解读中往往认为应根据过错程度和原因力大小确定侵权责任份额，《民法典》第一千一百七十二条中“相应的”责任主要以过错程度和原因力为标准。① 之所以两条文表述中仅强调原因力，是因为其以原因力标准作为其各自适用行为形态对应侵权责任形态的划分，即以区分连带责任和按份责任为目的，而非在最终责任份额承担上设置差异。在司法方面，最高人民法院《关于审理人身损害赔偿案件适用法律若干问题的解释（2003）》第三条第二款早已指出相关侵权人应根据过错程度和原因力比例承担“相应的”责任。② 其对“相应的”责任之包含主观过错因素在内的解释，对于其他侵权领域责任分配同样具有参照价值。因此，将《民法典》第一千一百七十二条中“相应的”之表述解释为不仅根据原因力，而且根据过错程度来确定责任份额，既合于法理，也契合司法实践之精神。

虽然都以原因力和过错程度作为依据，确定按份责任份额和连带责任比例范围的基准并不相同，进而计算方式存在差别。按份责任下，按份责任份额通过比较各侵权行为人原因力或过错程度的相对大小确定。原因力相对大小为“某一中介机构原因力大小占所有侵权行为人原因力大小之和的比例”，为相对值；过错程度为“某一中介机构过错程度占所有侵权行为人过错程度之和的比例”，二者均为相对值。而在对外责任层面上确定连带责任范围之比例时，所依据的原因力大小为某一中介机构原因力大小占100%的比例，是针对损害结果的绝对值；所依据的过错程度也是以充分履行其勤勉尽责义务（100%）为基准的绝对比例。

（二）法律解释路径二：基于原因力重合和“过错、原因力综合比较说”

基于原因力重合的一体性的法理，由于仅部分原因力存在重合，“中间状

① 参见张新宝：《中国民法典释评（侵权责任编）》，中国人民大学出版社2020年版，第35页。

② 最高人民法院《关于审理人身损害赔偿案件适用法律若干问题的解释（2003）》第三条第二款规定：“二人以上没有共同故意或者共同过失，但其分别实施的数个行为间接结合发生同一损害后果的，应当根据过失大小或者原因力比例各自承担相应的赔偿责任。”

态型”无意思联络数人侵权行为应对应于部分而非全部连带责任。由此，根据原因力大小确定比例连带责任之范围，具有正当性。

另外，同样基于过错、原因力综合比较说，在原因力主观化的发展下，单一的原因力决定说已被抛弃。[①] 因此，在根据原因力大小确定比例连带责任的范围时，同时应当考量过错程度。并且，连带责任这一责任形态相较按份责任之责任形态的改变作为加强侵权人就风险责任之承担的法律手段，并不能阻断该逻辑。如此也与法律解释路径一下按份责任之法理相似，符合以按份责任为一般规则、连带责任为特别规则的无意思联络数人侵权责任体系的基本逻辑，有助于实现比例连带责任同时平衡各侵权人间、侵权人与受害人间利益的价值。因此，依据过错程度调整连带责任比例，同样具有正当性基础。因此，这里应同时根据原因力和过错程度确定连带责任比例。

确定连带责任比例时所依据的原因力大小应为“该中介机构的原因力大小占全部原因力（100%）”的比例，为绝对比例；也即为原因力重合部分的比例。而确定连带责任比例时所依据的过错程度，则同样是以充分履行其勤勉尽责义务（100%）为基准的绝对比例，与原因力相同。

综上所述，本文形成以下观点：区别于具有故意的中介机构依据狭义共同侵权之法理与发行人承担全部连带责任，对于存在过失的中介机构，包括证券服务机构和保荐、承销机构在内，其应承担比例连带责任。无论基于法律解释路径一还是法律解释路径二下的法理，存在过失的中介机构承担比例连带责任均具有正当性基础。进一步地，在任一法律解释路径下，根据中介机构过错程度和其虚假陈述行为对投资者损失的原因力大小确定其所应承担的比例连带责任的具体范围，同样合乎法理。

第三章 比例连带责任范围的确定：过错程度和原因力

经过本文第一章和第二章的分析，存在《证券法》第八十五条、第一百六十三条下之“过失”的中介机构应就其虚假陈述行为与发行人承担比例连带责任而非全部连带责任，并且应以其过错程度和原因力大小为依据确定该等

① 参见杨立新、梁清：《原因力的因果关系理论基础及其具体应用》，载《法学家》2006年第6期。

比例连带责任范围。第三章将在该结论的基础上，分析如何衡量某一中介机构的具体过错程度以及其虚假陈述行为对投资者损失的原因力大小；进而考虑应以何种方式对过错程度和原因力进行综合考量，以最终确定比例连带责任的具体范围。

一、中介机构过错程度之认定

为认定中介机构的过错程度，首先应在明确分类依据的基础上对证券市场虚假陈述中中介机构的主观过错类型进行划分；进而，再在每种过错类型内部进行层次性划分，从而对中介机构的过错程度进行精细化考量。

（一）过失类型之划分："专家过失"和"非专家过失"

1. 中介机构的过失类型。对于一般侵权领域中侵权行为人主观状态的划分，通说认为包括故意和过失。具体到中介机构虚假陈述的侵权行为，具有故意的中介机构的主观状态同样包括共谋和明知。共谋是指中介机构与发行人存在主观上的恶意串通，中介机构主观上存在直接故意；明知则是间接故意。基于过错程度之差异，过失可以被区分为重大过失、一般过失、轻微过失等。由于各行为人在心智状态、知识技能、对行为的把握能力和预见能力等方面的差异，虽然可能提出一般性的分类标准，但在具体到某一侵权行为发生的领域中，应当依据行为人在该等领域中的具体职责与义务要求，针对性地确定某领域中行为人的过失状态应如何进一步分类并区分过错程度。

针对证券虚假陈述中中介机构之过失，应以是否违反其专业领域义务为标准进行特别划分。根据《债券会议纪要》第 31 条，[①]债券服务机构存在过错应被解释为未适当履行勤勉尽责义务，包括故意和过失。《债券会议纪要》第六章中明确将业务事项分为"专业相关的业务事项"和"其他业务事项"，[②]并

---

① 《债券会议纪要》第 31 条规定："债券服务机构的过错认定。信息披露文件中关于发行人偿付能力的相关内容存在虚假记载、误导性陈述或者重大遗漏，足以影响投资人对发行人偿付能力的判断的，会计师事务所、律师事务所、信用评级机构、资产评估机构等债券服务机构不能证明其已经按照法律、行政法规、部门规章、行业执业规范和职业道德等规定的勤勉义务谨慎执业的，人民法院应当认定其存在过错。"

② 《债券会议纪要》第六部分相关内容为："会议认为，对于债券欺诈发行、虚假陈述案件的审理，要按照证券法的规定，严格落实债券承销机构和债券服务机构保护投资者利益的核查把关责任，将责任承担与过错程度相结合。债券承销机构和债券服务机构对各自专业相关的业务事项未履行特别注意义务，对其他业务事项未履行普通注意义务的，应当判令其承担相应法律责任。"

相应区分“特别注意义务”和“普通注意义务”；分别对就专业或其他业务事项未履行特别或普通注意义务的债券服务机构，判令其承担相应法律责任。针对律师事务所证券业务的管理办法以及有关证券发行注册制等证监会、证交所相关规范中也对该等证券服务机构注意义务之划分予以了明确。[①] 结合《虚假陈述司法解释(2022)》第十八条第一款[②]和第二款的内容，[③]应认为《虚假陈述司法解释(2022)》肯定了对证券服务机构进行特别注意义务和普通注意义务的区分。根据证券服务机构所违反注意义务的类型，可以相应地将中介机构的过失进一步区分为“专家过失”和“非专家过失”。[④]

对于保荐机构和承销机构，虽然其勤勉尽责义务的范围相较证券服务机构更为广泛，《虚假陈述司法解释(2022)》第十七条第一款同样依据是否具有证券服务机构的专业意见支持对其负有尽职调查义务的相关内容进行区

---

① 例如，《律师事务所从事证券法律业务管理办法》(证监会、司法部令第41号)第十四条规定：“律师在出具法律意见时，对与法律相关的业务事项应当履行法律专业人士特别的注意义务，对其他业务事项履行普通人一般的注意义务，其制作、出具的文件不得有虚假记载、误导性陈述或者重大遗漏。”《律师事务所证券法律业务执业规则(试行)》(证监会、司法部公告〔2010〕33号)第六条规定：“律师从事证券法律业务，应当就业务事项是否与法律相关、是否应当履行法律专业人士特别注意义务作出分析、判断。需要履行法律专业人士特别注意义务的，应当拟订履行特别注意义务的具体方式、手段、措施，并予以落实。”《科创板上市公司证券发行注册管理办法(试行)》(证监会令第171号)第七条第二款规定：“证券服务机构及其相关执业人员应当对与本专业相关的业务事项履行特别注意义务，对其他业务事项履行普通注意义务，并承担相应法律责任。”《关于在上海证券交易所设立科创板并试点注册制的实施意见》(证监会公告〔2019〕2号)第“五(十八)”条中规定：“证券服务机构及其从业人员应当对本专业相关的业务事项履行特别注意义务，对其他业务事项履行普通注意义务。”《北京证券交易所上市公司证券发行注册管理办法(试行)》(证监会令第188号)第七条第二款规定：“证券服务机构及其相关执业人员应当对与本专业相关的业务事项履行特别注意义务，对其他业务事项履行普通注意义务，并承担相应法律责任。”

② 《虚假陈述司法解释(2022)》第十八条第一款规定：“会计师事务所、律师事务所、资信评级机构、资产评估机构、财务顾问等证券服务机构制作、出具的文件存在虚假陈述的，人民法院应当按照法律、行政法规、监管部门制定的规章和规范性文件，参考行业执业规范规定的工作范围和程序要求等内容，结合其核查、验证工作底稿等相关证据，认定其是否存在过错。”

③ 《虚假陈述司法解释(2022)》第十八条第二款规定：“证券服务机构的责任限于其工作范围和专业领域。证券服务机构依赖保荐机构或者其他证券服务机构的基础工作或者专业意见致使其出具的专业意见存在虚假陈述，能够证明其对所依赖的基础工作或者专业意见经过审慎核查和必要的调查、复核，排除了职业怀疑并形成合理信赖的，人民法院应当认定其没有过错。”

④ 参见丁宇翔：《证券发行中介机构虚假陈述的责任分析——以因果关系和过错为视角》，载《环球法律评论》2021年第6期。

分，[①]并分别对应于普通注意义务和特别注意义务。[②] 这与《证券发行上市保荐业务管理办法》（证监会令第170号）第二十二条、[③]第二十三条，[④]和《公司债券承销业务规范》（中证协发〔2015〕199号）第十二条第二款、[⑤]第三款[⑥]以及《公司债券承销业务尽职调查指引（修订稿）》（证券业协会2020年1月22日发布）第五条第二款、[⑦]第一款下的区分保持一致。[⑧]

---

① 《虚假陈述司法解释（2022）》第十七条第一款规定："保荐机构、承销机构等机构及其直接责任人员提交的尽职调查工作底稿、尽职调查报告、内部审核意见等证据能够证明下列情形的，人民法院应当认定其没有过错：（一）已经按照法律、行政法规、监管部门制定的规章和规范性文件、相关行业执业规范的要求，对信息披露文件中的相关内容进行了审慎尽职调查；（二）对信息披露文件中没有证券服务机构专业意见支持的重要内容，经过审慎尽职调查和独立判断，有合理理由相信该部分内容与真实情况相符；（三）对信息披露文件中证券服务机构出具专业意见的重要内容，经过审慎核查和必要的调查、复核，有合理理由排除了职业怀疑并形成合理信赖。"

② 除尽职调查义务外，保荐机构、承销机构在证券市场中的其他法定义务不在本文重点探讨范围内。

③ 《证券发行上市保荐业务管理办法》（证监会令第170号）第二十二条规定："对发行人申请文件、证券发行募集文件中有证券服务机构及其签字人员出具专业意见的内容，保荐机构可以合理信赖，对相关内容应当保持职业怀疑、运用职业判断进行分析，存在重大异常、前后重大矛盾，或者与保荐机构获得的信息存在重大差异的，保荐机构应当对有关事项进行调查、复核，并可聘请其他证券服务机构提供专业服务。"

④ 《证券发行上市保荐业务管理办法》（证监会令第170号）第二十三条规定："对发行人申请文件、证券发行募集文件中无证券服务机构及其签字人员专业意见支持的内容，保荐机构应当获得充分的尽职调查证据，在对各种证据进行综合分析的基础上对发行人提供的资料和披露的内容进行独立判断，并有充分理由确信所作的判断与发行人申请文件、证券发行募集文件的内容不存在实质性差异。"

⑤ 《公司债券承销业务规范》（中证协发〔2015〕199号）第十二条第二款规定："对发行人申请文件、债券发行募集文件中有证券服务机构及其签字人员出具专业意见的内容，承销机构应当结合尽职调查过程中获得的信息对其进行审慎核查，对发行人提供的资料和披露的内容进行独立判断。承销机构所作的判断与证券服务机构的专业意见存在重大差异的，应当对有关事项进行调查、复核，并可聘请其他证券服务机构提供专业服务。"

⑥ 《公司债券承销业务规范》（中证协发〔2015〕199号）第十二条第三款规定："对发行人申请文件、债券发行募集文件中无证券服务机构及其签字人员专业意见支持的内容，承销机构应当获得合理的尽职调查证据，在对各种证据进行综合分析的基础上对发行人提供的资料和披露的内容进行独立判断，并有合理理由确信所作的判断与发行人申请文件、债券发行募集文件的内容不存在实质性差异。"

⑦ 《公司债券承销业务尽职调查指引（修订稿）》（证券业协会2020年1月22日发布）第五条第二款规定："对发行文件中有中介机构及其签名人员出具专业意见的内容，承销机构应当结合尽职调查过程中获得的信息对专业意见的内容履行普通注意义务。对专业意见存有合理怀疑的，应当主动与中介机构进行沟通，要求其做出解释或出具依据；发现专业意见与尽职调查过程中获得的信息存在重大差异的，应当对有关事项进行调查、复核，并在主承销商核查意见等发行文件中予以充分揭示。"

⑧ 《公司债券承销业务尽职调查指引（修订稿）》（证券业协会2020年1月22日发布）第五条第一款规定："尽职调查过程中，对发行文件中无中介机构及其签名人员专业意见支持的内容，承销机构应当在获得充分的尽职调查材料并对各种尽职调查材料进行综合分析的基础上进行独立判断，履行特别注意义务。"

从比较法来看,这也与美国证券法上针对专业人士的专业意见和非专业内容分别作出"合理信赖"和"合理调查"之勤勉尽责标准的思路相同。[①]

2. 中介机构的职责界分。作为确定某一中介机构的特别注意义务和普通注意义务的基础,首先需要厘清各中介机构的职责边界,明确证券服务机构的专业业务事项范围。对于各中介机构职责义务的认定,根据《虚假陈述司法解释(2022)》第十八条第一款[②]和第十七条第一款第(一)项的规定,[③]应当以法律、行政法规、监管部门规章和规范性文件以及行业执业规范为主要依据。[④]

然而,基于我国严格的保荐人牵头责任模式下保荐机构职责泛化[⑤]以及监管机构严格的事前规制,[⑥]我国证券发行市场呈现出各中介机构间职责交

① 参见周淳:《证券发行虚假陈述:中介机构过错责任认定与反思》,载《证券市场导报》2021年第7期;邢会强:《证券市场虚假陈述中的勤勉尽责标准与抗辩》,载《清华法学》2021年第5期。

② 《虚假陈述司法解释(2022)》第十八条第一款规定:"会计师事务所、律师事务所、资信评级机构、资产评估机构、财务顾问等证券服务机构制作、出具的文件存在虚假陈述的,人民法院应当按照法律、行政法规、监管部门制定的规章和规范性文件,参考行业执业规范规定的工作范围和程序要求等内容,结合其核查、验证工作底稿等相关证据,认定其是否存在过错。"

③ 《虚假陈述司法解释(2022)》第十七条第一款第(一)项规定:"已经按照法律、行政法规、监管部门制定的规章和规范性文件、相关行业执业规范的要求,对信息披露文件中的相关内容进行了审慎尽职调查。"

④ 例如,《上市公司证券发行管理办法》(证监会令第163号)、《首次公开发行股票并上市管理办法》(证监会令第173号)、《公司债券发行与交易管理办法》(证监会令第180号)等文件可以为股票、债券发行相关的中介机构职责提供依据。另外,保荐机构可依据《证券发行上市保荐业务管理办法》(证监会令第170号)、《保荐人尽职调查工作准则》(证监发行字〔2006〕15号)等;承销机构可依据《公司债券发行与交易管理办法》(证监会令第180号)、《公司债券承销业务规范》(中证协发〔2015〕199号)、《公司债券承销业务尽职调查指引》(证券业协会2020年1月22日发布)等;会计师事务所可依据《会计师事务所执业许可和监督管理办法》(财政部令第97号)、《会计基础工作规范》(财政部令第98号)、《注册会计师注册办法》(财政部令第99号)、《会计人员管理办法》(财会〔2018〕33号)、注册会计师审计准则等;律师事务所可依据《律师事务所从事证券法律业务管理办法》(证监会、司法部令第41号)、《律师事务所证券法律业务执业规则(试行)》(证监会、司法部公告〔2010〕33号)、《公开发行证券公司信息披露的编报规则第12号——公开发行证券的法律意见书和律师工作报告》(证监发〔2001〕37号)、《律师从事证券法律业务尽职调查操作指引》(全国律师协会2015年10月发布)等;评级机构可依据《证券市场资信评级业务管理办法》(证监会令第181号)、《中国人民银行信用评级管理指导意见》(银发〔2006〕95号)、《证券市场资信评级机构评级业务实施细则(试行)》(中证协发〔2015〕3号)、《证券资信评级机构执业行为准则》(证券业协会2012年3月12日发布)等。

⑤ 参见夏东霞、范晓:《科创板注册制背景下对中介机构"看门人"角色的再思考》,载《财经法学》2019年第3期。

⑥ 参见周淳:《证券发行虚假陈述:中介机构过错责任认定与反思》,载《证券市场导报》2021年第7期,第76页。

叉的特点,使得中介机构的职责边界模糊化。对此,同样应以“工作范围和专业领域”作为统一标准,从各专业维度对各中介机构的职责进行划分。具体而言,例如在各类中介机构均需就同一事项发表意见的情形下,由于各中介机构的职责为从其各自专业视角审查并出具意见,实质上仍能就该事项在各专业维度下的审验义务在各中介机构间作出进一步划分,从而明确各中介机构各自的专业工作内容。与之相反,若认为各中介机构应对该被重复审验的事项于全维度负有特别注意义务,此种观点的背后实则是使各中介机构对审验信息产生“双保险”或“三保险”的倾向,将会加剧中介机构职责边界模糊、责任不明的结果,且并不一定能真正起到保险效果。①

对于依据法律法规及行业执业规范难以明确专业职责范围的情形,可结合所涉业务相关的、事前沟通及工作往来中得以反映中介机构服务内容、职责分工、责任划分等信息的合同文本等材料进行判断。《律师事务所证券法律业务执业规则(试行)》(证监会、司法部公告〔2010〕33 号)第六条中就规定了律师在从事证券法律业务时应自行判断哪些内容为其负有特别注意义务的业务事项,②并就该等特别注意义务的履行方式、履行手段、履行措施等内容进行拟定。此种方法可作为确定中介机构职责的补充手段,以及在特别情形下对常规结论进行矫正。

(二)过失程度之判断:注意标准和层次性划分

1. 特别注意义务和普通注意义务的注意标准。对于特别注意义务和普通注意义务的注意标准,二者均应为一般注意义务。区别在于,其参照标准因专业性而不同,分别为专业领域和非专业领域。③

具体地,就针对某一专业业务事项的特别注意义务,其参照标准应为该专业领域职业团体内部标准。并且,该等职业团体内部标准应为职业团体中

---

① 参见周淳:《证券发行虚假陈述:中介机构过错责任认定与反思》,载《证券市场导报》2021 年第 7 期,第 76 页。

② 《律师事务所证券法律业务执业规则(试行)》(证监会、司法部公告〔2010〕33 号)第六条规定:“律师从事证券法律业务,应当就业务事项是否与法律相关、是否应当履行法律专业人士特别注意义务作出分析、判断。需要履行法律专业人士特别注意义务的,应当拟订履行特别注意义务的具体方式、手段、措施,并予以落实。”

③ 参见邢会强:《证券市场虚假陈述中的勤勉尽责标准与抗辩》,载《清华法学》2021 年第 5 期。

的一般职业标准，即平均水准。[①]

就针对某一非专业业务事项的普通注意义务，其参照标准不再为该专业领域内的标准，而应为社会公众的一般标准。根据《虚假陈述司法解释（2022）》第十八条第二款[②]和第十七条第一款第（三）项之表述，[③]某一中介机构对于其他证券服务机构专业意见的参考应属于该中介机构专业领域之外的内容，其普通注意义务为基于其职业怀疑进行查核；《监管规则适用指引——法律类第2号：律师事务所从事首次公开发行股票并上市法律业务执业细则》（证监会、司法部、全国律师协会2022年1月28日发布）第四条第一款明确律师事务所及其律师对非法律事项负有以“普通人”为标准的一般注意义务，[④]第二款同样规定对非法律事项保持职业怀疑并进行查核。[⑤] 据此，中介机构的普通注意义务应以社会公众的一般注意水平为标准，并以排除职业怀疑、形成合理信赖为原则。

2. 层次性划分。在明确中介机构的职责划分依据以及各类注意义务的标准后，本文对中介机构的特别注意义务进行合理类型化，并分别在专家过失和非专家过失内部作层次性划分。同时，本文认为应以兼具客观能力和主观态度之判断为原则，以区分各类过失的具体过错程度。

（1）特殊注意义务内部的过错程度划分。为对中介机构的专家过失进行更精细的层次性划分，有必要对中介机构的各种特别注意义务进行合理类型

---

① 参见［日］能见善久：《论专家的民事责任》，梁慧星译，载《外国法译评》1996年第2期。

② 《虚假陈述司法解释（2022）》第十八条第二款规定：“证券服务机构的责任限于其工作范围和专业领域。证券服务机构依赖保荐机构或者其他证券服务机构的基础工作或者专业意见致使其出具的专业意见存在虚假陈述，能够证明其对所依赖的基础工作或者专业意见经过审慎核查和必要的调查、复核，排除了职业怀疑并形成合理信赖的，人民法院应当认定其没有过错。”

③ 《虚假陈述司法解释（2022）》第十七条第一款第（三）项规定：“对信息披露文件中证券服务机构出具专业意见的重要内容，经过审慎核查和必要的调查、复核，有合理理由排除了职业怀疑并形成合理信赖。”

④ 《监管规则适用指引——法律类第2号：律师事务所从事首次公开发行股票并上市法律业务执业细则》（证监会、司法部、全国律师协会2022年1月28日发布）第四条第一款规定：“基于专业分工及归位尽责的原则，律师事务所及其指派的律师对查验过程中的境内法律事项应当尽到证券法律专业人士的特别注意义务；对财务、会计、评估等非法律事项负有普通人一般的注意义务。”

⑤ 《监管规则适用指引——法律类第2号：律师事务所从事首次公开发行股票并上市法律业务执业细则》（证监会、司法部、全国律师协会2022年1月28日发布）第四条第二款规定：“律师事务所及其指派的律师制作、出具专业意见依赖保荐机构、其他证券服务机构等的基础工作或者专业意见的，应当保持职业怀疑。在履行必要的调查、复核工作的基础上，形成合理信赖……”

化。本文认为,根据是否涉及主观性判断、是否需要运用专业能力、履行难易度等性质特点,中介机构的特别注意义务可以被划分为程序性义务和判断性义务。

程序性义务,是指中介机构不涉及主观性判断、不需要运用专业能力即可遵守的履职义务。依据相关专业领域职业团体中的一般职业标准,任一该职业团体中的履职行为人只要稍加注意即可轻松地履行程序性义务。程序性义务是相对客观的职责义务,包括执业规范等相关规则中已明确规定的,或属于行业基本共识的完成某项工作应遵守的具体程序步骤等操作性规范,应依据既定的判断标准给出审验结论,以及其他类似的中介机构只需作出近乎"非黑即白式"判断的情形。因此,违反该等程序性义务应构成专家过失中程度较重的过失。

判断性义务,是指中介机构需要依据其专业能力进行主观性判断后才能遵守的履职义务。履行判断性义务同样依据相关专业领域职业团体中的一般标准,即该职业团体的平均专业水平。对某一中介机构而言,就某一判断性义务的履行,若其展现出的专业水平未达到行业平均专业水平,则构成专家过失。在此基础上进行层次性划分,根据其相较行业平均专业水平之差距的大小,确定其构成何种程度的专家过失;差距越大,则专家过失的过失程度越高。特别地,由于专业水平达到行业基础水平应是中介机构作为专家的基本门槛、是职业团体中的履职行为人稍加注意即可达到的,若某中介机构的专业水平已低于行业基础专业水平,其应构成较为严重的专家过失。

相较于程序性义务,对于判断性义务的标准,可能较为缺乏具有可操作性的指引。关于如何确定某一中介机构所属专业领域的平均专业水平、基本专业水平,若执业准则、尽职调查指引等文件无法提供标准,司法裁判中需结合该专业领域行业共识、市场主体对该类中介机构专业服务效果的合理期待等方面进行综合的自由裁量。

在基于上述类型化的逻辑进行判断的同时,也要以兼具客观能力和主观态度之判断为原则。例如,对于非强制性规定下的程序性内容,若中介机构基于其优秀的专业能力采取其合理确定的、其认为更佳的程序开展工作,主观上达到具有专业知识的职业团体的一般注意程度,客观上并未造成极为严重的后果,则也不应认定其构成严重程度的专家过失。《最高人民法院工作报告(2021)》同样指出,在财务造假案件中,在中介机构由于相关核查手段的限制未能发现审验对象的财务造假活动的情况下,司法裁判中应注重过罚相当原则,考虑让中介机构承担比例连带责任,使得中介机构所承担责任与其过错相一致。[①] 其表达了结合核查手段等客观要素判定中介机构过错程度的观点;而裁判实践中要判断核查手段是否受限,就必然需要裁判者细致考察相关准则规定要求中介机构应当利用怎样的专业技术工具、按照怎样的程序进行核查,以及案涉中介机构实际上是如何进行的相关核查工作,从而判定中介机构之所以未能发现并纠正审验信息中的错误,主要是出于难以避免的客观原因,还是由于自身未尽到程序性义务或判断性义务。若为前者,则应限制该中介机构所应承担的侵权责任。

(2)普通注意义务内部的过错程度划分。普通注意义务以社会公众普通人为标准。保持合理的职业怀疑,能够发现社会公众普通人应当察觉的异常,即为尽到普通注意义务。参考《监管规则适用指引——法律类第2号:律师事务所从事首次公开发行股票并上市法律业务执业细则》(证监会、司法部、全国律师协会2022年1月28日发布)第四条第四款,[②]中介机构未能发现其非专业业务事项中的重大异常、前后重大矛盾、重大差异等情形,此时中介机构的注意水平远低于社会公众一般注意水平,则应构成程度较重的非专家过失;若中介机构并未遵守例如该执业细则第四条第二款中所规定的针对

① 参见《最高人民法院工作报告》解读系列全媒体直播访谈第二场,http: //www. court. gov. cn/zixun - xiangqing - 289881. html,最后访问日期2023年3月18日。

② 《监管规则适用指引——法律类第2号:律师事务所从事首次公开发行股票并上市法律业务执业细则》(证监会、司法部、全国律师协会2022年1月28日发布)第四条第四款规定:“保荐机构或者其他证券服务机构的基础工作或专业意见存在重大异常、前后重大矛盾、重大差异等情形的,律师事务所及其指派的律师不得主张对其的合理信赖。”

非专业业务事项的查核程序而产生过失,[①]但并未造成未发现重大异常情形的后果,则应仅构成程度较轻的非专家过失。

以上层次性划分的方法其实是对客观标准和主观标准的双重结合:对特别注意义务进行程序性义务和判断性义务之分类,关键在于识别某一注意义务是否涉及专业和主观判断,是以注意义务类型这一客观要素为核心的"客观标准";而在判断性义务内部再根据行业平均专业水平或行业基础专业水平区分过失程度,则是以行业专业水平这一相对主观的要素为核心的"主观标准"。由此,结合客观标准和主观标准进行判断,有助于司法裁判中对中介机构的过错程度进行更精细化的考察。

3. 其他影响过错程度之判断的因素。针对不同证券市场业务或产品,其各自场景下中介机构的特别注意义务及过错程度判断方法也存在不同。在某一具体虚假陈述事件中,在对中介机构过错程度进行判断时,可从案涉发行人自身业务类型、所发行证券类型、发行方式等方面考虑。[②] 其中,在发行证券之类型的方面,除股票、债券、证券化资产之间具有差别,在企业债券、公司债券和非金融企业债务融资工具的发行之间,中介机构的特别注意义务也有所不同,甚至在非金融企业债务融资工具内部各品类间仍并不相同。[③] 因此,针对不同的证券市场业务类型,应根据相关市场的具体情况,对中介机构注意义务和过错程度之判断方法进行调整。

另外,基于各类证券服务机构工作特点的差异,司法实践中在对其过错

① 《监管规则适用指引——法律类第2号:律师事务所从事首次公开发行股票并上市法律业务执业细则》(证监会、司法部、全国律师协会2022年1月28日发布)第四条第二款规定:"律师事务所及其指派的律师制作、出具专业意见依赖保荐机构、其他证券服务机构等的基础工作或者专业意见的,应当保持职业怀疑。在履行必要的调查、复核工作的基础上,形成合理信赖,包括开展以下工作:(一)全面阅读保荐机构、其他证券服务机构出具的专业意见;(二)核查保荐机构、其他证券服务机构及其执业人员的专业资质、经验及独立性;(三)关注保荐机构、其他证券服务机构出具专业意见的前提及假设是否符合所在行业的工作惯例;(四)核查所信赖的基础工作或者专业意见是否属于该机构的专业领域,并具有相应的资料支持。"

② 参见邢会强:《证券市场虚假陈述中的勤勉尽责标准与抗辩》,载《清华法学》2021年第5期。

③ 参见丁宇翔:《证券发行中介机构虚假陈述的责任分析——以因果关系和过错为视角》,载《环球法律评论》2021年第6期。

程度的把握上同样应有所不同。有学者指出,[①]由于工作性质、尽职调查标准、所出具意见类型等方面的不同,律师和会计师审验工作的独立性存在差异。受限于此,对于不同类型中介机构过失程度的判断上也将存在灵活性差异。这里也需要裁判者运用合理方式充分发挥其自由裁量空间,以避免在各类型中介机构间造成不公平评价。

可见,证券市场中中介机构注意义务的界限、标准等极具复杂性与多样性,有待在理论和实务方面进行更多探索。这也反映出对中介机构过错程度进行精细化考量的必要性。

(三)对《证券法》第八十五条、第一百六十三条下"严重违反注意义务"之过失的重述

1."严重违反注意义务"之过失的内涵。基于上文分析,对于《虚假陈述司法解释(2022)》所规定的"严重违反注意义务",可能有几种符合文义逻辑的解释方法:第一种解释,将这里的"注意义务"解释为泛指,并未区分特别注意义务和普通注意义务,将"严重违反注意义务"解释为包括违反特别注意义务的全部情形以及违反普通注意义务中程度较重的情形;第二种解释,将这里的"注意义务"解释为泛指,并未区分特别注意义务和普通注意义务,并将"严重违反注意义务"的情形解释为包括违反特别注意义务中程度较重的情形,以及违反普通注意义务中程度较重的情形;第三种解释,将这里的"注意义务"解释为泛指,并未区分特别注意义务和普通注意义务,将"严重违反注意义务"解释为违反特别注意义务,不包括违反普通注意义务;第四种解释,将"注意义务"解释为特指特别注意义务,并将"严重违反注意义务"解释为对特别注意义务的严重违反,即违反特别注意义务的未尽勤勉履职行为中程度较严重的行为。

之所以对中介机构的注意义务进行特别注意义务和普通注意义务之分类,是为了区分中介机构对于其专业业务和非专业业务所具有的不同注意标准。在该等分类的基础上,就中介机构对某一注意义务的违反,无论是对特

① 参见彭真明、陆剑:《论律师对第三人的民事责任——以证券虚假陈述为视角》,载《社会科学》2008 年第 6 期;参见郭雳:《证券市场中介机构的法律职责配置》,载《南京农业大学学报(社会科学版)》2011 年第 1 期。

别注意义务还是普通注意义务的违反，都需将中介机构对该等注意义务的实际履行水平与法定注意标准相比较，以偏离程度评价其对注意义务的违反程度。对《虚假陈述司法解释(2022)》第四章进行体系解释，也应认为《虚假陈述司法解释(2022)》第十三条所称"过失"同时包括对特别注意义务和普通注意义务的违反。因此，第三种解释将"严重违反注意义务"的过失直接等同于违反特别注意义务的专家过失，将未达到"严重违反注意义务"之程度的过失等同于违反普通注意义务的非专家过失，并不合理；第四种解释直接将违反普通注意义务的全部情形排除在严重违反注意义务的情形之外，也并不恰当。另外，虽然基于《证券法》压实中介机构"看门人"职责的立法本意，违反特别注意义务应相较违反普通注意义务更值得被规制，但这一点已通过特别注意义务的注意标准高于普通注意义务的标准而得以体现，因此不应将违反特别注意义务的全部情形一概评价为严重违反注意义务，而是同样应以偏离程度衡量具体过失程度，因此第一种解释也并不合理。综上所述，本文认为第二种解释最为合适，即"严重违反注意义务"之过失应包括严重违反特别注意义务的专家过失和严重违反普通注意义务的非专家过失。

然而，具体多大偏离程度构成"严重违反"，则要基于特别注意义务和普通注意义务各自内部的过失程度层次化划分来确定。如上所述，对于违反特别注意义务和普通注意义务之程度的评价标准不同；对于特别注意义务的违反程度以职业团体注意水平为标准，对于普通注意义务的违反程度以社会公众的一般注意水平为标准。违反特别注意义务的情形下，对于程序性义务，若中介机构脱离规定程序、不合理地开展业务，则应构成严重违反特别注意义务；若中介机构的执行仅与规定程序存在轻微不一致，则一般不构成严重违反。对于判断性义务，若中介机构表现出的水平明显差于行业平均专业水平，则构成严重违反；若中介机构的水平仅轻微低于行业平均专业水平，则不构成严重违反。违反普通注意义务的情形下，若中介机构的注意水平远低于社会公众一般注意水平、未发现重大异常，则构成严重违反普通注意义务；否则，应不构成严重违反。

也有观点认为，"严重违反注意义务"之过失属于重大过失，《虚假陈述司法解释(2022)》将全部连带责任的适用对象限缩为具有故意和重大过失的中介机构，并为具有一般过失的中介机构承担比例连带责任留出了空间。[①] 对于比例连带责任的适用来说，该等解读和本文此处所持观点并无冲突，两种观点均认为过错程度较低的中介机构应有适用比例连带责任的空间。然而，作为一般侵权领域下的一般性分类方式，以重大过失和一般过失之分类界定“严重违反注意义务”的内涵，并未直面问题的实质。问题的关键在于，通过对中介机构过错程度进行层次性划分，对证券虚假陈述侵权责任这一特别领域中中介机构的过错程度作出准确判断，从而真正有效地厘清“严重违反注意义务”的内涵与边界，进而在司法实践中合理地根据中介机构的具体过错程度适用比例连带责任或全部连带责任。而这也正是本文此部分尝试分析的内容。此时，以重大过失与一般过失之分类表述适用比例连带责任的中介机构的过错程度，也将没有意义。

2. “严重违反注意义务”内部的过失程度划分。在构成严重违反注意义务之情形的内部，同样需基于特别注意义务和普通注意义务各自内部的层次化划分，确定具体过失程度。关于严重违反特别注意义务的具体专家过失程度，对于程序性义务，根据中介机构对规定程序的具体脱离程度确定具体过失程度；脱离程度越大，具体过失程度越高。对于判断性义务，若中介机构表现出的水平明显差于行业平均专业水平，但高于行业基础专业水平，则构成程度较低的严重违反注意义务之过失；若中介机构表现出的水平低于行业基础专业水平，则构成程度较高的严重违反注意义务之过失。对于严重违反普通注意义务的非专家过失，在远低于社会公众一般注意水平的前提下，根据中介机构相较社会公众一般注意水平的具体偏离程度确定具体过失程度。当然，这里的分析并不能给出定量结论，某一中介机构的具体过错程度需要在每个虚假陈述纠纷中由法官根据个案实际情况自由裁量。对于“严重违反注意义务”之过失究竟包括何种程度的过失，也有待司法实践的探索和回应。

至此，本文认为，对于具有不同主观状态的中介机构应承担的侵权责任

---

① 参见尤杨、赵之涵：《新〈虚假陈述司法解释〉系列研究（四）：新〈虚假陈述司法解释〉对中介机构有哪些影响?》，载微信公众号“汉坤律师事务所”，https://mp.weixin.qq.com/s?src=11&timestamp=1648710013&ver=3709&signature=xhu5qdJW95Q-Dy0OeC6U7lvyaS3RbFawC1s226ws-rCP-jHeTLqYy8a5o8xsE6DuXFpLX862LvkGT4TJy2mvnz0Awz0nVejaT7iI-vpPC1yvv-vwx-k8WwyAKSy69nG4X&new=1，最后访问日期2022年3月19日。

形态及责任范围,可以形成以下结论:《证券法》第八十五条、第一百六十三条的规制对象包括具有故意和存在严重违反注意义务之过失的中介机构。具有故意的中介机构应承担全部连带责任;存在严重违反注意义务之过失,即存在程度较重的专家过失或非专家过失的中介机构,应承担比例连带责任,并应根据其具体过失程度在不同范围内承担比例连带责任。仅存在较轻专家过失或较轻非专家过失的中介机构不属于《证券法》第八十五条、第一百六十三条的规制对象,应承担连带责任以外责任形态的侵权责任,仅存在轻微过失的可不承担侵权责任。

二、原因力大小之判断

(一)基于损失因果关系视角

1. 定性判断:基于中介机构类型和注意义务类型。所谓损失因果关系视角,是指中介机构的虚假陈述行为和投资者损失程度间的关系如何,即从对损失结果之影响力的角度衡量原因力的大小。从损失因果关系角度看,可以借鉴学理上和司法实践中主要原因和次要原因之分类的方式,区别中介机构虚假陈述对投资者损失的原因力大小。[①] 最高人民法院《关于审理触电人身损害赔偿案件若干问题的解释》第二条第二款即通过主要原因、非主要原因的表述对原因力的概念及其大小比较的方式进行了具体解释。在证券市场中,发行人作为信息披露义务人和委托人,若没有发行人向中介机构提供待审验的信息,就不会发生中介机构未尽勤勉的情形。因此,在证券市场虚假陈述侵权行为的一般形态中,发行人的虚假陈述行为应为导致投资者损失的决定性因素、主要原因,其原因力较大;各中介机构即使未尽勤勉义务而未能有效发挥其作为“看门人”阻止发行人虚假陈述的作用,但其不尽责行为产生损害以发行人的违法行为为前提,中介机构对投资者损失的影响应居次,即应为次要因素、次要原因,因此其原因力较小。

类似地,也可以通过强势原因和弱势原因之分类区别原因力的大小。[②] 在证券虚假陈述侵权行为形态中,没有发行人的虚假陈述就不会发生相应的投资者损失,发行人的虚假陈述应为投资者损失之发生所必要的原因,为强

① 参见张新宝、明俊:《侵权法上的原因力理论研究》,载《中国法学》2005 年第 2 期。

② 参见杨立新、梁清:《原因力的因果关系理论基础及其具体应用》,载《法学家》2006 年第 6 期。

势原因,其原因力较大;各中介机构的未尽勤勉并不是多余原因,但要在与发行人违法行为的共同作用下才能导致投资者损失的发生,应为弱势原因,其原因力较小。

而在保荐、承销机构和证券服务机构间比较,基于我国现行的保荐人牵头模式和承销制度,保荐、承销机构在职责上具有主导性,作为主导型中介机构,其注意义务范围相较证券服务机构更广;并且除尽职调查义务外,还负有督导义务等非尽职调查义务。[①] 因此,保荐、承销机构的原因力往往相较证券服务机构更大。[②] 而基于保荐机构更强的主导性和更广的注意义务,保荐机构又应具有相较于承销机构更大的原因力。[③]

对于各证券服务机构,从注意义务类型的划分来看,就某一虚假陈述信息而言,违反特别注意义务的证券服务机构的原因力较大,违反普通注意义务的证券服务机构的原因力较小。对于具有特别注意义务的中介机构,其注意义务更强,其未勤勉尽责的虚假陈述行为应为主要原因,因而具有较大原因力;而对于具有普通注意义务的中介机构,其虚假陈述行为构成造成投资者损失的次要原因,具有较小原因力。

2. 定量判断:根据中介机构虚假陈述行为在虚假陈述信息生产链中的定位。将发行人构成虚假陈述所对应的"披露的信息"以"虚假陈述信息"指代。[④] 对于经加工而成的虚假陈述信息,在其被最终向投资者披露前,存在一条针对该等虚假陈述信息的"生产链"。该生产链中可能存在多个环节,某一中介机构所审验的信息可能并不是最终被披露的虚假陈述信息,而是生产链各环节中用于生产虚假陈述信息的"过程性信息"。假设某中介机构仅直接审验了某一过程性信息,由于其不当审验,该过程性信息在真实性、准确性、

① 参见张保生、周伟:《新〈虚假陈述若干规定〉系列解读之九:保荐承销机构与证券服务机构的责任》,载微信公众号"中伦视界",https://mp.weixin.qq.com/s/Xddc5_dFvNOhsSF2YCQfow,最后访问日期2022年3月18日。

② 参见陈洁:《证券虚假陈述中审验机构连带责任的厘清与修正》,载《中国法学》2021年第6期。

③ 参见邢会强:《证券市场虚假陈述中的勤勉尽责标准与抗辩》,载《清华法学》2021年第5期。

④ 该表述来源于《虚假陈述司法解释(2022)》第四条第一款:"信息披露义务人违反法律、行政法规、监管部门制定的规章和规范性文件关于信息披露的规定,在披露的信息中存在虚假记载、误导性陈述或者重大遗漏的,人民法院应当认定为虚假陈述。"

完整性上存在偏差；[①]该过程性信息和其他可能处于该生产链上任何一环的“其他过程性信息”结合，生产出虚假陈述信息，投资者因直接接收并信赖了该虚假陈述信息而作出投资决策，并发生投资损失。此种情形下，该中介机构虚假陈述行为的原因力大小将有赖于各个过程性信息对虚假陈述信息的影响。因此，在判断某一中介机构的原因力时，有必要考察完整的虚假陈述信息生产链，审查是否还有和该中介机构不存在因果关系的其他过程性信息存在偏差；如确实存在，该中介机构的原因力则需根据其审验的过程性信息之偏差对虚假陈述信息总体偏差的影响来衡量。具体地，在司法裁判中，首先需以明确相关中介机构的专业工作范围及特别注意义务为基础；接着具体考察虚假陈述信息得以产出的详细过程，并将各中介机构的审验义务在虚假陈述信息生产链中进行定位；进而比较各过程性信息之偏差占虚假陈述信息总体偏差的比例，从而确定相关中介机构及其他虚假陈述参与人各自虚假陈述行为的原因力大小。

对于过程性信息偏差占虚假陈述信息总体偏差之比例，可通过定性和定量两个途径来判断。定性上，对于较为成熟、市场经验相对丰富的证券业务或产品类型，就其中某类型中介机构的审验义务在虚假陈述信息生产链中的定位、重要性等，可依托行业经验积累，在一定幅度内作出符合实务经验、行业认同的相对估量。若要给出定量结论，则需依据相关数学原理和理论模型，计算案涉各过程性信息的具体偏误值，以及各过程性信息偏差占虚假陈述信息总体偏差的具体比例。定量方法较为专业繁复，因此，对于成熟证券业务，定性地估量过程性信息的偏差比例进而评估行为人原因力大小，即为可行且合理的方式。必要时，若不能定性地确定较为可靠的估量幅度，则采取定量方法精准计算为佳。

（二）基于交易因果关系视角

所谓交易因果关系视角，是指中介机构的虚假陈述行为和投资者决定参与交易之间的关系如何，即从对投资决策之影响力的角度衡量原因力的大小。作为“看门人”角色的要义，中介机构是消除发行人与投资者间信息不对

① 参见《证券法》第十九条、第二十九条、第一百六十三条中对信息披露的要求。

称的重要外部主体。[①] 而该等作用的发挥以投资者对中介机构的信赖为基础。在交易因果关系视角下，考量投资者对中介机构的信赖程度，应为判断中介机构原因力大小的重要方法。

中介机构和发行人存在合同关系，中介机构受发行人的雇用，却为投资者利益履行防范发行人虚假陈述的“看门人”职责。因此，基于中介机构在证券市场活动中存在的严重角色冲突，投资者对中介机构可能并不具有太大信任。根据信赖程度判断中介机构的原因力大小，首先要明确投资者对中介机构可能的信任来源是什么。投资者的信任来源主要有以下两个方面。

第一，基于相关法律法规赋予中介机构的勤勉尽责义务。如违背该等规则，中介机构将承受包括行政、民事甚至刑事责任在内的法律成本，该等法律成本可以对中介机构产生正向事前激励，约束中介机构的履职行为。

第二，声誉约束机制。[②] 在声誉约束机制下，一方面，信任来源于中介机构对其声誉的爱护，出于维护声誉、积攒口碑的考虑，中介机构有约束自己勤勉履职的激励。另一方面，为获得相对其他发行人更大的竞争力，发行人有动力聘请独立专家地位下具有“诚信外表”的中介机构为其“担保”，从而提高自身的诚信度；而这种“声誉担保效果”以有机证券服务市场得以有效建立，进而发行人能从雇用高质量的中介机构而非低质量的中介机构获得收益为前提。[③] 声誉担保效果越好意味着投资者对相关中介机构的信赖程度越高。

对于声誉担保效果的判断，是一种相对评价，即在同一行业内相同职责的中介机构之间的比较下，某一中介机构的专业水平如何。如果某一中介机构在其行业内具有相对明显的专业声誉优势，发行人选择如此的中介机构为其提供服务，投资者很可能对该中介机构具有较强信赖，并由此降低对其选择该发行人作为投资对象的投资风险的预期，即产生较好的声誉担保效果，此时应认为该等中介机构对于投资者损失具有较大的原因力；反之，如果某

---

① See Bernard S. Black, “The Legal and Institutional Preconditions for Strong Securities Markets”, *UCLA Law Review*, Vol. 48, (2001), pp. 781 -855.

② See John C. Coffee Jr. *Gatekeepers, The Professions and Corporate Governance*, Oxford University Press, 2006, P3.

③ 参见彭冰：《证券律师，何去何从》，载北京大学金融法研究中心：《金融法苑（第六十二辑）》，中国金融出版社2005年版。

一行业内各机构专业水平差别不大，某一中介机构在专业及声誉上的个体优势并不明显，将不会对投资者产生明显的声誉担保效果。[①] 在司法裁判中，可以参考行业排名、市场份额等信息的相对值确定某一中介机构在其行业中所处的地位，以及其所属行业内各机构专业水平及声誉的离散程度。

另外，中介机构声誉信息的非有效传递也会阻碍声誉担保效果的反映。在具备有效的中介机构声誉信息传递机制的证券市场中，投资者能够以较低的声誉信息搜寻成本获取包括交易主体和监管机构在内的市场主体对中介机构及其人员的信用评价。[②] 此时应认为，该等证券市场中的声誉担保效果较好，该等证券市场中的中介机构对于投资者损失具有较大的原因力。反之，在不具备有效声誉信息传递机制的证券市场中，中介机构的原因力较弱。

三、“侵权责任内比例”的确定：过错程度和原因力的结合方式[③]

（一）结合方式的选择

对于各考量因素的结合方式，学界通说认为主要包括“比例加权法”“主次区分法”以及“综合法”。[④] 选择哪种方式最优，关键在于考量因素之间的关系特点。

经过上文对二者之判断方法的分析可知，在对证券虚假陈述领域中介机构的过错程度进行判断时，首先要明确其专业领域的工作内容范围及特别注意义务，进而考察其是因违反程序性义务还是判断性义务而产生专家过失，并判定其具体过错程度；而对原因力大小的衡量，则要明确案涉中介机构专业领域的工作内容范围及特别注意义务在虚假陈述信息生产链中的定位。

---

① 参见缪因知：《证券虚假陈述赔偿中审计人责任构成要件与责任限缩》，载《财经法学》2021年第2期。

② 参见刘志云、史欣媛：《论证券市场中介机构“看门人”角色的理性归位》，载《现代法学》2017年第4期。

③ 本文所述“侵权责任内比例”为相对“侵权责任外比例”的概念，是以中介机构侵权责任成立与否为标准，对某一虚假陈述纠纷中投资者全部损失范围进行的划分。关于“侵权责任外比例”，将在此章第四节分析。

④ 关于“比例加权法”，参见杨立新、梁清：《原因力的因果关系理论基础及其具体应用》，载《法学家》2006年第6期；关于“主次区分法”，参见杨立新、梁清：《客观与主观的变奏：原因力与过错——原因力主观化与过错客观化的演变及采纳综合比较说的必然性》，载《河南省政法管理干部学院学报》2009年第2期；关于“综合法”，参见王竹：《论数人侵权责任分担中最终责任份额的确定方式》，载《法商研究》2010年第6期。

可见,二者之判断都具有以对中介机构专业领域职责范围及特别注意义务的认定为基础之共通性。“义务”作为关键要素,将过错程度和原因力勾连在一起,使得在过错程度和原因力间无法进行彻底剥离。由此,一方面,过错程度和原因力是影响责任分配的一体两面,两个考量因素不能相互替代,必须共存;另一方面,过错程度和原因力之间存在紧密的内部关系,二者并未完全相互独立而是存在牵连交叉。

基于该等特点,比例加权法下简单的线性关系与过错程度和原因力这两个考量因素间牵连交叉的内部关系并不匹配,采取比例加权法并不合理。主次区分法下得以破除难以厘清二者结合方式、无法形成针对中介机构比例连带责任之范围的合理计算公式的难题。而综合法的主观随意性较大,应为次于主次区分法的选择。本文认为,对过错程度和原因力作主次关系的安排,从而确定中介机构应承担的具体比例连带责任范围,应为最优方法。

(二)“以过错程度为主、原因力为辅”的具体安排

1. 以过错程度为主、原因力为辅的原因。不同的主次安排差别在于赋予二者不同的考量权重,其背后为证券法和侵权责任法多重价值间的倾向与选择。从侵权责任法的功能定位来看,侵权责任法具有以填补损害为中心、以预防功能等为补充的多重功能,并在受害人和侵权人间进行利益平衡。[①] 因此,在连带责任的责任形态下,在对外责任承担层面,以过错程度为主、原因力为辅,以在过错责任侵权领域发挥预防作用;在内部责任分配层面,以原因力为主、过错程度为辅,依据责任自负原则实现填补损害的功能。[②] 从证券法作为特别法赋予中介机构“看门人”责任的角度来看,该立法对中介机构勤勉尽责之有效激励正是需要通过对中介机构主观状态的正向调节来形成;在对外责任承担层面,以过错程度为主、原因力为辅确定对外连带责任比例,符合证券法对中介机构虚假陈述侵权责任的特别规制目的。

另外,从判断难易来看。从上文分析可以看出,过错程度具有类型化和

---

① 参见张新宝:《侵权责任法立法:功能定位、利益平衡与制度构建》,载《中国人民大学学报》2009年第3期。

② 参见王竹:《论数人侵权责任分担中最终责任份额的确定方式》,载《法商研究》2010年第6期。

客观化特征。[①] 一方面,通过对存在过失的中介机构的过错程度进行专家过失和非专家过失之区分以及在其各自内部进行层次化分类,法官相对容易通过类型化对中介机构的过错程度进行把握。另一方面,判断过错程度以对中介机构专业职责范围和特别注意义务的明确为基础,这体现了过错程度的客观化。相较于对过错程度的判断,对于原因力大小的判断由于缺少类型化特征而难以量化。因此,从便利司法实践中法官裁判的角度,确定中介机构侵权责任范围时以过错程度为主更具可操作性。

综上所述,以过错程度为主、原因力为辅的方法确定存在过失的中介机构之比例连带责任的范围,应为更合适的选择。也即,以过错程度作为制约性因素、以原因力作为相对性因素进行衡量。[②] 而在考察步骤上,仍应遵循从该当性到有责性的逻辑,先考察原因力,再考察过错程度。[③]

2. 以过错程度为主、原因力为辅时的具体方法。在确定了“以过错程度为主、原因力为辅”的基本原则后,在确定比例连带责任之范围的具体方法上,司法裁判中可先对某一中介机构的过错程度给出幅度性的判断,以此作为判定中介机构连带责任之比例的基础;在此之上,视情况根据原因力大小进行相对调整。关于过错程度的幅度性判断,可以通过对类型化的过错程度设置各自对应的基本比例档位实现。例如,以发行人的侵权责任范围为基准,对于存在过失的中介机构,当其构成违反特别注意义务的专家过失,应在20% ~100% 的幅度内承担比例连带责任。对于判断性义务,若某中介机构违反判断性义务且其水平远未达到行业平均专业水平,但超过行业基础专业水平,可根据其水平偏离行业平均专业水平的程度在20% ~50% 的幅度内承担连带责任;若其违反判断性义务且其水平未达到行业基础专业水平,此时可根据其水平偏离行业基础水平的程度在50% ~100% 的幅度内承担连带责任。对于违反程序性义务的中介机构,由于违反程序性义务属于程度较重的专家过失,类似于对判断性义务未达到行业基础专业水平之违反的情形,其

① 参见杨立新、梁清:《原因力的因果关系理论基础及其具体应用》,载《法学家》2006 年第 6 期。

② 参见杨立新、梁清:《客观与主观的变奏:原因力与过错——原因力主观化与过错客观化的演变及采纳综合比较说的必然性》,载《河南省政法管理干部学院学报》2009 年第 2 期。

③ 注②,第 19 页。

连带责任范围可在50%～100%的幅度内。当中介机构因严重违反普通注意义务而构成非专家过失，其比例连带责任的范围应在0～20%的幅度内。由此，对于构成《证券法》第八十五条、第一百六十三条下过失的中介机构，其连带责任范围形成了三档基本比例档位，分别为0～20%、20%～50%和50%～100%。对于某一中介机构连带责任比例的判断，应在对其适用的基本档位进行定位之基础上，在该档位内进一步确定具体的连带责任比例。当然，这里的各档位基准线的具体数值仅为阐述之便而进行的粗略假设，其准确值应在司法实践中通过个案经验摸索形成，并逐渐在各裁判者间达成基本一致，以实现类案同判。

一般情况下，基于上述过错程度与原因力之间一体两面、牵连交叉的关系，二者间具有一定的正相关关系。以过错程度为制约性考量因素来确定对外责任范围，已能较为合理地对中介机构的责任承担给出评价。在无法通过过错程度之判断给出具有明确倾向性的结论时，有必要以原因力为主确定责任范围。例如，在保荐、承销机构与证券服务机构具有相当的过错程度时，根据对其原因力大小的比较，保荐、承销机构往往应承担相较证券服务机构更大范围的连带责任。

（三）综合性及体系化判断方法

一些判断方法并不针对性地用于判断过错程度或原因力大小，可在对过错程度及原因力进行综合考量时提供参考。

在部门法互动的视角下，行政处罚作为行政责任规制手段，其具有和民事责任规制相对一致的考量和相近的价值倾向。行政处罚结果已包含对中介机构过错程度及原因力的考量，是对中介机构基于其在证券法下的定位与法定职责作出的专业评判，[①]具有较高的参考性，因此如有在先的行政处罚则可参考。但同时也需注意根据行政责任和民事责任不同的规制目标而对该等评判结果进行调整。行政处罚中罚款金额的确定以中介机构违法所得金额为标准，体现了行政法的惩戒预防功能；相比之下，证券法作为监管法，其强调在惩戒预防中介机构虚假陈述行为和尊重其行为自由间寻求衡量，至少

① 参见湘财证券课题组、周卫青：《IPO注册制下发行人与中介机构虚假陈述民事责任研究》，载《证券市场导报》2021年第4期。

是兼顾对两种价值的考量。因此，在参考行政处罚情况对中介机构应承担的连带责任比例进行裁判时，也应相对保持克制。

在取消行政前置程序的背景下，参照行政处罚之方法的适用概率减少。在制度体系联动的视角下，在对包括上述职责范围、平均专业水平、证券产品差异等富有专业性的问题难以作出判断时，可借助行业专家证人、第三方专业机构等的专业优势，听取其专业意见，以突破裁判困境。《九民纪要》和《最高人民法院、中国证券监督管理委员会关于适用〈最高人民法院关于审理证券市场虚假陈述侵权民事赔偿案件的若干规定〉有关问题的通知》(法〔2022〕23 号)中都传达了这一精神。① 积极探索建立健全专家证人、专家辅助人等制度并使其形成联动，通过对多种配套制度的综合运用，使包括证券虚假陈述在内的各证券监管领域体系制度相辅相成。这是动态化、体系化视角下提高司法审判效率、提升司法裁判效果的捷径，将有助于司法实践的精细化发展。

四、"侵权责任外比例"的确定

前文所有分析暗含着中介机构的侵权责任已成立这一前提。换言之，前文所分析的部分连带责任之比例为"侵权责任内比例"。在某一虚假陈述事件中，对于案涉投资者损失中不满足侵权责任成立条件的损失范围，发行人和各中介机构不应对其承担侵权责任。以案涉全部投资者损失范围为基准，将成立侵权责任的损失范围称为"侵权责任损失"，将"侵权责任损失"占全部投资者损失的比例称为"侵权责任外比例"。如此，"侵权责任内比例"则是以"侵权责任损失"为基准的连带责任范围。

在对外责任层面，除上文对"侵权责任内比例"的探讨外，本文之所以还在此对"侵权责任外比例"进行讨论，是考虑到在具体虚假陈述个案中，作出

---

① 《九民纪要》第六部分第一点"关于证券虚假陈述"相关内容为："在案件审理过程中，对于需要借助其他学科领域的专业知识进行职业判断的问题，要充分发挥专家证人的作用，使得案件的事实认定符合证券市场的基本常识和普遍认知或者认可的经验法则，责任承担与侵权行为及其过错程度相匹配，在切实维护投资者合法权益的同时，通过民事责任追究实现震慑违法的功能，维护公开、公平、公正的资本市场秩序。"《最高人民法院、中国证券监督管理委员会关于适用〈最高人民法院关于审理证券市场虚假陈述侵权民事赔偿案件的若干规定〉有关问题的通知》(法〔2022〕23 号)第五条指出："取消前置程序后，人民法院要根据辖区内的实际情况，在法律规定的范围内积极开展专家咨询和专业人士担任人民陪审员的探索，中国证监会派出机构和有关部门要做好相关专家、专业人士担任人民陪审员的推荐等配合工作，完善证券案件审理体制机制，不断提升案件审理的专业化水平。"

比例连带责任之判定的前提为对成立侵权责任之范围的准确判断。以案涉全部投资者损失为基准，只有依次确定“侵权责任外比例”和“侵权责任内比例”，才能有理有据地判定某一中介机构就案涉损失最终应向投资者承担怎样比例的连带责任。下面从一般侵权责任的构成要件和针对虚假陈述侵权行为的特别构成要件两个角度入手，简单分析虚假陈述侵权责任的成立条件。此部分并非本文重点研究对象，因此这里省略其他的一般侵权责任成立之构成要件，[①]着重分析“两重因果关系”“重大性”与“侵权责任损失”的关联，以帮助明确“侵权责任外比例”和“侵权责任内比例”的关系。

（一）交易因果关系、损失因果关系与重大性要件的关联

1. 交易因果关系与损失因果关系的联系。因果关系要件为一般侵权责任共通的构成要件。《虚假陈述司法解释（2022）》明确以“两重因果关系”之结构来对虚假陈述行为与投资者损失间的因果关系进行判定，包括交易因果关系和损失因果关系。

交易因果关系，是指投资者的投资决策系因信赖虚假陈述信息而发生。损失因果关系，是指虚假陈述行为人需就多大范围内的投资者损害结果承担虚假陈述侵权责任。在某个虚假陈述事件中，可能存在多种造成投资者损失的因素。即可能存在多个与中介机构无涉的行为或事实，且与投资者损失存在因果关系。《虚假陈述司法解释（2022）》中通过列举的方式说明了应被排除在虚假陈述行为人责任之外的造成投资者损失的其他因素。[②] 这些“其他因素”使得虚假陈述行为人的侵权行为可能仅与案涉投资者损失中的部分成立损失因果关系。

在某种程度上，交易因果关系是定性判断；若交易因果关系不成立，则没有再继续考虑损失因果关系的必要。损失因果关系是定量判断；相较交易因

① 关于一般侵权责任的构成要件，学界存在“三要件说”和“四要件说”。两种学说都以损害、过错、因果关系为构成要件，四要件说另加入违法性作为又一个构成要件。对于证券虚假陈述侵权责任领域，由于《证券法》第八十五条、第一百六十三条为明确的法律依据，选择哪种学说、是否包括违法性要件并不影响对于虚假陈述侵权责任成立与否的判断。对于损害、过错和因果关系要件，前文其实均已涉及。这里基于与“重大性”要件、原因力之关系的视角，就证券虚假陈述中的因果关系要件，再进行一些阐释。

② 参见《虚假陈述司法解释（2022）》第三十一条。

果关系,损失因果关系之判断是更为实质的、定量的判断。“两重因果关系”之结构有利于司法审判中重视对损失因果关系的实质审查,进而更准确地框定相关虚假陈述行为人成立侵权责任的范围。

2. 交易因果关系与重大性要件的联系。根据相关司法解释或指导性文件中相关规定对重大性的相关描述,[①]重大性可被定义为“虚假陈述行为应对投资者的损害结果具有较重大的影响”。由于缺乏重大性的行为无须承担《证券法》下的侵权责任,因此重大性要件的属性应为虚假陈述侵权责任的必要构成要件。

为比较交易因果关系与重大性要件的联系,可以将交易因果关系的内涵拆解为两层:一是投资者接收了相关虚假陈述信息,二是该等信息对投资者的投资决策产生了影响。重大性要件同样可以被拆解为两层含义:一是相关虚假陈述信息对投资者的投资决策产生了影响,二是该等信息影响比较重大。[②] 可见,交易因果关系的第二层含义和重大性的第一层含义相同。“虚假陈述信息对投资者的投资决策产生影响”这一成立交易因果关系的要求,同样是重大性的应有之义。由此可见,第一,二者的含义具有共通之处,均为定性判断,即若二者之一不成立则虚假陈述案件的被告将不必承担虚假陈述行为侵权责任。第二,同为客观要素,二者的内涵确实存在交叉,但二者并不能等同。因此司法实践中有必要对二者分别进行审查。

(二)“两重因果关系”、“重大性”与“侵权责任损失”的关系

交易因果关系作为一般侵权责任共通的构成要件、重大性要件作为虚假陈述侵权责任的特别构成要件,二者应以全有或全无的方式对侵权责任之成立产生影响。若不满足交易因果关系或重大性,则发行人和中介机构不对投资者损失承担侵权赔偿责任,不存在“侵权责任损失”,更不必进而讨论中介机构应承担怎样责任形态的侵权责任。

而损失因果关系则直接影响“侵权责任损失”和“侵权责任外比例”之确定。若某一中介机构的虚假陈述仅和案涉全部投资者损失中的“部分”成立

---

① 关于“重大性”的定义,参见《虚假陈述司法解释(2003)》第十七条、《最高人民法院关于当前商事审判工作中的若干具体问题》、《九民纪要》第85条、《虚假陈述司法解释(2022)》第十条等规则。

② 依据《虚假陈述司法解释(2022)》,其标准为“价格敏感标准”。

损失因果关系,则中介机构应仅应就该部分的投资者损失承担侵权责任。该等部分损失即为“侵权责任损失”;“侵权责任损失”占案涉全部投资者损失的比例,即为“侵权责任外比例”。

特别地,若某一证券虚假陈述纠纷中存在多个相互独立的“虚假陈述信息”,该等信息的披露均和案涉投资者损失存在损失因果关系,而某一中介机构仅与其中一个虚假陈述信息的披露存在关联;此时,该中介机构负有侵权责任的范围也应仅限于该存在关联的虚假陈述信息对应的“侵权责任损失”,而非与任一虚假陈述信息存在损失因果关系的投资者损失范围。

五、比例连带责任范围的最终确定:“侵权责任外比例”和“侵权责任内比例”

根据上文分析,对于重大性、两重因果关系以及原因力这三个要素,由于三者都是有关虚假陈述行为与损害结果之关系的、具有客观属性的因素,因此无论在其内涵还是对其进行判断的方法等方面都可能存在交叉,但这不影响其各自的独立地位。重大性、两重因果关系主要在确定侵权责任之成立的阶段发挥作用,而原因力主要在侵权责任成立后的外部责任分配层面和内部责任分配层面发挥作用。司法裁判中应对这三个要素进行层次化审查,不应简单地相互替代或省略。

层次化审查的具体方式总结如下:首先,通过判断虚假陈述行为和投资者损失间是否具有重大性及两重因果关系,确定是否成立侵权责任;并根据损失因果关系确定某一中介机构的“侵权责任损失”和“侵权责任外比例”。在此基础上,综合考量过错程度和原因力两个考量因素,并以过错程度为主、原因力为辅,确定该中介机构的“侵权责任内比例”。以案涉全部投资者损失为基准,将“侵权责任外比例”和“侵权责任内比例”相乘,所得即为该中介机构在对外责任承担层面的连带责任比例。

第四章 比例连带责任下的内部责任分配及追偿

基于内部责任分配对确定中介机构内部责任份额的直接影响,以及比例连带责任内部追偿可能存在的特殊性,本文认为有必要在此同步就内部责任层面相关问题进行探讨。

一、探讨内部责任分配的原因

（一）作为连带责任的应有之义

1. 追偿是连带责任下的必要环节。对于基于不同数人侵权行为类型之法理产生的连带责任，其追偿权的正当性来源虽可能有所差异，[①]但仍具有共通之处。一方面，连带责任人的追偿权，是连带责任和按份责任的本质区别所在。按份责任具有内外责任一体化的特征，自然没有追偿权的空间；而连带责任下连带责任人间就同一部分损害在责任承担上存在重合，使得内部责任分配具有必要性与合理性。另一方面，由于连带责任这一责任形态将侵权责任人无法清偿之风险从受害人处转移给全体连带责任人，在各连带责任人内部公平分配侵权责任人无力清偿之风险对实现矫正正义同样不可或缺。比例连带责任仍属于连带责任的责任形态范畴，因此内部追偿应同样为比例连带责任下不可缺少的环节。具体在证券虚假陈述领域，中介机构向投资者承担比例连带责任后，同样应面临内部追偿的问题。

2. 比例连带责任之“比例”不可替代内部分配。对外承担比例连带责任而非全部连带责任，这是对连带责任之范围的限定，决定的是中介机构“对外”所承担责任及风险责任的范围；内部责任分配是在对外责任承担的基础上进一步确定内部责任份额，是对各侵权责任人最终责任的考察。可见，内外两个责任分担环节所分配的责任对象并不相同。

虽然在下文分析中可以看到，相较对外连带责任比例，对内部责任份额的考察同样以过错程度和原因力为主要因素，但两个比例的基准及逻辑并不相同。对外连带责任之比例是以案涉投资者损失范围为基准的绝对比例，内部责任份额是由各侵权责任主体间互为基准而确定的相对比例。因此，内部责任分配实则为各连带责任人内部的第一次责任分配，不存在其相较连带责任比例多余或重复之说，不可被对外连带责任之比例替代。

综上所述，对于向投资者承担比例连带责任的中介机构，内部责任分配及追偿规则将直接影响其最终责任之承担，是证券虚假陈述侵权责任分配中

① 关于分别侵权连带责任追偿权之正当性的探讨，参见曹险峰、陈海彪：《论数人分别侵权连带责任的内部追偿》，载《社会科学战线》2018 年第 6 期；关于共同侵权连带责任追偿权正当性依据的多种学说，参见张铁薇：《共同侵权制度研究》，人民法院出版社 2013 年版，第 251 – 252 页。

不可避免的问题。

（二）基于比例连带责任的特殊性

不同于全部连带责任，在中介机构承担比例连带责任的特别责任形态下，各虚假陈述责任主体在对外责任承担层面呈现出“部分主体（包括不论过错的发行人，其具有过错的控股股东、实际控制人，其具有故意之过错的董事、监事、高级管理人员以及具有故意之过错的中介机构等责任主体）承担全部连带责任、部分主体（存在过失的中介机构）承担比例连带责任”的局面。[①]此时，各责任人之间的关系可能并不那么明了，在内部追偿的相关问题上相较全部连带责任更为复杂。因此，基于比例连带责任的特殊性，这里有必要对证券虚假陈述场景中比例连带责任下的内部责任分配和追偿问题进行研究。便于探讨，下文分析中将承担全部连带责任的各责任主体简化为仅发行人这一责任主体。

二、内部追偿的基本问题

（一）追偿范围和追偿方向（第一次追偿）

1. 追偿范围。

（1）限于追偿权人实际履行的责任份额中超出追偿权人责任份额的部分。作为投资者保护法，《证券法》没有直接明确规定各虚假陈述侵权责任人的内部追偿。根据《虚假陈述司法解释（2022）》第二十三条第一款[②]和《民法典》第一百七十八条第二款的规定，[③]各虚假陈述连带责任人应同样依据连带责任的相关一般规定追偿。除侵权责任编外，《民法典》的合同编中就连带之债作出了一般性规定，由于合同编发挥着债法总则的功能，该等规定适用于整个债法，侵权行为作为债的一种发生原因，[④]因此也在其适用范围内。虽然

---

① 参见赵旭东：《论虚假陈述董事责任的过错认定——兼〈虚假陈述侵权赔偿若干规定〉评析》，载《国家检察官学院学报》2022年第2期，第3－19页。

② 《虚假陈述司法解释（2022）》第二十三条第一款规定：“承担连带责任的当事人之间的责任分担与追偿，按照民法典第一百七十八条的规定处理，但本规定第二十条第二款规定的情形除外。”

③ 《民法典》第一百七十八条第二款规定：“连带责任人的责任份额根据各自责任大小确定；难以确定责任大小的，平均承担责任。实际承担责任超过自己责任份额的连带责任人，有权向其他连带责任人追偿。”

④ 参见张平华：《〈民法典〉多数人侵权体系及相关法律适用问题》，载《东南学术》2020年第5期。

《虚假陈述司法解释(2022)》中并未明确提到对第五百一十九条的适用,但第五百一十九条作为债的履行规则之一可以适用于非因合同发生的侵权之债,①因此其相关规定应可适用于虚假陈述侵权责任人的内部追偿。

根据《民法典》第一百七十八条第二款和第五百一十九条第二款之规定,②追偿范围应限于追偿权人实际履行的责任份额中超出追偿权人责任份额的部分。作为连带责任人追偿权的构成要件之一,③追偿范围应限于实际履行超出其责任份额的部分。

(2)限于被追偿人责任份额中尚未履行的部分。同样根据《民法典》第五百一十九条第二款的规定,追偿范围限于被追偿人责任份额中尚未履行的部分。如此限制,一方面,其与"内部责任分配中各连带责任人间的最终责任形态为按份责任"的逻辑相一致;对外承担连带责任、对内承担按份责任是连带责任的内涵。另一方面,若允许追偿权人就超出被追偿人责任份额的范围进行追偿,将会进一步产生循环追偿的问题。④

2. 追偿方向。首先,被追偿人应限于尚未足额履行其责任份额的连带责任人。这是遵守上述追偿范围的应有之义。然而,追偿权人是否可向任何满足该等条件的侵权责任人追偿,是否需要就证券虚假陈述侵权责任之分担进行特别的规则安排?就此,需要针对以下问题进行探讨。

(1)发行人能否向中介机构追偿。对《虚假陈述司法解释(2022)》第二十条第二款和第二十三条第一款进行体系解释,⑤承担连带责任的虚假陈述责任主体间的追偿为基于内部责任份额分配的真正连带责任下的追偿,发行人在特定情形下向其控股股东、实际控制人全额追偿为例外情形。由此,在

① 参见王利明:《论民法典合同编发挥债法总则的功能》,载《法学论坛》2020年第4期。

② 《民法典》第五百一十九条第二款规定:"实际承担债务超过自己份额的连带债务人,有权就超出部分在其他连带债务人未履行的份额范围内向其追偿,并相应地享有债权人的权利,但是不得损害债权人的利益。其他连带债务人对债权人的抗辩,可以向该债务人主张。"

③ 参见张平华:《论连带责任的追偿权——以侵权连带责任为中心的考察》,载《法学论坛》2015年第5期。

④ 参见谢鸿飞:《连带债务人追偿权与法定代位权的适用关系——以民法典第519条为分析对象》,载《东方法学》2020年第4期。

⑤ 《虚假陈述司法解释(2022)》第二十条第二款规定:"控股股东、实际控制人组织、指使发行人实施虚假陈述,发行人在承担赔偿责任后要求该控股股东、实际控制人赔偿实际支付的赔偿款、合理的律师费、诉讼费用等损失的,人民法院应当予以支持。"

虚假陈述侵权责任分担中，发行人并非终局责任人，中介机构应在其责任份额内承担最终责任。虽然《虚假陈述司法解释(2022)》并未将中介机构的连带责任确认为不真正连带责任，但本文认为，可以考虑参照不真正连带责任之法理，对相关追偿方向进行一定限制。[①]

在对外责任承担层面，实施虚假陈述行为的中介机构因违反《证券法》下的法定勤勉尽责义务而对投资者存在过错。而在中介机构和发行人的内部关系中，中介机构受发行人雇用，对发行人向其提供的信息进行审验；中介机构未尽勤勉义务以发行人未适当地向中介机构披露相关信息为前提。因此，中介机构并不对发行人具有过错，发行人向中介机构追偿缺乏正当性。[②]《债券会议纪要》第32条也仅说明了中介机构享有向发行人追偿的权利，[③]应理解为其主张将内部追偿限制在中介机构向发行人进行单向追偿。因此，本文认为，将内部追偿限制为中介机构向发行人单向追偿、发行人无权向中介机构追偿较为合理，且便于简化执行程序。除发行人外，也应同样限制其他具有故意之过错的责任主体向仅存在过失之过错的中介机构等责任主体追偿。

(2)各中介机构间是否可以追偿。根据《债券会议纪要》第32条的观点，中介机构的追偿对象包括发行人和“其他相关责任主体”，其中“其他相关责任主体”之表述为各中介机构之间进行追偿预留了空间。然而，本文认为，各中介机构间可以追偿，但同样可对其追偿方向进行一定限制。在针对同一具体业务事项负有注意义务的各中介机构间，负有普通注意义务的中介机构非专家过失的发生以负有特别注意义务的中介机构存在专家过失为前提。因此，负有普通注意义务的中介机构并不对负有特别注意义务的中介机构具有

---

① 参见陈洁:《证券虚假陈述中审验机构连带责任的厘清与修正》，载《中国法学》2021年第6期。

② 参见雷继平、王巍:《系列解读之八:“比例连带责任”怎样进行内部追偿?》，载微信公众号“雷继平法律订阅”，https://mp. weixin. qq. com/s? src = 11&timestamp = 1647759990&ver = 3687&signature = ZgNaX6RFgpMJZL6ZCIcDGOhhdhggC80Q - wlhrQXnM23FFqZihoNcaLQLDT0u9UNas2h XE-lu5Y7x8SsdIT - AdMU60n2yVliA9ap1iLsc5yOL7dL3wuU0DzxY44kh1 - 824&new = 1，最后访问日期2022年3月19日。

③ 《债券会议纪要》第32条规定:“发行人的控股股东、实际控制人、发行人的董事、监事、高级管理人员或者履行同等职责的人员、债券承销机构以及债券服务机构根据生效法律文书或者按照先行赔付约定承担赔偿责任后，对超出其责任范围的部分，向发行人及其他相关责任主体追偿的，人民法院应当支持。”

过错,限制负有特别注意义务的中介机构向负有普通注意义务的中介机构追偿同样具有合理性,并且可以简化相关追偿的执行程序。因此,可将此等情形下的追偿限制为由负有普通注意义务的中介机构向负有特别注意义务的中介机构的单向追偿。

当然,这里只是说明对于负有普通注意义务的中介机构而言,负有特别注意义务的中介机构具有被追偿人地位。但在个案中负有普通注意义务的中介机构是否确实可以向负有特别注意义务的中介机构追偿,将在下文对各内部责任分配方案的探究中依据相应的法理基础进行具体分析。

依据此逻辑,在发生发行人清偿不能的情形时,若负有特别注意义务的中介机构不能在发行人处充分行使其追偿权,该中介机构也不能通过向负有普通注意义务的中介机构追偿来使之与自己共担该等清偿不能之风险。

该原则不仅适用于各证券服务机构间的追偿。如前文所述,保荐、承销机构的尽职调查义务也被区分为特别注意义务和普通注意义务。在违反尽职调查义务的保荐、承销机构和与其就同一业务事项负有注意义务的各证券服务机构之间的追偿,也应遵守该原则。而违反非尽职调查义务的保荐、承销机构,应被视为不与各证券服务机构就同一具体业务事项负有注意义务,不属于该原则的适用范畴。

(二)追偿权的扩张(可能发生的第二次追偿)

1. 必要性。根据《民法典》第五百一十九条第三款之规定,[①]各连带责任人间应就连带责任人清偿风险进行分担。因此,当存在某些被追偿人不能履行其补偿义务的,其他相关连带责任人应与追偿权人共同承担该清偿不能风险。从风险责任的角度来看,追偿的内涵也应包含对追偿权的基础行使和追偿权的扩张,即追偿权人可能因被追偿人无力清偿而向其他承担风险责任的责任人发起第二次追偿。因此,追偿权人不仅将通过追偿诉讼来行使其追偿权,还可能随后提起分摊诉讼,以对其风险责任和最终责任间的差异进行充分矫正。

2. "二次内部分摊比例"及"二次内部责任份额"的计算方式。基于连带

① 《民法典》第五百一十九条第三款规定:"被追偿的连带债务人不能履行其应分担份额的,其他连带债务人应当在相应范围内按比例分担。"

责任二次内部分摊的一般规则,就某一连带责任人清偿不能的部分,其“二次内部分摊比例”应为参与二次内部分摊的相关责任人之间内部责任份额比较下的相对比例。在不同的内部责任分配具体方案下,二次内部分摊比例的具体确定方式有所不同,下文将详述。二次内部分摊比例乘以清偿不能的责任范围大小,所得即为某一连带责任人的二次内部责任份额。

三、比例连带责任下内部责任分配的具体方案

不同于全部连带责任,比例连带责任在对外责任层面已基于过错程度和原因力因素对中介机构的责任范围进行了调整。因此,在确定比例连带责任下内部责任分配规则时需更为谨慎。可能存在以下几种具体分配方案,每种方案中,作为分配之核心要素的“内部责任分配范围”、“参与分配主体”、各侵权责任人的“内部责任份额”不同。

(一)内部责任分配方案一:在“侵权责任损失”内按照“内部分配比例”分配

1. 内部责任分配范围和参与分配主体。此方案下,以全部“侵权责任损失”作为内部责任分配范围,包括发行人和各中介机构在内的全体虚假陈述侵权责任人作为参与分配主体,就“侵权责任损失”在发行人和各中介机构间分配。

我们将比例连带责任这一责任形态放在前述由发行人和各中介机构组成的数人侵权体系下来看,该方案契合数人侵权行为责任分配的根本逻辑:从按份责任到比例连带责任再到全部连带责任,任一责任形态下的各侵权责任人都对全部“侵权责任损失”负有责任,只是基于原因力大小不同等因素而承担承载了不同风险责任分担规则的不同责任形态,进而承担了不同范围内的责任。因此,内部责任分配范围应为“侵权责任损失”。全部连带责任下,其以连带责任范围内全部损失为内部责任分配范围,内部责任分配范围即为全部的“侵权责任损失”;按份责任下,因其内外责任具有一体性,内部分配环节因无意义而并不显现,可以视为按份责任以全部“侵权责任损失”范围作为内部责任分配范围,并恰好按照对外按份责任之份额比例进行了内部分配;作为居中的责任形态,比例连带责任同样应当以全部“侵权责任损失”作为内部责任分配范围。从形式上看,这似乎与一般的全部连带侵权责任“以连带责任范围为内部责任分配范围来计算内部责任份额”的方式相冲突。但探寻其实质，全部连带责任下就连带责任范围内的全部损失金额在各连带责任人间分担，正是因为其连带责任范围正好等于“侵权责任损失”。比例连带责任下就“侵权责任损失”之范围进行内部责任分配，和全部连带责任下就连带责任范围进行内部责任分配，正具有相同的底层逻辑。换言之，无论在按份责任还是连带责任之责任形态下，在内部责任分担层面，都是按份责任的逻辑。[①] 整体上来看，如此对比例连带责任进行内部责任分配，同样回归了作为数人侵权责任体系中内部责任分配一般规则的按份责任。

2. 内部分配比例和内部责任份额。法律规范上，《虚假陈述司法解释(2022)》第二十三条第一款、《民法典》第一百七十八条第二款及《债券会议纪要》第32条均仅确认了以比例分担为各责任人间分配责任份额的原则，而对具体如何确定并未明确。根据最高人民法院的相关解释，对分担比例之确定应包括在因果关系和过错程度方面的比较。[②] 学理上，关于连带责任人内部责任分配的考量因素，相较于过错程度说或平均分摊说，近年来学界更多采纳综合说。综合说主要包括三种观点。[③] 综合这些观点，和“过错、原因力综合比较说”一致，以过错程度和原因力为主要考量因素；除此之外，侵权行为人所获非法利益情况、经济负担能力等其他多种因素同样可以作为参考，纳入综合考量。因此，本方案下，在内部责任分配范围内，以过错程度和原因力为主要考量因素，以非法利益情况、经济负担能力等其他因素为必要时的参考因素，来确定各侵权责任人的内部责任份额。这里仍采用确定对外连带责任之范围时使用的主次区分法计算内部分配比例。

对于承担比例连带责任的中介机构而言，在对外责任承担层面，在投资者提起的民事赔偿之诉中，如上文所述，法官可运用“以过错程度为主、原因力为辅”的方法对中介机构过错程度和其虚假陈述行为原因力大小进行综合考察，并就中介机构对外连带责任之范围以绝对比例数值的形式给

---

① 参见杨立新、梁清：《原因力的因果关系理论基础及其具体应用》，载《法学家》2006年第6期。

② 参见最高人民法院民法典贯彻实施工作领导小组主编：《中华人民共和国民法典总责编理解与适用》（下），人民法院出版社2020年版，第890页。

③ 参见张新宝、明俊：《侵权法上的原因力理论研究》，载《中国法学》2005年第2期。

出判定。此时,对于某一中介机构,其“侵权责任内比例”占各案涉虚假陈述侵权责任人各自对外承担责任之比例(各中介机构为“侵权责任内比例”、发行人为100%)之和的比例,即为按照主次区分法得到的该中介机构的内部分配比例。如此所得的内部分配比例即为综合考量了过错程度和原因力的分配结果,如需可再对此依据其他合理因素进行小幅调整。此计算方法简单直接,更便于法官在投资者民事赔偿诉讼中对各侵权责任人的内部责任份额一并作出判决,有利于降低诉累并提高司法裁判的效率和效果。

在通过主次区分法计算出内部分配比例的基础上,以某一侵权责任人的内部分配比例乘以“侵权责任损失”,计算所得即为该侵权责任人的最终内部责任份额。

3. 追偿。在确定了各侵权责任人最终内部责任份额的基础上,实际履行超出自身最终内部责任份额的侵权责任人可就超出部分,向尚未充分履行其最终内部责任份额的侵权责任人在其未履行部分内追偿。

此时,根据“限制发行人向中介机构、限制负有特别注意义务的中介机构向负有普通注意义务的中介机构追偿”的原则,负有普通注意义务的中介机构可以向发行人及负有特别注意义务的中介机构追偿;负有特别注意义务的中介机构仅能向发行人追偿,不能向负有普通注意义务的中介机构。

若负有特别注意义务的中介机构向发行人追偿而发行人无力清偿,基于负有特别注意义务的中介机构不可向负有普通注意义务的中介机构追偿的原则,该等清偿不能风险由负有特别注意义务的中介机构自行承担,该中介机构不能通过向负有普通注意义务的中介机构追偿来使之与其进行二次内部责任分摊。若负有普通注意义务的中介机构向发行人追偿而发行人清偿不能,负有普通注意义务的中介机构可向负有特别注意义务的中介机构二次追偿,以使之与自己共担该等清偿不能风险;具体地,负有普通注意义务的中介机构和负有特别注意义务的中介机构按照计算所得的二次内部分摊比例分担该等清偿不能之风险。若负有普通注意义务的中介机构向负有特别注意义务的中介机构追偿而该负有特别注意义务的中介机构清偿不能,负有普通注意义务的中介机构可向发行人二次追偿,以使之共担该等清偿不能风险;具体地,负有普通注意义务的中介机构和发行人按照计算所得的二次内部分摊比例分担该等清偿不能之风险。

这里的“二次内部分摊比例”应为对各侵权责任人各自对外承担责任之范围比较下的相对比例。具体计算方法为,就除清偿不能的侵权责任人之外的某一侵权责任人,其就该等清偿不能部分的二次内部分摊比例,应为其“侵权责任内比例”占各侵权责任人(不包括清偿不能的侵权责任人)各自对外承担责任之比例(各中介机构为“侵权责任内比例”、发行人为100%)之和的比例。二次内部分摊比例乘以清偿不能的责任范围大小,所得即为某一侵权责任人的二次内部责任份额。具体地,在向发行人追偿而发行人清偿不能时,负有普通注意义务的中介机构 A 可以向负有特别注意义务的中介机构 B 就该等清偿不能部分追偿的金额为 B 应负担的二次内部责任份额;B 的二次内部分摊比例等于 B 的“侵权责任内比例”占 A 和 B 的“侵权责任内比例”之和的比例,B 应负担的二次内部责任份额等于 B 的二次内部分摊比例与清偿不能责任范围的乘积。在向负有特别注意义务的中介机构 B 追偿而其清偿不能时,负有普通注意义务的中介机构 A 可以向发行人就该等清偿不能部分追偿的金额为发行人应负担的二次内部责任份额;发行人的二次内部分摊比例等于100%占 A 的“侵权责任内比例”和100%之和的比例,发行人应负担的二次内部责任份额等于发行人的二次内部分摊比例与清偿不能责任范围的乘积。

这里,不必深究各侵权责任人间是否存在连带关系。即使不存在连带关系,其间虽不能依据《民法典》第五百一十九条下的法定追偿权进行追偿,但基于上述内部责任分配之逻辑,仍可通过对第五百一十九条的类推适用或依据不当得利返还请求权进行追偿。[①]

(二)内部责任分配方案二:在连带责任范围内按照连带责任人人数均分

也有学者提出在连带责任范围内按照连带责任人人数均分来进行内部

① 参见王锋:《交叉连带中共同保证人的责任承担》,载《郑州航空工业管理学院学报(社会科学版)》2021年第6期。

责任分配的方法。[①] 侵权领域司法实践也曾运用此方法在受害人赔偿诉讼中一并确定了存在比例连带责任这一责任形态的数人侵权中某一侵权责任人的内部责任份额分担。[②]

1. 内部责任分配范围和参与分配主体。此方案下，从整体来看，某一中介机构的"侵权责任损失"由两大部分构成：一是存在比例连带责任之责任形态的部分；二是发行人单独承担按份责任的部分。存在比例连带责任的部分又可被分割成多个"连带责任组块"——各连带责任组块互不重叠，每个连带责任组块内的连带责任人都不完全相同，这也是进行该等分割的依据；每个连带责任组块内都由发行人和一个或多个中介机构作为连带责任人。

就某一侵权责任人而言，以其对外承担连带责任的范围作为内部责任分配范围；其对外承担连带责任的范围包括几个连带责任组块，其就在几个连带责任组块内参与几次分配。就某一连带责任组块，在该连带责任组块内共同承担连带责任的各连带责任人为该组块范围内的参与分配主体，其就该组块范围内的最终赔偿责任进行分配。

2. 内部责任份额。该方案下按照参与分配主体数量确定分配比例。就某一连带责任组块，将该组块范围内的责任除以该范围内连带责任人数量，均分结果即为各相关连带责任人在该连带责任组块内的内部责任份额。

3. 参与分配主体是否包括其他中介机构。各中介机构间是否存在连带责任关系，这是该方案下需要回应的重要问题。《证券法》第八十五条、第一百六十三条仅针对性地将某一中介机构和发行人间的关系规定为连带责任，并未明确各中介机构间是否构成连带。因此，这里需要对其进行检视，考察核心即为各中介机构间是否具有连带责任之正当性基础。根据前文所述，《民法典》第一千一百六十八条和第一千一百七十一条下的连带责

① 参见杨立新：《环境侵权司法解释对分别侵权行为规则的创造性发挥——〈最高人民法院关于审理环境侵权责任纠纷案件适用法律若干问题的解释〉第3条解读》，载《法律适用》2015年第10期。

② 例如(2017)粤0705民初3539号。

任不能适用于各中介机构侵权行为间的关系,因此该等规定不能作为各中介机构间存在连带责任的正当性依据。可能为各中介机构间构成连带提供法理支持的路径为法律解释路径一和法律解释路径二,分别基于两条路径进行分析。

(1)基于法律解释路径一。在法律解释路径一下,连带责任的正当性基础体现为法律拟制的特别政策考量,各侵权责任人经法律拟制前的原始责任形态为按份责任。在认为《证券法》第八十五条、第一百六十三条仅规定了某一中介机构和发行人间关系的基础上,法律解释路径一下作为连带责任正当性依据的法律拟制之范围限于某中介机构与发行人间的关系,而并不囊括各中介机构间的关系。因此,此解释路径下各中介机构间不存在连带责任的正当性依据,各中介机构间关系应为按份责任。此时,对于任一连带责任组块,其参与分配主体都只有发行人和某一个中介机构,二者就该等连带责任组块内的责任范围均分。

(2)基于法律解释路径二。在法律解释路径二下,连带责任的正当性基础为“原因力重合的一体性”。基于此正当性基础,各中介机构间是否存在连带,要看各中介机构侵权行为原因力是否存在重合。

对于几个中介机构,若其均为针对同一具体业务事项未尽注意义务,虽注意义务的种类可能不同(分别为特别注意义务和普通注意义务),但具有“同一的注意义务”,此时认为该等中介机构的原因力重合(最大化原因力重合范围)更为合理。对其合理性可以如此理解:“中间状态型”无意思联络数人侵权行为形态以整个“侵权责任损失”为基准,发行人对“侵权责任损失”具有全部原因力,某一中介机构仅具有部分原因力,二者之原因力在该中介机构所具有的部分原因力之范围内重合,因此该中介机构就“侵权责任损失”承担比例连带责任;同理,以违反针对某具体业务事项的注意义务为基准,负有特别注意义务的中介机构具有全部原因力,而负有普通注意义务的中介机构仅具有部分原因力,认为二者之原因力在该负有普通注意义务的中介机构所具有的部分原因力之范围内重合,是合理的。此时,该等就同一具体注意义务分别承担特别注意义务和普通注意义务的各中介机构在其原因力重合的范围内构成连带。由此,发行人和各相关中介机构在其原因力共同重合的连带责任组块内构成连带,共同成为参与分配主体,每一连带责任组块范围内的责任将在其连带责任人之间分配。此时,对于某一连带责任组块,其参与分配主体除发行人外,可能包括不止一个中介机构。

也就是说,中介机构A、B均对同一具体业务事项负有注意义务。该业务事项属于A的专业领域,A负有特别注意义务;该业务事项属于B的非专业领域,B负有普通注意义务。A被判决在a%的范围内与发行人承担连带责任,B被判决在b%的范围内与发行人承担连带责任,a%大于b%。此时,中介机构A、中介机构B和发行人应在b%的范围内构成连带;在a%超出b%的范围内,中介机构A只与发行人构成连带。"b%之范围"和"a%超出b%的范围"分别为两个独立、并列的连带责任组块。在"b%之范围"这一连带责任组块内,中介机构A、中介机构B和发行人共同作为参与分配主体,就b%之范围内的赔偿责任进行内部责任分配;若根据连带责任人人数均分,则中介机构A、中介机构B和发行人就该组块部分责任各承担1/3,其内部责任份额各为"(1/3)×b%×'侵权责任损失'"。在"a%超出b%的范围"这一连带责任组块内,中介机构A和发行人作为参与分配主体,就a%超出b%的范围内的责任进行内部责任分配;中介机构A和发行人就该组块部分责任各承担1/2,其内部责任份额各为"(1/2)×(a% -b%)'侵权责任损失'"。

对于几个中介机构,若其并非针对同一具体业务事项而未尽勤勉,则该等中介机构各自的注意义务应分别处于"虚假陈述信息"生产链的不同位置,不问其注意义务种类。此时,认为该等各中介机构的原因力并不重合更为合理。也就是说,中介机构A、B分别对不同的具体业务事项负有注意义务,并不具有同一的注意义务。中介机构A被判决在a%之范围内与发行人承担连带责任,中介机构B被判决在b%之范围内与发行人承担连带责任。此时,中介机构A与中介机构B不构成连带。"a%之范围"和"b%之范围"分别为两个独立、并列的连带责任组块。在"a%之范围"这一连带责任组块内,中介机构A和发行人共同作为参与分配主体,就a%之范围内的赔偿责任进行内部责任分配;若根据连带责任人人数均分,则中介机构A和发行人就该组块部分责任各承担1/2，其内部责任份额各为“(1/2)×a%×‘侵权责任损失’”。“b%之范围”这一连带责任组块内的分配同理。

以上明确了在各法律解释路径下各中介机构间的关系形态。总结而言，在法律解释路径一下，各中介机构间不构成连带；在法律解释路径二下，各中介机构间的关系视其是否针对同一具体业务事项负有注意义务，如是则在负有普通注意义务的中介机构所承担的比例连带责任范围内构成连带。至此，我们可以完整地确定该方案下在某一连带责任组块内存在哪些连带责任人，进而确定各侵权责任人在各连带责任组块内的内部责任份额。

4. 追偿。各连带责任组块内分别追偿。就某一连带责任组块，在确定了其中各连带责任人内部责任份额的基础上，实际履行超出自身内部责任份额的连带责任人可就超出部分向尚未充分履行其内部责任份额的连带责任人在其未履行部分内追偿。

方案二下，若基于法律解释路径一，则各中介机构间不构成连带，仅限于中介机构向发行人进行追偿。若发行人无力清偿，各中介机构间由于不构成连带而没有共同分担该等清偿不能风险的法理基础，因此各中介机构间也不能进行二次内部责任分摊。

若基于法律解释路径二，就同一具体业务事项负有注意义务的中介机构间构成连带。此时，在某一连带责任组块内，相应的追偿方向以及发生清偿不能之情形下的二次内部责任分摊和方案一下的基本规则相同。不同之处在于，方案二下二次内部分摊比例为按照人数均分。具体地，在向发行人追偿而发行人清偿不能时，负有普通注意义务的中介机构可以向负有特别注意义务的中介机构就该等清偿不能责任范围的1/2进行追偿；在向负有特别注意义务的中介机构追偿而其清偿不能时，负有普通注意义务的中介机构可以向发行人就该等清偿不能责任范围的1/2进行追偿。

若基于法律解释路径二，不具有同一的注意义务的中介机构间不构成连带，只能由中介机构向发行人追偿。此时，在某一连带责任组块内，发生发行人无力清偿之情形时各中介机构间不能进行二次内部责任分摊，和方案二中基于法律解释路径一时相同。

(三)内部责任分配方案三:在连带责任范围内按照“内部分配比例”分配

实务界也有观点支持该方案三。[①] 此方案下的内部责任分配范围和参与分配主体与方案二下相同,也为在各连带责任组块内逐一分配,各连带责任组块内的参与分配主体为相应的连带责任人。因此,同样需要按方案二下之逻辑审查各中介机构间是否构成连带。与方案二不同,此方案下各连带责任组块内的分配并不按连带责任人人数均分,而是类似于方案一,按照主次区分法下计算所得的内部分配比例进行分配。具体内部责任分配在各连带责任组块内逐一进行,某一中介机构的内部分配比例乘以某一连带责任组块对应的责任范围大小,计算所得即为该中介机构在该连带责任组块分配中的内部责任份额。确定内部责任份额后,此方案下的追偿方式和方案二中相同。

(四)内部责任分配方案的比较

方案三可谓对方案一和方案二的综合。该方案中以连带责任范围作为内部责任分配范围,却以内部分配比例作为分配参数进行分配,和方案一、方案二相比,该方案下其内部责任分配范围和内部分配比例并不匹配——由于未对内部分配比例“去差异化”,这里原因力及过错因素在外部和内部层面被评价了两次,相当于将各侵权行为人的侵权行为基于原因力和过错程度的危害程度之差异通过平方计算扩大了,是对各侵权行为人侵权行为间的差异程度的不合理衡量。因此,本文认为方案三并不恰当。

比较方案一和方案二,从法理角度来看,方案一的法理基础为将各中介机构与发行人对外承担的比例连带责任在内部责任分配层面还原为数人侵权体系下的按份责任;方案二的法理基础即为连带责任内部责任份额分配的一般规则。两种方案都具有法理基础。

从司法实践的角度来看,方案一下以各侵权责任人对外责任比例的相对值作为内部分配比例,计算方法简明;基于投资者“赔偿之诉”中的审查和判决成果,侵权责任人“分摊之诉”中无须再次分别比较各侵权责任人的过错程

---

① 参见雷继平、王巍:《系列解读之八:“比例连带责任”怎样进行内部追偿?》,载微信公众号“雷继平法律订阅”, https://mp. weixin. qq. com/s? src = 11&timestamp = 1647759990&ver = 3687&signature = ZgNaX6RFgpMJZL6ZCIcDGOhhdhggC80Q - wlhrQXnM23FFqZihoNcaLQLDT0u9UNas2 hX-EIu5Y7x8SsdIT - AdMU60n2yVliA9ap1iLsc5yOL7dL3wuU0DzxY44kh1 - 824&new = 1,最后访问日期2022年3月19日。

度和原因力的相对大小。方案二下，按照相关连带责任人的数量均分，分配方法更加简单。两个方案都具有较好的司法可行性；特别地，两个方案都可以避免各侵权责任人之间就内部分配比例相关事项进行抗辩、拖延受害人赔偿之诉的进程，此时将有效减少侵权责任人间分摊之诉和受害人赔偿之诉合并的“一体化诉讼模式”之阻碍，进而更有效地提高司法定纷止争的效率，节省司法资源。[①]

基于以上比较，本文认为上述两种方案都较为可取。考虑到方案二下分摊之诉的请求权基础可能更加直接，也许方案二是更便于在司法实践中推行的选择。无论在哪种方案下，对于发行人（和其他承担全部连带责任的责任主体）与承担比例连带责任的中介机构之间、承担比例连带责任的各中介机构之间进行追偿，均可找到法理依据。采取怎样的方式进行内部责任分配、是否限制追偿方向等问题，最终还需出于政策考量和对司法效率的考虑进行定夺，有待在司法实践中摸索。然而，以上关于内部责任分配方案及追偿规则的研究尚为粗浅的初步探讨。《虚假陈述司法解释（2022）》扩大了虚假陈述责任主体范围，[②]其应承担何种责任形态下的虚假陈述责任，也将对虚假陈述责任主体内部责任分担及追偿产生影响，使得相关问题更加复杂。就部分责任主体承担比例连带责任的情形下的内部责任分配方案及追偿规则，有待更深入的分析以及未来司法实践的检验。

结　论

本文从我国证券市场虚假陈述民事赔偿责任问题的司法现实出发，针对存在过失的中介机构的虚假陈述侵权责任，围绕“比例连带责任”展开研究。

---

① 参见曹险峰、陈海彪：《论数人分别侵权连带责任的内部追偿》，载《社会科学战线》2018 年第 6 期。

② 《虚假陈述司法解释（2022）》第二十一条规定：“公司重大资产重组的交易对方所提供的信息不符合真实、准确、完整的要求，导致公司披露的相关信息存在虚假陈述，原告起诉请求判令该交易对方与发行人等责任主体赔偿由此导致的损失的，人民法院应当予以支持。”第二十二条规定：“有证据证明发行人的供应商、客户，以及为发行人提供服务的金融机构等明知发行人实施财务造假活动，仍然为其提供相关交易合同、发票、存款证明等予以配合，或者故意隐瞒重要事实致使发行人的信息披露文件存在虚假陈述，原告起诉请求判令其与发行人等责任主体赔偿由此导致的损失的，人民法院应当予以支持。”

本文提出比例连带责任具有数人侵权法理下的正当性基础;基于该等法理基础,本文认为应以"过错程度为主、原因力为辅"为原则对中介机构的过错程度和原因力进行综合考量来确定比例连带责任的具体范围,并对中介机构向投资者承担比例连带责任后的内部责任分配及追偿规则进行分析。

在对外责任承担的层面上,首先,作为承担连带责任的基础,中介机构应满足证券虚假陈述侵权责任的成立条件。中介机构的虚假陈述行为应对投资者损失具有两重因果关系并满足重大性要件,且中介机构仅对案涉投资者损失中符合该等条件的投资者损失部分("侵权责任损失")承担责任。"侵权责任损失"占案涉全部投资者损失的比例为"侵权责任外比例"。

在成立侵权责任并确定"侵权责任损失"范围的基础上,存在过失的中介机构究竟承担怎样形态及范围的侵权责任,应从过错程度和原因力两个方面考量。以《民法典》第一千一百六十八条、第一千一百七十一条、第一千一百七十二条下的数人侵权体系为基本框架,对于《证券法》第八十五条、第一百六十三条下连带责任之责任形态的法理依据有两条可能的法律解释路径,其法理基础分别为"基于按份责任的法律拟制"(法律解释路径一)和"基于原因力重合的一体性"(法律解释路径二);基于该等法律解释路径作进一步分析,以原因力和过错程度作为确定比例连带责任之范围的考量因素具有正当性基础。

对中介机构的过错程度和原因力进行具体考察,在过错程度方面,本文认为应根据是否为专业相关业务事项区分特别注意义务和普通注意义务,并提出可利用"程序性义务"和"判断性义务"之分类对中介机构过错程度进行类型化的层次性划分。这里得出结论:《证券法》第八十五条、第一百六十三条的规制对象包括具有故意和存在严重违反注意义务之过失的中介机构;存在严重违反注意义务之过失,即存在程度较重的专家过失或非专家过失的中介机构,应承担比例连带责任,并应根据其具体过失程度在不同范围内承担比例连带责任;仅存在较轻专家过失或较轻非专家过失的中介机构不属于《证券法》第八十五条、第一百六十三条的规制对象,应承担连带责任以外责任形态的侵权责任或不承担侵权责任。在原因力方面,基于损失因果关系和交易因果关系的视角,提出可利用主要原因和次要原因、强势原因和弱势原因之分类,基于不同中介机构类型和注意义务类型,并利用中介机构虚假陈述行为在完整虚假陈述信息生产链中的定位、投资者信赖程度等因素,对原因力大小作出定性和定量判断。应以"以过错程度为主、原因力为辅"为原则对过错程度和原因力因素进行结合,确定"侵权责任内比例"。以某一证券虚假陈述纠纷中的案涉全部投资者损失为基准,乘以"侵权责任外比例"和"侵权责任内比例"相乘所得之比例,即为某一中介机构在对外责任承担层面的民事赔偿责任范围。

在向投资者实际赔偿后,承担比例连带责任的中介机构可依据一定规则向其他侵权责任人追偿。本文认为,除了依据《民法典》第一百七十八条、第五百一十九条将追偿范围限于追偿权人实际履行超出其责任份额的部分、限于被追偿人责任份额中尚未履行的部分之外,可以考虑进行以下单向追偿安排:在发行人和各中介机构间,仅中介机构有权向发行人追偿;在就同一具体业务事项负有注意义务的中介机构间,仅负有普通注意义务的中介机构有权向负有特别注意义务的中介机构追偿。两个内部责任分配方案可供选择,方案一为"在'侵权责任损失'内按照'内部分配比例'分配",方案二为"在连带责任范围内按照连带责任人人数均分"。方案一的法理基础为将各中介机构与发行人对外承担的比例连带责任在内部责任分配层面还原为数人侵权体系下的按份责任;具体方法为,根据对各虚假陈述侵权责任人过错和原因力的比较确定内部分配比例,并在全部"侵权责任损失"范围内根据内部分配比例确定各责任主体的内部责任份额,进而按照前述追偿范围、追偿方向进行追偿。方案二的法理基础即为连带责任内部的责任份额分配;分配以确定每一"连带责任组块"内的连带责任人为基础,相关连带责任人在各"连带责任组块"内分别进行内部责任分配及追偿。此方案下,基于不同的法律解释路径,承担比例连带责任的各中介机构间的关系也不同——在法律解释路径一下,基于《证券法》的法律拟制范围并不包括各中介机构间的关系,各中介机构间因不构成连带而没有相互追偿的基础;在法律解释路径二下,就同一具体业务事项具有注意义务的中介机构由于存在原因力部分重合而构成连带,负有普通注意义务的中介机构可向负有特别注意义务的中介机构追偿。两个方案均有一定的可操作性,可在将受害人赔偿之诉和分摊之诉合并的"一体化诉讼模式”下推行。而无论在哪种方案下,对于发行人(和其他承担全部连带责任的责任主体)与承担比例连带责任的中介机构之间、承担比例连带责任的各中介机构之间进行追偿,均可找到法理依据。究竟应采取何种内部责任分配方案、是否限制追偿方向,最终还需出于政策考量和对司法效率的考虑进行定夺,有待在司法实践中摸索。

本文试图层次化、体系化地分析证券虚假陈述侵权责任之分配,以增强中介机构虚假陈述侵权责任相关规则的弹性,构建更有利于平衡投资者保护和包括发行人、中介机构在内的其他证券市场交易主体利益的责任评价体系。但经本文讨论可以看出,对于本文研究框架中涉及的很多问题,包括如何就中介机构比例连带责任之范围给出一个合理幅度的裁判,并在该幅度内判定确切的责任比例,以及何为确定各虚假陈述侵权责任人最终责任份额的最优解,无论是关于基本裁判倾向还是具体判决尺度,本文都只能尽可能给出合理的方向性建议,难以得出明确的结论。对于证券虚假陈述侵权责任分担这一话题的探讨,最终都不免回到《证券法》对各方价值权衡的政策考量上来。在《证券法》全面规定注册制的大背景下,压实中介机构责任是应有之义。然而,全部连带责任的刚性规则背后,是对投资者群体的过分保护和对其他市场交易主体合理利益的忽视,在短期或个案中可能收到投资者得到充分补偿的司法效果。但从长远看,一个健康的证券市场的长足发展必然以市场各方主体关系之平衡为基础,对于平衡的打破将导致市场整体利益受损,最终必然威胁到包括投资者在内的各方市场主体之利益。对《证券法》所规制的中介机构连带责任之弹性的呼吁和探索,在证券法视角下,正是在证券市场交易主体间寻求平衡。而在侵权法视角下,则是对侵权责任填补损害之基础性功能进行深化。基于证券虚假陈述侵权损害赔偿的特殊性,特别在取消行政前置、建立并推行特别代表人诉讼及先付赔偿等制度的体系化背景下,向投资者保护一边倒的刚性侵权责任将使得巨额赔偿下各中介机构等其他市场交易主体的利益甚至生存处在极大的不确定性中,这更凸显了在证券虚假陈述侵权责任问题上遵循权责一致、过罚相当之原则的必要性,为司法裁判提出了更高的精细化要求。在职责划分上,厘清包括发行人、保荐机构、承销机构以及各证券服务机构在内的各市场主体的职责边界,归位尽责。完善各证券市场相关业务中各中介机构的具体职责规范和执业准则,充分发挥市场主体的专业及实务信息优势,鼓励其就各自职责自发进行约定,形成市场各方主体相互间的监督牵制。而从证券市场有效性这一证券法最终目标的角度来看,平衡好投资者保护与证券市场融资效率,才是证券市场之有效的完整含义。这才是证券虚假陈述侵权责任分担问题在体系化、制度化、动态化视角下的真正解决之道,是比例连带责任这一弹性责任形态的根本价值。

征稿启事

《商法界论集》由中国社会科学院法学研究所商法研究室组织编写，旨在繁荣商法学理论研究、促进商事法治发展。本书涉专题研讨、论文、案例评论、研究报告、书评、优秀硕士学位论文等内容，每年出版两卷。诚邀国内外高等院校、科研机构、实务部门的专家学者及博士生、硕士生惠赐佳作。本文集已许可中国学术期刊(光盘版)电子杂志社在中国知网及其系列数据库产品中以数字化方式复制、汇编、发行、信息网络传播本文集全文。该社著作权使用费与本文集稿酬一并支付(已在论文发表版面费中扣除)。作者向本文集提交文章发表的行为即视为同意我文集上述声明。

一、投稿要求

1. 稿件尚未公开发表，主题属于商事法领域，包括但不限于商法基础理论、公司法、证券法、期货法、信托法、破产法、保险法、票据法、金融法、海商法等。

2. 请在文章首页脚注内注明作者姓名、单位、职称、电话、邮箱、地址及邮编。

3. 写作规范，篇幅一般应在 8000 字以上，附 300 字摘要及 5 个以内关键词。

4. 文章注释采用全文脚注形式，以连续序号标注，所有脚注均不简写。

5. 邮件标题和 word 文件命名格式均为：作者姓名 + 文章标题。

6. 投稿邮箱：shangshifa@ 126. com，投稿之日起一个月内告知审稿结果。

二、注释体例

1. 中文专著

邹海林：《破产法——程序理念与制度结构解析》，社会科学文献出版社 2017 年版，第 56 页。

叶林主编:《期货期权市场法律制度研究》,法律出版社 2017 年版,第 10 页。

[意]F. 卡尔卡诺:《商法史》,贾婉婷译,商务印书馆 2017 年版,第 6 - 7 页。

2. 中文论文

陈甦:《资本信用与资产信用的学说分析及规范分野》,载《环球法律评论》2015 年第 1 期。

曹兴权:《商事指导性案例中规则续造推理的规范性》,载陈洁主编:《商事指导性案例的司法适用》,社会科学文献出版社 2017 年版,第 132 页。

3. 外文文献:引用著作的,书名用斜体;引用论文的,文章名用正体,期刊名用斜体。多个作者之间用逗号。

Steven L. Emanuel, *Torts*, CITIC Publishing House, 2003, p. 149.

Richard A. Posner, "The Decline of Law as an Autonomous Discipline: 1962 - 1987", *Harvard Law Review*, Vol. 100, No. 4 (1987), pp. 761 - 780.